2010년대편 **3**권

한국 현대사 산책

2010년대편 **3권**

# 한국현대사산책

## 증오와 혐오의 시대

강준만

지음

# 제1부             2014년

# 2010년대편 5권

## 2014 『연합뉴스』 10대 국내 뉴스 ▼

1. 세월호 참사
2. 프란치스코 교황 방한, 우리 사회에 큰 울림
3. 청와대 비선 의혹 문건 유출 파문
4. 軍 잇단 대형 사건 · 비리에 휘청
5. 안대희 · 문창극 총리 후보자 낙마 등 고위직 인사 파동
6. 잇단 수능 출제 오류…교육 현장 큰 혼란
7. 6 · 4 지방선거 여야 '무승부'…진보 교육감 대거 당선
8. 이건희 회장 심근경색으로 쓰러져…삼성전자 어닝쇼크
9. 경기침체 장기화와 무상복지 논란
10. 북한 실세 3인방 남한 기습 방문


## 2014 『연합뉴스』 10대 국제 뉴스 ▼

1. 러시아 우크라이나 크림반도 병합…신냉전 시대
2. 전 세계 에볼라 공포 확산
3. IS 이라크 · 시리아서 득세…서방인 참수 · 미군 공습
4. 일본 집단자위권 행사 용인…역사 수정주의 행보
5. 미국, 양적 완화 종료…일본 양적 완화 확대
6. 미국 퍼거슨 사태 등 잇따른 인종 갈등
7. 홍콩 행정장관 선거제도 반대 시위
8. 로제타호 탐사선 혜성 착륙…우주탐사 새 장
9. 스코틀랜드 분리 독립 투표 부결…분리 독립 운동 확산
10. 이스라엘 가자지구 폭격

**제1장**

## "62%가 무능·오만이면 11%는 뭘까"

### 박근혜는 '말이 안통하네뜨'?

2014년 1월 6일 박근혜는 대통령 취임 후 첫 기자회견을 했다. 그는 통일은 대한민국이 대도약할 수 있는 기회임을 강조하면서 '통일은 대박'이라고 했다. 이 대박 발언에 대해 국민의 63%가 공감한다는 여론조사가 나오기도 했지만, 박근혜가 당면한 진짜 문제는 국민과의 소통이었다. 박근혜가 취임 1년 내내 지적받아온 '불통' 비판에 대해 정면으로 반박하고 나선 것도 세간의 그런 지적을 염두에 두었기 때문일 게다.

박근혜는 "진정한 소통이 무엇인지 생각해봐야 한다"면서 "단순한 기계적 만남이라든지 국민 이익에 반하는 주장이라도 적당히 수용하거나 타협하는 것이 소통이냐. 그건 소통이 아니라고 생각한다"고 적극적으로 반론을 폈다. 이어 "그동안 우리 사회를 보면 불법으로 막 떼를 쓰면 적당히 받아들이곤 했는데 이런 비정상적 관행에 대해 원칙적으로 대응하는 걸 '소통이 안 돼서 그렇다'고 말하는 건 저는 잘못이라고 생각한다"고 강조했다.

박근혜는 또 "부족한 점은 있지만, 저는 우리 국민과 다양한 방식으로 그동안 소통을 해왔다"며 "제가 틈이 나면 현장을 방문해서 현장 목소리 경청하고 농어민, 소상공인, 중소기업인, 문화계, 과학계, 청년, 지방, 이런 각계각층의 국민과 대표들과 만나서 청와대에서 간담회 하고 제가 가서도 간담회 하면서 소통했다"고 말했다. 이어 "전국 각지에서 청와대에 민원이 답지한다. 그런 민원 해결하는 데도 노력해왔다"며 "국민이 보시기에 부족한 점이 있으시겠지만, 더욱 국민의 목소리 경청하며 노력해나가겠다"고 덧붙였다.[1]

그런데 이 기자회견은 나중에 '짜고 치는 고스톱'이라는 비판을 받았다. 『한국경제』 경제부장 정종태에 따르면, "당시 질문할 기자와 질문 내용은 사전에 정해졌고, 이는 고스란히 청와대 참모들에게 전달됐다. 그래서 기자회견 당일, 회견이 시작되기도 전에 질문지와 답변지가 공개돼 일부 인터넷에 돌아다니는 황당한 일이 벌어지기까지 했다".[2]

『경향신문』 정치부장 박래용은 1월 9일자 칼럼 「'말이 안통하네 뜨'」에서 "대면對面이 꼭 좋은 게 아니다. 모르고 지내는 게 더 좋을 때도 있다. 취임 후 첫 기자회견에 나선 박근혜 대통령 얘기다. 대통령 인식을 직접 확인하니 집권 2년차도 작년과 다를 바 없을 것이라는 비판만 뚜렷해졌다"면서 다음과 같이 말했다.

"어전회의에 나온 신료들처럼 양옆에 도열한 청와대 비서진과 내각은 꽉 막힌 정권의 전경全景을 보는 듯했다. 청와대 이정현 홍보수석의 '자랑스러운 불통' 발언이 그냥 나온 게 아니었다. 김기춘 비서실장의 45초 브리핑이 괜히 나온 게 아니었다. 한국갤럽이 매주 내놓는 박 대통령 지지율 여론조사 결과를 보면 '소통이 미흡하다'는 응답은 7%→11%→15%→18%→20%로 갈수록 높아지고 있다. 이른바 불통 지수다. 극우단체인 국민행동본부에서조차 '대한민국이 앞으로 더 나가려면 '비정상'인 대통령의 소통이 '정상'의 소통으로 돌아오는 것이 첫 출발이어야 한다'는 논평을 내놓았을 정도다."[3]

1월 9일 이명박 정부에서 총리를 지낸 동반성장연구소 이사장 정운찬은 "박근혜 대통령은 자신의 선친 박정희 전 대통령의 한에 대한 집착에 사로잡혀 있는 것 같다"고 비판했다. 그는 평화방송 라디오에 출연해 "자신의 레거시(유산)를 지키는 것도 중요하지만, 더 중요한 것은 부국융성에 새로운 길을 펴는 것이다. 1960~70년대에는 아무것도 없던 때라 계획을 세워서 하면 모든 국민이 협조해서 잘 됐지만, 지금은 '위에서 알아서 할 테니 따라오라'는 것은 어렵다"며 그렇게 말했다.[4]

## 왜 스스로 공기업 망치면서 공기업 비판하는가?

2월 10일 박근혜는 정부가 추진 중인 공공부문 개혁과 관련해 "공공기관 노조가 저항과 연대, 시위 등으로 (공공기관) 개혁을 방해하는 행위에 대해서는 반드시 책임을 물어야 할 것"이라며 공기업 노조를 겨냥한 작심 발언을 쏟아냈다. 공공부문 노조가 공공기관 부채의 원인으로 정부의 적자 떠넘기기와 낙하산 인사 등으로 인한 정책 실패를 거론하며 반발하자 직접 공기업의 과잉복지와 노조의 반발을 정조준한 것이다.

박근혜는 "국민들은 어려움에 허리띠를 졸라매는데 공공부문에서 방만 경영을 유지하려고 저항한다면 국민들에게 그 실태를 철저히 밝혀야 한다"며 "부채 상위 12개 공기업이 최근 5년간 3,000억 원이 넘는 복지비를 지출했고, 해외 직원 자녀에게 고액의 학자금을 지급하거나 직원 가족에게까지 100만 원 한도에서 치과 치료비를 지원하는 기관도 있다. 이들 12개 공기업의 총부채 규모만 400조가 넘고 295개 전체 공공기관 부채의 80% 이상 차지하고 있다"고 소개했다.

박근혜는 또 "다수의 공공기관이 별도 협약에서, 심지어는 이면 합의를 통해 과다한 복리후생비를 지원하고 있다"며 공공기관장들에게도 경고를 보냈다. 그는 공공부문 개혁을 두고 "공공기관 노사가 만들어놓은 이면 합의를 놔두고서는 진정한 정상화가 불가능한 만큼 이번에 철저히 뿌리 뽑아야 할 것"이라고 강조했다.[5]

박근혜의 지적은 그 자체로는 타당했지만 박근혜에게 그런 말을 할 자격이 있는지는 의문이었다. 박근혜가 지적한 이면 합의에 의한 공기업 방만 경영은 낙하산 인사가 빚은 비극 가운데 하나였음에도 자신은 낙하산 인사를 근절시킬 계획을 갖고 있지 않았기 때문이다. 오죽했으면, 『동아일보』가 2월 4일자 사설 「정부가 '낙하산 인사' 않겠다는 서약서 쓸 차례」에서 "이면 합의는 '낙하산 사장'과 '금밥통' 공기업 노조가 야합한 결과물이다. 선거에 공을 세운 정치인이나 퇴직 관료가 공기업으로 가면 노조는 반대 투쟁을 벌인다"면서 다음과 같이 지적했겠는가?

"신임 최고경영자가 이면 합의를 통해 노조 요구를 들어주면 노조가 슬그머니 협조 모드로 전환하는 일이 반복되고 있다. 박근혜 정부가 작년 11월 공공기관 정상화 대책을 발표하던 날, 친박계 서청원 씨에게 지역구를 양보한 김성회 전 의원은 한국지역난방공사 사장에 선임됐다.

[양대노총 공공부문 노동자 기자회견]
실패한 가짜 정상화 중단! 박근혜 정권부터
양대노총 공공부문 노동조합 공동대책위원회 / ■일시 : 2014년 5월 26일(월)

박근혜가 지적한 공기업의 방만 경영은 낙하산 인사가 빚은 비극이었다. 양대노총 소속 조합원들이 박근혜 정부의 '공공기관 정상화 대책'을 비판하며 기자회견을 하고 있다.

낙하산 중에는 전문성이 전혀 없는 공천 탈락자나 선거캠프 출신이 상당수다. 공기업 이사회가 정부 눈치만 보는 것도 문제다. 이러다가는 공공기관의 지배구조부터 뜯어고치자는 말이 나올 만하다. 공공기관들로부터 정상화 계획서를 받았으니 정부가 국민 앞에 낙하산 인사를 안 하겠다는 서약서를 쓸 차례다."[6]

### "낙하산 인사 안 한다더니 국민 우롱하나"

2월 20일 박근혜는 경제 활성화 업무보고 모두 발언에서 "지금이야말로 우리 경제의 체질을 확실히 바꿔서", "최선을 다해주기 바란다",

"뼈를 깎는 구조개혁을 해야", "개혁에 저항하는 움직임에는 원칙을 가지고 대응해야", "국민들께서 이를 용납하지 않을 것", "엄정한 집행과 제재를 통해 발본색원해야", "국회에 계류 중인 법안이 하루속히 통과될 수 있도록 최선을 다하고" 등의 표현을 사용했다. 이에 대해『한겨레』정치부 선임기자 성한용은 "박근혜 대통령은 '규정자의 언어'를 사용한다"며 다음과 같이 말했다.

"모든 것을 내려다보고 지시하는 절대자의 어법이다. 자신이 무엇을 어떻게 하겠다는 내용은 없다. 규정자의 언어는 박정희 시대의 유물이다. 그 시대에는 대통령이 모든 것을 결정했다. 대통령이 지시하면 무조건 따랐다. 없애라고 하면 눈에 보이지 않는 곳으로 치우기라도 했다. 지금은 다르다. 대통령은 통치자가 아니라 조율사나 조정자에 가깝다는 것을 깨달아야 한다."[7]

박근혜가 사용하는 '규정자의 언어'에서 규정의 대상은 다른 사람들일 뿐 자신에게는 해당되지 않는 것이었다. 그날 기획재정부가 박근혜 대통령에게 업무보고를 하면서 이른바 '낙하산 근절 대책'을 발표했지만 이로부터 불과 3일 뒤인 2월 23일 한국광물자원공사와 한국동서발전 두 공기업의 상임감사위원에 전문성이 없는 친박계 정치인이 임명된 것도 그게 아니라면 도무지 이해할 수 없는 일이었다.

『경향신문』은 2월 24일자 사설「'낙하산 방지' 대책 발표 직후 또 낙하산 인사라니」에서 "임명 시기가 기획재정부가 지난 20일 대통령 업무보고에서 공공기관의 낙하산 인사를 막기 위한 대책을 마련하겠다고 밝힌 직후라는 점에서 하도 어이가 없어 말문이 막힌다"며 이렇게 말했다. "도대체 정부와 청와대는 무슨 생각으로 이런 일을 버젓이 저지르고 있는가. 국민은 안중에도 없고 국정을 독불장군식으로 운영하는 대통령의 고집을 드러내는 하나의 단면이 아닌가 싶다. 정부에 과연 낙하산 인사 근절 의지가 있는지조차 의심스럽다. 대통령 업무보고 직후 두 명의 정치인을 상임감사위원으로 임명한 것만 봐도 그렇다."[8]

『국민일보』는 2월 24일자 사설 「낙하산 인사 안 한다더니 국민 우롱하나」에서 "국민을 우롱해도 유분수다. 공공기관에 5년 이상 관련 업무 경력이 없는 기관장이나 감사를 선임하지 않겠다고 현오석 경제부총리가 박근혜 대통령에게 보고한 게 엊그제다"면서 이렇게 말했다. "공기업 개혁을 하겠다면서 정작 방만 경영의 주된 원인인 낙하산 인사 근절 대책이 빠진 데 대한 비판이 빗발치자 정부가 마지못해 내놓은 대책이다. 이마저 낙하산 다 내려 보내놓고 내놓은 뒷북 대책이다. 그러더니 보고서의 잉크가 마르기도 전에 친박계 인사들을 공공기관장과 감사에 또 집중 투하하고 있다."[9]

## 민주당에 박근혜 비판 자격이 있는가?

박근혜는 취임 1주년인 2014년 2월 25일 "제2의 한강의 기적을 이뤄내 우리 경제를 튼튼한 반석 위에 올리고 국민행복시대를 열겠다"며 '경제혁신 3개년 계획'을 발표했다. 3년 안에 잠재성장률 4%와 고용률 70%를 달성해 1인당 국민소득 4만 달러로 가는 초석을 다져놓겠다고 공언했다. 이른바 '474 정책'이었다. 이명박 정부가 '747'이라면 박근혜 정부는 '474'였다.[10]

이날 민주당이 매긴 박근혜 정부의 성적표는 F 학점이었다. 퇴행적 공안 통치로 민주주의를 무너뜨렸고, 지역 편중 인사로 사회적 갈등을 심화시켰으며, 안하무인식 불통 정치로 민의를 압살했을 뿐만 아니라 재벌만 편들고 복지 공약을 후퇴시켜 민생을 파탄냈다는 게 민주당의 진단이었다. 그런데 과연 민주당에 그렇게 비판할 자격이 있었던 걸까?

2월 21~22일 실시한 『중앙일보』의 여론조사에 따르면 박근혜의 국정 수행 지지율은 62.7%였다. 민주당의 지지율은 새누리당(43.0%), 안철수가 창당한 새정치연합(13.9%)에 이어 11.1%에 머물렀다. 『중앙일보』 정치국제부문 차장 김정하는 「62%가 무능·오만이면 11%는 뭘까」라는 칼럼에서 "이런 '무능·오만·독선·불통·반민주·민생파탄' 정권의 지지율이 62.7%인데, 민주당의 지지율이 11.1%라면 민주당은 앞에다 어떤 수식어를 붙여야 하는 건지 누가 좀 가르쳐 줬으면 좋겠다"고 꼬집었다.[11]

이 또한 문제는 '싸가지'였다. 2014년 1월 3일 대구 『매일신문』은 「민주당은 '싸가지'를 회복할 것인가」라는 사설에서 "민주당이 참담하게 추락한 지지율 회복을 위한 '3대 혁신 프로젝트'의 하나로 '막말과 오합지졸烏合之卒 정치 추방 등 당내 질서 회복'을 추진한다고 한다. 민주당 관계자의 말대로 '한마디로 싸가지 없고 무질서한 정당에서 벗어나자는 것'이다"며 다음과 같이 주장했다.

"이러한 '싸가지 회복' 프로젝트가 마련되고 있다는 것은 그만큼 민주당 스스로 '싸가지 없음'을 심각하게 보고 있음을 말해준다. 이런 '싸가지'로는 국민의 마음을 얻을 수 없다는 것을 자각하고 있다는 얘기다. 문제는 말 따로 행동 따로라는 것이다.……장하나 의원의 대선 불복 발언과 박근혜 대통령이 아버지의 전철을 밟을 수 있다고 한 양승조 최고위원의 막말은 이를 잘 보여줬다. 재미있는 것은 이들의 발언이 문재인 의원이 대선 회고록 출간에 앞서 내용을 미리 알리면서 '우리가 싸가지 없는 진보를 자초한 건 아닌지 겸허한 반성이 필요한 때'라고 한 다음에 나왔다는 점이다. 한쪽에서 싸가지 없음을 반성해야 한다고 하면서 다른 쪽에서는 여전히 싸가지 없는 행태를 되풀이하니 그 반성에서 진정성이 읽힐 리 없다."[12]

이어 3월 10일 야당 간판으로 대구시장 선거에 도전한 김부겸은 『조선일보』 인터뷰에서 다음과 같이 말했다. "지역주의도 있지만 사실 우리가 정치를 대범하고 진정성 있게 해야 한다. 국가기관 선거 개입 용납할 수 없지만 그것이 국민 삶을 뒤흔들 이슈는 아니다. 정치적 성숙함을 보여줘야 한다. 민생 현안으로 야당이 여당을 공격하고 대안을 제시하며 싸웠다면 박수 받았을 것이다. 반대만 한다고 야당에 정권 맡기지 않을 것이다. 그리고 제발 야당이 '싸가지' 없는 정치를 한다는 그런 부분을 털어내야 한다. 같은 말을 해도 못되게 하는 것 있지 않은가. 민주당이 싸가지 없는 당이라는 인상을 주는 정치인이 몇몇 있다."[13]

### 서로 못하기 경쟁을 하겠다는 것이었을까?

그럼에도, 민심의 지지를 전혀 받지 못하는, 민주당의 그런 한심한 수준과 행태는 박근혜에게 축복이라기보다는 독약이었다. 그걸 자신의 정치와 정책에 대한 지지로 착각한 나머지 낙하산 인사를 대규모로, 지속적으로 감행했기 때문이다.

3월 11일 민주당 민병두 의원실이 펴낸 A4 용지 35장 분량의 이른

민주당 민병두 의원실의 '공공기관 친박 인명사전'에 따르면, 공기업·준정부기관·기타공공기관의 기관장·감사·이사직으로 임명된 친박 인사는 모두 114명이었다. 새누리당 의원 출신은 모두 16명이었다.

바 '공공기관 친박 인명사전'에 따르면, 2013년 이후 공기업·준정부기관·기타 공공기관의 기관장·감사·이사직으로 임명된 친박 인사는 모두 114명이었다. 기관장이 45명이나 되었고 이사와 감사가 각각 57명, 15명이었다. 새누리당 의원 출신은 모두 16명이었다.

박근혜 새누리당 대선후보 공보단장이었던 전 의원 김병호는 한국언론재단 이사장이 되었고, 경기도 화성갑 재·보궐선거에서 '친박 원로' 서청원에게 후보 자리를 양보한 김성회 전 의원은 한국지역난방공사 사장 자리에 올랐다. '친박 중진'이었던 전 의원 김학송은 한국도로공사 사장 자리를 꿰찼다. 애초에 임원추천위원회가 추천하지 않은 후보였다. 전교조 교사 명단을 공개해 물의를 일으켰던 전 의원 조전혁은 한국전력

공사 이사 자리를 받았다. '친박 낙하산' 114명의 출신(중복 포함)을 보면 새누리당이 55명(48.2%)으로 가장 많았고 대선캠프 40명(35.1%), '대선 지지 활동 등 기타'가 32명(27.2%), 인수위가 14명(12.3%) 순이었다.[14]

3월 12일 『국민일보』는 「모피아 대신 금피아·청와대발發 낙하산인가」라는 사설에서 "하루가 멀다 하고 공공기관은 물론 민간 회사까지 침투하는 낙하산 부대에 신물이 날 지경이다. 청와대 대변인 출신 김행 씨를 여성가족부 산하 양성평등교육진흥원장에 앉히더니 이남기 전 청와대 홍보수석을 민간 회사인 KT스카이라이프 대표로 내려보냈다. KT는 전·현직 정부의 낙하산 부대 집합소다. 수없이 지적하고 비판해도 쇠귀에 경 읽기다"고 비판했다.[15]

『동아일보』는 「친박 인명사전 vs 친노 낙하산 인사」라는 사설에서 "정권을 잡기만 하면 전리품처럼 공공기관 자리를 챙기는 것 자체가 문제라는 인식이 정치권에는 없는 듯하다"며 "낙하산 인사를 남발하면서 어떻게 공공기관을 정상화하겠다는 것인가"라고 개탄했다.[16]

서로 못하기 경쟁을 하겠다는 것이었는지는 알 수 없지만, 민주당도 2012년 대선 패배 이후 줄곧 20% 초·중반대의 지지율을 유지하는 답답한 상황에 처해 있었다. 이제 곧 다가올 6·4 지방선거를 앞두고 그 어떤 정치적 승부수가 필요한 상황이었다. 민주당 대표 김한길은 새정치연합이라는 신당을 출범시킨 안철수와 회동해 합당에 전격적으로 합의해 3월 27일 '새정치민주연합'이라는 당을 김한길·안철수 공동대표 체제로 출범시켰다. 이로써 민주당 126석과 새정치연합 2석, 무소속에서 합류한 박주선(광주 동구), 강동원(전북 남원)까지 합쳐 총 130석이 되었다.[17]

# 이재명의 모라토리엄은 '정치쇼'였는가?

　이재명의 성남시는 모라토리엄을 선언한 지 3년 6개월 만인 2014년 1월 모라토리엄 종식을 선포했는데, 이를 두고 '정치적 쇼'였다는 비판과 '구조조정의 성공'이라는 찬사가 동시에 나왔다. 성남시의회 새누리당 소속 의원들은 "모라토리엄 선언 당시 현금 유동성 위기를 가져올 만한 채무 상환 독촉을 받은 증거가 없다"며 "모라토리엄 선언 자체가 꼼수"라고 주장했다. 경기도 공무원으로 당시 성남시 부시장을 지낸 박정오는 "(그때 공문을 보더라도) 국토부나 한국토지주택공사 등 어느 기관도 성남시에 돈을 갚으라고 한 적이 없다. 당시 성남시 재정 규모와 재정건전성은 230개 기초단체 중 선두권으로 모라토리엄을 선언할 정도로 재정이 악화되지 않았다"고 말했다.

　이런 비판에 성남시는 2013년 1월 발간된 감사원의 「지방행정 감사백서」에 파탄 상황이던 재정 상황과 원인을 지적한 내용이 실렸다며 반박했다. 그러나 감사원 측은 "당시 감사는 성남시가 특별회계 예산을 일반회계로 쓴 잘못을 지적한 것일 뿐"이라고 해명했다.[18] 과연 무엇이 진실일까? 아무래도 "실상을 알리는 방법으로 지급유예 선언을 한 거다. 약간은 과한 방법이었다"는 이재명의 말에 답이 있는 것 같다. 이재명은 나중에 (2017년 2월) 관훈토론회에서 다음과 같은 문답을 주고받는다.

문 "이 모라토리움을 선언하게 된 가장 큰 이유가 LH공사하고 국토부가 정산을 요구했다고 했는데…나중에 이것이 두 기관이 정산을 요구한 것이 아니라는 사실이 알려져서 '쇼가 아니었냐?'는 지적이 있습니다. 거기에 대해서 해명이 있으신지."

답 "정치적 이유에 의한 보여주기라는 측면이 전혀 없다고 할 수는 없지요. 사실 그렇게 해서 저는 재정 구조조정을 3년 6개월 만에 끝낼 수 있었던 것입니다.…뭐 그런 측면, '정치적 쇼 아니냐?'라고 하는 것에 대해서 전혀 아니라고 말할 수 없지요. 쇼적 요소도 있습니다."[19]

제2장

아, 304명!
4·16 세월호 참사

## 정부의 '갈팡질팡·오락가락·우왕좌왕·허둥지둥'

2014년 4월 16일 오전 전라남도 진도군 앞바다에서 6,825톤급 여객선 세월호가 침몰하는 대형 참사가 발생했다. 이날 침몰한 여객선 세월호에는 제주도로 수학여행을 떠난 경기도 안산 단원고 학생 325명을 포함해 476명이 탑승했다.

사고 수습을 책임져야 할 정부는 현장 구조팀은 선실 진입은 물론 탑승객의 3분의 1도 구조하지 못한 상황이었는데도 언론 보도를 근거로 오전 내내 '승객 대부분이 구조되었다'고 낙관했다. 하지만 이는 사실과 다른 오보誤報였으며, 정부는 초기 상황 파악에서부터 실패하며 온종일 허둥댔다.

정부가 꾸린 안전행정부(안행부) 중앙재난안전대책본부(중대본)에서 내놓은 구조자 숫자가 계속 달라졌다는 게 그런 문제를 잘 보여주었다. 중대본과 해양경찰청(해경)이 발표한 구조자 숫자가 200명 가까이 차이가 나 사실 확인 요청이 빗발치자 중대본은 오후 3시 30분쯤 긴급 브리핑을 열어 "구조자 숫자를 확인 중"이라며 말을 바꾸었다. 중대본 차장인 안행부 제2차관 이경옥은 "민간 어선과 군인 등 여러 주체가 동시다발로 구조하다 보니 착오가 있었다"며 "해경 상황본부와 긴급히 연락하고 있다"고 말했다. "부상자 숫자가 변경될 수 있느냐"는 질문에도 "확인되는 대로 다시 말씀드리겠다"며 확답하지 못했다.

중대본은 첫 공식 발표가 나온 지 2시간 30분 만인 오후 4시 30분에야 실제 구조자 숫자가 당초 발표한 숫자의 절반도 되지 않는 164명이라고 밝혔다. 구조자 숫자뿐 아니라 침몰 여객선의 전체 탑승 인원도 477명에서 459명으로 정정되었다. 중대본은 구조자 숫자를 368명으로 발표했던 것에 대해서는 "인솔 교사와 아르바이트생, 후송선에 타고 있던 인원, 민간 어선이 구한 구조자 등이 이중집계됐기 때문"이라고 해명했다.

사고 현장을 방문했다가 오후 5시 20분쯤 정부서울청사로 돌아온 안행부 장관 강병규(중대본부장)는 "인명과 관련한 문제는 혼선이 있었기 때문에 (시간이 걸려도) 세 차례, 네 차례 확인해서 정확한 정보를 드리겠다"고 말했다. 사고 신고가 이루어진 오전 8시 58분부터 무려 6시간 이상 잘못된 정보를 토대로 사고 수습에 나서고 있었던 것이다.[20]

청와대는 박근혜가 사고 발생 직후 청와대에서 노심초사하며 "단 한 명의 희생자도 없게 하라"고 즉각 정부 관계부처에 지시했다고 발표했지만 제대로 상황 파악을 하고 있지 못했다. 박근혜는 사고 발생 8시간쯤 지난 오후 5시께 중대본을 직접 방문해 상황을 점검하면서 안행부 2차

세월호 참사가 일어난 지 6시간이 지나서도 중대본은 정확한 전체 탑승 인원과 구조자 숫자도 제대로 알지 못하고 있었다. 특히 안산 단원고 "학생 338명 전원 구조"는 명백히 오보였다.

관에게 "학생들이 구명조끼를 입고 있었다고 하는데 왜 발견하기 힘드냐"고 물었다. 세월호 사고 당시 승객들은 구명조끼를 제대로 챙겨 입을 수 없었으며, 실종자의 대부분은 침몰한 배의 객실에 갇혀 있을 것이라는 점은 방송 보도만 보더라도 알 수 있었지만 엉뚱한 말을 한 것이다.[21]

박근혜는 오전 10시쯤 세월호 침몰과 관련한 첫 서면보고를 받았다는데 왜 7시간이 지나서야 중대본을 방문했으며, 게다가 이상한 말을 한 걸까? 이는 두고두고 '박근혜의 7시간 미스터리'로 남아 뜨거운 논란의 대상이 된다. 정부의 전반적인 대응과 관련해 언론이 자주 쓴 표현은 '갈팡질팡·오락가락·우왕좌왕·허둥지둥' 등이었다.

## "묻는다, 이게 나라인가"

4월 17일 학부모 긴급대책위원회는 해양수산부와 해양경찰청 등 관계자와 면담 자리에서 학생들의 생존 여부 확인, 생존자가 있을 경우 긴급 구조 지원, 해군과 해경·민간 전문가를 포함한 릴레이 구조 활동, 가능한 모든 대형 장비를 구조에 동원, 사망자 발생 시 가족에게 확인 후 병원 이송과 후속 절차 이행, 정확한 언론 보도를 위해 구조 작업 현장 상황 정직하게 공개 등 6가지 요구사항을 전달했다.

이날 박근혜는 세월호 침몰사고 실종자 가족들이 머물고 있는 전남 진도군 진도실내체육관을 찾았다. 박근혜가 체육관에 들어서자 전날 국무총리 정홍원의 방문에 가족들이 터뜨렸던 울분은 '대통령이 내 자식 살려 달라'는 간절한 호소로 변했다. "정부가 이틀 동안 한 일이 뭐가 있느냐", "해상 구조하는 것을 못 봤다. 이게 국가냐", "우리가 속아도 너무 속았다"는 고함도 터져 나왔다. 한 실종자 가족은 "우리 애가 물속에 살아 있다. 제발 꺼내 달라"고 호소했다.[22]

4월 18일 세월호 침몰 실종자 가족들은 정부의 부실한 대처에 분노해 국민에게 직접 전달하는 대국민 호소문을 발표했다. 이들은 "현 시점에서 진행되는 행태가 너무 분한 나머지 국민들께 눈물을 머금고 호소하려 합니다"면서 다음과 같이 말했다. "16일 낮 12시쯤 전원 구출이라는 소리를 듣고 아이들을 보러 이곳에 도착했지만 실상은 너무 어처구니가 없었다. 진도 실내체육관 비상상황실에 와보니 책임 있게 상황을 정확히 판단해주는 관계자가 아무도 없었다. 심지어 상황실도 없었다."[23]

이날 단원고 학생들의 수학여행 인솔 책임자로 세월호에 타고 있었던 강모 교감이 죄책감을 이기지 못하고 스스로 목숨을 끊었다. 강 교감의 주머니에서 발견된 유서 2장에는 "모든(수학여행) 일은 내가 추진했고 책임을 통감한다. 내가 발견되면 제자들이 숨진 해역에 화장을 해 뿌려달라"는 내용이 적혀 있었다.[24]

세월호 침몰로 온 나라가 충격에 빠진 가운데 행여 슬픔에 잠긴 실종자 가족들의 귀에 닿을세라 온 나라가 목소리를 낮추었다. 봄맞이 문화·체육 행사는 연기되거나 취소되었고, 기업들은 떠들썩한 홍보 활동을 자제하기로 했으며, 예정된 집회·시위는 보류되거나 규모를 축소해서 열기로 했다. 행사·공연 등도 줄줄이 취소되었다.[25]

『한겨레』는 4월 21일자 사설 「묻는다, 이게 나라인가」에서 "현장이 제대로 대처하지 못하니 피해자 가족들의 원성은 자연 청와대로 몰리고 있다. 믿을 수 없는 정부 발표와 더딘 구조·수색 활동에 격분한 까닭이다. 그런데 정부는 사복경찰을 보내 가족들 동향을 감시하는가 하면 채증 활동까지 벌이고 있다고 한다. 피해 가족들을 잠재적 범죄자로 보고 있다는 비난을 자초하는 우행이 아닌가. 정부의 위기 대처 능력이 이런 데서만 제대로 작동되고 있다는 비아냥이 나오는 것도 당연하다. 배가 침몰하는 순간 선장은 가장 먼저 도망가 버리고, 승객은 '가만히 있으라'는 지시를 충실히 따르다 차가운 바닷속에 가라앉았다. 여기까지가 세월호 침몰 사건의 전말이다"면서 다음과 같이 말했다.

"하지만 그다음부터 이어지는 구조 활동과 사고 수습 과정에선 국가 재난 대응 체계의 총체적 부실에 따른 '또 다른 참사'가 시작됐다고 해도 과언이 아니다. '대한민국호'에 탄 국민의 마음은 세월호 사고의 피해자 가족만큼이나 비통하고 우울하다. 자연재해든 인재든 국가적 위기는 언제나 발생할 수 있다. 중요한 것은 이런 위기로부터 국민을 보호하는 국가적 역량이다. 세월호 참사를 통해 지금까지 드러난 재난 대응 체계와 위기관리 실태를 보면, 정부라고 하기에도 민망할 정도로 엉망진창의 모습이다. 그래서 거듭 묻는다. 이게 나라인가."[26]

## "시스템은 없고 질타만 있다"

4월 21일 박근혜는 청와대에서 열린 '세월호 관련 특별 수석비서 관회의'에서 "선장과 일부 승무원들의 행위는 상식적으로 용납될 수 없는 살인과도 같은 행태였다"며 "단계별로 무책임과 부조리, 잘못된 부분에 대해 민·형사상 책임을 물을 것"이라고 말했다. 이날 회의에서도 박근혜는 깨알 리더십을 다시 발휘했다. 박근혜의 모두 발언은 200자 원고지 28장 분량으로 읽는 데만 15분이 걸렸으며, 참모들은 여느 때처럼 수첩에 받아쓰기에 바빴다.[27]

박근혜는 또 "헌신적으로 근무하는 공무원들까지 불신하게 만드는, 자리 보존을 위해 눈치만 보는 공무원들은 우리 정부에서 반드시 퇴출시킬 것"이라고 말했다. 하지만 이날 박근혜는 국정 최고책임자로서 사고 대응과 수습 과정에서 나타난 난맥상에 대한 사과나 유감 표명은 하지 않았다.

『한겨레』는 4월 22일자 사설 「시스템은 없고 질타만 있다」에서 "대통령의 강경한 발언은 전반적으로 질책과 처벌에 방점이 찍혀 있다. 그런데 왠지 공허하다. 뭔가 초점이 맞지 않는다는 느낌을 지울 수 없다"면서 다음과 같이 말했다.

"이번에 침몰한 것은 세월호만이 아니다. 정부의 재난 구호 시스템과 위기관리 능력에도 구멍이 숭숭 뚫렸다. 초동 대처는 미흡했고 부처들 간에 협업은 이뤄지지 않았으며, 재난 대응 매뉴얼들은 결정적 순간에 멈춰버렸다. 정부는 일사불란해야 할 때 허둥대고 일목요연해야 할 때 오락가락했다. 이 점에서 청와대도 결코 예외일 수 없다. 그런데도 박 대통령은 남 얘기하듯 선장 욕하고 공무원 질책하기에 바쁘다."[28]

4월 23일 청와대 국가안보실장 김장수는 "청와대 국가안보실이 '청와대의 재난 컨트롤타워'라는 일부 신문의 보도는 잘못됐다"며 "청와대 국가안보실은 재난의 컨트롤타워가 아니다"고 밝혔다. 이는 4월 16일 세월호 사고 발생 당시 박근혜가 청와대 국가안보실을 통해 사건을 보고받으며 직접 챙기고 있다고 강조했던 모습과 180도 달라진 것이었다. 청와대 대변인 민경욱은 "안보실의 역할은 통일, 안보, 정보, 국방의 컨트롤타워다. 자연재해 같은 거 났을 때 컨트롤타워가 아니다"며, "국가 안보와 관련해서 봐야 할 것이 많은 곳이다. 재난에 대해 모습을 드러내지 않는다는 (비판은) 적절치 않다"고 전했다. 또 "법령으로 보면 정부 안에서는 (컨트롤타워 역할을) 중앙재난안전대책본부(중대본)가 하는 게 맞다"며 안행부에 총괄 책임을 떠넘겼다.[29]

국세청과 검찰이 4월 22·23일 잇따라 세월호 선사船社인 청해진해운 관련 기업과 실소유주인 유병언 전 세모그룹 회장 일가, 유병언이 관련된 종교 단체인 구원파 등을 압수수색한 이후 '유병언'과 '구원파'가 세월호 보도의 상당 부분을 차지하기 시작했다. 이와 관련, 정철운은 다음과 같이 말했다. "세월호 참사 국면에서 국민의 분노는 박근혜 대통령에게 향했다. 하지만 언론은 국민적 분노가 유병언을 향하도록 안간힘을 썼다. 언론은 진상규명과 참사 대책과 동떨어진 유병언·구원파 보도에 집중하며 참사의 본질을 흐렸다."[30]

SNS도 그런 혼란에 가세했다. 4월 24일 『조선일보』는 "스마트폰 대중화 이후 최대 규모의 인재人災인 이번 세월호 침몰 사고를 둘러싸고, 'SNS 공황恐慌'이라 할 만한 사태가 빚어지고 있다"며 다음과 같이 말했다. "현재 SNS에선 '만인萬人의 만인에 대한 실시간 보도'가 만연하고 있다. ① 누군가 조작했거나 진위 여부가 확인되지 않은 문자메시지·카카오톡·트위터·페이스북 글이 → ② SNS를 통해 전파 확산되고 → ③ 실제 언론사의 보도 기사 등과 교묘하게 뒤섞여 → ④ '정부의 조작·방해' 등의 음모론이 덧붙여져 무한 증식되는 구조다."[31]

## 대통령 박근혜의 조문과 사과

『한겨레』는 4월 25일자 사설 「청와대, 세월호 선장과 다른 게 무언가」에서 "김장수 청와대 국가안보실장이나 민경욱 대변인은 참으로 놀라운 사람들이다. 이런 상황에서 "'청와대 국가안보실은 재난 컨트롤타워가 아니다'는 말을 그토록 스스럼없이 할 수 있으니 말이다. '일단 나는 살고 보자'는 보신주의, 책임으로부터의 약삭빠른 대피 행위는 세월호 선장 못지않다"면서 다음과 같이 말했다.

"청와대 관계자들이 정신이 제대로 박힌 사람들이라면 '컨트롤타워의 부재를 심각하게 반성하고 있다'거나 '지금부터라도 청와대가 컨트롤타워가 돼 사고 수습에 만전을 기하겠다'는 말을 해야 옳다. 아니면 컨트롤타워 문제를 입 밖에 꺼내지 않는 편이 차라리 낫다. 그것이 자식을

## 청와대, 세월호 선장과 다른 게 무언가

김장수 청와대 국가안보실장이나 민경욱 대변인은 참으로 놀라운 사람들이다. 이런 상황에서 "청와대 국가안보실은 재난 컨트롤타워가 아니다"라는 말을 그토록 스스럼없이 할 수 있으니 말이다. '일단 나는 살고 보자'는 보신주의, 책임으로부터의 약삭빠른 대피 행위는 세월호 선장 못지않다.

원론적으로 따져 김 실장의 말이 틀린 것은 아니다. 참여정부 시절의 재난 사태 위기관리를 포함한 포괄적인 안보 기능을 갖고 있던 국가안전보장회의(NSC)는 이명박 정부 들어 군사적 안보를 제외한 재난 대비 기능을 모두 해당 부처로 내려보냈고 박근혜 정부 들어서도 그 기조가 계속 유지되고 있기 때문이다. 이것이 얼마나 잘못된 판단이었는지는 온 국민이 눈으로 생생히 보고 있는 그대로다. 정부 부처들의 우왕좌왕, 갈팡질팡은 도무지 개선의 기미가 보이지 않고, 걸핏하면 '우리 부처 소관이 아니다'라는 따위의 복장 터지는 말이나 하고 있는 게 지금의 현실이다.

그러니 청와대 관계자들이 정신이 제대로 박힌 사람들이라면 '컨트롤타워의 부재를 심각하게 반성하고 있다'거나 '지금부터라도 청와대가 컨트롤타워가 돼 사고 수습에 만전을 기하겠다'는 말을 해야 옳나. 아니면 컨트롤타워 문제를 입 밖에 꺼내지 않는 편이 차라리 낫다. 그것이 자식을 잃은 슬픔 속에 오열하고

있는 유가족들에 대한 최소한의 도리다. 청와대는 그런 염치와 예의도 없다.

김장수 실장의 발언은 청와대의 현재 인식과 주된 관심사가 어디에 있는지를 잘 보여준다. 한마디로 말해 이번 사태에 섣불리 끼어들어 책임 문제가 거론되는 것이 싫다는 이야기다. 김 실장의 발 빠른 책임 회피는 단지 본인만을 위한 것은 아닐 것이다. 책임의 불똥이 박근혜 대통령에게 튀는 것을 막기 위한 성격도 지닌다. 박 대통령이 할 일은 '고고한 위치'에서 질책하고, 닦달하고, 엄벌에 처하는 일뿐, 책임의 진흙탕에 발끝도 적시는 일이 없도록 하겠다는 뜻이다. 놀라운 충성심이요, 기민한 정치 감각이다.

이 정부 들어 청와대의 전반적인 컨트롤타워 기능이 역대 어느 정부보다도 강화됐다는 것은 세상이 아는 일이다. 각 부처는 청와대의 통제와 지시 없이는 한 발짝도 움직이지 못하는 형편이다. 그런데도 청와대는 재난 문제만큼은 컨트롤타워 노릇을 하지 않겠다고 한다. 그리고 '일인지하 만인지상'으로 정부를 쥐락펴락하던 김기춘 비서실장을 비롯해 청와대 고위 관계자들은 일제히 모습을 감추었다. 지금 청와대에는 권력은 있어도 책임은 없다. 그리고 권력자는 있어도 리더는 없다. 이 사건의 또 다른 비극이 깃들어 있는 대목이다.

박근혜는 세월호 참사가 일어났을 때 사과나 유감 표명을 하지 않다가 사고 발생 13일 만에 처음으로 사과했다. 도대체 청와대와 세월호 선장이 다른 게 무엇이었을까? (『한겨레』, 2014년 4월 25일)

잃은 슬픔 속에 오열하고 있는 유가족들에 대한 최소한의 도리다. 청와대는 그런 염치와 예의도 없다. 김장수 실장의 발언은 청와대의 현재 인식과 주된 관심사가 어디에 있는지를 잘 보여준다. 한마디로 말해 이번 사태에 섣불리 끼어들어 책임 문제가 거론되는 것이 싫다는 이야기다."[32]

4월 29일 오전 박근혜는 경기 안산 화랑유원지의 '세월호 사고 희생자 정부 합동분향소'를 찾아 조문했다. 하지만 이 자리에서도 박근혜는 사과는 하지 않았다. 박근혜가 "반드시 안전한 나라를 만들겠다"며 "분향소 설치 혼선에 대해서도 알아보고 책임을 묻겠다"는 말만 하고 사

과 없이 떠나자 일부 유족들은 "대통령 조화 밖으로 꺼내 버려"라고 소리쳤고, 다른 유족들도 분향소 한가운데 큼지막하게 놓여 있는 박근혜 등 고위공무원과 정치인들의 조화를 치울 것을 요구했다. 결국, 박 대통령, 강창희 국회의장, 정홍원 국무총리, 황우여 새누리당 대표 최고위원, 강병규 안전행정부 장관, 이주영 해양수산부 장관 등의 조화는 모두 밖으로 치워졌다.[33]

박근혜는 합동분향소에 조문을 마친 후 청와대에서 주재한 국무회의에서 "사전에 사고를 예방하지 못하고 초동 대응과 수습이 미흡했던 데 대해 뭐라 사죄를 드려야 그 아픔과 고통이 잠시라도 위로를 받으실 수 있을지 모르겠다"고 말했다. 이어 박근혜는 "이번 사고로 희생된 분들에게 깊은 애도를 표한다. 가족 친지 친구를 잃은 슬픔과 고통을 겪고 계신 모든 분들에게 진심으로 위로를 드린다"고 했다. 사고 발생 13일 만에 처음으로 사과한 것이다.[34]

## '정치적 사건'이 되어버린 세월호 참사

『동아일보』는 4월 30일자 사설 「그 정도 사과와 '셀프 개혁'으로 국가 개조 될 것 같은가」에서 "세월호 참사 13일 만에 국무회의 모두冒頭 발언처럼 밝힌 사과에 국민이 감동과 위로를 받았을지 의문이다. 대통령의 사과가 경솔해서도 안 되지만 이번 경우 대통령은 사과의 시기를 놓쳤고 형식도 기대에 못 미쳤다"면서 다음과 같이 말했다.

"참사의 1차적 책임은 세월호에 있다 해도 어린 생명을 구할 시간이 분명 있었음에도 국가는 그렇게 하지 않았고, 못했다. 온 국민이 동영상으로, TV로, 카카오톡 메시지로 똑똑히 목격했기에 충격은 더 크다. 국정에 무한책임을 지는 대통령은 희생자와 유족, 실종자 가족 그리고 국민을 마주 보며 진심 어린 사과부터 했어야 했다. 하지만 박 대통령은 사고 다음 날인 17일 진도 현장과 21일 수석비서관회의에서 공무원들을 질타만 했지 공무원의 고용주인 국민에게는 사과하지 않았다. 행정부의 수반도, 국정의 책임자도 아닌 듯한 모습이어서 일각에선 '유체이탈' 화법이라는 소리까지 나왔다."[35]

박근혜는 합동분향소 현장에서 한 할머니의 어깨를 감싸며 위로했다. 그런데 그 할머니가 유가족이 아니라 정부 측이 동원한 인물이라는 이야기가 급속도로 온라인에 퍼졌다. 다음 날 실종자·희생자 가족 대표였던 유경근은 CBS 라디오 〈김현정의 뉴스쇼〉에 출연해 "대통령께서 분향소 안에 어떤 할머니 한 분을 대동하고 분향을 한 뒤 사진을 찍으신 걸로 알고 있는데 제가 궁금해서 어느 분이신가 수소문을 해봤는데 희한하게도 아는 분이 없었다"고 말했다.

이어 『CBS 노컷뉴스』는 "이른바 조문 연출 의혹에 등장하는 여성 노인이 실제로 청와대 측이 섭외한 인물인 것으로 드러났다"고 보도해 큰 파장을 불러일으켰다. 그러나, 이건 오보誤報였다. 분향소에서 대통령을 만난 노인은 안산 초지동 주민 오씨로 밝혀졌으며, 그는 『경향신문』 인터뷰에서 "분향소 인근 주민이며 조문을 갔다 대통령을 만났다"고 말했다.

『CBS 노컷뉴스』는 왜 그런 어이없는 오보를 했을까? 『미디어오늘』 기자 정철운이 『뉴스와 거짓말: 한국 언론의 오보를 기록하다』(2019)에서 한 다음 말이 인상적이다. "많은 사람이 '보고 싶었던' 보도였다. 모두

'조문객 연출'이라 믿고 싶었다."[36] 그랬다. 세월호 참사가 일어난 지 딱 2주 만에 세월호 참사는 이미 '정치적 사건'이 되어 있었다.

## '정치 선동'을 둘러싼 갈등과 내분

5월 9일 새벽 3시 30분쯤부터 세월호 참사 유족 100여 명은 "대통령을 만나고 싶다"며 청와대 인근 청운효자동 주민센터 앞에서 연좌 농성을 시작했다. 이에 앞서 이들은 KBS 본관 앞에서 세월호 피해자를 교통사고 피해자 숫자와 비교한 것으로 알려진 KBS 보도국장 김시곤의 파면과 대표이사의 공개사과를 요구했지만 면담이 결렬되어 뜻을 이루진 못했다. KBS 항의 방문을 갔다가 청와대로 향해 온 유족들은 경찰이 길을 막아 광화문광장서부터 걸어왔다. 청와대 주변에는 13개 중대 900여 명의 병력이 배치되어 일부 유족은 경찰 앞에 무릎을 꿇고 "길을 열어달라"고 애원했다.[37]

5월 9일 오전 청와대 대변인 민경욱은 기자들과 만난 자리에서 "지금 (청와대 진입로에) 유가족분들이 와 계시는데, 순수 유가족분들의 요청을 듣는 일이라면 누군가가 나서서 그 말씀을 들어야 한다고 입장이 정리가 됐다"며 "박준우 정무수석이 나가서 면담할 계획"이라고 밝혔다. 민경욱은 이 자리에서 '순수한 유가족'이란 표현의 의미를 묻는 기자들의 질문에 대해 "유가족이 아닌 분들은 대상이 되기 힘들지 않겠느냐는 말"이라며, "실종자 가족들이야 진도 팽목항에 계실 테니까 여기 계실 가능성이 적을 테고"라고 말했다. 누리꾼 사이에서는 '순수 유가족'이란 표현이 문제가 있다는 비판의 목소리가 쏟아졌다.[38]

세월호 유족들이 대통령과의 만남을 요구하고 있던 이날 박근혜는 오전 10시 청와대 세종실에서 열린 긴급민생대책회의에서 '대한상의 상근부회장', '한국여행업협회장', '대한숙박업중앙회장', '한국관광협회중앙회' 부회장, '목4동시장 상인회장', '현대·LG경제연구원장' 등을 불러 모아놓고 "경제에 있어서 뭐니뭐니 해도 가장 중요한 것은 국민의 심리가 아니겠느냐"며 "심리가 안정돼야 비로소 경제가 살아날 수가 있다"고 소비 심리론을 폈다. 그는 "그런데 사회불안이나 분열을 야기시키는 일들은 국민경제에 전혀 도움이 안 될 뿐 아니라 결정적으로 우리 경제에 악영향을 끼치게 된다"며 "또 그 고통은 국민들에게 돌아오게 된다"고 비난했다.[39]

『한겨레』는 5월 12일자 사설 「또 '정치 선동론' 타령인가」에서 "박승춘 국가보훈처장이 9·11테러 직후 조지 부시 미국 대통령의 지지율이 상승했던 점을 거론하며 '우리는 문제가 생기면 정부와 대통령만 공격하는 것이 관례가 되어 있다'고 말했다. 보수 언론은 일제히 '세월호 정치 선동 악용'을 거론하고 나섰고, 보수단체의 집회에선 '세월호 정치 선동꾼 척결' 펼침막이 등장했다. '일부 좌파 세력', '정치 선동' 등 익히 들었던 표현들이 다시 쏟아지는 것 자체가 예사롭지 않다"면서 다음과 같이 말했다.

"세월호 추모집회를 정치 선동, 정치투쟁으로 몰아세우는 기준도 매우 자의적이다. 보수 언론은 '박근혜가 책임져라', '이런 대통령 필요 없다' 따위의 구호를 문제 삼았다. 대통령을 비판하면 정치 선동이요, 그렇지 않으면 '순수 추모집회'라는 얘기인지 도무지 알 수가 없다. 세월호 침몰 사고는 우리 사회의 온갖 병폐를 일시에 드러냈다. 이를 계기로 우리 사회를 크게 뜯어고쳐야 한다는 생각에는 보수나 진보나 마찬가지일 것이다. 국민은 입을 꾹 다물고 관료집단에만 맡겨둘 수 없다는 점도 분명해졌다. 세월호 추모집회를 정치 선동으로 몰아가는 일련의 흐름은 국민에 대한 침묵의 강요라고밖에 볼 수 없다. 그야말로 불순하다."[40]

5월 12일 새누리당 지도부는 세월호 침몰 사고 이후 잇따르는 추모집회를 '정치 선동'으로 몰아붙이며 차단에 나섰다. 세월호 참사 후 민감한 발언을 자제하며 숨죽이고 있던 분위기에서 확 달라진 것이다. 여권의 '촛불 트라우마(정신적 외상)'가 은연중에 표출된 것으로 해석되었다. 2008년 이명박 정부 출범 첫해 광우병 촛불집회로 국정 동력을 상실한 경험을 공유하고 있던 새누리당이 세월호 참사 이후 박근혜 대통령의 지지율이 급락하면서 당시 악몽이 재연되지 않을까 하는 우려에 빠져 있다는 것이다.[41]

### 과연 박근혜 정권만의 문제였는가?

5월 19일 박근혜는 청와대 춘추관에서 열린 세월호 참사 관련 대국민 담화에서 "이번 사고에 제대로 대처하지 못한 최종 책임은 대통령인 저에게 있습니다. 국민의 생명과 안전을 책임져야 하는 대통령으로서 국민 여러분께서 겪으신 고통에 진심으로 사과드린다"면서 고개를 숙였다. 박근혜는 또 "살릴 수도 있었던 학생들을 살리지 못했고 초동 대응 미숙으로 많은 혼란이 있었고, 불법 과적 등으로 이미 안전에 많은 문제가 예견되었는데도 바로잡지 못한 것에 안타까워하고 (국민들이) 분노한 것이라 생각한다"면서 "그들을 지켜주지 못하고, 그 가족들의 여행길을 지켜주지 못해 대통령으로서 비애감이 든다"고 했다.

　이날 박근혜는 연설 말미에 세월호 참사 희생자와 실종자를 수습하는 과정에서 인명 구조에 최선을 다했던 승객과 일부 승무원, 잠수사 등 '의로운' 희생자 이름을 거명하며 눈물을 흘렸다.[42] 박근혜는 대국민 담화 발표 직후 아랍에미리트UAE를 방문하기 위해 출국했다.

　『한국일보』 논설위원 이충재는 5월 20일자 칼럼 「박근혜 대통령은 바뀌지 않았다」에서 "세월호 침몰도 제도와 시스템의 잘못이 아니다. 그것을 운용하는 관료들이 문제였다. 그들을 부리는 대통령의 국정 운영 방식과 철학이 더 큰 문제였다. 박 대통령의 대국민 담화에 국민들의 시선이 쏠린 것도 이런 연유다. 어떤 내용과 대책을 내놓을지가 궁금해서만은 아니었다. 회견의 형식과 박 대통령의 태도, 사과의 진정성에 더 주목했다. 이를 통해 박 대통령이 진짜 달라질 것인지를 확인하고 싶었기 때문이다"면서 다음과 같이 말했다.

　"박 대통령이 자신의 잘못이 뭔지를 알고는 있는지 의구심이 생긴다. 독주와 불통, 깨알 리더십, 만기친람식 국정 운영, 내 사람 심기 등이 결국 세월호 참사의 근원이라는 것을 깨닫고 있는지가 궁금하다. 그러나 담화문 어디에도 국정 운영 방식의 반성과 변화를 감지할 수 있는 대목은 없었다. 무능한 장관과 한심한 해경이 사고 수습을 엉망으로 해 자신을 욕보였다는 책임 전가만이 가득하다."[43]

　그러나 과연 박근혜와 박근혜 정권만이 문제였을까? 이게 과연 진영 간 차이의 문제로만 볼 수 있겠느냐는 것이다. 사고 후 대응에서 박근혜 정권이 비판받을 일을 많이 저지르긴 했지만, 사고 원인까지 박근혜 정권 특유의 어떤 특성 탓으로 돌리는 게 과연 온당하거나 공정하다고 볼 수 있을까?

5년 후인 2019년 4월 15일 『한겨레』에 중요한 기사 하나가 실렸다. 기자 채윤태와 이정규가 행안부의 재난연감을 분석해, 세월호가 일어나기 전 3년(2011~2013년)과 견줘, 세월호 발생 뒤 3년(2015~2017년)의 안전사고가 오히려 늘어났으며, 특히 선박 사고가 증가했다는 걸 밝힌 기사다. 세월호 이후 재난에 대해 엄격해진 사회적 분위기가 통계에 반영되었다는 이야기도 있지만, 그간 우리 사회가 더 안전해졌다고 믿는 사람이 거의 없다는 점은 분명했다. 그렇다면 적어도 박근혜와 박근혜 정권만의 문제였다고 볼 수는 없잖은가 말이다.

또 5년 후인 2024년 5월 2일 『한국일보』에 게재된 「12명 정원에 41명 태워도 몰라…세월호 참사 10년 '안전불감증' 여전」이라는 기사를 보자. 상습적인 선박안전법 위반 행위는 도처에 만연해 있다는 내용이다. 화물선 등 5,100척을 관리하는 안전감독관은 40명으로 숫자가 턱없이 부족하며, 102개 항로 여객선 150척을 담당하는 운항관리자는 126명으로 사정이 좀 낫지만 규모가 작은 항구나 섬에 상주하지 않는 경우가 허다해 감시망이 허술하긴 마찬가지라는 것이다.[44]

우리는 도대체 그간 무엇을 한 것인가? 사고 책임자들의 응징과 처벌에만 주력했으며, 민주당은 정략적으로 그런 대응을 부추긴 게 아닌가? 정부의 문제는 평소 언론이 잘 지적하고 있으니, 언론의 문제도 살펴보자. 방송기자연합회 저널리즘 특별위원회는 언론의 세월호 보도 양상을 가리켜 '저널리즘의 침몰'이라고 했는데, 평소엔 외면하다가 막상 사고가 터져야만 흥분하면서 감성적 대응 일변도로만 나가는 언론엔 정녕 문제가 없다고 할 수 있을까?

# 세월호 참사와
# '기레기'의 탄생

세월호 참사는 '언론 스캔들'로도 비화되어 '기레기(기자와 쓰레기를 합친 멸칭)'라는 말이 널리 쓰이는 결정적 계기가 되었다. MBC 해직기자 박성제의 『권력과 언론: 기레기 저널리즘의 시대』(2017)에 따르면, "구조 현장에서 기자들이 보여준 부끄러운 행태, '전원 구조'라는 최악의 오보에 경악한 시민들은 너도나도 기레기라는 단어를 입에 올리기 시작했다. 단독과 속보 경쟁, 조회수에만 눈이 팔린 선정주의가 범람했고, 공영방송들은 권력자의 책임을 가리기 위해 시청자를 호도했다".[45]

언론은 구조 작업을 제대로 수행하지 못하는 정부는 비판하면서도 정작 박근혜는 노골적으로 칭찬하는 보도가 눈에 띄게 많아 언론들의 '박비어천가'가 지나치다는 비판도 받았다. KBS는 "곳곳에서 쇄도하는 질문에 일일이 답을 해준다", "박 대통령은 즉시 시정을 지시했고 가족들은 박수로 호응했다"고 보도했다. TV조선 앵커는 "험한 분위기가 충분히 예상됐음에도 가족들을 찾아간 박근혜 대통령도 대단한 것 같다"고 칭찬했고, 기자 역시 "경호 문제로 참모들의 만류가 있었지만 직접적인 대화가 필요하다는 판단 아래 강행한 것"이라고 방문 배경을 부연 설명했다. 반면 JTBC 〈뉴스9〉의 세월호 참사 보도는 돋보여, 실종자 가족들은 대부분 JTBC 뉴스를 볼 정도로 시청자들의 신뢰를 얻었다.[46]

4월 29일 진보적 언론 비평지인 『미디어오늘』은 정부 부처가 전방위로 언론의 세월호 관련 의혹을 통제하고 방송사를 조정통제하는 등 사실상 언론을 통제하는 정황이 담긴 「"세월호" 관련 재난상황반 운영 계획」이라는 정부 내부 문건을 입수해 그 내용을 보도했다. 방송통신위원회는 방송사를 '조정통제'하고, 방송통신심의위원회는 모니터링을 강화하면서 사업자에게 '삭제'를 신고하는 등 전방위로 세월호 관련 보도와 의혹 제기를 통제한다는 내용이었다.[47]

그러나 시간이 흐르면서 '기레기'라는 말은 진영 논리와 정파성이 극에 이르면서 '용법의 타락' 현상에 직면하게 된다. 자기편을 드는 언론은 무조건 '양심 언론'이고, 자기편에 대해 비판적인 언론은 무조건 '기레기'라는 식이어서, '기레기'라는 말을 쓰는 사람은 스스로 자신이 진영 논리 중독자임을 고백하는 꼴이 되고 만다.

## 제3장

# 6·4 지방선거와
# 문창극 인사 파동

## 국무총리 후보자 안대희의 전관예우 파문

2014년 5월 22일 국무총리에 내정된 안대희는 노무현 정권 대검 중수부장 시절 노무현의 사법시험 동기였음에도 노무현의 불법 대선 자금 수사를 맡아 여야 현역 의원들은 물론이고 당시 정권의 실세들까지 감옥에 보내는 강단을 보여 '법과 원칙'의 상징이 되었다. 또 검사와 대법관의 공직 기간에 재산 공개에서 항상 최하위권을 기록해 청렴하다는 평도 들었다. 그러나 그는 대법관 퇴임 1년 후인 2013년 7월 변호사 사무실을 열어 연말까지 5개월 동안에만 16억 원, 하루에 1,000만 원씩의 수입을 올렸음이 드러나 논란이 되었다.

안대희는 5월 26일 기자회견을 열어 고액 수임료를 받은 사실을 인정했다. 그는 "저의 소득은 변호사로서 최선을 다한 결과"라며 "30년 넘는 공직생활 동안 많지 않은 소득으로 낡은 집에서 오랫동안 생활한 가족에게 미안한 마음이 있어 어느 정도 보상해주고 싶다는 생각으로 열심히 노력한 측면도 있다"고 해명했다. 그리고 세월호 사고 뒤 4억 7,000만 원을 기부한 사실을 언급하면서 "남은 11억 원도 사회에 환원하겠다"고 밝혔다. 그러나 논란은 가라앉지 않았고 야당과 시민단체의 공격은 더 거세졌다. 결국 그는 5월 28일 사퇴했다.[48]

'법과 원칙'은 물론 '청렴결백'의 상징이던 인물까지 벗어나지 못할 정도로 전관예우의 수렁은 깊고 끈적끈적하기만 했다. 인제대학교 교수 김창룡은 "전관예우의 폐해는 법치주의를 말살하고 국민 법익에 심각한 불이익을 가져온다는 것을 법조인들이 더 잘 알면서도 이를 고치지 않는다"며 다음과 같이 말했다.

"그 이유는 단 하나. 기득권의 품 안이 너무 따뜻하고 편하기 때문이다. 대법관, 검찰총장, 차장, 고검장, 부장판사 이런 이름으로 권력과 명예를 누린 후 자리에 물러날 무렵에는 월 1~2억뿐만 아니라 고급차와 비서, 고급 사무실까지 갖춰져 있는 자리가 보장돼 있는데 이를 물리칠 법조인이 몇이나 되겠는가."[49]

언론광장 공동대표 김영호는 "대형 법무법인의 전관예우는 상상을 초월한다. 검사장-고등법원 부장판사 출신이라면 연봉이 6억~12억 원이라는 게 법조계의 공공연한 비밀이다. 법원장 출신이라면 1~2년 만에 평생 먹고 살고도 남을 만큼 번다고 한다. 급여 이외에 수임 비용의 30~50%를 따로 받는다"며 다음과 같이 말했다.

"과거에는 법무법인이 주로 판-검사 출신을 영입했지만 이제는 그 대상을 경제 관련 규제-감독기관, 인-허가 부처에 이어 전 부처로 확대하고 있다. 영입 대상은 국세청과 경제경찰로 알려진 공정거래위원회가 단연 인기다. 법무법인의 홈페이지에 소개된 경력을 취합한 자료에 따르면 10대 법무법인에만 경제부처 출신 관료 177명이 포진해 있다.……영원한 집권세력인 관료집단이 이 나라를 지배하고 있다. 재직시에는 공익과 사익을 분별하지 못하고 합법과 불법을 분간하지 못하는 인사들이 정부 요직을 장악해 부정한 수단과 방법을 정당시하며 축재를 일삼는다. 공익보다 사익이 우선하는 도덕적 불감증이 공직사회에 만연하니 정부 조직이 정상적으로 작동한다고 보기 어렵다."[50]

## 실패로 돌아간 야당의 '세월호 심판론'

2014년 5~6월에 걸쳐 시민들의 관심은 6·4 지방선거에 집중되었고, 사람들의 비난은 조별리그에서 탈락한 월드컵 대표팀을 향했으며, 지방자치단체 상당수는 분향소를 없앴다. 세월호 충격에도 모두 일상으로 복귀하고 있었다. 세월호 참사는 한국인에게 과연 무슨 의미였던가? 정치학자 채진원은 다음과 같이 말했다.

"여야 정치권, 시민단체와 지식인들은 재발 방지에 전력하기보다는 '정권 퇴진론', '세월호 심판론', '정권 심판론', '정권 수호론' 등 2015년 6·4 지방선거에서 승리하기 위해 세월호 참사를 정치적 균열 축으로 이용했다. 세월호 참사를 선거에 이용한 결과가 무엇인지 낮은 투표율과 당선 결과의 애매함이 잘 보여주었다. 민심은 선거에 전반적으로 무관심했지만 여당에 경고를 보내면서도 기회를 주었고 야당에도 일방적인 승리를 주지 않고 분발을 촉구했다."[51]

6·4 지방선거에서 새누리당은 광역단체장 기준으로 8곳, 새정치민

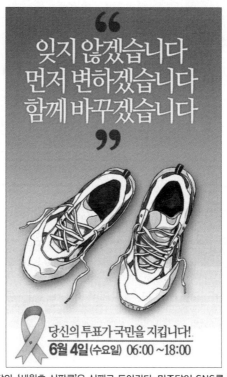

지방선거에서 민주당의 '세월호 심판론'은 실패로 돌아갔다. 민주당이 SNS를 통해 배포한, 실종된 아들을 위해 팽목항에 가져다놓은 운동화를 그린 포스터.

주연합은 9곳에서 승리했다. 영남(5곳)과 호남(3곳)을 빼고 계산하면 6대 3으로 새정치민주연합이 앞섰다. 새누리당은 경기, 인천, 제주에서, 새 정치민주연합은 서울, 강원, 대전, 충북, 충남, 세종에서 이겼다. 광역단체 장이 얻은 득표수에서도 야권의 후보들은 여권의 후보들에 비해 53만 표 가량 더 얻었다. 17개 지역의 교육감 선거에선 진보 성향의 후보가 13명 이나 당선되었다.

그러나 전국의 226개 기초단체장 선거에선 새누리당이 117곳을,

새정치민주연합이 80곳을 이겼다. 서울에선 5대 20으로 야당이 완승했지만, 경기·인천에서는 24대 40으로 4년 전의 15대 46에 비해 그 격차가 많이 줄었다. 광역의원 비례대표를 뽑는 정당 투표에서도 새누리당은 전국의 17곳 중 12곳에서 승리했으며, 특히 단체장 선거에서 패배한 서울, 강원, 충북, 충남에서도 앞섰다. 광역의원과 기초의원 수에서도 여당이 승리를 거두었다. 4년 전 288대 360으로 야당 우위였던 광역의원의 수가 416대 349로 역전되었으며, 기초의원 수는 4년 전 1,247대 1,025에서 1,413대 1,157로 격차가 늘었다.[52]

새정치민주연합의 공동대표 김한길과 안철수는 선거 패배의 책임을 지고 총사퇴했다. 새정치민주연합은 비대위원장 문희상 체제로 당을 5개월간 운영하다가 2015년 2월 8일에 전당대회를 열어 새 지도부를 구성하기로 결정한다.

### "야당은 심판밖에 모르는 테러리스트"인가?

『경향신문』은 「새정치연합은 '선거 민심' 제대로 읽어야」라는 사설에서 "광역단체장에서 '9대 8', 기초단체장에서 '80대 117'의 지방선거 결과를 야당의 승리라고 매길 수 없다. 새정치연합 스스로도 선뜻 그렇게 말할 수 없기에 '절반의 승리' '지고도 이긴 선거' 등의 복잡한 수사를 동원하는 것일 게다"라면서 다음과 같이 말했다.

"새정치연합은 '세월호 심판론'을 내걸었으나 분노한 민심조차 대변하지 못했다. 대안 세력으로서의 능력과 신뢰감을 시민들에게 심어주지 못했다. '세월호 심판론'이 선거를 통해 정치적 심판으로 귀결되지 않은 것은 야당의 무기력 때문이다. 새누리당이 '박근혜 마케팅'으로 선거 본질을 호도하는 데도 새정치연합은 속절없이 휘둘렸다.······'9대 8'의 숫자놀음에 빠져 '지고도 이긴 선거'에 함몰하면 더 큰 선거 패배를 예비하는 길이다."[53]

『한겨레』는 6월 5일자 사설 「여당에 '경고', 야당에 '분발' 촉구한 6·4 선거」에서 "이번 지방선거는 '새누리당의 선방'이라고 말할 수 있다. 세월호 참사라는 초대형 악재 속에서도 이런 정도의 성적을 거둔 것은 놀라울 정도다. 책임정치라는 민주주의의 기본 원칙에 비추어 봐도 이례적이다"면서 다음과 같이 말했다.

"야당에 그 어느 때보다도 유리하게 조성된 선거 환경을 고려하면 새정치민주연합이 거둔 성적표는 오히려 기대에 못 미친다. 따라서 이번 지방선거는 여권의 독주에 '경고와 견제'를 보내면서도, 동시에 야당에 대해서도 전폭적인 지지를 꺼린 것이라고 정리할 수 있다. 이번 지방선거를 '박근혜 선거'라는 관점에서 보면 여권으로서는 빛과 그림자가 동시에 드리워진 결과다. 여당은 선거 막판 '박근혜 구하기'를 최대 선거 구호로 내걸고 읍소 작전을 펼쳤다. 야당의 '박근혜 심판론'에 맞선 이런 선거 구호는 나름대로 효험을 발휘한 것으로 보인다. 이번 지방선거 표심에는 세월호 사건으로 드러난 현 정부의 무능과 무책임에 대한 응징 심리와, 박 대통령에 대한 동정심이 복잡하게 혼재된 것으로 보인다."[54]

좌파 진보정당 미디어인 『레디앙』에 게재된 「'싸가지' 없는 야권, 새누리당 읍소 전략에 밀려: 진보정당 청년당원들의 6·4 지방선거 평가」라는 글은 새정치민주연합의 '싸가지'에 주목했다. 이 글은 "새누리당의 능력이라는 건 사람들에게 감정적으로 잘 다가간다는 것이다. 어떻게 보면 야권은 중도층에게 잘 어필하지 못한 채 '싸가지 없는 진보'의 모습이 있었던 것 같다. 나 역시 '왜 저렇게까지 하지'라고 생각할 정도의 행보가 있었다"며 다음과 같이 말했다.

"새누리당 지지자 옆에서 조롱하거나 대통령의 악수를 거부하는 것도 그렇고. 진보진영 안에서는 통쾌하다는 반응이지만 중간층이나 보수층에서는 싸가지 없게 보여진 것 같다. 반면 새누리당은 감성을 자극해서 보수층을 투표소로 향하게 하는 게 있는 것 같다.……민주당 전술은 딱하나인 것 같다. 바로 인질극. '얘네 싫지? 그러면 날 뽑아' 이거다. 칼 들이대고 인질극하는데 그런 방식이 통하냐는 것이다. 이회창 나올 때는 이회창 심판해야 한다고 하고, 이명박 심판, 박근혜 심판, 어쩌라는 건지. 유권자들 입장에서 질릴 만하다.……선거판을 짜는 사람들이 굉장히 무능력하고 오히려 그냥 테러리스트 같다. 할 줄 아는 게 인질극밖에 없는."[55]

## 국무총리 후보자 문창극 파동

6·4 지방선거 결과에 고무된 박근혜는 안대희 낙마로 인한 충격을 떨쳐내고 6월 10일 신임 총리 후보자로 『중앙일보』 전 주필 문창극을 내정하고 국가정보원장에는 주駐일본 대사 이병기를 내정했다. 국무총리 정홍원이 세월호 참사에 책임을 지고 사의를 밝힌 후 44일 만이며, 전 국정원장 남재준이 물러난 지 20일 만에 후임자 인선이 이루어진 것이었다.

청와대 대변인 민경욱은 "냉철한 비판의식과 합리적 대안을 통해 우리 사회의 잘못된 관행과 적폐를 바로잡기 위해 노력해온 분으로, 뛰어난 통찰력과 추진력을 바탕으로 공직사회 개혁과 비정상의 정상화 등의 국정 과제들을 제대로 추진해나갈 분이라고 생각한다"고 국무총리 인선 배경을 설명했다. 박근혜는 회고록에서 문창극을 지명한 이유에 대해 다음과 같이 썼다.

"그동안 중요 인사를 임명할 때면 나는 함께 일을 해봤거나 어느 정도 사람 됨됨이를 아는 사람을 선호했는데, 문 후보자와는 개인적 인연이 전혀 없었다. 하지만 나는 예전부터 문 후보자가 쓴 칼럼을 읽고 그가 국가관이 확실하고 통찰력이 참 좋은 사람이라고 생각했다. 특히 정홍원 총리나 앞서 낙마한 김용준·안대희 총리 후보자 모두 법조인 출신인데, 이번에는 언론계 출신이 총리를 맡으면 변화를 이끌 수 있지 않을까 하는 기대도 있었다."[56]

『한겨레』는 6월 11일자 사설 「통합·책임 총리와 거리 먼 '문창극 카드'」에서 "문 후보자는 극심한 우편향 언론인으로 평가받는다. 각종 칼럼을 통해 복지 확대를 앞장서 비판하는 등 극보수적 이념 성향을 내보였다. 학교 무상급식을 '사회주의적 발상'이라고 몰아세웠고 안보와 전교조 문제 등에서도 강한 보수성을 드러냈다. 새정치민주연합은 문 후보자를 '극우보수 인사'로 규정했다"면서 다음과 같이 말했다.

"반대파에 손을 내미는 통합형도 아니고, 공직·관료사회를 개혁할 수 있는 책임형도 아니다. 김기춘 비서실장 휘하에서 정홍원 총리처럼 '대독형 얼굴마담 총리' 노릇을 할 가능성이 크다. 이는 박 대통령의 국정 운영 방식이 지금까지의 '마이웨이식 궤도'에서 크게 벗어나지 않을 것임을 예고하는 것이다. 총리와 내각에 책임과 권한을 나눠주기보다 청와대 참모진에 의존하는 '만기친람식 받아쓰기 깨알 리더십'도 변함이

국무총리 후보로 지명된 문창극은 한 강연에서 일본의 식민지 지배가 우리 민족의 민족성을 바꾸기 위한 하나님의 뜻이었다고 설명했다. 또 다른 강연에서는 '제주 4·3 사건'을 폭동으로 규정했다.

없을 것으로 보인다. 박 대통령이 행여 지방선거에서 표출된 민심을 오독하고 있는 건 아닌지 우려스럽다. 여권에서조차 지방선거 결과가 일방적 국정 운영에 대한 경고라는 평가가 나오고 있음을 박 대통령이 알았으면 한다."[57]

6월 11일 KBS는 오후 〈뉴스9〉에서 문창극이 2011~2012년 사이 서울 지역의 여러 교회에서 강연한 장면들을 보도했는데, 그의 과거 발언들이 문제가 되었다. 보도에 따르면, 문창극은 2011년 자신이 장로로 있는 서울 용산구에 있는 교회에서 근현대 역사를 주제로 한 강연을 하면서 "'하나님은 왜 이 나라를 일본한테 식민지로 만들었습니까'라고 우리가 항의할 수 있겠지, 속으로. (거기에) 하나님의 뜻이 있는 거야. 너희들은 이조 5백년 허송세월 보낸 민족이다. 너희들은 시련이 필요하다"

고 말했다. 일본의 식민지 지배가 우리 민족의 민족성을 바꾸기 위한 하나님의 뜻이었다고 설명한 것이다. 문창극은 남북 분단 역시 하나님의 뜻이라고 했다. 그는 "(하나님이) 남북 분단을 만들게 주셨어. 저는 지금 와서 보면 그것도 하나님의 뜻이라고 생각한다"며 "그 당시 우리 체질로 봤을 때 한국한테 온전한 독립을 주셨으면 우리는 공산화될 수밖에 없었다"고 했다.

문창극은 또 다른 강연에서는 '제주 4·3 사건'을 폭동으로 규정했다. 그는 "제주도 4·3 폭동 사태라는 게 있어서. 공산주의자들이 거기서 (제주도) 반란을 일으켰다"고 주장했다. 이 밖에도 문창극은 2011년 6월 강연에서도 "조선 민족의 상징은 게으른 거"라며 "자립심이 부족하고 남한테 신세지는 거 이게 우리 민족의 DNA로 남아 있었던 거야"라고 말하기도 했다.[58]

### "문창극 '4·3 망언' 일파만파…지명 철회 여론 비등"

노무현 대통령이 과거 잘못된 국가공권력 행사에 대해 사과하고, 박근혜 대통령이 4·3 국가추념일로 지정할 만큼 국가에 의해 공인된 4·3의 의미를 정면으로 부정하는 발언이 알려진 후 사퇴를 요구하는 비판이 쇄도했다. 6월 12일 제주 출신 강창일, 김우남, 김재윤, 장하나 4명의 국회의원은 성명을 내고 문창극 국무총리 후보자 즉각 철회를 요구했다.

이들은 "문창극 후보자가 이념적이고 편협한 잣대로 제주 4·3을 폭동이라고 규정한다는 것은 4·3의 완전해결과 화해와 상생이라는 역사의 도도한 흐름을 거부하는 것일 뿐만 아니라 국무총리로서의 자질에 심각한 하자가 있음을 보여주는 것"이라며 "더욱이 국무총리는 제주 4·3위원회 위원장으로서 4·3 진상규명과 명예회복을 주도하고 화해와 상생을 이끌어가야 할 위치에 있다"고 밝혔다.

이어 이들은 "4·3을 폭동이라 규정하며 4·3을 이념적 갈등으로 몰고 가려는 사람이 국무총리가 되고 제주4·3위원회 위원장이 된다는 것은 도저히 용납될 수 없다"며 "만약 박근혜 대통령이 문창극 후보자의 국무총리 임명을 밀어붙이고 국회 인준을 강행한다면 이는 4·3의 완전 해결과 화해와 상생을 바라는 제주도민들의 열망을 짓밟고 다시 한번 4·3 희생자와 유족들의 가슴에 대못질을 하겠다는 것"이라고 비판했다.[59]

6월 12일 문창극은 일제 지배와 관련된 식민사관 발언 관련 내용을 보도한 모든 언론사를 상대로 법적 대응에 나서겠다고 밝혔다. 국무총리실 공보실장 이석우는 이날 저녁 7시 30분 정부서울청사 창성동 별관에서 긴급 기자회견을 열어 "문 후보자의 교회 발언 동영상은 일부 언론의 악의적이고 왜곡된 편집으로, 마치 후보자가 우리 민족성을 폄훼하고 일제 식민지와 남북 분단을 정당화했다는 취지로 이해되고 있다"며 "해당 언론사 보도 책임자를 상대로 허위사실에 의한 명예훼손 등 혐의로 법적 대응에 나설 것"이라고 밝혔다. 그는 또 "(동영상) 관련 내용은 전혀 사실과 부합되지 않으며, 악의적이고 왜곡된 보도 내용 대부분이 전체 텍스트의 문맥을 파악하지 않고, 특정 글귀만을 부각하고 있다"며 "국무총리실 인터넷 사이트 등에 후보자의 강연 전문과 동영상을 게재해 국민들께서 직접 판단하도록 할 계획"이라고 말했다.

문창극은 이날 밤 9시께 정부서울청사 창성동 별관 앞에서 기자들과 만나 "과거 강연을 하루종일 검토해봤다. 사과할 일이 아니다. 전체 맥락이 우리나라가 고난 견디고 잘된 나라가 됐다는 뜻이었다"고 말했다. 그는 "자진 사퇴할 의사가 없느냐"는 질문에 대해서도 "그런 이야기할 단계가 아니다"며 사퇴 의사가 없음을 분명히 했다. 그는 앞서 이날 출근길에 자택 앞에서 기자들과 만난 자리에서도 "사과는 무슨 사과할 게 있느냐"며 소신 발언임을 강조했다.[60]

## "인간 쓰레기를 솎아내라"는 김기춘의 명령

6월 12일 새정치민주연합 원내대표 박영선은 국회 본회의에서 문창극의 과거 발언 동영상 파문과 관련해 "이런 사람을 총리로 임명하면 국민이 어떻게 받아들일지, 얼마 전 돌아가신 배춘희 위안부 할머니가 어떻게 생각할지"라며 "(거취 문제에 대해) 박근혜 대통령과 김기춘 실장께서 답을 주셔야 할 것"이라고 말했다. 이어 "청와대 인사 시스템 붕괴가 멈추지 않았음을 또다시 확인시켜주고 있다"며 "청와대 인사위원장인 김기춘 비서실장의 책임을 다시 강하게 거론하지 않을 수 없다"고 '김기춘 책임론'을 정면 제기했다.[61]

6월 12일 오후 이종훈·민현주·김상민·이재영·윤명희·이자스민 의원 등 초선의원 6명은 성명을 내고 "문 후보자의 역사관은 본인의 해명에도 불구하고 심각한 문제가 아닐 수 없다. 문 후보자의 역사 인식에 동의하는 대한민국 국민이 과연 몇 명이나 되겠느냐"며 그의 자진 사퇴를 촉구했다. 이들은 "새누리당 지도부는 문 후보자의 적격성을 냉철하게 판단해 국민의 뜻을 겸허히 수용하고, 청와대는 또다시 인사 검증에 실패한 인사 시스템을 근본적이고 대대적으로 손질해야 한다"고 요구했다. 김상민은 별도의 개인 성명을 내 "계속되는 인사 참사는, 인사 문제의 심각성을 전혀 느끼지 못하는 사람들이 인사를 주도하기 때문"이라며 "청와대 김기춘 실장이 책임져야 한다"며 김기춘의 사퇴를 요구했다.[62]

나중에 박근혜 탄핵 정국에서 밝혀진 바에 따르면, 2014년 6월 14일 김영한이 민정수석으로 부임한 첫날 비서실장 김기춘은 '김대중·노무현 정부 인사들이 공직·민간·언론을 불문하고 독버섯처럼 자랐다', '정권에 대한 도전은 두려움을 갖도록 사정 활동을 강화하라'고 지시했다. '과거를 보면 미래를 알 수 있으니 위태로운 자, 인간 쓰레기를 솎아내는 일을 점진적으로 추진토록 하라'고도 했다. 김기춘은 '네, 아니요'로만 대답하기를 강요했다. '아니요'라고 하는 사람은 무좀으로, 독버섯으로, 인간 쓰레기로 취급하라고 그는 명령했다.[63]

여론조사 전문기관 한국갤럽이 6월 17~19일 전국 성인 남녀 1,002명을 대상으로 실시해 20일 발표한 전화 여론조사(신뢰수준 95%, ±3.1%P) 결과에 따르면, 박근혜의 국정 수행 지지도는 취임 후 처음으로 부정 평가(48%)가 긍정 평가(43%)보다 5%포인트 높은 것으로 나타났다. 부정 평가를 한 응답자가 그 이유로 '인사 문제'를 지적한 비율은 지난주 20%에서 이번 주 39%로 2배 가까이 늘었다.[64]

## "'인사 참사' 사과 없이 국민 눈높이 탓한 박근혜"

2014년 6월 24일 문창극은 "제가 사퇴하는 것이 박 대통령을 도와드리는 것"이라며 "제가 총리 후보로 지명받은 후 이 나라는 더욱 극심한 대립과 분열 속으로 빠져들어갔고, 통합과 화합에 조금이라도 기여코자 하는 저의 뜻도 무의미하게 됐다"고 사퇴 배경을 설명했다.[65] 후보 지명 14일 만이었다.

이날 박근혜는 "국회 인사청문회까지 가지 못한 점을 안타깝게 생각한다"고 말했다고 청와대 대변인 민경욱이 전했다. 박근혜는 "인사청문회를 하는 이유는 그것을 통한 검증으로 국민의 판단을 받기 위한 것"이라며 "앞으로는 잘못 알려진 사안들에 대해 청문회에서 소명할 기회를 주고 개인과 가족이 불명예와 고통 속에서 살지 않도록 했으면 한다"고 밝혔다.[66]

문창극이 자진 사퇴하면서 박근혜 정부는 출범 1년 4개월 만에 총리 지명자가 3명 낙마하는 '인사 참극'에 직면했다. 총리 지명자가 잇따라 낙마한 것은 2002년 김대중 정부 때 장상·장대환 총리 서리에 이어 12년 만이었지만 국회 인사청문회에 서보지도 못한 것은 이번이 처음이었다.[67]

6월 26일 청와대는 정홍원의 국무총리 유임을 결정했다. 사의를 표명했던 총리가 유임되는 것은 헌정 사상 처음이었다. 6월 30일 박근혜는 청와대 수석비서관회의에서 "청문회를 가기 전에 개인적 비판이나 가족들 문제가 거론된 데는 어느 누구도 감당하기 어려웠던 것 같고, 높아진 검증 기준을 통과할 수 있는 분을 찾기가 어려웠다"고 말했다. 안대희·문창극 총리 지명자의 연이은 낙마는 여론재판, 경질 총리를 유임시킨 건 국민 눈높이 탓으로 돌린 것이다.

이에 대해 『경향신문』은 6월 31일자 사설 「'인사 참사' 사과 없이 국민 눈높이 탓한 박 대통령」에서 "단언컨대 이번 '인사 참사'는 부적절한 인물을 선택한 박 대통령의 편협한 '인사 코드'와 부실한 검증 때문에 빚어졌다. 박 대통령이 비선라인에 의존해 '수첩' 속 사람만을 대상으로 고르려니 '검증 기준을 통과할 분을 못 찾은' 것이다"면서 다음과 같이 말했다.

"박근혜 정부 들어 유독 도덕성 기준이 높아진 게 아니다. 과거 정권에서도 여러 총리 후보자와 장관 내정자들이 위장전입, 부동산 투기, 논문 표절, 전관예우 등으로 낙마했다. 그 기준에 대입해도 김용준·안대희·문창극 총리 지명자는 물론 김명수 교육부 장관 후보자 등도 애초 자격이 없다. 문제는 '높아진 검증 기준'이 아니라, 국민의 상식과 동떨어진 박 대통령의 인사 철학과 청와대의 검증 잣대이다.……'인사 참극'을 벌여 놓고도 끝까지 내 잘못은 없고 모든 게 국민 여론, 인사청문제도, 야당 탓이라고 우기는 대통령이 앞으로 선보일 인사와 국정 그 파탄은 불을 보듯 뻔하다."[68]

## 제4장

# 7·30 재·보궐선거와 '싸가지' 문제

## 세월호를 넘어 민생을 선택한 민심

2014년 7월 30일 총 15곳에서 치러져 '미니 총선'으로도 불린 재보선 결과 새누리당이 11곳에서 승리했고 새정치민주연합은 4곳에서만 당선되었다. 새정치민주연합은 수도권 접전지 6곳 중 수원정 1곳 밖에 이기지 못하는 충격적인 참패를 당했다. 특히 야당 텃밭인 전남 순천·곡성에서 새누리당 후보 이정현이 새정치연합 후보 서갑원을 10%포인트 가까운 상당한 표차로 누르고 당선되었다. 1988년 소선거구제 도입 이후 광주·전남 지역에서 새누리당(과거 신한국당·한나라당 포함) 후보가 당선된 것은 이게 처음이었다. 재보선 결과로 정당별 의석수는 새누리당은 158석, 새정치연합 130석, 통합진보당과 정의당이 각각 5석, 무소속 2석이 되었다.

『중앙일보』는 7월 31일자 사설 「7·30 민심, 세월호를 넘어 민생을 선택했다」에서 "7·30 재보선이 새누리당의 압승으로 끝났다. 세월호 사태가 중심이 됐던 6·4 지방선거만 해도 여야가 8대 9라는 무승부였다. 그로부터 두 달이 채 지나지 않았는데 이런 결과가 나온 건 국민이 세월호를 넘어 민생을 선택한 것으로 판단된다. 세월호가 심각한 사건이었지만 이를 수습하는 방법은 합리적이며 미래지향적이어야 한다고 유권자는 판단한 것이다. 야당이 합리적인 대안을 제시하지 않고 세월호를 정치 쟁점화하려는 전략에 유권자는 '노no'를 선언했다"고 말했다.

이어 이 사설은 "야당에 대한 유권자의 이런 거부감은 명백하게 드러났다. 중도中道 지역이라고 볼 수 있는 대전·충남·충북에서 유권자는 지난 지방선거와 달리 과감하게 새누리당을 선택했다. 이런 성향은 서울 동작을과 수원 등 수도권에서도 마찬가지로 나타났다. 수도권에 출마했던 손학규·김두관·정장선 등 야당의 원로·중진 스타들은 커다란 표차로 패배했다"며 다음과 같이 말했다.

"가장 의외인 것은 전남 순천·곡성에서 새누리당 이정현 후보가 당선된 것이다. 호남은 민주당에 뿌리를 둔 새정치연합의 텃밭이어서 이곳에서 영남을 지역 기반으로 하는 새누리당이 당선자를 내는 것은 불가능한 것으로 여겨졌다. 그런 곳에서 새누리당 후보가, 그것도 압도적인 표차로 당선됐다. 유권자는 작심하고 새누리당에 표를 던졌으며 이런 결심은 순천에서 강하게 나타났다고 봐야 한다. 새누리당 이정현 후보가 지역개발 공약을 내세운 것이 영향을 미친 측면이 크겠지만 그것은 어디까지나 부분적인 것이다. 근본적으로 표심이 변화하지 않고는 이런 결과가 불가능하다."[69]

'세월호 심판'은 6·4 지방선거로 종언을 고했던 걸까? 7·30 재보선은 '세월호 심판'을 외면했다. 왜 그랬을까? 어찌 그럴 수가 있을까? 돌이켜보건대, 민주당의 단골 메뉴는 늘 '심판'이었다. 보수정권하에서 어이없는 일이 많이 벌어졌기 때문에 일견 타당한 노선이었지만, 잘 생각해보면 그게 바로 함정이었다. "때리는 시어미보다 말리는 시누이가 더 밉다"는 상황이 민주당에 대한 시민들의 일반 정서였음을 어이하랴.[70]

리얼미터가 7월 31일 실시한 여론조사에서 응답자의 46%는 야당의 참패를 '세월호 참사 심판론, 정권 심판론에 기댄 야당의 잘못된 선거전략 때문'이라고 답했다.[71] 정치평론가 이종훈은 "야당은 2012년 총선 이후 정권 심판론만 앵무새처럼 외치고 있다"며 "자신들이 무엇을 하겠다는 것인지 유권자들은 도통 알 수가 없다"고 말했다.[72]

## '싸가지 없는 진보'의 동력은 우월감

다시 문제는 '싸가지'였다. 싸가지의 문제는 민주당이나 그 지지자들에게만 국한된 게 아니며, 오히려 그 원조가 좌파 진보라는 데에 눈을 돌려야 했던 게 아닐까? 2014년 7월에 출간된 『위기의 진보정당 무엇을 할 것인가』라는 책을 읽어보자. 이 책에 제시된 노동당 당원 남종석의 다음과 같은 자기비판이 좌파 진보 진영 전체에 필요한 게 아니었을까?

"좌파들 중에 논쟁으로 정파 싸움하면서 허송세월하는 사람들 아직도 많아요. 조금 차이 나면 싸우고 논쟁하고 상대를 기회주의자라고 규정하고. 가치를 위한 운동을 하니까 그래요. 그러면서 민주노총도 갈라졌지요.……이제 진보는 새정치민주연합 욕만 하고 사는 존재 같아요."[73]

또 정의당 당원 이광수의 이런 자기 성찰은 어떤가? "좌파들 생각이 너무 조야해요. 정략적이지도 못하고. 노무현 자유주의 세력과 같은 방향의 정치를 하는 것은 2중대고, 사회경제적인 부분에서 그들과 차별화하는 것이 좌파라는 자기 잘난 체에 빠져 있어요. 그런 논리로 따지면, 국가보안법 폐지를 주장하는 진보 진영도 결국 보수 야당의 2중대네요."[74]

정의당 당원 이창우의 성찰도 인상적이었다. "진보에 대한 사회적 요구는 존재하는데, 정작 원조 진보정당들은 전멸했습니다. 이것은 마치 유권자들이 진보에 의지하려고 하면서도 진보정당에게 '너희가 제대로 된 진보냐?'고 되묻는 것과 같아요. 과격하기만 한 진보, 자기 잘난 맛에 사는 진보가 아니라 혁명보다 어렵다는 개혁을 책임 있게 추진할 수 있는 진보를 원하는 겁니다. 진보정당이 분열과 반목을 일삼으면서 국민들 눈에 함량 미달로 보이는 거죠."[75]

통합진보당의 분열을 막아보려고 대표로 나섰던 강기갑은 2012년 9월 역부족으로 물러나 정계를 은퇴하면서 이런 말을 남겼다. "진보라는 본질의 항아리를 끌어안고 그들만의 논쟁과 다툼으로 아까운 세월 보내는 진보, 자기주장만 하는 강직성과 진보라는 우월성에 갇혀 대중성과 민심에 다가가지 못하는 진보는 이 시대적 요구와 국민적 갈망을 채워줄 수 없습니다."[76]

그렇다. 스스로 잘난 척하는 도덕적 우월감이 문제였다. 도덕적 우월감이야말로 '싸가지 없는 진보'의 동력이었다. 2000년 민주노동당 창당 때 입당한 열성 당원이기도 했던 영화감독 박찬욱은 2003년 『월간말』 인터뷰에서 진보 진영에 대한 쓴소리를 주문하는 기자에게 긴 시간 침묵을 지키더니 다음과 같은 이야기를 조심스럽게 꺼낸 적이 있다.

"가치관이나 세계관이 혼란스럽기는 예전이나 지금이나 마찬가지

© 요합뉴스

2012년 9월 통합진보당 대표 강기갑은 "자기주장만 하는 강직성과 진보라는 우월성에 갇혀 대중성과 민심에 다가가지 못하는 진보"를 비판하며 당 대표직을 내려놓고 정계 은퇴를 선언했다.

다. 그 혼란이 점점 더한 건 과거 사악한 집단으로 여겼던 자본가나 기득권층이 직접 만나 보면 상당히 젠틀하고 착한 사람들이라는 것을 느낄 때다. 화가 나서 미치겠다. 문제는 지금 그들이 창업자나 자수성가한 사람들이 아니라 2세들이라는 점이다. 그들은 꼬인 게 없는 자들이다. 그래서 착하다. 그러니까 더 화가 나는 거다. 예전엔 못 가지고 무식한 사람들이 착하다고 생각했는데 이젠 그렇지도 않다는 것. 빈부의 격차가 인격이나 인성마저도 그렇게 비틀고 있다. 어떻게 이 세상을 바라봐야 할지 참 답답하다. 『말』지를 보면 운동권 내부에도 참 비리와 문제가 많은 것 같고……참으로 진실이 뭔지 혼란스럽다."[77]

많은 경우 일부 운동권의 '꼬임'은 도덕적 우월감과 독선에서 비롯된다. 그런 기질은 발생론적으론 타당한데, 현실은 늘 발생론적 기원을 배반한다. 이타적인 정의감 하나로 운동에 뛰어든 것은 숭고하지만, 오랜 세월 고난과 시련을 겪다 보면 이타적인 정의감을 압도하는 다른 부정적인 행태가 나타날 수 있다는 것이다. 과거는 아무리 감안된다 해도 제값을 다 못 받는 법이다. 숭고한 동기로 시작한 일이라도 사람들은 그런 과거보다는 현재 보이는 부정적 행태에 더 주목한다는 것이다. '현재'의 압도적 우위 앞에서 과거에 대해 '쿨'해질 필요가 바로 여기에 있다. 그렇지만 그게 영 뜻대로 안 되는 걸 어이하랴. 안타깝고도 가슴 아픈 일이었다.

## '심판'은 자신은 피해가는 마법의 주문

'심판론'은 효과가 없을 뿐만 아니라 진보를 골병들게 만들고 있었다. 정권 심판론에만 의지하다 보면 독자적인 의제 설정이나 정책 생산 능력을 잃어버리는 것도 문제지만, 심판을 외치는 와중에서 싸가지의 문제가 불거질 수밖에 없었기 때문이다.

무엇보다도 민주당의 '심판'은 반대편만을 향할 뿐 자신들에겐 적용되지 않는 마법의 주문이었다. 제18대 대선 민주당 경선에서 문재인은 "노무현 정부는 총체적 성공"이라는 자평을 내놓았다. 심판의 대상은 오직 '이명박 정부'와 '독재자의 딸'이었을 뿐이다.[78] 민주당 내부에서야 그렇게 보는 것이 진리였을망정, 유권자들은 그렇게 생각하지 않았고, 그래서 결국 패배했다. 문제는 이것이다. 민주당이 언제 단 한 번이라도 자신에 대한 심판, 즉 성찰을 해본 적이 있는가 하는 것이었다.

'싸가지 없는 진보'를 만드는 데에 큰 기여를 한 사건들을 살펴보면 한 가지 공통점이 있었다. '심판'을 외치는 과정에서 나왔다는 점이다. '심판'의 동력은 분노일진대, 어찌 점잖게 말할 수 있겠는가? 게다가 주로 같은 편의 청중이 몰려든 자리에서라면 그들의 호응을 얻기 위해서라도 '오버'할 수밖에 없다. 이런 일이 자꾸 반복되다 보면, 심판의 당위성에 동의하는 사람들조차 심판 구호에 등을 돌리게 된다. 민주당이 7·30 재보선에서 참패를 당한 결정적 이유도 바로 이것이었다.

7·30 재보선에서 새누리당이 위험하다 싶을 정도로 파격적인 경기부양책으로 '경제의 정치화'를 시도한 반면, 민주당 원내대표 박영선은 세월호특별법을 처리 안 해주면 다른 민생법안을 붙잡겠다고 말하는 등 '정치의 경제화'로 대응했는데, 이는 패착이었다. 민주당은 심판에 집착하느라 민심을 읽지 못했고 어려운 경제 때문에 못 살겠다고 아우성치는 유권자들의 반감을 샀기 때문이다.[79] 박영선이 "(이정현 후보가) 순천에 예산 폭탄을 준다는데 그거 마음대로 할 수 있나. 내가 반대할 것"이라며 "(대신 우리 당의) 서갑원 후보를 국회로 보내주면 찬성할 것"이라고 말한 것도 실언이었다.[80]

## 시대착오적인 선악善惡 이분법

그런 실언은 박영선 개인의 문제가 아니라 민주당의 기본 정서이자 의식이라는 데에 문제의 심각성이 있었다. 특히 전남 순천·곡성 보궐선거에서 새누리당 후보 이정현이 당선된 것에 대해 민주당은 쌍수를 들고 반겨야 했다. 물론 겉으로야 애도할망정 속으론 쾌재를 부르면서 그걸 선거구제 개혁의 계기로 삼아야 했다. 특정 정당이 지역의 모든 의석을 독점하는 현행 소선거구제가 사회통합을 저해하는 가장 큰 요인이 아니었던가? 기존 체제와 질서를 고수하겠다는 건 "나 하나 국회의원 잘해먹으면 그만"이라는 생각이 민주당의 지배적 정서라는 걸 말해줄 뿐이었다.

『경향신문』 정치에디터 박래용이 「정치권의 가혹 행위」라는 8월 8일 자 칼럼에서 이 점을 잘 지적했다. 그는 "이제 선거구제 개혁을 진지하게 논의할 때가 됐다. 중선거구제, 석패율제, 정당명부식 비례대표제 등 해법은 다 나와 있다. 이 중 하나만 있었더라도 김부겸과 이정현은 진작에 미치도록 일하고 싶다는 꿈을 펼칠 수 있었을 것이다. 여러 소수 정당이 출현해 다양한 민의를 대표할 수도 있었을 것이다"며 다음과 같이 말했다.

"지금과 같은 지역 패권 구도를 손보지 않고서는 미래 대한민국으로 나아가기 힘들다. 이를 언제까지나 개인에게 맡겨놓을 수는 없다. 이정현은 큰 식당에 들어가기가 무서웠다고 한다. 김부겸은 면전에서 명함이 찢기는 수모를 당했다. 온몸이 시퍼렇게 정치적 구타를 당한 것과 다를 바 없다. 정치권의 가혹 행위도 끝내야 한다."[81]

유권자는 '세월호 심판'에 앞서 '야당 심판'을 했다는 견해가 유력했건만, 민주당엔 여전히 '정부·여당 심판'이 약했다고 생각하는 의원이 적지 않았다. 예컨대, 정청래는 "한마디로 야당성에서 야당 지지자들에게 외면 당했다"고 주장했는데,[82] 그가 말하는 '야당성'의 정체는 무엇이었던가? 이런 의원들의 인식 바탕엔 '민주 대 반민주'에 근거한 시대착오적인 선악善惡 이분법이 깔려 있었다. 정청래가 2013년 10월 페이스북에 올린 「손학규와 손석희의 셈법」이라는 글에서 "손학규는 선의

정청래가 말한 '야당성'에는 '민주 대 반민주'에 근거한 시대착오적인 선악 이분법이 깔려 있었다. 7·30 재보선에서 정청래가 안철수 공동대표와 함께 경기도 수원을 국회의원 후보인 백혜련의 지지를 호소하고 있다.

편에서 악의 과거를 지우려 하고, 손석희는 악의 편에서 선을 눈앞에 보이려 한다. 누가 더 성공할까?"라고 했듯이,[83] 새누리당은 악惡이요 민주당은 선善이라는 확신의 포로가 되어 있는 건 아니냐는 것이다.

정청래는 과거(2005년 3월 12일) 유시민에 대해 "유시민을 지지하면 선이고, 그렇지 않으면 악이라는 식의 선동에 모든 네티즌들이 숨죽여야 할까요? 유시민은 아무 흠결이 없을까요?"라며 유시민을 공개 비판하지 않았던가? 아무리 옳은 말이라도 상대방이 선善을 자처하면서 반대편을 악惡 비슷하게 몰아붙일 때 어떤 느낌이었는지 그 기억을 갖고 있을 정청래가 왜 선악 이분법에 집착해야 한단 말인가?

## "이상돈 영입은 새정치연합에 대한 테러"?

이른바 '이상돈 비상대책위원장 영입 사건'은 당시 새정치민주연합이 얼마나 낡은 정당이었는지를 잘 보여준 사건이었다. 6·4 지방선거와 7·30 재보선에서 좋은 성적을 얻지 못해 큰 어려움에 처해 있던 새정치민주연합의 원내대표 박영선은 당의 쇄신을 위해 9월 10일 같은 MBC 출신인 김성수·최명길 의원과 함께 새누리당 비대위원이었던 중앙대학교 명예교수 이상돈을 만났다. 박영선은 이상돈에게 새정치민주연합의 비대위원장을 맡아달라고 요청했다. 이상돈은 깜짝 놀랐지만, 실세인 문재인과 공동대표 김한길도 동의한 일이라고 해서 다음 날 박영선과 함께 문재인을 만났다. 꽤 오랫동안 이야기를 나눈 그 자리에서 문재인은 이상돈에게 도와달라고 부탁했다.[84]

그런데 바로 그날 이상돈을 서울대학교 교수 안경환과 함께 공동위원장으로 영입하려 한다는 소식이 알려지자 새정치민주연합 의원 54명은 "이 교수의 비대위원장 영입을 반대한다"며 성명서를 냈다. 특히 친노 강경파가 거세게 반발했다. 다음 날 정청래는 "이상돈 중앙대 명예교수를 단독이든 공동이든 위원장으로 영입한다면 박영선 퇴진 투쟁을 불사하겠다"며 "이 교수 영입은 우리 당의 기본 가치와 자존심을 짓밟는 행위"라고 주장했다. 심지어 그는 "새정치민주연합의 근본적 부분에 대한 9·11 테러 같은 느낌을 받았다"고도 했다.[85]

자, 상황이 이렇게 되었으면 문재인이 나서야 할 때가 아닌가? 그러나 그는 아무 일도 없었다는 듯 굳게 침묵했다. 아주 비겁한 모습이었다. 문재인이 사전에 이상돈을 만났다는 언론 보도가 나오자, 문재인을 보호하기 위해서였는지 아니면 더는 내분을 막기 위해서였는지, 박영선은 아무 말 없이 13일 이상돈 선임을 철회했다. 그리고 10월 2일 원내대표를 사퇴한다. 착한 성품 때문이었을까? 아니면 속이 없는 것이었을까? 그는 7년 후 더불어민주당의 서울시장 보궐선거 경선 레이스에서 친문 당원들의 표심을 잡아보겠다고 "대한민국은 문재인 보유국"이라고 외쳐대니 말이다.

박영선도 착했지만, 이상돈도 착했다. 이상돈도 훗날 『시대를 걷다: 이상돈 회고록』(2021)에서 이 사건에 대해 이렇게 담담하게 말했으니 말이다. "돌이켜보면, 박 의원이 문재인 의원의 말을 너무 믿은 것이 잘못이었다. 문재인 의원은 처음에는 동의했다가 주변과 지지 세력이 반대하니까 물러나고 만 것인데, 그나마 내가 그 부분을 커버해주어서 파동이 더이상 커지지 않았다."[86]

제5장

# '세월호특별법'과 '정치 마피아'

## '세월호특별법' 논란과 프란치스코 교황

2014년 8월 7일 여야는 13일에 '세월호특별법'을 처리하기 위한 원포인트 본회의를 개최하기로 합의했다. 진상조사특별위원회 구성은 위원장을 포함해 총 17인으로 하고, 각 교섭단체가 추천한 10인(새누리 5인, 새정치 5인)과 대법원장과 대한변협이 추천하는 각 2인, 유가족 측이 추천하는 3인으로 구성하기로 했다. 합의 내용 대부분이 새누리당의 요구를 그대로 수용한 것이어서 유가족들이 철저한 진상규명을 위해 그간 요구해왔던 수사권과 기소권을 진상조사위에 부여하는 것은 없던 일이 되었다. 원내 대변인 유은혜는 브리핑을 통해 "오늘 세월호특별법이 타결됐다. 늦었지만 다행이라고 생각한다"면서 "그러나 유가족분들께는 죄송한 마음을 전한다"고 말했다.[87]

세월호 피해자 가족들은 큰 실망감을 나타내며 '합의 결과를 수용

할 수 없다'며 재협상을 요구했다. 세월호특별법을 둘러싸고 진통이 발생하고 있는 가운데 8월 11일 박근혜는 국회를 향해 세월호특별법 처리와 경제 활성화 법안 처리를 요구하며 정치권을 강도 높게 비판했다. 박근혜는 이날 오전 청와대에서 열린 수석비서관회의에서 "정치가 정치인들이 잘살라고 있는 게 아닌데 지금 과연 정치가 국민을 위해 존재하고 있는 것인가 자문해봐야 할 때"라며 정치권을 강도 높게 비판했다. 박근혜는 이어 "(경제 관련 법안 처리 지연을) 전부 정부 탓으로 돌릴 것인가. 정치권 전체가 책임을 질 일"이라며 국회에 계류 중인 경제 관련 법안을 하나하나 열거하며 조속한 처리를 촉구했다.

또 박근혜는 "말로만 민생, 민생 하면 안 된다", "우물 안 개구리식 사고로 판단을 잘못해 옛날 쇄국정책으로 기회를 잃었다고 역사책에서 배웠는데 지금 우리가 똑같은 우를 범하고 있다" 등 사실상 야당을 향해 수위가 높은 표현을 쏟아내기도 했다. 이어 박근혜는 "경제 활성화 법안 중에는 통과만 되면 청년들이 바라는 일자리가 생길 수 있는 게 보이는데도 안타깝게만 바라보고 있으니 모든 사람들의 가슴이 시커멓게 탄다"며 "서비스산업의 체계적 육성을 위해 정부가 재정과 금융, 인력 양성을 지원하는 법, 해외 관광객이 급증하는데 턱없이 부족한 숙박시설을 확충하는 법, 아이디어만 있으면 온라인상에서 다수 투자자로부터 자금을 조달할 수 있는 법 등은 창업가를 위해 어떻게든 통과시켜야 한다"고 말했다.[88]

8월 14~18일까지 4박 5일 일정으로 방한한 프란치스코 교황은 방한 첫날인 8월 14일부터 하루도 빠짐없이 세월호 유가족들을 만난 것은 물론 주요한 대중 행사마다 세월호 참사를 잊지 말자는 의미를 담은 노

세월호 참사 가족대책위원회 관계자들이 프란치스코 교황 방한을 하루 앞둔 13일 오후 서울 광화문 광장에서 기자회견을 하고 있다. 이들은 "'우리는 세월호의 진실을 원합니다"고 말했다.

란 리본을 가슴에 달고 나타났다. 교황은 8월 14일 서울공항 영접 행사에 숨진 단원고 교사와 부모를 비롯해 세월호 유가족 4명을 초청했으며, 8월 15일 대전월드컵경기장에서 열린 성모승천대축일 미사 집전에는 천주교 수원교구의 추천을 받은 세월호 유가족과 생존 학생 10명을 만났다. 8월 16일에는 서울 광화문광장 시복식 미사에 앞서 카퍼레이드를 하던 중 유가족 400여 명이 모인 자리에서 차를 멈추고 내려 딸 유민 양을 잃고 33일째 단식 농성 중이던 김영오의 손을 잡아주었다.

교황은 8월 17일에도 세례를 요청한 단원고 고故 이승현의 아버지 이호진을 자신의 숙소인 주한 교황청대사관으로 초청, 개인 세례를 베풀었다. 또 세례식이 끝난 뒤에는 아직도 시신을 찾지 못해 진도 팽목항을 떠나지 못하고 있는 세월호 실종자 가족들에게 자필로 직접 서명한 한국어 편지를 전달했다. 또 교황은 유가족들이 세월호 참사 진상규명을 촉구하며 도보순례를 할 때 사용했던 나무 십자가를 교황청으로 가져가 겠다고 발표했다.[89]

## 문재인의 광화문광장 단식 투쟁

새누리당 원내대표 이완구와 새정치민주연합 원내대표 박영선은 임시국회 마지막 날인 8월 19일 세월호특별법을 재합의했다. 양당 원내 대표는 논란이 된 특별검사 후보 추천위원회의 구성 방식에 대해 국회 몫의 특검 추천위원 4명 중에서 야당이 2명을 추천하고, 야당과 세월호 유가족의 사전 동의를 받아 여당이 2명을 추천하는 형식에 합의했다.

하지만 세월호 희생자·실종자·생존자 가족대책위원회는 이날 국 회에서 기자회견을 열어 "여야의 재협상에도 결국 여당이 특검 추천위 원 2명을 추천하게 되는 것은 받아들일 수 없다"고 밝혔다. 가족대책위 부위원장 전명선은 "야당과 유가족 동의를 받는다 해도 유족이 거부하 거나 동의하지 않으면 여당은 계속 추천할 것"이라며 "이런 상황이 반복 되면 진상규명은 어렵다"고 주장했다.[90]

바로 이날 새정치민주연합 의원 문재인은 서울 광화문광장에서 단 식 농성을 시작했다. 그는 한 달 넘게 계속된 세월호 유족 김영오의 단식 을 중단시키겠다며 이곳을 찾아 함께 단식에 들어갔는데, 김영오가 단 식 40일째인 22일 병원으로 실려가자 이제는 문재인이 단식 농성의 주 인공이 되었다. 문재인은 자신의 단식이 "김영오 씨가 '내 자리를 대신 지켜달라'고 했기 때문"이라고 했지만, 『조선일보』는 23일 사설을 통해

"이런 문 의원의 설명에 고개를 끄덕일 국민이 몇이나 되겠는가. 오히려 문 의원의 단식은 대선후보를 지낸 정치 지도자의 처신이라고 하기엔 가볍고 무책임하게 보인다"며 다음과 같이 주장했다.

"문 의원은 여야가 세월호특별법 2차 합의안을 가까스로 타결하던 그 순간 단식 농성 중이었다. 이 안案은 유족들 반대에 부딪혀 사실상 무산됐다. 유족들 곁에 있던 문 의원이 여야 합의안을 받아들이도록 유족들을 어떻게 설득했는지에 대해선 알려진 것이 거의 없다. 문 의원은 유족들에 대한 비판이 나오자 '유족들이 지나친 것이 아니다'는 글을 트위터에 올렸다. 문 의원은 자기를 대통령 후보로 뽑았던 정당을 두둔하거나 변호하는 말은 한마디도 하지 않았다. 새정치연합이 여야 합의안을 두 번이나 깬 사실에 대해서도 입을 다물고 있다. 정당의 지도자라고 보기 어려운 태도다."[91]

『중앙일보』도 23일 사설을 통해 "세월호 유족의 고통을 이해하면서도 공동체 전체의 시각으로 문제에 접근해야 한다. 그렇다면 수사권·기소권을 요구하는 유가족의 무리한 주장이 아니라 법과 원칙의 테두리 내에서 세월호를 수습하자는 합리적인 노선에 적극 동참해야 한다. 그런데 그는 거꾸로 갔다.……한국의 전직 대통령 후보가 운동권 출신 초선처럼 행동하는 건 문 의원이 처음이 아니다"며 다음과 같이 말했다.

"문 의원은 국가를 책임지겠다고 했던 사람답게 공동체 전체의 차원에서 행동할 기회가 있었다. 어려운 상황에 처한 박영선 원내대표나 당내 '합리적 세월호 합의론자'들을 대신해 그가 앞장서서 유가족을 설득했다면 상황은 많이 달라졌을 것이다. 자신도 정권에 대한 투쟁 차원을 떠나 국가를 생각하는 지도자라는 평가를 받았을 것이다."[92]

## '세월호 피로감'과 여론의 분열

8월 25일 세월호 참사 일반인 희생자 유가족들은 기자회견을 열고 "최근 여야가 재합의한 특별법을 수용하겠다"며 "세월호 참사 진상규명을 위해 특별법이 8월 말까지 반드시 제정돼야 한다"고 주장했다. 일반인 희생자는 단원고 학생, 교사와 세월호 승무원을 제외한 43명으로, 여야의 재합의안을 거부하고 단식 농성 중인 세월호 가족대책위와 다른 입장을 밝힌 것이다.

일반인 희생자 유가족들은 "여야의 재합의안에 대해 '만족' '불만족'을 떠나 세월호 참사의 진상규명을 위해서는 특별법이 제정돼야 한다"며 "유가족들의 의견은 진상조사 과정에서 충분히 반영될 수 있을 것"이라고 설명했다. 이들은 또 특별법 때문에 민생법안이 막혀서는 안 된다면서 민생법안을 이달 중 분리, 처리하길 바란다고 밝혔다. 이들은 "일반인 희생자들은 6~70세로 연령부터 직업까지 다양해 단원고 학생, 교사들과는 성격이 다르다"며 "일반인 희생자 유가족들은 생계와 부양의무가 있어 언제까지 세월호에만 매달릴 수 없다"고 말했다.[93]

9일간 단식투쟁을 벌인 문재인은 단식 중단 후 8월 31일 진도를 찾아 실종자 가족들을 만났다. 그는 이 자리에서 "세월호특별법도 중요하지만, 그에 못지않게 국가가 책임지고 실종자를 찾는 것도 중요하다. 국가가 책임을 지고 마지막 한 분을 찾을 때까지 최선을 다해야 한다"고 말했다.[94]

세월호 유족들 사이에서 이견이 시사하듯, '세월호 피로감'이 서서히 나타나기 시작했다. 정신과 전문의 정혜신은 8월 31일 자신이 페이스북을 통해 '세월호 피로감'을 우리 시대가 '직면해야 할 건강한 불편함'으로 규정했다. 정혜신은 "세월호 피로감이라 합니다. 끔찍한 일을 자꾸 떠올리면 마음이 '불편'해지니 고개를 돌리게 된다고도 합니다. 그럴수 있지요"라면서 "그런데 정신분석학에서는 노이로제를 '건강한 불편함을 회피한 대가'라고 정의합니다. 직면해야 할 불편함을 회피한 결과로 얻는 것이 바로 정신적 질병이라는 거죠"라고 설명했다.[95] 세월호 피로감 속에서 이제 세월호특별법을 놓고 여론이 둘로 쪼개지는 현상이 본격적으로 발생하게 된다.

9월 16일 전 새정치민주연합 대변인 금태섭은 자신의 페이스북에서 "수사권, 기소권 문제에 당이 올인해서는 안 된다"며 당론에 정면 배치되는 발언을 해서 화제가 되었다. 그는 "수사권과 기소권이 실제로 세월호 진상규명에 큰 도움이 되리라 생각하지 않으며, 세월호 진상규명의 수단일 뿐이지 목적이 될 수는 없다. 현재로서는 마치 '대통령 망신주기'가 목적인 것처럼 오해를 불러일으킬 수 있다"고 밝혔다.[96]

마침내 참사 199일 만인 10월 31일 오후 8시 30분, 여야는 세월호특별법과 정부조직법, 유병언법(범죄수익은닉규제처벌법) 등 이른바 '세월호 3법'을 일괄 타결했다. 이로써 최대 18개월에 걸친 세월호 진상규명의 장정을 내딛게 된 것이다.

여야가 타결지은 내용을 보면 기존 '9·30 합의'에 세월호 유족의 참여를 일부 강화한 선이었다. 우선 여야가 특검 후보군 4명을 특검추천위원회에 제시할 때 새누리당이 사전에 세월호 가족의 동의를 받도록 명시했다. '진상조사위의 수사권·기소권 절대 불가'라는 박근혜 대통령의 원칙 고수에 막혀 결국 유가족들이 수사권·기소권을 포기하는 대신 요구해온 게 특검의 독립성·중립성 확보였다. 특검 추천 과정에서 유가족의 직접적 참여가 관철되진 않았지만, '유가족 동의' 절차를 강제한 것도 '특검 중립성'을 담보할 만한 장치로 여겨졌다. 특별법에 따라 17명으로 꾸려질 진상조사위의 위원장을 유가족 추천 위원이 맡고, 진상조사위에 동행명령권을 부여한 것 등도 조사권 강화 조치로 평가할 수 있었다.[97]

## 전 국정원장 원세훈 무죄 판결 논란

2014년 9월 11일 서울중앙지법 형사합의21부(부장 이범균)는 국가정보원 직원을 동원해 조직적으로 2012년 대통령 선거와 정치에 개입한 혐의로 기소된 전 국정원장 원세훈에게 집행유예를 선고했다. 즉, 정치 개입의 국가정보원법 위반은 유죄지만 공직선거법 위반은 무죄라는 것이었다.

이날 재판부는 "(국정원의 활동은) 국가기관이 특정한 여론을 조성할 목적으로 국민들의 자유로운 여론 형성 과정에 직접 개입한 것으로서 민주주의의 근간을 뒤흔든 범행"이라고 밝혔다. 하지만 "그런 인터넷 활동이 국정원의 적법한 직무에 속한다고 오인해 범행을 저지른 것으로 보인다"며 양형에 참작했다고 설명했다. 같은 혐의로 기소된 전 국정원 3차장 이종명과 전 심리전단장 민병주에겐 징역 1년과 자격정지 1년에 집행유예 2년을 각각 선고했다.

재판부는 원세훈이 심리전단 직원들에게 트위터 계정 175개를 통해 정치 관여 트위트·리트위트 11만 3,621건을 올리고 인터넷 포털사이트 등에도 글 2,125건, 찬반 클릭 1,214건을 올려 국내 정치에 개입

하도록 지시한 혐의를 유죄로 인정했다. 재판부는 "국정원 직원들이 북한의 활동에 대응한다는 명목 아래 일반인을 가장해서 4대강 사업 등 국책사업을 지지하고 이를 반대하는 정치인과 정당을 비방하는 글을 게시한 것은 국정원의 적법한 업무인 국내 보안정보 작성·배포라고 도저히 볼 수 없다"고 밝혔다. 국정원 심리전단의 인터넷 활동은 원세훈이 매달 부서장 회의와 매일 모닝 브리핑에서 지시한 내용에 맞춰 전개되었다.

그럼에도 재판부는 원세훈이 선거운동을 지시하지 않았다고 판단했다. 재판부는 "대선 즈음에도 심리전단 직원들이 야권의 대선후보자나 후보 예정자를 반대·비방하는 상당수의 글을 올려 원 전 원장이 선거운동을 지시한 것은 아닌지 의심이 든다"면서도 "선거운동은 '특정 후보의 당선·낙선을 도모하는 능동적·계획적 행위'로서 '선거 또는 선거 결과에 영향을 미치는 행위'와 엄격히 구분해야 한다"며 선거법 위반 혐의에 무죄를 선고했다.[98]

9월 12일 수원지법 성남지원 부장판사 김동진은 원세훈의 공직선거법 위반 혐의에 대한 무죄 판결을 신랄하게 비판하는 글을 법원 내부 게시판에 올렸다. 그는 '법치주의는 죽었다'는 제목의 글에서 다음과 같이 말했다. "한마디로 말하겠다. 나는 어제 있었던 서울중앙지법의 국정원 댓글 판결은 '지록위마指鹿爲馬의 판결'이라고 생각한다. 국정원이 2012년 당시 대통령 선거에 대하여 불법적인 개입 행위를 했던 점들은 객관적으로 낱낱이 드러났고, 삼척동자도 다 아는 자명自明한 사실이다. 그럼에도 불구하고, 이런 명백한 범죄사실에 대하여 담당 재판부만 '선거 개입이 아니다'라고 결론을 내렸다. 이것이 지록위마가 아니면 무엇인가? 담당 재판부는 '사슴'을 가리키면서 '말'이라고 말하고 있다.”[99] (2015년 2월 9일 서울고법 형사6부[부장 김상환]는 공직선거법 및 국정원법 위반 혐의로 불구속기소된 원세훈에게 징역 2년 6월에 집행유예 4년, 자격정지 3년을 선고한 원심을 깨고 징역 3년의 실형과 자격정지 3년을 선고했다).[100]

## 담뱃값·주민세·자동차세 등 '서민 증세'

2014년 9월 11일 박근혜 정부는 경제관계 장관회의를 열어 담뱃값을 현행 2,500원에서 4,500원으로 인상하는 안을 포함한 종합금연대책을 보고했다. 보건복지부 장관 문형표는 "내년 1월 1일부터 담배 가격 2,000원 인상을 추진하고 담뱃값에 물가연동제를 도입할 것"이라며 "2020년 성인 남성 흡연율 목표 29% 달성을 위해 노력하겠다"고 말했다. 정부는 건강 증진 차원에서 담뱃값을 인상한다고 발표했지만 이 말을 곧이곧대로 믿는 사람은 없었다. '꼼수 증세'라는 것이었다.[101]

담뱃값 인상을 결정하면서 박근혜가 2006년 노무현 정부가 인상을 추진했을 때 했던 발언도 회자되었다. 그때 한나라당은 "국민건강 증진보다 부족한 세수 확보를 위한 것"이라며 노무현 정부의 담뱃값 인상을 무산시켰는데, 당시 한나라당 대표였던 박근혜는 노무현을 만난 자리에서 "소주와 담배는 서민층이 애용하는 것 아닌가. 국민이 절망하고 있다"고 했기 때문이다.[102]

9월 12일 안전행정부는 주민세 인상 등을 담은 '2014년 지방세제 개편 방향'을 발표했다. 개편 내용을 보면, 현재 최대 1만 원 이내(상한선)에서 각 지방자치단체가 결정하는 주민세 부과 방식이 1만 원(하한선) 이상 2만 원(상한선) 이내 수준에서 부과하도록 바뀐다. 또 1991년 이후

보건복지부 장관 문형표는 "담배 가격 2,000원 인상을 추진하고", "2020년 성인 남성 흡연율 목표 29% 달성을 위해 노력하겠다"고 말했지만, '꼼수 증세'라는 비판을 받았다.

오르지 않았던 영업용 자동차세도 지금까지의 물가인상률(105%)을 고려해 조정하기로 했다. 이에 따라 영업용 승용자동차·승합자동차(버스)·화물자동차·특수자동차·3륜 이하 자동차 등에 부과되는 자동차세가 2015년에는 현재의 1.5배로, 2016년에는 1.75배로, 2017년에는 2배로 오르게 되었다.[103]

『한겨레』는 9월 13일자 사설 「담뱃세 이어 주민세…또 '서민 증세'인가」에서 "담뱃세와 주민세, 자동차세가 모두 소득이나 자산의 크기에 관계없이 부과되기에 이런 증세는 서민들에게 더 부담이 되기 마련이다. 서민 증세라고 해도 그르지 않다. 상대적으로 담세 능력이 큰 사람들에게 세금을 더 물리지 않고 서민들의 부담을 늘리는 세제 조정은 조세의 형평 원칙 등에 어긋난다"면서 다음과 같이 말했다.

"가뜩이나 소득 불평등이 심해 상대적 박탈감이 큰 서민들에게 더 우울한 소식이 아닐 수 없다. 박탈감을 덜어줄 대책을 마련하기는커녕 덧낼 조처를 취하고 있으니 안타깝다. 그런데도 정부는 이날 주민세와 자동차세 증세 방안을 내놓으면서 '조세정의와 형평을 구현하는 등 비정상적인 지방세제를 정상화하는 데 초점을 두었다'고 밝혔다. 견강부회라는 평을 듣기에 딱 좋다고 본다. '조세정의와 형평을 구현'한다는 말을 이런 데에 쓰다니 말이다."[104]

동국대학교 경영대 초빙교수 이동걸은 『한겨레』 9월 15일자 칼럼 「민생경제 죽이는 '그네'노믹스」에서 "'근혜노믹스'가 오락가락 무한변신하고 있다. '줄푸세'(세금 줄이고, 규제 풀고, 법치 세운다)에서 맞춤복지로, 경제민주화로, 창조경제로, 그리고 다시 줄푸세로 돌고 돌아왔다. 더나아가 경제 활성화와 민생경제로 변신하고 있다. 과연 그 끝은 어딜까? 시류 따라 눈치 따라 그네처럼 왔다갔다하니 앞으로 또 어떻게 변할지. 차라리 '그네'노믹스라 부르자"면서 다음과 같이 주장했다.

"줄푸세는 '명박'노믹스의 사촌이나 다름없다. 여기에다 저금리에 가계부채 조장, 부동산 투기 활성화, 그리고 서민 세금 폭탄이라는 '경환노믹스'까지 덧칠해놓고 보니 도무지 그 변신의 끝을 모르겠고 정체도 알 수가 없다. 부자 세금 줄이자는 것이 이명박의 '낙수 정책'이라면 '그네'노믹스는 부자 감세로 부족해진 돈을 서민에게 세금 폭탄 때려 걷자는 것이니 더 포악스럽다. 그나마 얼마 되지 않는 서민복지도 서민들 돈 뺏어서 하겠단다. 아랫돌 빼서 윗돌 괴기다."[105]

## "공공기관에 '관피아' 대신 '정치 마피아'"

국회 산업통상자원위 소속 의원 백재현에 따르면, 2014년 9월 초현재 39개 공공기관 중 14곳의 감사가 정치권 출신인 것으로 나타났다. 이 때문에 세월호 참사로 인해 관피아가 사라진 곳에 정피아가 득세하고 있다는 지적이 나왔다. 『경향신문』은 9월 3일자 사설 「공공기관에 '관피아' 대신 '정치 마피아'인가」에서 "세월호 참사가 엉뚱하게 '정피아(정치인+마피아)' 세상을 만들 것이란 우려가 현실화하고 있다. 세월호 참사 초래의 근인으로 꼽히는 '관피아(관료+마피아)'를 차단해 놓으니 그 자리를 '정피아'가 꿰차고 있기 때문이다"면서 다음과 같이 말했다.

"공공기관 감사는 공모 절차를 거치지만 결국은 청와대가 낙점한다. 정치인 출신도 자격 요건을 갖추었다면 공공기관 임원이 되는 것이 문제될 게 없다. 하지만 집권당 혹은 대선캠프 출신이란 이유만으로 낙하산을 타고 내려온다면 사정은 달라진다. '관피아'의 폐해보다 '정피아'가 더 심각할 수 있다. 전문성은 물론 도덕성, 조직관리 능력에서 떨어질 수 있기 때문이다. 기획재정부는 올 초 업무보고에서 '일정 기간 해당 업무 경력을 갖추지 않은 사람은 공공기관 감사가 되지 못하도록 법 개정을 추진하겠다'고 했다. 박 대통령도 누차 '공공기관의 낙하산 인사는 없을 것'이라고 장담했다. 그래놓고 공공기관의 장과 감사 자리를 정권의 사은품인양 '정피아'에게 하사하고 있다. 이러면서 국가 혁신을 외치고 공공기관 개혁을 운위할 텐가. 이제라도 이율배반, 막무가내식 보은 낙하산 인사를 중단해야 한다."[106]

9월 5일 새정치민주연합 의원 민병두가 공공기관에 임명된 '친박'

인사 실태를 조사해 발표한 '공공기관 친박 인명사전 2집'에 따르면, 2014년 4월부터 9월까지 6개월 동안 공공기관 고위직에 임명된 친박 인사는 66개 기관 94명에 달했다. 이는 2013년 정부 출범부터 2014년 3월까지 1년간 84개 공공기관, 114명이 임명된 것과 거의 맞먹는 수준이었다. '공공기관 친박 인명사전 2집'에 따르면 94명 가운데 새누리당 출신이 45명(47.9%)으로 가장 많았다. 새누리당 국민행복추진위원회 등 대선캠프 출신이 25명(26.6%), 대통령직인수위 출신이 6명(6.4%)이었다. 친박 단체 활동이나 지지 선언에 나섰던 인사도 18명(19.1%)으로 나타났다. 낙하산으로 분류된 213개 직위 중 가장 많은 비중을 차지한 건 이사직으로 127개(59.6%)에 달했다. 기관장(60개, 28.2%), 감사(26개, 12.2%)가 뒤를 이었다. 기관장은 총 60명 중 대선캠프 출신이 24명(40%)으로 압도적으로 많았다.[107]

『한국일보』는 9월 26일자 사설 「청와대 보은·낙하산 인사, 해도 너무한다」에서 "과거 박근혜 대통령은 정권마다 되풀이돼온 '낙하산·보은 인사'를 강도 높게 비판했다. 야당 대표 시절 참여정부를 향해 "이런 인사가 대통령의 국정 운영에 큰 해를 끼치고 결국 대통령에게 부담으로 돌아갈 것"이라고 경고했고, 대선 당시 '부실 인사의 낙하산 임명 관행 근절'을 공약했다. 그러나 '박근혜 정부에서 낙하산 인사는 없다'던 다짐은 금세 거짓으로 드러났다"면서 다음과 같이 말했다.

"어떤 비판에도 귀를 막은 박 대통령에게 '부실 인사가 원칙 없이, 전문 분야와 상관없는 낙하산으로 임명되는 것은 반드시 근절하겠다'던 약속을 상기시키는 것은 부질없는 짓일지 모른다. 하지만 이런 식의 인사는 결국 대통령과 정부에게 부담으로 되돌아간다는 점을 명심해야 한다."[108]

## 대기업도 속절없이 당한 '만만회 사칭'

10월 2일 서울중앙지검 특수2부(임관혁 부장검사)는 청와대 총무비서관 이재만을 사칭해 자신의 취업을 알선하고 실제 대기업에 채용되어 대기업의 채용 업무를 방해한 혐의(업무방해)로 조모(52) 씨를 구속기소했다고 밝혔다. 검찰은 조씨가 취업에 어려움을 겪자 이재만 비서관을 사칭해 2013년 8월 대우건설에 취업하고, 2014년 8월 KT에 취업을 시도했다고 보았다. 조씨는 2013년 7월 대우건설 사장 박영식에게 전화를 걸어 "청와대 총무비서관 이재만이다. 조모 장로를 보낼 테니 취업을 시켜주면 좋겠다. 내일 3시에 보내겠다"고 말했다. 이튿날 조씨는 박영식을 찾아가 허위 학력과 경력이 기재된 응시원서를 제출하며 "대우건설에서 일하고 싶다"고 말했다. 박영식은 한 달 뒤 조씨를 대우건설 부장직급으로 채용했다. 이재만의 추천을 받았다는 조씨의 말을 그대로 믿은 것이다.[109]

『한국일보』는 10월 3일자 사설 「'만만회 사칭'에 대기업도 속절없이 당하는 현실」에서 "권력에 줄을 대 특혜를 보려는 비뚤어진 심리, 이를 악용한 사기 행각이 끊이지 않는 것은 우리 사회 곳곳에서 '권력형 뒷거래'가 여전히 횡행하고 있음을 방증한다"면서 다음과 같이 말했다.

"박근혜 정부가 대선공약을 헌신짝처럼 내던지고 공공기관 등에 낙하산 인사를 줄줄이 내려 보내는 것도 이 같은 범죄를 키우는 토양이다. 전문성이나 자질을 묻지도 따지지도 않고 권력이면 다 통하는 세태를 약삭빠른 사기꾼들이 놓칠 리 없다. '청와대 전화 한 통' 사기에 내로라하는 대기업까지 놀아난 현실이 참담하다."[110]

『서울신문』은 10월 4일자 사설 「청靑 비서관 사칭극 결국 낙하산 토양 탓 아닌가」에서 "대한민국 사회는 지금 인사에 관한 한 치유하기 어려울 정도의 중증을 앓고 있다. 공공이든 민간이든 영역을 가리지 않고 막무가내로 펼쳐지는 낙하산 난리통에 하루도 영일이 없을 지경이다"면서 다음과 같이 말했다.

"박근혜 대통령은 지난해 취임 직후 공공기관 낙하산 인사는 없을 것이라고 천명했다. 그러나 지금 우리 눈앞에 어떤 인사가 전개되고 있는가. 전문성이라곤 찾아보기 힘든 인물을 한국관광공사 감사 자리에 앉혀 '코미디 인사의 절정'이란 비판을 자초하더니 적십자비도 제대로 안 낸 사람을 전광석화처럼 대한적십자사 총재로 지명해 '보은 인사의 끝판왕'이라는 비아냥을 듣고 있다. 인천국제공항공사 사장 자리를 놓고도 '친박 낙하산' 논란이 끊이지 않는다. 세월호 참사 이후 국가 혁신을 그토록 외쳤건만 그 핵심이라 할 인사 문제에 있어서는 오히려 퇴보하는 양상마저 보이고 있으니 안타까운 노릇이다."[111]

### "끊임없이 투하되는 정피아 낙하산"

2014년 10월 15일 김기식 새정치민주연합 의원실 자료에 따르면 금융공기업과 이들이 지분을 보유하고 있는 금융회사 34곳의 전체 임원 268명 중 112명이 관피아, 정피아, 연피아(연구원+마피아) 인사였다. 특히 이 중 정피아가 48명으로 42%에 달해 금융공기업이 '정피아의 천국'으로 불릴 정도로 정치권 출신 감사와 사외이사가 대거 포진한 것으로 나타났다.[112]

선임된 이들 금융공기업 감사들의 공통점은 2가지였다. 여당의 지지를 등에 업은 정피아라는 점과 금융회사에서 근무한 경험이 전혀 없는 금융 문외한이라는 점이 그것이었다. 이 때문에 세월호 참사 이후 관피아 배제 분위기가 확산된 이후 금융회사나 금융공기업 임원 자리를 정피아들이 속속 꿰차면서 "해도 너무 한다"는 원성이 자자했다.[113]

10월 21일 열린 국정감사에 참석한 친박 낙하산들은 박근혜와의 관계를 강조했다. 미래창조과학방송통신위원회 국감장에서는 9월 임명된 한국방송광고진흥공사(코바코) 사장 곽성문의 '친박 자기소개서'로 들끓었다. 새정치민주연합 의원 최민희가 공개한 코바코 사장 공모지원서를 보면, 곽성문은 "육영수 여사 서거 20주년이 되는 1994년 (〈문화방송〉 기자 시절) 당시 큰 영애와의 특별 인터뷰를 계기로 인연을 맺게 됐는데 이 같은 오랜 개인적인 인연을 바탕으로 자연스럽게 박근혜 대표의 측근이 됐고, 의정 활동 4년 내내 '박근혜 대통령 만들기'에 앞장섰다"며 노골적으로 친박 이력을 내세웠다.

한국관광공사 신임 감사로 임명된 자니윤도 이 국감에 제출한 자기소개서에서 "2007년 해외동포 후원회장을 맡으면서 시작된 인연으로 박근혜 대통령님의 대선 재외선거대책위 공동위원장을 역임했다"고 쓰는 등 이른바 '친박'을 강조하는 '공모 지원서'를 쓴 사실이 알려져 논란이 되었다.[114]

이와 관련해 『조선일보』는 10월 23일자 사설 「공기업 지원서에 당당히 '친박親朴' 쓰고 사장 된 사람」에서 "제목만 '공모公募 지원서'지 사실상 새누리당 공천 지원서나 '박 대통령 선거운동 빚 청구서'나 마찬가지다"고 비판했다.[115] 『한국일보』는 10월 25일자 「조져도 조져도 끊임없

© 연합뉴스

박근혜 정부에서 금융공기업은 '정피아의 천국'으로 불릴 정도로 정치권 출신 감사와 사외이사가 대거 포진했다. 한국가스공사 정문 앞에서 노조원들이 김흥기 감사위원 임명에 반대하며 시위를 벌이고 있다.

이 투하되는 정피아 낙하산」에서 "해도 너무 한다. 조져도 조져도 꿈쩍도 않는다. '조질 테면 조져 봐라' 식이다"고 개탄했다.[116]

『동아일보』 경제부 기자 정임수는 11월 6일자 「정피아 전성시대」에서 "요즘 낙하산 논란으로 시끄러운 곳이 금융권이다. 달라진 게 있다면 관피아(관료+마피아) 대신 정피아(정치권+마피아)가 논란의 중심에 있다는 점이다. 세월호 참사 이후 관피아의 산하기관 재취업이 봉쇄되자 정치권 인사들이 그 자리를 꿰차고 있다"면서 다음과 같이 말했다.

"정피아 낙하산이 주로 가는 곳은 막강 권한에 두둑한 보수까지 보장돼 '신神도 탐낸다'는 금융권 감사 자리다. 올 들어 금융공기업(자산관리공사, 기술보증기금, 예금보험공사, 한국거래소, 수출입은행)부터 정부나 공공기관이 지분을 가진 민간 금융회사(대우증권, 서울보증보험, 경남은행, 우리은행)까지 대선캠프, 새누리당 출신들이 감사 자리를 싹쓸이했다."[117]

## 정치는 '합법적 도둑질'인가?

박근혜 정부는 '국가 개조'를 부르짖으며 '관피아 척결'을 외쳤지만, 오히려 개악改惡이라고 할 수 있는 '정피아'를 대량생산했다. 공기업을 정피아의 천국으로 만든 것이다. 2014년 11월 20일 『중앙일보』 논설위원 이정재는 "늑대를 피하려다 호랑이를 만난 격"이라며, 정피아는 관피아와 크게 3가지가 다르다고 했다.

"우선 후안무치, 더 낯이 두껍다. 전문성이 없어도 전문직에 보란 듯이 들이댄다. 올해 낙하한 100여 명의 정피아 중 30여 명은 해당 분야 경력이 전혀 없다.……둘째, 탁월한 스텔스 기능을 자랑한다. 관피아는 비교적 예측 가능, 동선이 눈에 보였다. 기획재정부 차관으로 옷을 벗으면 은행 CEO로, 국장에서 옷 벗으면 저축은행 감사로 가는 식이다.……반면 정피아는 은밀하다. 누가 어느 줄을 타고 어떻게 움직이는지 도무지 종잡기 어렵다.……셋째, 마음은 늘 여의도에 있다. 호시탐탐 정계 복귀를 노리다 보니 업무는 딴전이다. 정치권 경조사 챙기고 외부 행사에 열심이다. 악수를 해도 상대방을 안 본다. 누구 인사할 사람 없나 주변을 둘러보느라 바빠서다. 본래 전문성이 부족한 데다 마음도 콩밭에 가 있으니 일이 될 리 없다."[118]

그래서 속된 말로 "쓰레기차 피하려다 똥차에 치인다"는 말까지 나왔다. 『조선일보』 경제부 차장 이진석은 「2000억 써서 '정政피아' 막기」라는 칼럼에서 한 정부 고위 관계자가 사석에서 한 말을 전한다. "연봉 2억 원에 사무실과 기사 딸린 차량이 제공되지만 아무 일도 하지 않는 자리를 500개 정도 만들면 좋겠다. 대선에서 이기고 나면 선거 때 고생했다며 한자리 기대하는 정치권 주변 인사가 500명 정도 된다. 그 사람들에게 줄 수 있는 게 공공기관이나 금융공기업 임원 자리밖에 더 있겠느냐. 그래서 낙하산이 근절되지 않는 것이다."

그런 낙하산은 개혁은커녕 일을 더 망친다. 그래서 500명에게 연봉 2억 원씩 주고 사무실, 차량 운영비 등을 지원하면 2,000억 원 정도면 되는데 차라리 이 돈을 쓰고 '정피아'들이 공공기관에 발붙이지 못하도록 하면 좋겠다는 것이다. 그는 "공공기관 부채가 400조 원이 넘는데 정피아들 대신 제대로 능력 있는 기관장·감사·사외이사에게 부채 감축과 경영 혁신을 맡기는 대가로 2,000억 원 정도면 싼 것 아니냐"고 했다.[119]

이 '농담 같은 진담'은 정치를 '합법적 도둑질'이라고 보는 시각이 결코 무리가 아니라는 걸 말해주었다. 정치인을 '교도소 담장 위를 걷는 사람들'이라고 하는데, 교도소 담장 안으로 떨어지면 '불법적 도둑질', 담장 밖으로 떨어지면 '합법적 도둑질'을 한 셈이라고 보는 유권자가 많다는 뜻이기도 했다. 지나친 정치 냉소주의나 정치 혐오주의가 아니냐고 할 수도 있겠지만, 그것이 그럴듯한 평가임을 말해주는 증거들이 자주 나타나는 걸 어이하랴.

'합법적 도둑질'을 좀 점잖은 말로 하자면, '지대추구地代追求, rent-seeking'인데, 정치인들만 지대추구를 하는 건 아니다. 사회 전 분야에 걸쳐 힘 좀 있는 이들은 대부분 지대추구를 한다. 한국 사회에서 좋은 직장이란 지대추구를 할 수 있는 힘을 가진 곳이라고 해도 과언이 아니었다.

## 제6장

## '정윤회 국정 개입 보고서' 파문

### "정윤회 '국정 개입'은 사실"

2014년 11월 28일 『세계일보』는 「정윤회 '국정 개입'은 사실」이라는 특종 기사에서 청와대 공직기강비서관실에서 작성한 '청靑 비서실장 교체설 등 VIP 측근(정윤회) 동향'이라는 제목의 동향 감찰 보고서를 입수했다면서 박근혜 대통령 측근으로 알려진 정윤회가 여권 비선 실세로 알려진 '문고리 3인방(총무비서관 이재만, 제1부속비서관 정호성, 제2부속비서관 안봉근)'과 매달 두 차례 모임을 가져왔다고 보도했다. 이 보고서는 당시 서울 여의도 정치권에서 떠돌던 '비서실장 중병설', '비서실장 교체설'과 같은 루머의 진앙震央이 어디인지를 감찰한 결과를 담고 있었다.

기사에 따르면, 감찰 조사에서 정윤회는 이들과 매달 두 차례 정도 서울 강남권 중식당과 일식집 등에서 만나 청와대 내부 동향과 현 정부 동향을 논의한 것으로 파악되었다. 이들 모임에는 '문고리 3인방'을 비롯한 청와대 내부 인사 6명, 정치권에서 활동하는 청와대 외부 인사 4명이 참석한 것으로 조사되었다. 보고서는 이들을 중국 후한 말 권력을 잡아 조정을 농락한 10여 명의 환관에 빗대 '십상시+常侍'로 지칭하고 실명으로 언급했다. 이 보고서는 경찰 경정으로 청와대에 공직기강비서관실 행정관으로 파견 근무를 하던 박관천이 당시 공직기강비서관 조응천의 지시로 작성한 것이었다.

이 기사는 "현재 공식 직함이 없는 정씨가 자신과 가까운 청와대·정치권 내부 인사들에게 지시를 내리는 등 영향력을 행사한 것으로, 세간의 '그림자 실세' '숨은 실세' 의혹이 사실임을 드러낸 것이어서 파문이 예상된다"면서 "특히 청와대 비서관들이 내부 동향을 외부 인사에 전달하는 행위는 공공 기록물 관리에 관한 법률 등 실정법을 위반한 것이라는 지적이 나온다"고 했다.[120]

이에 대해 청와대는 문건의 존재에 대해서는 인정하면서도 문건이 공식 보고서가 아니며 내용도 '풍설'에 불과하다고 반박했다. 청와대 대변인 민경욱은 브리핑을 통해 "보도 내용은 사실이 아니다"며 "청와대는 오늘 중으로 문건을 작성한 행정관 및 『세계일보』를 고소하기 위한 고소장을 제출하는 등 강력한 법적 조치를 취할 것"이라고 말했다. 그는 "문건은 당시 경찰 출신 행정관이 풍설에 불과한 내용을 모아 작성한 이른바 '지라시'에 불과하다고 판단해 특별한 조치를 취하지 않았다"면서도 "당시 문건은 김기춘 실장까지 보고가 됐다"고 말했다.[121] 이날 청와대는 문건을 보도한 『세계일보』 경영진과 기자들을 명예훼손 혐의로 검찰에 고소하면서 문건 유출자로 박관천을 지목하고 수사 의뢰했다.

문고리 3인방으로 지목된 이들은 문건과 관련해 "정윤회 씨는 만난

『세계일보』는 정윤회가 '문고리 3인방'과 매달 두 차례 모임을 갖고 청와대 내부 동향과 현 정부 동향을 논의한 것으로 보도했다. 이들은 중국 후한 말 '십상시'처럼 권력을 잡고 조정을 농락한 것으로 비유되었다. (『세계일보』, 2014년 11월 28일)

적도 없고, (정씨와 만났다는) 강남 중국집은 가본 적도 없다"거나 "시중에 나도는 '지라시'를 짜깁기한 것"이라는 반응을 보였다. 한 행정관은 "보는 눈이 얼마나 많은데 정씨와 '3인방'이 한자리에서 만났다는 건지 모르겠다. 더구나 10명씩 모여서 회의를 했다는 게 황당하다"고 말했다.[122]

정윤회는 박근혜의 젊은 시절 멘토로 불렸던 고故 최태민 목사의 사위로 박근혜와 인연을 맺은 뒤, 박근혜의 정계 입문 이후 약 10년 동안 박근혜를 보좌했던 인물이다. 2007년 이후 공식적인 직함을 맡은 적은 없지만, 정부 출범 이후 정치권에서는 그를 '그림자 실세'로 지목하는 말들이 끊이지 않았다.

## "대통령 최측근 비서관들의 국정농단"

11월 28일 새정치민주연합 의원 박지원은 여권 비선의 국정 개입 보도와 관련해 "청와대는, 김기춘 실장은 묵인 말고 이 사건에 대해 해명하고 밝혀야 한다"고 말했다. '만만회(이재만·박지만·정윤회)' 의혹을 제기했던 그는 이날 비상대책위원회의에서 "박근혜 정부의 비선 라인 인사 개입을 지적하며 만만회가 배후에 있다고 의혹을 제기했지만 정부 검찰에서는 이 사실을 부인하고 나를 기소했다. 그러나 오늘 아침 보도를 보면 정윤회의 국정 개입은 사실"이라며 이같이 말했다. 그는 또 "이러한 감찰 보고서를 입수해 보도했다면 이 사실을 부인하지 못할 것"이라며 "이런 것을 보고도 과연 만만회 사건에 대해 기소할 수 있는가, 김기춘 실장은 자기 명예를 위해서도 참고 있어선 안 된다"고 덧붙였다.[123]

이날 새정치민주연합 대변인 김성수는 국회 브리핑에서 "'십상시'라는 비선 실세의 꼬리가 드디어 잡혔다"며 "정윤회 씨를 중심으로 대통령 최측근 비서관들이 후한 말의 환관들처럼 국정을 농단해왔다는 점에서 경악을 금치 못하겠다. 매우 충격적"이라고 말했다. 그는 "이들이 매달 두 차례씩 만나 청와대 내부 정보를 유출한 문제는 공공기록물관리법 등 명백한 실정법 위반"이라며 "또한 김진태 검찰총장 취임 이후 검찰 인사에 깊숙이 개입한 정황이 사실이라면 국정원 대선 개입 사건에 대한 검찰 수사를 무력화하기 위해 뒷공작을 벌였다는 말이 된다"고 주장했다.[124]

11월 30일 새정치민주연합은 정윤회의 국정 개입 의혹 파문을 '정윤회 게이트'로 명명하고 박근혜 대통령의 입장 표명을 촉구했다. 원내 대변인 서영교는 브리핑을 통해 "정씨를 비롯한 비선 라인이 국정을 농단하고 있다는 사실이 드러났다"고 비판하며 국회 운영위 소집을 통한 진상규명을 촉구했다. 정의당 대변인 김종민은 이날 "충격적인 사실로 도저히 용납하기 힘들다. 청와대 권력이 국민이 부여한 권력인지, 십상시와 같은 환관들의 권력인지 의심스럽지 않을 수 없다"며 "국회 차원의 진상 조사를 위한 기구 구성 및 대책이 수립돼야 한다"고 밝혔다.[125]

### 박근혜, "청와대 문건 유출은 국기 문란 행위"

12월 1일 박근혜는 청와대에서 수석비서관회의를 주재하며 '정윤회 국정 개입 의혹' 청와대 문건 유출 사건에 대해 "결코 있을 수 없는 국기 문란 행위"라며 "검찰은 내용의 진위를 포함해 모든 사안에 대해 한 점 의혹도 없이 철저하게 수사해 명명백백하게 실체적 진실을 밝혀달라"고 말했다. 박근혜는 또 "이제 선진국을 바라보는 대한민국에서 이런 근거 없는 일로 나라를 흔드는 일은 없어져야 한다"며 문건 내용이 사실이 아니라는 점을 강조했다. 그러면서 "누구든지 부적절한 처신이 확인될 경우 지위고하를 막론하고 일벌백계로 조치할 것"이라며 "악의적인 중상이 있었다면 그 또한 상응하는 책임을 물어야 할 것"이라고 말했다.[126]

『경향신문』은 12월 2일자 사설 「'비선 의혹'에 무조건 "루머"라는 박 대통령」에서 "박근혜 대통령의 오랜 측근인 정윤회 씨의 국정 개입을 담은 '청와대 감찰 보고서' 내용은 순전히 '루머'이다. '비선이나 숨

박근혜는 '정윤회의 국정 개입 파문'이 일어났을 때, 루머이고 국기 문란 행위라며 관련 의혹을 전면 부인했다. 정윤회가 서울중앙지검에 출석하고 있다.

은 실세가 있는 것같이 몰아가는' 언론 보도 자체가 문제다. 청와대 문건 유출이야말로 '국기 문란 행위'로 이번 사건의 핵심이다. 그리고 박근혜 정부 출범 이후 끊이지 않는 '비선 실세'나 '문고리 권력' 관련 의혹들은 '악의적 중상'일 뿐이다. 나라를 발칵 뒤집어놓은 '비선 실세'의 국정 농단 논란에 대해 박 대통령이 어제 수석비서관회의에서 선포한 '셀프 결론'이다. 결론을 내리게 된 앞뒤 설명이나 근거 제시는 전혀 없다"면서 다음과 같이 말했다.

"매사 일 처리와 국정 운영이 이런 식으로 불투명하고 비밀주의에 빠져 있으니 '정윤회 국정농단 의혹' 같은 사달이 끊이지 않는 것이다. 박 대통령의 동떨어진 상황 인식과 태도에 비춰 이제 검찰 수사를 통한 명명백백한 진상규명과 청와대의 자체 정화 조치를 기대하기 힘들어졌다. '비선 권력'이 회자되고, 발호하게 만드는 '토양'이라 할 박 대통령의 폐쇄적 권력 운용의 개선을 기대하기도 무망해졌다. 참으로 답답한 노릇이다."[127]

『한겨레』는 12월 2일자 사설 「'국정농단' 눈감고 '유출·보도'에만 성낸 대통령」에서 "박 대통령의 이날 발언으로 앞으로 진행될 검찰 수사의 결론은 이미 나와 버렸다고 할 수 있다. 우리 검찰의 생리상 대통령이 수사의 가이드라인을 정했는데 그 선 밖으로 벗어날 가능성은 거의 없어 보인다. 문건 유출자를 색출해 처벌하고, 비선 실세들의 국정 개입 의혹에 대해서는 '면죄부'를 주는 일에 매진할 것이다. 검찰 수사를 통해 '진실'이 온전히 규명되길 바라는 것은 나무에서 물고기를 구하는 격이 됐다"면서 다음과 같이 말했다.

"박 대통령의 발언은 역설적으로 왜 이 정권에서 비선 실세니 문고리 권력이니 하는 말이 끊이지 않고 나오는지를 확실히 보여준다. 사실 박 대통령이 정치를 제대로 했으면 비선 따위의 말 자체가 나오지 않았을 것이다. 이 정권은 역대 어느 정권보다도 권력 내부의 암투가 빨리 불거져 나왔고, 이번 문건 파동 자체도 치열한 내부 권력투쟁의 연장선이라는 것이 지배적 관측이다. 그런데도 박 대통령은 자신의 책임을 전혀 느끼지 않을뿐더러 현실을 직시하려고도 하지 않는다."[128]

## 박근혜, "지라시에나 나오는 그런 이야기들"

정윤회의 문화체육관광부 인사 관여 등 국정 개입 정황이 속속 드러나기 시작했다. 12월 4일 전 문화체육관광부 장관 유진룡은 박근혜 대통령이 2013년 8월 문화체육관광부 국장과 과장 두 사람의 교체를 직접 지시했다고 인정했다. 유진룡은 박근혜가 자신 등을 청와대 집무실로 부른 뒤 수첩을 꺼내 문체부 국장과 과장 이름을 직접 거명하면서 '나쁜 사람이라고 하더라'고 말했다는 『한겨레』보도에 대해 "어디서 들었는지 대충 정확한 정황 이야기다. 그래서 BH(청와대)에서 반응을 보이지 못하는 것이겠지. (청와대가) 자신 있으면 허위 사실 공표에 의한 명예훼손으로 고소하겠다고 할 텐데"라고 말했다.[129]

12월 5일 정부·여당과 청와대가 일제히 '유진룡은 배신자'라며 본질 흐리기에 나섰다. 특히 새누리당은 박근혜의 인사 개입 사실을 확인해준 유진룡에게 '배신자' 낙인을 찍으며 원색적으로 비난했다. 원내수석부대표 김재원은 주요당직자회의에서 "한 나라의 장관을 지낸 분까지 나라를 혼란스럽게 만드는 데 동참하는 것에 개탄을 금할 수 없다. 도대체 왜 이런 분을 장관에 임명해 나랏일을 맡겼는지 기가 막힐 지경"이라며 "최소한 인간 됨됨이라도 검증해 장관을 시켜야 되지 않을까 하는 생각"이라고 말했다. 대변인 박대출은 브리핑을 통해 "배신의 칼날이 무섭고 가벼운 처신이 안타깝다. 업무상 다뤘던 일에 진지하고 책임 있는 자세를 보이는 것이 공복의 도리"라고 비난했다.[130]

12월 7일 박근혜는 청와대로 김무성 새누리당 대표와 이완구 원내대표 등 당 지도부와 당 소속 예산결산특별위원회 위원들을 초청해 오찬을 함께하면서 '정윤회 국정 개입 문건 파문'과 관련해 "지라시에나 나오는 그런 이야기들에 나라 전체가 흔들린다는 것은 정말 대한민국이 부끄러운 일이라고 생각한다"고 밝혔다.

박근혜는 "우리 경제가 한시가 급한 상황인데 소모적인 의혹 제기와 논란으로 국정이 발목 잡히는 일이 없도록 여당에서 중심을 잘 잡아주셨으면 한다"면서 "모처럼 국회가 국민에게 큰 선물을 주셨는데 예상치 못한 논란들이 발생하고 있어서 안타깝게 생각한다. 한 언론이 제대로 확인도 하지 않고 보도한 후에 여러 곳에서 터무니없는 얘기들이 계속 나오고 있는데 이런 일방적인 주장에 흔들리지 말고 검찰의 수사 결과를 지켜봐주었으면 한다"고 말했다. 이어 박근혜는 "저는 항상 비리를 척결하고 국민의 삶이 편안해지도록 끝까지 그런 생각으로 일해왔고 앞으로도 그 생각밖에 없다"고 말했다.[131]

『한겨레』정치부장 권태호는 12월 8일 「3인방은 물러나지 않을 것이다」는 칼럼에서 "정윤회 문건 파동 등에 대해 새누리당의 한 의원에게 '왜 2년차에 벌써 이런 일이'라고 말하자, '벌써가 아니라, 늦게 나온 것'이라 했다"며 다음과 같이 말했다.

"2004년 한나라당 대표 시절부터 폐쇄적이고, 비서 3인방(당시 4인방)을 통해서만 연결되고, 소통을 않는 전근대적 방식이 지금까지 제대로 문제 되지 않았다는 게 오히려 더 이상한 일이라 했다. 지금은 '입안의 혀' 코스프레를 하는 김무성 대표도 한때 박 대통령을 '민주주의 개념이 부족한 분'이라고 했다.······박 대통령은 아마 왕을 했으면 잘했을 분이다. 차라리 1970년대에 박정희 대통령을 이어 곧바로 세습 통치를 했으면, 지금 같은 마찰은 없었을 것이다. 너무 늦게 대통령이 됐다."[132]

## 왜 최경락 경위는 자살을 해야만 했는가?

훗날(2016년 11월 14일) TV조선이 처음 공개한 고故 김영한 전 민정수석의 비망록을 보면, 김기춘 비서실장이 정윤회 문건 수사가 한창이던 2014년 12월 13일 '조기 종결토록 지도'하라는 지시를 내린 것으로 나타나 있다. '문건 유출자'로 지목받은 한일 전 경위는 『세계일보』인터뷰에서 '자진 출두해 자백하면 불기소 편의를 봐줄 수 있다'고 자신에게 약속했던 사람은 청와대 민정비서관실 직속 특별감찰반 책임자인 우병우 당시 민정비서관이었다고 폭로했다. '김기춘-우병우' 라인이 문건 사태에 적극 나섰다는 것이다.[133] 『세계일보』 논설위원 한용걸이 2년 후인 2016년 11월 「나는 고발한다」는 칼럼에서 밝힌 다음 이야기를 들어보자.

"『세계일보』는 2014년 11월 이른바 '정윤회·십상시 국정농단' 청와대 문건을 보도했다. 대통령이 '문건 유출은 국기 문란'이라고 하자 유출자 색출에 혈안이 됐다.……유출 경로의 출발점을 찾는 데 조급했던 청와대는 박모 경감을 시켜서 서울경찰청 정보분실 소속 한일 경위와 최경락 경위에게 접근했다. 박 경감은 한 경위에게 '녹취록이 있다면서요, 자진 출두해 자백하세요. 그러면 불기소로 편의를 봐준다더라'고 회유했다."

그 이후 어떤 일이 벌어졌는가? 한용걸은 "그(한일 경위)는 이튿날 새벽에 긴급 체포됐다. 검찰은 아무런 죄도 없는 그의 아내를 소환해 남편과 대질시키는 잔인한 짓도 저질렀다. 아내는 수갑 차고 포승줄에 묶인 남편을 본 뒤 바닥에 털썩 주저앉았다"며 다음과 같이 말했다.

"아내의 좌절을 본 한 경위는 최 경위에게 문건을 넘겼다는 허위 진술을 했다. 청와대 회유에 넘어가면 안 된다고 말렸던 최 경위는 검찰에 끌려갔다가 결백을 주장하는 유서를 남겨놓고 스스로 목숨을 끊었다. 그의 아내와 딸들은 가장을 잃었고 가정이 파괴됐다. 덫에 걸려들어 동료의 극단적 선택을 봐야 했던 한 경위는 정신병원 신세를 지고 트라우마로 고생하고 있다. 불기소는커녕 5개월간 복역했다. 경찰에서 파면되었고, 전셋집에서 쫓겨났다. 그는 '우병우 수석한테 박살날까봐 두렵다. 당시에도 너무 무서웠다'며 몸서리쳤다."[134]

최경락은 당시 14장의 유서를 남겨 '경찰의 명예를 지키고 싶었다'고 고백했다. 그의 형은 "(동생이) 이 정부가 임기가 2년만 안 남았어도 끝까지 싸운다(고 했다)"며 "근데 너무 길어서 희망이 없어. 싸워서 이길 수가 없어'라고 했다"고 전했다. 사건 관계자는 "최 경위가 지방(경찰)청 간부하고 통화를 해서 만났다고 했다"며 "'네가 안고 가라'는 거였다"고 말했다. 최 경위의 형은 최 경위의 죽음에 대해 "내 동생은 절대 자살이 아니예요. 타살이지"라고 말했다.[135]

"너무 길어서 희망이 없어. 싸워서 이길 수가 없어"라는 말은 무슨 뜻이었을까? 박근혜의 임기가 1~2년만 남았어도 자신의 억울함을 입증하고 경찰의 명예를 지키기 위해 끝까지 싸우겠는데, 3년은 너무 길어 어떻게 해볼 수가 없다는 이야기가 아닌가. 사실 이 말이야말로 나중에 대통령 탄핵의 이유가 된 '박근혜 게이트'의 핵심을 꿰뚫는 비밀이었다. 그렇다. 바로 그거였다. 남은 기간이 너무 길었다! 이 사건은 2015년까지 이어진다.

## 제7장

# "돈은 서울로 몰리고 지방엔 빚만 남는다"

## "지방 잡대 나와서 성공하려면"

2003년 11월 25일 MBC의 〈심야스페셜〉을 시청하다가 깜짝 놀란 시청자가 많았으리라. 지방대 문제를 다룬 그 프로그램은 광주의 한 편입학 학원이 문전성시를 이루고 있는 모습을 보여주었다. 지방에서 서울 소재 대학으로 편입하려는 지원자가 5만 명에 이를 것이라고 했다. 그것도 놀라운 사실이긴 하지만 정작 놀라운 건 "지방대 출신 며느리보다는 서울에서 고등학교를 나온 며느리가 더 낫다. 지방에서 무얼 배웠겠는가?"라는 어느 서울 아줌마의 말을 전하는 한 여학생의 증언이었다. 그 말의 내용도 놀라웠지만 저런 말이 그대로 방송되어도 되나 하는 의아심 때문에 더욱 놀라웠으리라.

10여 년 후인 2014년 8월 16일 밤 10시 50분 MBC 드라마 〈마마〉를 보다가 아버지가 어린 아들에게 하는 말이 귀에 번쩍 들어왔다. "지방

잡대 나와서 성공하려면 간 쓸개 다 빼줘야 한다." 아무리 드라마라지만, 저런 말을 방송에 내보내도 되나? 그래도 성공의 가능성을 열어둔 게 반갑긴 하지만, 어느 대학을 나왔건 성공하려면 간 쓸개 다 빼줘야 한다고 말하는 게 더 맞지 않나?

"지방에서 무얼 배웠겠는가?" 혀를 끌끌 차지 않을 수 없는, 최악의 망언이다. 그런데 지방 스스로 그런 몹쓸 생각을 유포·강화하는 데에 일조하고 있다면, 어디에서 그런 잘못된 세상을 바꿀 수 있는 탈출구를 찾을 수 있단 말인가? 거의 모든 지방이 지역의 우수 인재를 서울로 보내는 걸 '지역발전 전략'이라고 우기고 있었으니 말이다.

대학입시가 끝나면 전국의 많은 지방 고등학교 정문엔 서울 소재 대학들에 합격한 학생 수를 알리는 플래카드가 요란스럽게 나붙었다. 물론 자랑하려고 내건 플래카드다. 일부 지방정부와 교육청은 서울 명문대에 학생을 많이 보낸 고교에 각종 재정 지원을 함으로써 그런 행위를 사실상 찬양·고무했다.

일부 지역에선 그런 찬양·고무가 인구 유출을 막기 위한 것이라고 하니, 웃어야 할지 울어야 할지 모를 일이었다. 예컨대, 2005년 전남 여수시는 시내 고등학교 3학년 학생 가운데 2006학년도 입시에서 서울대에 진학하는 학생에게 1,500만 원씩, 고교에는 서울대 합격자 1인당 800만 원씩의 장려금을 지급하기로 했다. 또 연세대, 고려대, 포항공대, 과학기술대 진학생에게는 장학금 900만 원씩, 고교에는 이들 대학 합격자 1인당 500만 원씩을 지원하기로 했다.

여수시 측은 "성적이 우수한 중학생의 역외 유출과 이에 따른 인구 유출을 막기 위해 우수 고교생과 고교에 장학금과 장려금을 지원하는 것"이라고 밝혔다. 여수시에서 해마다 성적이 우수한 중학교 졸업자 300여 명이 명문대학 진학률이 높은 다른 지역의 자립형 사립고나 특수목적 고교, 농어촌 고교로 빠져나가고 있어, 이들을 지역 내 고교에 붙잡아두기 위해 과감하게 인센티브를 제공한다는 것이었다.[136]

그게 말이 되나? 앞뒤가 맞나? 여수시의 주장을 액면 그대로 받아들인다 해도 인구 유출 억제 효과는 겨우 3년뿐인데, 그 이후엔 어떻게 하겠다는 것이었을까? 여수시뿐만 아니라 다른 지역들도 비슷한 지원 정책을 써왔는데, 이 모든 게 정녕 인구 유출 억제 효과를 위해서란 말인가? 자녀를 서울 명문대에 보내고 싶어하는 일부 지역민들의 이기주의를 지역 이익으로 포장하려고 했던 건 아닌가?

## '지방대 죽이기'가 '지방 살리기'

전국의 여러 지역이 도道·시市·군郡 단위로 서울에 학숙學宿을 지어 유학 간 자기 지역의 우수 학생들을 돌보고 있는 것도 마찬가지다. 지역에 따라선 범도민 운동 차원에서 모금을 해 수백억 원의 돈을 들인 곳들도 있다. 학숙 하나로도 모자라 '제2의 학숙'을 짓자고 열을 올리는 지역도 있다. 예컨대, 『한겨레』(2015년 1월 23일)에 실린 「서울 유학생 위한 '효자 기숙사' 인기」라는 기사를 보자.

"지방 학생들을 위해 자치단체가 서울에 마련한 '효자 기숙사'가 인기다. 지난해 3월 서울 내발산동에 문을 연 대학생 공공기숙사 '희망둥지'는 올해 두 번째로 새 식구를 모집하고 있다. 지하 1층 지상 7층 규모로, 193실에서 382명이 생활할 수 있다. 서울시가 터 2,190㎡를 제공하고 전남 순천·광양·나주시와 고흥군, 충남 태안군, 경북 김천·경산시와 예천군 등 8개 자치단체가 건축비를 보태 지난해 3월 완공됐다. 각 자치단체들은 현재 거주지 학생들을 대상으로 희망둥지 입주 신청자를 모집하고 있다.……이른바 '효자 기숙사'의 원조는 서울 대방동에 있는 '남도학숙'이다.……광주시와 전남도는 2017년 9월 제2남도학숙(250실 500명 수용 규모) 개관을 목표로 공동 사업을 추진하고 있다."[137]

지방에선 그렇게 하는 걸 '인재 육성 정책'이자 '지역발전 전략'이라고 부른다. 물론 전적으로 '개천에서 용 나는' 모델에 따른 것이다. 개천을 지키는 미꾸라지들을 모멸하는 것임에도 자기 집안에 용이 나오길 기대하는 지방민들의 열화와 같은 지지로 지방선거 때는 서울에 학숙을 짓겠다는 공약이 전국 방방곡곡에 난무한다.

지방의 어느 인권단체는 그 지역의 서울 학숙이 2년제 대학의 신입생과 재학생에 대해 학숙 입사 자격을 부여하지 않아 국가인권위원회에 진정을 냈는데, 왜 인권단체마저 그런 학숙 자체가 문제가 된다는 생각은 하지 못하는 걸까? '인서울'이라고 해도 동등한 대우를 받는 것도 아니다. 입사 경쟁률이 높다 보니 중하위권 대학에 다니는 학생들은 지방 학사에 들어가기 쉽지 않다. 누가 더 '용'이 될 가능성이 높으냐는 기준에 따라 뽑기 때문에 SKY 학생들이 많이 입주하고 있다.[138]

지방의 '인재 육성 정책'이자 '지역발전 전략'은 믿기지 않을 정도로 장기지향적이다. 자기 지역 출신 학생이 서울 명문대에 진학해 서울에서 출세하면, 즉 권력을 행사할 수 있는 요직을 차지하면, 그 권력으로 자기 지역에 좀더 많은 예산을 준다든가 기업을 유치하는 데에 도움을 줄 거라고 본다. 서울 중앙부처나 대기업에 자주 로비를 하러 가는 각 분

지방자치단체는 '인재 육성 정책'과 '지역발전 전략'으로 범도민 운동 차원에서 돈을 모아 서울에 학숙을 짓는다. 그런데 이것은 '지역 황폐화 전략'이자 '지방대 죽이기'다. 1991년 11월 남도학숙 기공식 모습.

야의 지방 엘리트들은 자기 고향 출신을 만났을 때 말이 통하고 도움을 받은 경험을 갖고 있기에, 이와 같은 '지역발전 전략'은 움직일 수 없는 법칙으로까지 승격된다. 조금만 깊이 생각해보면 그건 지역발전 전략이 아니라 '지역 황폐화 전략'인데도 거기까진 생각이 미치지 못한다. 아니 지역보다는 가족의 이익을 앞세우기 때문에 그런 생각을 일부러 안 하는 것일 수도 있다.

모든 이가 지역발전을 위해선 지역대학을 키우는 게 필요하다고 말한다. 이젠 기업이 대학을 따라간다며 산학협동의 중요성을 강조한다. 차라리 이런 주장에 대한 반론이 나오면 모르겠는데, 그런 반론을 하는 사람은 아무도 없다. 그러면서도 사실상의 '지방대 죽이기'를 하는 이유는 도대체 무엇이란 말인가? 생각해보자. 지난 수십 년간 결과적으로 '지방 죽이기'를 한 주역들이 누구인가? 다 서울에 사는 지방 출신들이다.

지방 출신으로 서울에 가면 서울 사람이 된다. 고향 생각? 설과 추석 때 고향을 찾긴 한다. 서울에서 성공한 다음 국회의원이나 자치단체장을 하고 싶으면 귀향하는 경우도 있기는 하다. 그것 말고 서울로 간 지방 출신이 자기 고향을 위해 할 수 있는 일이란 거의 없다. 공직자가 자신의 재량권 내에서 작은 도움을 줄 순 있겠지만, 지방이 뭐 거지인가?

### "죽었다 깨나도 지방에선 안 돼"?

지방의 가장 큰 문제는 무엇인가? 인재 부족이다. 기업인들이 한결같이 하는 말을 들어보면, 기업은 '사람 장사'다. 지역발전도 다를 게 없다. 우수한 인재들을 지역 차원에서 서울로 가라고 내몰면서 그걸 지역 발전 전략이라고 우기니, 이게 말이 되는가? 돈을 반대로 써야 하는 게 아닌가?

이게 '내부 식민지'가 아니면 무엇이 내부 식민지란 말인가? 일부 지방은 정치·경제뿐만 아니라 문화·의식적으로도 중앙에 예속된 식민지와 다를 바 없다. 중앙정부 탓만 할 일이 아니다. 지방에서 진지하고 심각한 고민이 없는데 중앙에서 그런 고민을 왜 하겠는가?

학생들의 서울 유학을 부추기기 위해 쓰는 돈을 지역에 남아 공부하는 학생들의 장학금으로 돌린다고 가정해보자. 서울 유학을 가려고 했던 학생은 한 번쯤 고민해볼 것이다. 이런 식으로 여건 조성을 해야 하는 게 아닌가? 왜 사실상의 '지방대 죽이기'를 '지방 살리기'라고 하는가? 이 짓을 그만두지 않는 한 지방발전은 요원하다. 유능한 인재일수록 각종 혜택 부여로 지역에 붙잡아두는 걸 지역발전 전략의 제1원칙으로 삼지 않는 한 중앙의 오만한 지방 폄하는 계속될 것이며, 지역 균형 발전이나 지역 분권화는 신기루가 될 수밖에 없다.

고향 떠난 젊은이들이 고향에 돌아오지 않아도 좋다. 제발 고향 떠나는 것이 지역발전의 길이라고 부추기는 일만큼은 하지 않으면 좋겠다. 나라 걱정한다는 사람들도 나라 걱정 그만하고, 자신이 살고 있는 작은 지역 걱정부터 하면 좋겠다. 우리는 늘 '큰 일' 걱정만 하다가 '작은 일'을 소홀히 함으로써 종국엔 '큰 일'을 망치는 게임을 하고 있는 건 아닐까? 입만 열면 '위에서 아래로'의 방식을 비판하는 사람들이 왜 세상을 바꾸는 일마저 '위에서 아래로'의 방식에 의존하는지 모르겠다.

서울에 학숙을 지어 지역의 우수 인재들이 서울에서 공부를 잘할 수 있게끔 하려고 애쓰는 사람들은 다시 생각해볼 일이다. 그것도 좋은 일이긴 하지만, 더욱 좋은 일은 지역에 남아 공부하려는 학생들이 서울과 경쟁할 수 있게끔 배려해주는 일이다. "죽었다 깨나도 지방에선 안 돼!"라는 신념은 '내부 식민지' 근성과 다름없다. 지방이 서울의 식민지가 되느냐 마느냐 하는 결정권은 지방민들에게 있는 것이다. 사적 차원에선 자녀를 서울로 보내기 위해 애를 쓰되, 공적 차원에서 지역을 생각하는 건 얼마든지 타협할 수 있는 일이 아닌가?

그러나 이런 수준의 주장도 지방에선 환영받지 못한다. 아니 환영받지 못하는 정도가 아니라 큰 욕을 먹기 십상이다. 우선 당장 발등에 떨어진 불만 보자면 그 심정은 충분히 이해할 만하다. 서울 유학을 간 지방

학생들이 가장 고통스러워하는 것이 바로 주거 문제이기 때문이다. "그렇게 고통받는 학생들을 돕겠다는 데 비판을 하다니 '나쁜 인간'이다"고까지 열을 올리는 사람도 있지만, 누가 더 그 학생들을 생각하는 건지는 따져볼 일이다.

## "돈은 서울로 몰리고 지방엔 빚만 남는다"

이젠 '인서울'에 성공한 지방 학생들의 삶의 질과 더불어 그들의 미래를 진지하게 따져볼 때가 되었다. "큰 물에서 놀다 보면 큰 인물이 되겠지"라는 식의 대응은 곤란하다. 2014년 서울 시내 54개 대학의 지방 출신 학생 비율은 아주 적게 잡아도 30%(14만 명)에 달했다.[139]

한 조사에 따르면, 지방 출신 대학생의 35.4%가 월세에 살고, 13제곱미터(4평) 이상 33제곱미터(10평) 미만의 집에서 사는 경우가 38.9%에 달했다. 임대 주택, 특히 좁은 원룸 등에서 월세로 산다는 것은 빈곤층을 가르는 기준이기도 한데 지방 출신의 상당수는 주거 문제에서부터 빈곤을 겪고 있는 셈이었다.[140]

2015년 2월 『중앙일보』의 조사 결과 인문·사회 계열 출신의 1년간 평균 '취준비(취업 준비 비용)'가 2,479만 원에 이르는 것으로 나타났다. 취준비 가운데 방값·식대·교통비 등 생활비(925만 원)가 가장 높은 비율을 차지했다.[141] 지방 출신들 중엔 원룸은 꿈도 꿀 수 없는 이도 많았다. 이들은 '3.3제곱미터 빈곤의 섬'으로 불리는 고시원으로 향했다. 대전에서 올라와 수년째 고시원 생활을 하고 있는 민철식(28)은 결혼은 물론 연애조차 포기했다. "원룸에만 살아도 어디 산다고 말하고 여자친구를 데려올 수도 있겠지만, 고시원에 살면서 그게 되겠습니까."[142]

어디 그뿐인가? 감당할 수 없는 빚까지 진다. 2015년 1월 취업 포털사이트 '사람인'이 신입 구직자 891명을 대상으로 조사한 결과 46.8%(417명)가 빚이 있으며 1인당 평균 부채는 2,769만 원으로 집계되었다. '정상적인 경제생활이 어렵다'는 구직자도 29%였다. 이들은 현재 지고 있는 빚을 전부 상환하기까지 평균 5년 6개월이 걸릴 것으로 예상하고 있었다. 물론 이들 중 상당수는 지방 출신 학생들이었다.[143]

수명이 늘어난 반면 노후 자금이 부족해 퇴직 후에도 은퇴하지 못하는 '반퇴半退시대'에 부모들은 또 무슨 죈가. 부산에 사는 정 아무개(50, 여)는 "지방에서 서울로 대학을 보내면 '반퇴 푸어'가 아니라 '당장 푸어'가 된다. 원룸은 월세 50만 원이 기본이라 학비 빼고도 매달 130만 원을 지원해줘도 아르바이트를 해야 한다더라"고 말했다. 그는 "서울 유학 간 자녀의 월세는 부모가 집이 있으면 연말정산에도 포함되지 않아 이중고를 겪는다"며 "모든 돈이 서울로 몰리고 지방엔 빚만 남고 있다"고 개탄했다.[144] 이와 관련, 『중앙일보』 논설위원 김성탁은 다음과 같이 말했다.

"그렇다고 서울로 대학 간 학생들의 미래가 밝은 것도 아니다. 웬만한 가정에선 자녀의 서울살이 생활비밖에 감당할 수 없어 대학 등록금은 학자금 대출로 해결한다. 사회에 첫발을 딛기 전부터 빚을 지는 것이다. 다행히 수도권에서 취업에 성공하더라도 월급 받아 원룸비·교통비등 생활비에 학자금 대출까지 갚고 나면 남는 게 없다. 집 장만은 고사하고 수천만 원씩 뛰는 전세자금 마련도 먼 나라 얘기이니 부모의 지원 없인 결혼이 쉽지 않다. 지방의 부모와 서울의 자녀 모두 빈곤의 악순환에

'인서울' 대학에 다니는 지방 출신의 대부분은 주거 문제에서 빈곤을 겪고 있다. 이들은 4~10평 미만의 월세에 살고, 이마저 꿈도 꿀 수 없는 이들은 '3.3제곱미터 빈곤의 섬'으로 불리는 고시원에서 산다. 서울 소재의 고시원 내부 모습.

빠질 위험이 상존한다. 고구마 줄기처럼 연결된 '지방의 비애' 뒤엔 '인in서울' 대학 쏠림 현상이 자리 잡고 있다."[145]

학생과 학부모들만 그런 전쟁에 참전하는 건 아니었다. 교수들도 마찬가지였다. 매년 수백 명의 지방대 교수들이 서울 소재 대학으로 옮겨 가는 바람에 지방대는 서울 소재 대학의 교수 양성소로 전락하고 말았다. 한림대학교 교수 성경융은 "현재 지방대학에 있는 사회과학자들은 서울 등 외지에서 간 사람들이거나 현지 출신이라도 어릴 때 고향을 떠났다가 다시 돌아간 사람이 대부분"이라며 "이들은 현지에 소속감을 느끼지 못하고 평생을 서울만 바라보며 사는 사람들이 많다"고 말했다.[146]

지방대에 몸담을 경우 불이익이 너무 크고 많기 때문에 처음부터 지방대로 가는 걸 고려하지 않는 연구자도 많았다. 문인들의 사정도 크게 다르지 않았다. 소설가 김원일은 "지방 출신 소설가인 나로서는 문화적 활동이 용이한 수도 서울에 정착하는 게 꿈이었고, 그 뒤 서울에서 밀려나서는 안 된다는 긴장 아래 여태껏 살아온 것도 사실이다. 그러나 나 역시 사회적 활동을 접을 나이에 이르면 수도 서울을 떠날 예정이다"고 말했다.[147]

고려대학교 교수 최장집이 잘 지적했다시피, 지금과 같은 서울 집중화는 그 자체가 기득권을 갖기 때문에, 분권화는 저절로 주어지지 않으며, 지방에서 적극적인 투쟁이 필요하다.[148] 그런데 투쟁은커녕 오히려 지방에서 서울 집중화를 더 강화하는 일이 벌어지고 있었으니, 이는 범국민 운동 차원의 국민사기극이라고 할 수 있는 것이었다.

### '인서울' 대학들의 공룡화 전략

한국인들은 대학입시 경쟁이 살인적이라는 말을 자주 하지만, 한국에서 대학만큼 경쟁의 무풍지대에 살고 있는 분야도 없다는 건 좀처럼 생각하지 못했다. 제2부 「역사 산책 10: '기러기' 양산하는 '혁신도시의 비극'」에서 지적한 '혁신도시의 비극'이 그걸 잘 보여주었다. 교육부는 '인서울' 강화 정책을 씀으로써 오히려 혁신도시 사업의 취지에 역행했는데, 이걸 경쟁이라고 생각하는 착각에 빠져 있었으니 말이다.

교육부가 추진한 전국 4년제 대학 204곳의 2015학년도 정원 감축분 8,207명 중 7,844명(96%)이 지방에 몰려 있었다. 서울·경기·인천 지역에 4년제 대학의 36%(73개대)가 모여 있지만 정원 감축은 전체의

4.4%(363명)에 불과했으며, 특히 40개 대학이 몰려 있는 서울에서 줄인 정원은 17명뿐이었다.[149]

　재정 지원 분배도 철저히 서울 중심이다. 교육부(7조 4,082억 원)와 미래창조과학부(1조 5,195억 원) 등 정부 부처가 2013년 각 대학에 지원한 고등교육 재원은 모두 10조 5,074억 원인데, 학생 수가 1만 6,712명인 서울대 한 곳에 지원된 액수가 전체의 6.8%인 7,155억 원이었다. 국공립대 중 학생 수가 2만 3,882명으로 가장 많은 경북대에 지원한 3,164억 원(3.01%)보다 2배 이상 많았다. 학생 1인당 지원금으로 환산해보면 서울대는 4,281만 원, 경북대는 1,324만 원으로, 서울대가 거의 4배나 되는 특혜를 누리고 있는 셈이었다.[150]

　어디 그뿐인가? '인서울' 대학들은 중앙정부와 지방정부의 지원하에 서울을 벗어나 다른 지역에 새로운 컴퍼스를 짓는 등 '공룡화 전략'을 쓰고 있었다. 서울대는 2009년 수원 영통에 융합과학기술대학원을 세우더니, 2014년 강원 평창의 그린바이오 첨단연구단지에 국제농업기술대학원 인가를 받았고, 이젠 '서울대 시흥 국제캠퍼스 및 글로벌 교육·의료 산학클러스터'라는 개발사업을 추진하고 있었다. 이에 대해 서울대학교 교수 김명환은 다음과 같이 말했다.

　"새 캠퍼스는 총 42만 1,120㎡라고 하니 한국 최대 캠퍼스인 관악 교정(연면적 110만 6,968㎡)의 38%가 넘는 터무니없는 규모이다. 서울대의 이름을 팔아 신도시의 시세를 올리는 대가로 지자체는 토지를 무상 제공하고 건설사는 개발이익의 일부로 학교 시설을 거저 지어준다는 사업 방식은 경기 침체와 1,100조 원에 근접한 가계부채로 신음하는 우리 현실을 외면하고 한물간 부동산 '대박'의 환상에 휘말리는 짓이다."[151]

교육부가 지방을 죽이겠다는 의도를 갖고 '인서울' 대학들에 각종 특혜를 베푸는 건 아니었다. '대학평가'라고 하는 나름의 합리적 근거가 있었다. 문제는 그 근거가 '동어반복同語反覆, tautology'이라는 데에 있었다. 잘 생각해보자. 서울 소재 대학들은 한국의 권력과 부는 물론 문화 인프라와 일자리까지 집중되어 있는 서울에 소재한다는 이유만으로, 즉 입지 조건이라는 이점 하나만으로 우수 학생들을 독과점하고 있다. "개도 자기 동네에선 반은 거저먹고 들어간다"는 속설이 상식으로 통용되는 나라에서 어찌 서울의 유혹을 극복할 수 있으랴.

문제의 핵심은 일자리다. 일자리가 수도권에 몰려 있기 때문에 지방 학생들도 기를 쓰고 '인서울'에 가려는 것이다. 일자리가 있는 곳에서 살아야 취업에 유리한 지식·경험·인맥 등을 챙길 수 있다는 생각, 이게 '인서울' 경쟁력의 비밀인 것이다.

물론 지방에 부실한 대학이 많고 서울에 우수한 대학이 많은 건 분명한 사실이지만, 그건 입지 조건의 유리함으로 인한 '눈덩이 효과'에 의해 그렇게 된 것일 뿐이다. 연고대가 라이벌 관계라는 말을 하지만, 두 대학 중 한 대학이 땅끝 해남으로 캠퍼스를 이전한다고 가정해보자. 그 어떤 국가적 지원이 뒤따른다 해도 해남으로 이전한 대학은 라이벌 관계에서 탈락할 수밖에 없다. 누구나 다 동의할 것이다. 그런데 교육부의 대학평가는 입지 조건의 결과로 나타난 것들을 정원 축소와 지원 규모의 근거로 삼고 있으니, 이게 동어반복이 아니고 무엇이란 말인가?

교육부가 그런 동어반복을 계속하는 한 혁신도시 사업은 필패하게 되어 있다. 서로 떨어져 사는 기러기 가족의 비극도 심각한 사회문제지만, 사람이 터를 잡지 않는 혁신도시가 제 기능을 할 리 만무하다. 지방이 원하는 건 특혜가 아니다. 공정한 경쟁이다. 지방에 공정한 경쟁을 해볼 수 있다는 희망을 주어야 한다. 그런 희망이 있을 때에 비로소 가족 동반 이주를 하는 공공기관 직원들도 늘어날 것이다. 이런 관점에서 보자면, 혁신도시 사업의 주체는 국토교통부와 더불어 교육부가 되어야 한다.

서울을 중심으로 한 '선택과 집중'이 야기하는 엄청난 부작용을 감수하겠다면 모르겠지만, 그래놓고선 또 전 분야에 걸쳐 권력과 부의 서울 집중이 심각하다고 떠들어대니 도대체 이게 무슨 장난질인지 알 수가 없었다. 누군가의 말마따나, 출발선의 1등이 결승점에서 1등이고, 한 번 1등이면 영원한 1등이 되는 것을 가리켜 어찌 경쟁이라고 할 수 있겠는가?

## 제8장

# "정규직 때려잡고
비정규직 정규직화하자"

### "이 개미지옥에 과연 탈출구가 있을까?"

지난 수년간 극도로 악화되었고 앞으로 더욱 악화될 것으로 전망되는 취업난은 꿈을 기만과 모욕의 단어로 전락시키고 말았다. 갤럽의 2013년 '세계 경제 조사 보고서'는 "3차 대전은 일자리 전쟁이 될 것이다"고 했다. 아니 이미 '일자리 전쟁'이 벌어지고 있으며 앞으로 더욱 악화되리라는 음울한 전망들이 국내외를 막론하고 나오고 있었다.[152]

2014년 11월에 출간된 『대한민국 취업 전쟁 보고서』라는 책은 '취업 준비생'이라는 새로운 계급의 탄생을 우울하게 전했다. "누가 이런 세상을 만들었을까? 청년, 주부, 노인을 가리지 않는 냉혹한 전쟁터가 펼쳐졌다. 21세기 대한민국의 가장 절박한 생존 투쟁을 파헤친다. 이 개미지옥에 과연 탈출구가 있을까?"[153]

우리는 이런 세상에 적절히 대응하고 있는가? 청년들은 "꿈을 가

겨라"고 말하는 사람에게 분노의 삿대질을 한다지만 여전히 꿈을 이룰 수 없는 나의 처지에 대한 울화통을 그렇게 표현하는 건 아닌가? 우리는 '아메리칸 드림'의 허구성을 곧잘 비웃지만, '코리안 드림'에 대해선 여전히 강고한 신앙을 갖고 있다. 지금 크게 흔들리고 있을망정 그 꿈을 완전히 포기한 건 아니다. 이런 믿음이 한국의 놀라운 경제발전을 이룬 원동력인 건 분명하지만, 2010년대 중반에 이르러 한국인들이 당면하고 있는 저성장과 고용 없는 성장의 시대엔 피할 수도 있는 고통의 근원이 되었다.

그간 한국을 지배해온 경제 이데올로기는 이른바 '낙수 효과'였다. 그 이데올로기의 원조 국가들에서도 '낙수 효과'는 수명을 다했다며 새로운 진로를 모색한 지 오래인데, 우리는 여전히 과거의 성공 신화에 사로잡혀 이미 비대할 대로 비대해진 중앙의 덩치를 키우는 짓을 계속하고 있었다. 이미 2000년대 후반에 소득기준 상위 20%의 교육비 지출액이 하위 20% 지출액의 5배가 넘은 상황에서 교육이 계층 이동의 통로로 기능할 수 없다는 것이 분명해졌는데도,[154] 교육정책 역시 '낙수 효과' 일변도였다. 대학 지원의 원칙이 경쟁력을 기반으로 한 '선택과 집중'이라지만, 이른바 '인서울' 대학들이 서울이라는 입지 조건 하나로 거저먹고 들어가는 경쟁력에 대해선 아무런 말이 없었다.

### "영혼이라도 팔아 취직하고 싶었다"

2014년 10~12월에 방영된 tvN의 20부작 인기 드라마 〈미생〉의 장그래가 점화시킨 비정규직의 비애에 대한 격한 공감은 사실 10년 전

2005년 1월 기아자동차 광주공장에 부정으로 입사한 직원은 검찰 조사를 받고 나오면서 "영혼이라도 팔아 취직하고 싶었다"고 말했다. 그만큼 비정규직의 고통은 계속 이어지고 있었다. 비정규직의 비애를 그린 드라마 〈미생〉의 한 장면.

으로 거슬러 올라간다. 2005년 1월 기아자동차 광주공장에서 노조 간부가 직원 채용 과정에서 압력을 행사하거나 금품을 수수한 사건은 사회적으로 큰 충격을 던져주었다. 2004년 기아자동차 광주공장에 채용된 생산계약직 근로자 1,079명 가운데 37%가 채용 기준에 맞지 않는 것으로 밝혀졌으며, 이 사건에 대한 책임을 지고 기아자동차 노조 집행 간부 200명이 사퇴하는 초유의 사태가 벌어진 것이다.

가장 충격적인 것은 기아자동차 노조 광주지부가 "차별과 착취 없는 세상을 만들자"는 구호를 내걸었음에도 비정규직을 이용해 자기들의 배를 불린, 겉 다르고 속 다른 양두구육羊頭狗肉의 행태, 즉 비정규직을 상대로 사실상의 '인질극'을 벌였다는 사실이다.[155] 기아자동차의 한 부정 입사자는 검찰 조사를 받고 나오면서 고개를 떨군 채 "영혼이라도 팔아 취직하고 싶었다"고 했다.[156]

2005년 1월 22일 분신을 기도했던 현대 울산공장 비정규직 노동자 최남선은 "우리도 정규직 드나드는 정문 앞에서 데모 한 번 하고 싶다"고 했다. 한 현장 활동가는 "비정규직들 사이에서는 '우리를 팔아먹지 말라', '연대를 들먹이지 말라'는 격앙된 목소리도 적지 않다"고 했으며, 또 현대차의 한 정규직 조합원은 "비정규직 구호 속에 '정규직 때려잡고 비정규직 정규직화하자'는 게 있는데, 상대적 박탈감이 이해된다"고 말했다.[157]

이후 비정규직 문제를 둘러싼 수많은 논쟁과 갈등이 있었지만, 비정규직의 고통과 희생은 계속 악화일로惡化—路를 걷고 있다. 고용노동부의 2009~2013년 임금 현황 자료를 분석한 결과에 따르면, 최근 5년 사이 300인 이상 기업의 상용직 근로자(정규직)와 임시일용직 근로자(비정규직) 간의 월평균임금 격차가 3.5~4.2배에 달하는 것으로 파악되었다. 3.5배 차이가 난 2011년에 300인 이상 기업에서 일하는 상용직과 임시일용직의 월평균임금은 각각 427만 3,000원, 120만 8,000원이었다. 4.2배 격차를 보인 2010년에 상용직과 임시일용직의 임금은 각각 429만 1,000원, 102만 5,000원으로 조사되었다.[158]

해법엔 논란이 있을망정, 보수신문마저 「망국적 정규직·비정규직 격차, 방치할 수 없다」는 사설 제목을 내걸 정도다.[159] 2014년 9월 비정규직 여성 노동자 권 아무개(25) 씨는 비정규직의 고통과 희생에 대해 죽음으로 항거하면서 다음과 같은 내용의 유서를 남겼다.

"노력하면 다 될 거라 생각했어. 그동안 그래왔듯이. 적어도 피해 안 끼치고 살면서 최선을 다했다. 2년은. 그런데 아주 24개월 꽉 채워 쓰고 버려졌네. 내가 순진한 걸까. 터무니없는 약속들을 굳게 믿고 끝까지 자리 지키고 있었던 게.……엄마 내가 먼저 가서 자리 잡고 있을게. 시간이 좀 걸릴 수 있으니까 천천히 와. 아주 천천히."[160]

## '비정규직이 없는 세상'은 가능한가?

정희진은 "새 역사 창조는 '세계로 뻗어나가는 대한민국'이 아니라 '지금, 여기' 있는 이들을 존중하는 것이다"고 말했다.[161] 그렇다. 이는 보수는 물론 진보에도 필요한 말이었다. 진보 역시 선의일망정 '지금, 여기'보다는 '멀리, 저기'에 집착하는 경향이 있기 때문이다. 진보 진영의 꿈은 '비정규직이 없는 세상'이다. 물론 정책 기조도 이 꿈에 맞춰져 있다. 예컨대 새정치민주연합의 노동 전문의원인 은수미는 2013년 다음과 같이 말했다.

"사람들이 '귀족노조'라고 말하는데, 도대체 우리나라 노조의 평균 소득이 얼마입니까? 이명박 대통령은 7,000만 원에서 9,000만 원이라고 얘기하는데, 이것은 정말 예외적인 몇 개의 노조에 해당될 뿐이지요. 이들 일부 노조 때문에 전체의 밥그릇이 줄었다는 것은 말이 안 됩니다. 오히려 귀족노조라 지칭되는 곳 정도의 임금을 우리의 평균임금으로 만들어야 하는 것 아닐까요.……그래서 총량을 늘리자는 겁니다. 귀족노조를 탓하는 논리의 맹점은 임금소득의 총량이 정해져 있다고 상상하도록 만드는 것이지요."[162]

반면 경제학자 유종일은 2012년 "저는 비정규직이 없는 세상이라는 것은 시적인 표현으로는 좋지만 정책으로는 말이 안 된다고 생각합니다"라면서 "제가 제안하는 게 동일임금, 동일노동 원칙을 강력하게 시행하면서 비정규직에 대해서는 고용안정수당을 추가로 지급하게 하는 겁니다"고 주장했다. 그는 "예를 들어볼게요. 지금 제 조교 같은 경우에는 비정규직이에요. 연구 프로젝트 끝나면 해고하는 거죠. 그다음 프로젝트가 바로 있으리라는 법이 없으니까 저는 비정규직으로 쓰는 게 편하죠. 대신에 정규직으로 썼을 때보다 보수는 더 줘야 한다는 겁니다. 내가 돈을 더 주더라도 유연성을 확보하는 게 나은지, 아니면 어차피 조교가 계속 필요할 가능성이 많으니 괜히 돈 더 주느니 정규직으로 할지, 이렇게 고민해야 한다는 겁니다"라면서 다음과 같이 말했다.

"그러면 이 일자리의 지속성 등을 고려해서 합리적인 선택을 하게 되는 거예요.……실제로 비정규직 임금이 더 높은 나라들이 많이 있어요. 덴마크 등 북유럽 국가와 호주, 뉴질랜드, 캐나다 등 영어권 국가들 대부분이 정규직에 비해 비정규직의 급여가 많다고 해요.……고용 안정성이 있으면 '덜 받더라도 일하겠다'고 할 거고, 고용 안정성이 없으면 '더 줘야 일할 수 있어!'라고 하는 게 너무 당연하죠. 그런데 우리 시장은 구조가 잘못되어 있으니, 거꾸로 제도를 통해서 시장을 개혁해나가자는 겁니다. 그런데 이 비정규직에 대한 고용안정수당제도를 민주당에서 안 받았어요."[163]

물론 민주당은 비정규직에 대한 고용안정수당제도를 받으면 '비정규직이 없는 세상'이라는 꿈과 목표가 흔들릴 수 있다고 보았기 때문일 것이다. 이와 관련, 김대호는 이른바 '철밥통 트랙(정년보장 트랙)'과 '플라스틱 트랙(기간제라든지 파트타임 트랙)'을 같이 만들어야 한다고 주장했다. 그는 "플라스틱 트랙으로 사는 사람에 대해서는 노동의 질과 양이 같으면 임금을 더 높여줘야 하는 것이고요. 그다음에 이 사람이 고용이 단

절되는 기간에 충격을 완화해주는 좀더 두터운 고용보험을 만들 수도 있어요. 좀더 후하게 고용보험을 줄 수도 있다는 말이에요. 이렇게 해서 비정규직으로 계속 살아도 별로 억울하지도 않고 행복할 수 있는, 그러한 정책들을 펴는 것이 맞는다고 보거든요"라면서 다음과 같이 말했다.

"그런데 현재 우리의 콘셉트가 무엇이냐 하면 비정규직은 없어져야 할 존재야. 그러면 여기에 대해서 개선하지 않아요. 정리해고를 부정하는 사람들은 해고된 사람을 어떻게 도와줄 건지에 대해서는 고민 안 해요. 정리해고 자체를 철폐하려고 하니까. 그런 걸 고민하면 정리해고를 인정하는 꼴이 된단 말이죠. 그런 것처럼 비정규직 자체를 없어져야 할 존재로 생각해버리면 비정규직으로도 행복하게 살 수 있는 건 고민 안 하죠. 왜냐하면 비정규직이면 행복하게 살 수 없다고 생각하니까. 정규직이 되어야 행복하게 살 수 있다고 생각한단 말입니다. 굉장히 나쁜 콘셉트잖아요. 그런데 시대적인 추세를 보면 앞으로도 파트타임 고용이나 기간제 고용 같은 것들이 점점 더 늘어나게 되어 있어요. 전 세계적인 추세잖아요."[164]

## 운 좋은 사람에게 몰아주는 '승자독식 문화'

『중앙일보』가 한국경영자총협회의 2014년 임금조정실태와 일본 산로종합연구소SRI의 2014년 임금실태조사 자료를 비교 분석한 결과가 흥미로웠다. 한국은 채용할 때 많이 주고 일본은 승진하면 연봉이 뛰는 차이점은 있다지만, 한국 기업의 대졸 초임 평균이 3,340만 8,000원으로 일본(2,906만 8,000원)보다 14%(434만 원) 많다는 건 좀 이상했다.

1인당 국민소득GNI이 일본의 63.2%에 불과한 현실을 감안하면 한국의 대졸 초임은 상대적으로 크게 높은 편이 아니냐는 것이다. 익명을 요구한 대기업 인사담당 임원은 "기업이 우수 인력을 확보하기 위해 경쟁적으로 초임을 높게 책정한 탓도 있지만 '내 회사가 최고'라는 식의 불필요한 자사 이미지를 만들기 위해 초임 인상 경쟁을 편 것이 가장 큰 원인"이라고 진단했다.[165]

하지만 근본 원인은 '개천에서 용 나는' 모델에 있었다. 국민 모두가 용이 되겠다고 애쓰는 상황에서 노동 분야에서도 미꾸라지들을 희생으로 용들의 임금을 높이 올리는 것을 사회적 진보로 간주해온 우리의 멘털리티가 낳은 결과라는 것이다. 우리는 이론적으론 승자독식에 반대하면서도 사실상 재화와 기회를 어느 정도의 능력과 더불어 운 좋은 사람에게 몰아주는 '승자독식 문화'를 부추겨온 셈이다.

기업 규모에 따라 대졸 초임 차이가 크다는 점도 그걸 잘 말해주었다. 대기업은 신입 사원에게 3,600만 원이 넘는 초봉을 주는 반면 중소기업은 2,900만 원 정도를 첫 연봉으로 준다. 무려 700만 원이나 차이가 났다. 일본은 규모에 따른 대졸 초임 차이가 130만 원(4.7%)에 불과하다. 일본 노동정책연구연수기구의 스즈키 마코토鈴木誠 연구위원은 "직무와 능력에 따라 임금이 주어지기 때문에 대·중소기업 간 임금 격차가 크지 않다"며 "그래서 대졸자가 기업 규모를 보고 취업하는 경향은 적다"고 말했다.[166]

한국노동연구원의 '사업체 규모별 임금·근로조건 비교' 보고서에 따르면, 격차는 더욱 컸다. 2014년 8월 현재 고용 인원 300인 미만인 중소기업 근로자의 월평균임금은 204만 원으로 300인 이상 대기업

359만 8,000원의 56.7% 수준에 불과했다. 중소기업 근로자 가운데서도 비정규직의 시간당 평균임금은 대기업 정규직의 40.7%밖에 되지 않았다. 최근 대기업 가운데엔 대졸 신입 사원 연봉을 5,000만 원 넘게 책정하는 곳이 생겨나고 있었지만, 중소기업은 2,000만 원 안팎에 그쳤다. 임금만 그런 게 아니었다. 대기업 근로자가 회사를 그만둘 때 퇴직금을 받는 비율이 94.5%인 데 반해 중소기업 근로자는 35.4%에 불과했다. 상여금을 받는 비율은 대기업이 93.1%, 중소기업은 34.0%였다. 사정이 이와 같으니 첫 직장을 구하는 젊은이들이 재수·삼수를 해서라도 대기업에 들어가려고 안간힘을 쓰는 건 당연한 일이었다.[167]

## 천당 가면 모든 게 해결되니 참고 기다려라?

이렇듯 한국인들의 꿈이 서 있는 토대는 '개천에서 용 나는' 모델에 따른 승자독식 체제였다. 모두 승자가 될 수 있는 꿈을 지향한다는 명분하에 "승자가 되지 않아도 좋으니 먹고 살게만 해달라"는 외침엔 "기다려라"는 답만 해줄 뿐이었다. 정규직의 고용 안정성과 비정규직의 고임금을 양자택일할 수 있게 한다면, '장그래'도 정규직이 되고 싶다고 그렇게 처절하게 절규하진 않았을 것이다.

우리가 지향해야 할 목표는 모두가 좋은 일자리를 갖는 게 아니라, 현 사회통념상 나쁜 일자리에 대한 보상을 늘려줌으로써 좋은 일자리와 나쁜 일자리의 차이를 줄여나가는 게 아닐까? 이와 관련, 성공회대학교 노동대학장 하종강은 다음과 같이 말했다.

"네덜란드의 한 중학생에게 장래 희망이 뭐냐고 물었더니 벽돌공이라 답했던 게 기억난다. 음악을 좋아하는 만큼 일터에서 온종일 음악을 크게 들으면서 일할 수 있는 벽돌 기술자가 되고 싶다는 거였다. 이 아이가 즐겁게 이런 얘기를 할 수 있는 것은 벽돌공의 수입이 대학교수의 수입과 비슷하기 때문이다. 노동기본권이 보장돼 직종 간 임금 격차가 해소되고, 정규직과 비정규직 간 차별이 사라지면 학문에 뜻 없는 아이들까지 기를 쓰고 대학에 갈 일이 사라진다. 노동 문제가 해결돼야 교육 문제도 해결되는 것이다."[168]

반면 우리는 보수와 진보를 막론하고 '반값 등록금 제도'를 외치면서 대학 진학을 거국적으로 장려하는 정책을 쓰고 있었다. 물론 대학 진학률이 70%를 넘고 한때 82.1%(2005년)를 기록한 나라에서 이미 2000년대 말 연간 1,000만 원을 돌파한 대학 등록금이 대학생들에게 고통과 절망의 근원이 되고 있다는 점에서 볼 때에 '반값 등록금'은 이해할 수 있는 일이긴 하다. 홍수가 났을 때 원인 규명 이전에 사람부터 살려야 한다는 점에서 말이다.

하지만 홍수가 '인재人災'임이 분명한데도 그걸 바로잡을 생각은 하지 않은 채 홍수에 대비한 인명구조법만 외친다면, 그건 일종의 사기 행각으로 볼 수 있는 것이었다. '반값 등록금 제도'가 다수 위주로 가는 '다수결주의'로 이루어졌다는 것도 문제였다. '반값 등록금 제도'는 세금으로 대학생 등록금을 대주자는 정책인데, 20~30%에 해당하는 고졸 취업자들이 왜 자신은 대학에 가지도 않는데 또래 대학생의 등록금을 부담해야 하느냐고 묻는다면 뭐라고 대답할 것인가?[169]

잘 생각해보자. 장그래의 아픔에 공감했던 우리는 그가 정규직이 되길 응원했을 뿐, 다른 수많은 장그래의 처지에 대해선 눈을 감은 게 아니

고졸 취업자들이 왜 자신은 대학에 가지도 않는데 또래 대학생의 등록금을 부담해야 하느냐고 묻는다면 뭐라고 대답할 것인가? 서울 광화문광장에서 대학생들이 반값 등록금 공약 이행 촉구를 외치고 있다.

었을까? 우리는 작게나마 나눠먹는 꿈을 꾸기보다는 고용 안정성과 고임금을 동시에 누리는 승자독식을 꿈으로 추구할 뿐이며, 그걸 개혁이요 진보라고 주장하는 파렴치한 실수를 저지르고 있는 건 아니었을까?

　　보수와 진보를 막론하고 자식의 명문대 진학을 위해 필사적으로 투쟁하는 이유가 정당하다면, 꿈도 좋지만 당장 가장 괴로워하는 사람들 쪽으로 눈을 돌려야 하는 건 아닐까? 그렇게 하지 않는 건 천당 가면 모든 게 해결된다며 이승의 삶을 포기하자는 사이비종교 행위와 얼마나 다른 건가? "정규직 때려잡고 비정규직 정규직화하자"는 구호마저 나오는 판에 언제까지 총량을 늘릴 때까지 기다리라고만 할 것인가? 그게 가능하기는 한 건가?

## "한국의 사회운동은 망했다"

진보의 가장 큰 문제는 자기 성찰의 필요성을 "왜 우리만 자기 성찰을 해야 하느냐?"라거나 "왜 적을 이롭게 하느냐?"는 항변으로 대체하는 멘털리티였다. 즉, 전쟁 같은 삶의 자세에 어울리게 정치를 전시 상황으로 보면서 무조건 적을 때리는 게 옳으며 자기비판은 적을 이롭게 할 뿐이라는 생각이다. 그렇게 해서 승리한다 한들, 즉 보수 여당이 속된 말로 개판 쳐서 진보가 집권하는 길이 열린다 하더라도, 과연 무엇이 달라질 수 있을까? 즉, 성찰과 비전에 대한 고민을 건너뛴 그런 방식의 집권은 그저 이해관계자들만의 잔치일 뿐이며, 보수와 다를 바 없는 '이권 뜯어먹기'나 '인정욕구 충족'만이 판을 칠 뿐이라는 문제의식이 없는 것이다.

분노와 저항의 필요성을 역설하는 목소리도 높지만, 특정인이나 집단만을 겨냥한 당파적 분노만 있을 뿐 시스템을 문제 삼거나 시스템의 노예가 된 우리의 의식과 행태에 대해 분노하자는 말은 없다. 전자의 분노가 오히려 후자의 분노를 막으면서 사태를 악화시키는 게 우리의 현실이었다.

2008년 촛불시위에서 20대의 모습이 보이지 않는다는 불만에서 시작된 이른바 '20대 개새끼론'도 바로 그런 문제에서 비롯된 게 아닐까? 최태섭은 "20대 개새끼론을 주장하는 이들이 얻고자 했던 것은 자신들, 즉 주로 정치 세력화한 386의 실패에 대한 이유"였다며 다음과 같이 말했다.

"19대 총선과 18대 대선은 야권이 그동안 얼마나 SNS와 광장의 환상 속에서 살아왔는지를 충격적으로 보여줬다. 그들이 원했던 '민주화의 깃발 아래 대동단결' 같은 일이 일어나기엔 한국 사회는 수도권과 지방으로, 노인과 젊은이로, 자칭 진보와 자칭 보수로, 부자와 가난한 자로, 남자와 여자로 층층이 나뉘어 있었다. 87년의 해방은 휘황찬란한 불빛을 반짝이며 밀려든 자본화의 파도에 좌초해 길을 잃었고, 지난 20년간 사람들은 먹고살기 위해 끝없이 흩어져왔다."[170]

사실 '개새끼'라는 존재가 있다면, 그건 20대라기보다는 '있는 그대로의 세상'을 외면한 채 '자기들이 원하는 세상'만 바라보면서 대결과 증오의 담론을 구사했던 진보 인사들이었는지도 모른다. 25세의 어느 청년 NGO 활동가는 어느 NGO 워크숍에서 한국의 사회운동을 진단하면서 "망했다"는 결론을 내렸다고 한다. 왜? 그는 현재의 사회운동이 청년들을 기존의 사회운동에 필요한 인력 충원의 대상 정도로 간주하면서 '청년 착취'와 같은 새로운 갈등을 이론과 실천 과제의 항목에서 '삭제'했기 때문이라고 했다.

이에 대해 경희대학교 후마니타스칼리지 교수 김윤철은 "청년활동가의 발제를 듣다 눈물이 슬며시 차 오르기도 했다. 나 자신의 무지와 무능과 관성에 마음이 아팠고 미안했고 부끄럽고 화가 나기도 했다"며 다음과 같이 말했다.

"청년 착취를 새로운 갈등으로 포착해내지도 못하고 '우리의 문제'로 만들어내지도 못한 무지와 무능에 대해서, 그리고 여-야 혹은 보수-진보라는 낡은 정치적 갈등에 매여 하나마나한 평론이나 해대고 있는 관성에 대해서 그러했다.……정치도 그렇지만, 사회운동도 시대의 새로운 변화에 조응하며 보다 좋은 세상을 만들어내기 위해서는 낡은 갈등을 새로운 갈등으로 대체하는 역량이 필요하다."[171]

그렇다. 바로 그것이다. 낡은 갈등을 새로운 갈등으로 대체해야 한다. 6·25전쟁 중에 총을 든 군인이 민간인에게 목을 겨누며 "남이냐, 북이냐?"고 물었듯이, 지금도 어느 쪽이냐고 묻는 이분법은 강고하다. 해방 정국에서 중도를 향해 가해졌던 좌우 공동의 몰매 역시 여전하다. 그런 낡은 갈등을 넘어서야, 우리가 정작 다루어야 할 새로운 갈등을 마주할 수 있었다.

제9장

"너 내가
누군지 알아?"

## "국회의원이면 굽실거려야 하느냐"

2014년 9월 17일 새벽 0시 48분쯤 서울 영등포구 여의도동에서 벌어진 세월호 유가족들과 대리운전 기사 사이에서 벌어진 몸싸움, 그리고 그 와중에서 일어난 일련의 사건들은 "내가 누군지 알아?"라는 말을 유행시켰다. "내가 누군지 알아?"는 이 말을 입 밖에 내건 내지 않건 갑질을 저지르는 모든 갑의 의식세계 바탕에 깔린 이데올로기라고 해도 과언이 아닌데, 이 사건은 전혀 그럴 것 같지 않은 사람들이 가해자가 되는 바람에 많은 사람을 곤혹스럽게 만들었다. 여의도 사건의 전말은 이랬다.

세월호 참사 가족대책위 집행부 간부와 유족 등 5명은 16일 저녁 여의도에서 새정치민주연합 의원 김현과 함께 저녁 식사를 했다. 술도 마셨다. 이날 자정쯤 호출을 받고 도착한 대리기사 이씨(52)는 30분이 지나도 손님이 나오지 않자 "다른 기사를 부르라"고 하면서 돌아가려 하자 김현이 제지하며 국회의원 신분을 밝히는 과정에서 사건이 벌어졌다. 현장 영상과 목격자 증언에 따르면 김현은 "너 거기 안 서?", "내가 누군지 알아?" 하며 고압적 태도를 보였다. "국회의원이면 굽실거려야 하느냐"는 이씨의 말에 유가족들은 "의원님 앞에서 버릇이 없다"면서 폭력을 휘둘렀다. 이씨는 "나도 세월호 성금도 내고 분향소에도 다녀왔는데 그들이 세월호 유족 대표라는 사실을 알고 더 실망스럽고 분했다"고 했다.[172]

범죄과학연구소 소장 표창원은 19일 자신의 페이스북에 올린 「김현 의원의 갑질」이라는 글에서 "여러 각도에서 보아도 김현 국회의원의 행동은 명백한 갑질 패악"이라고 비판했다. 그는 "대리기사에게 30분 넘게 대기시키다가 떠나려는 것을 힘으로 막는 것은 형법상 업무방해의 책임을 물을 수 있다"며 "더구나 국회의원의 지위와 힘을 내세웠다면 아주 질 나쁜 갑질"이라고 덧붙였다.[173]

한신대학교 교수 윤평중은 "'내가 누군지 알아?'는 한국인의 감춰진 성감대이며 우리네 삶을 추동하는 집단 무의식이다.……'내가 누군데 감히 네 따위가'를 핵심으로 삼는 권력 담론이자 강자가 약자를 짓밟는 '갑질'의 언어다.……인간관계를 힘의 우열優劣로 나누어 약자를 얕보는 한국인의 차별적 가치관과 봉건적 집단 무의식을 그 무엇보다도 선명하게 증언하는 것이 바로 '내가 누군지 알아?'다"며 다음과 같이 말했다.

"힘으로 상대방을 누르려는 '내가 누군지 알아?'는 궁극적으로 동물의 언어에 불과하다. '내가 누군지 알아?'의 반말을 언제라도 발사하려는 사람으로 가득찬 사회는 동물의 세계와 비슷하다.……'내가 누군지 알아?'가 널리 수용되는 사회는 잔혹한 약육강식弱肉強食의 사회다. 하지만 폭행 사건 피해자인 대리기사의 항변에는 희망의 싹이 엿보인다. 사회적 약자 중의 약자인 대리기사가 강퍅한 한 의원에게 던진 '국회의원이면 다입니까?'라는 항의야말로 열린 사회의 미래를 보여주기 때문이다. 강자強者의 난폭한 말씨에 숨은 권력관계를 거부하면서 그 정당성을 묻는 보통 사람만이 사람 사는 사회를 꿈꿀 수 있다."[174]

## "내가 누군 줄 아느냐. 너희들 목을 자르겠다"

"내가 누군지 알아?"는 1년 365일 내내 전국 도처에서 외쳐지고 있는 구호라고 해도 과언이 아니다. 2014년 10월 1일 오후 10시쯤 서울 양천구 목동에서 벌어진 일을 보자. 주황색 택시 한 대가 급정차했다. 고급 양복을 입은 40대 남성이 문을 벌컥 열고 나오더니 택시기사를 향해 "야, 이 개××야, 당장 내려!" 고래고래 소리를 질렀다. 60대 택시기사가 "몇 살인데 반말이냐. 부모도 없냐"고 하자 40대 남성은 "그래 없다. 너 내가 누군지 알아? ○○그룹 부장이다"며 고함을 쳤다.

백화점에서 불만이 있으면 그냥 소비자의 자격으로 항의해도 될 텐데, 꼭 "내가 ○○○ 시장과~", "××구청장과는~" 운운하며 "내가 누군지 알아?"라고 항의하는 손님이 많다. 항공업계에선 좌석 업그레이드와 관련해 청와대·국회·정부기관과의 관계를 과시하면서 "내가 누군지 알아?"라고 속삭이는 사람이 많다. 경찰 관련 일도 마찬가지다. 한 경찰 관계자는 "청와대·국회·정부는 기본이라고 보면 된다"며 "대한민국의 모든 권력기관이 총출동한다"고 말한다.[175]

그럴듯한 지위나 줄이 없으면 가진 돈으로 자신의 위세를 드러내려는 사람들도 있다. 2014년 12월 전주지법 군산지원은 공무집행방해 혐의 등으로 기소된 복모(32) 씨에 대해 징역 1년 6월을 선고하고 법정구속했는데, 그가 저지른 죄는 무엇이었던가? 10대 후반 300만 원으로 주식투자를 시작해 100억 원이 넘는 수익을 거둬 방송매체에서 '슈퍼개미'로 불리며 명성을 얻은 복씨는 전북 군산시의 한 가요주점에서 종업원 조모(28) 씨의 이마를 맥주병으로 때리고 파출소에 연행된 뒤에도 경찰관의 낭심을 발로 차고 욕설을 퍼붓는 등 30여 분간 행패를 부렸다. 그는 "내가 100억 원 중 10억 원만 쓰면 (당신) 옷을 벗긴다. 당장 '1억 원'도 없는 것들이, 아는 사람들에게 1억 원씩 주고 너희들 죽이라면 당장이라도 죽일 수 있다"고 폭언한 것으로 드러났다.[176]

2015년 2월 10일엔 청와대 민정수석실 소속 ㄱ행정관(5급)이 "내가 누군지 알아?"의 대열에 참여했다. 그는 그날 오후 11시 44분쯤 서울 광화문에서 택시를 탄 뒤 자택 인근인 용인 기흥구 중동에서 택시기사가 잠을 깨우자 멱살을 잡는 등 폭행했다. ㄱ행정관은 기분이 나쁘다는 이유로 택시비 3만 7,000원도 내지 않겠다며 시비를 벌이다 운전기사의 신고로 현행범으로 체포되었다. ㄱ행정관은 파출소에서도 "내가 누군 줄 아느냐. 너희들 목을 자르겠다"는 등 행패를 부렸다고 한다.[177]

청와대에서도 가장 힘이 세다는 민정수석실 소속이라는 걸 남들이 몰라보는 게 불만이었을까? 『조선일보』 논설위원 신정록은 정권 출범 2년 만에 이런 종류의 갑질 스캔들이 벌써 4명째라고 지적하면서, 권력 수호가 존재 목적인 '호위 무사'들이지만, "호위 무사는커녕 '잡탕 집단'이라 해도 할 말 없게 됐다"고 했다.[178]

손석희는 2월 12일 JTBC〈뉴스룸〉의 '앵커 브리핑'에서 "Who

Are You?"라는 질문을 던졌다. "내가 누군지 알아?" 현상의 핵심을 잘 꿰뚫고 있어, 그 전문을 감상해보는 게 좋을 것 같다. 아래와 같다.

## "당신은 대체 누구시길래"

내가 누군지 아느냐. 술에 취해서 택시기사를 폭행하고 파출소에서 소란을 피운 청와대 민정수석실 행정관이 어제(11일) 면직 처리됐습니다. 그러고 보니까 참 많이도 들어본 말이네요. 오늘 1심에서 징역 1년 실형을 선고받은 대한항공 조현아 전 부사장 또한 '내가 누군지 아느냐'식의 갑질로 처벌을 받게 되었고 국무총리 후보자가 기자들을 앉혀 놓고 했던 말도 결국은 따지고 보면, '내가 누군지 아느냐'와 다름없었습니다. 보도 내용과 언론사 인사, 학교 인사, 법안까지. 참 많은 말을 했죠.

남을 누르는 고압적인 질문, "내가 누군지 아느냐". 시대를 막론하고 부와 권력을 쥔 사람들의 상징어가 돼서 없는 사람들의 마음을 짓누릅니다. "내가 누군지 아느냐. 여기선 내가 왕이다.""내가 시의회 의장이다. 의장도 몰라 보나.""네가 뭔데 나에게 차를 빼라 하느냐." 이 사람들은 왜 자기가 누구인지를 남에게 물어보는 걸까요?

자신이 누구인지를 남에게 확인받아야 하는, 그래야 직성이 풀리는 자기과시의 심리. 그러나 그것은 어찌 보면 온전한 자기 자신에 대한 확신이 없어서인지도 모르겠습니다. 그래서일까요? '내가 누군지 아느냐'는 질문에 왠지 답을 해야 할 것 같은 느낌마저 드는군요. 그래서 오늘 앵커 브리핑이 고른 단어. "Who Are You?" '당신이 대체 누구시길래'입니다.

1년 365일 한국 사회의 도처에서는 "내가 누군지 알아?"라는 말이 외쳐지고 있다. 왜 사람들은 자신이 누구인지를 다른 사람에게 물어볼까?

내가 누구인지 아느냐고 묻기 전에 스스로 자신이 누구인지를 먼저 묻고 대답해보면 답은 나오리라 믿습니다. 그리고 대답은 명확합니다. 민주사회에 지도층은 존재하지 않는다는 것. 권력층도 존재하지 않는다는 것. 모두가 우리 사회를 구성하고 이끌어가는 평등한 시민이라는 것이지요.

부와 권력이란 것도 결국엔 시민으로부터 나온 것이니 그걸 운 좋게 좀더 갖고 있다고 해서 함부로 휘두르지 말라는 것은 동서고금에서 이미 다 배운 바가 있습니다. 그래서 이번 항공기 회항 사건 재판에서도 알 수 있듯, 또한 총리 인준을 둘러싼 무성한 논란에서 볼 수 있듯이, '내가 누구인지 아느냐'라는 물음에 대해 돌려드릴 대답은 딱 하나밖에 없습니다. who are you? 당신은 대체 누구시길래. 앵커 브리핑이었습니다.[179]

## '의전 사회'의 이데올로기 구호

"내가 누군지 알아?" 현상은 한국이 전형적인 '의전 사회'라고 하는 점에서 고스란히 드러난다. 2013년 국회 국정감사 자료를 보면 최근 3년 간 코트라 해외무역관에서 이루어진 여야 의원과 고위공무원들의 의전 서비스는 모두 1,100건을 넘었다. 이에 대해 『경향신문』은 "출장에 앞서 몇 달 전부터 이들을 뒷바라지하느라 현지 직원들이 매달리는 것을 생각하면 본업이 제대로 굴러갈지 의문이다. 한국 무역의 최일선에 있는 해외무역관이 고관대작들의 의전과 잡무로 소일하는 것은 한국 경제의 큰 손실이다"고 했지만,[180] 어찌 경제뿐이랴. 해외 대사관들의 주요 임무 중 하나도 바로 그런 의전 서비스이니, 외교인들 제대로 될 리 없다. 임정욱은 한국 사회의 '의전 중독'에 대해 다음과 같이 말했다.

"의전 사회의 폐해는 세월호 참사에서도 드러났다. 높은 사람이 오면 그에 맞춰서 의전을 준비하는 데 익숙해진 공무원들은 현장에서 고통받는 희생자 가족들의 입장에서 배려하는 방법을 몰랐다. 위기 상황에서 효율적으로 구조 활동을 펼치는 방법에 대한 매뉴얼은 없는데 높은 사람들을 모시는 의전 방법은 매뉴얼로 머릿속에 박혀 있었을 것이다. 그렇다 보니 자기도 모르게 그렇게 행동했을 것이다."[181]

물론 의전 사회의 이데올로기 구호는 "내가 누군지 알아?"다. 윤평중은 "'내가 누군지 알아?'를 추동하는 한국적 권력 의지와 출세관은 우리 모두의 마음속에 꿈틀거리는 암종癌腫이다. 추악한 그 암 덩어리를 단호히 끊어내야만 진정한 민주·평등 사회로의 비약이 가능하다"고 결론 내렸지만,[182] 아무리 생각해도 그런 '유토피아'는 가능할 것 같지 않다.

나름으로 제법 성공을 거둔 이들이 자신을 '개천에서 난 용'으로 간주하는 가운데, 우리는 그들이 기고만장氣高萬丈할 수 있는 사회적 분위기를 열심히 조성해오지 않았던가? 우리는 자기 정체성을 오직 남과의 서열 관계 속에서만 파악하는 삶을 살아오지 않았던가? 그래서 자신의 서열 확인 차원에서 자신보다 서열이 낮다고 여기는 사람들을 상대로 "내가 누군지 알아?"를 외치는 게 아닌가?

힘 없는 사람들도 "내가 누군지 알아?"를 외칠 수 있는 입지를 갖기 위해 투쟁을 하는 게 우리의 현실 아닌가? '우리네 삶을 추동하는 집단 무의식'을 무슨 수로 끊어낼 수 있단 말인가? 이런 글을 쓰는 나 역시 무의식의 심층을 놓고 이야기한다면 "내가 누군지 알아?" 멘털리티에서 자유롭다고는 장담 못하겠다.

진보 역시 "내가 누군지 알아?"를 말할 수 있는 위치에 오르기 위한 수단으로 진보를 외치는 건 아닐까? 사실 진보 진영에도 "내가 누군지 알아?" 심리의 토양이라고 할 권위주의적인 문화는 건재하다. 이와 관련된, 탈권위주의적 진보 인사들의 증언은 무수히 많다.

조병훈은 "운동권 선배들은 기껏해야 나보다 한두 살 많은데, 행동하는 것은 자기가 왕이에요. 후배들은 아무것도 모르는 아이인 것처럼 대하고 자기는 모든 걸 다 아는 듯이 행동하죠"라고 말했다.[183] 정상근은 상명하복의 문화, 토론 없는 일방주의, 파시스트적 성격 등 진보의 '폭력적이고 차별적인 조직문화'를 고발하면서 "지금의 진보운동에서 권위적인 분위기는 아주 일반적이다"고 말했다.[184]

## 젊은 학생들의 군기 잡기 문화

진보의 권위주의 못지않게 비극적인 건 젊은 학생들의 기수 문화다. 모든 학과가 다 그러는 건 아니지만, 매년 2~3월만 되면 전국의 많은 대학에서 신입생의 군기軍紀를 잡는 행사가 대대적으로 벌어졌다. 2008년 용인대학교 동양무예학과 학생이 신입생 훈련을 이유로 선배들에게 구타를 당해 사망한 사건이 발생하면서 비판의 대상이 되었던 대학 내 군대식 문화가 지금도 건재한 것이다.

서울 S대 토목공학과 신입생 환영회와 개강총회에선 과가科歌 가사를 틀리자 바닥에 머리를 박는 '원산폭격' 얼차려를 주고, 목소리가 작고 허리를 구부정하게 앉았다고 "놀러 왔냐, ×× 새끼들아"라는 폭언을 퍼부으며 '전원 엎드려뻗쳐'를 시키는 일이 벌어졌다.

어느 여대의 생활체육과 신입생들은 화장은 물론 치마나 트레이닝복 착용도 금지되고, 선배들과 대화할 때 종결어미는 '다·나·까'만 사용해야 하고, 선배가 보이면 달려가서 인사해야 하고, 전화는 문자로 먼저 허락을 받고 해야 하며, 이런 모든 규칙은 캠퍼스에서 2킬로미터 떨어진 지하철역까지 적용된다.

어느 예술대학의 선배 학생들은 아예 '○○대학 신입생이 지켜야 할 것'이라는 제목의 문서까지 만들었는데, 그 내용이 가관이다. 구체적으로 '선배에게 연락하는 법', 15학번이 혼자 들어올 때, 15학번이 혼자 나갈 때, 동기와 함께 들어올 때, 동기와 함께 나갈 때, 지나다닐 때, 선배가 들어올 때 등 '상황별 인사법', 인사할 때는 손에 든 모든 것을 내려놓고 허리를 굽혀 인사한 후 0.1초 뒤 육성으로 인사를 한다는 '인사 방법'

등이다. 또한 "기대거나 눕지 않는다" "과대가 먼저 앉고, 여학생, 남학생 순으로 앉는다" 등의 내용도 들어 있다.[185]

## "내가 어떻게 해서 여기까지 왔는데"

"내가 누군지 알아?"가 일상적으로 저질러지는 대학 캠퍼스를 어찌 이해할 것인가? 굳이 선의로 해석하자면, 자신이 "내가 누군지 알아?"를 외칠 수 있을 만한 지위에 오르기까지의 노력과 고생에 대해 큰 의미를 부여하는 이른바 '노력 정당화 효과effort justification effect'로 보아야 할까? 심리학자들은 "엄청난 어려움과 고통을 이겨내고 뭔가를 얻은 사람은 최소한의 노력으로 같은 것을 획득한 사람보다 그것을 더 가치 있게 여기는 경향이 있다"고 말한다. 54개의 부족 문화에 대한 연구에서도, 가장 극적이고 가혹한 입회의식을 치르는 부족들의 내부 결속력이 가장 강한 것으로 나타났다.[186]

그런 원리에 따라 신입생에 대해 가혹한 '군기 잡기'를 하는 것이라면, 그리고 이런 심리가 습관이 되어 "내가 누군지 알아?"가 사회 전반에 만연하는 것이라면, 이런 못된 짓들이 사라지긴 어렵겠다는 생각이 든다. 물론 금수저를 입에 물고 태어난 재벌 3세는 예외겠지만, 일반적으로 보자면 그럴 수 있다는 것이다. 자기 분야에서 성공한 사람들이 간혹 과도한 탐욕과 오만의 포로가 되는 이유 중의 하나도 바로 "내가 어떻게 해서 여기까지 왔는데"라는 생각 때문일 것이다.

그런 생각을 자신의 내면에만 담아두면 좋겠는데, 애초에 노력하고 고생했던 이유가 속물적인 인정과 과시에 있었기에 어떤 식으로건 그걸 표출해야만 한다. 그래서 '내가 누군지 알아?'를 외치거나 누군가에게 '무릎꿇림'을 강요하면서 그걸 '정의'라고 생각하게 된 건 아닐까?

오래전 미국 제32대 대통령 프랭클린 루스벨트Franklin Delano Roosevelt, 1882~1945의 부인인 엘리너 루스벨트Eleanor Roosevelt, 1884~1962 가 흑인 등 소수자들의 인권운동을 펼치면서 한 다음과 같은 말이 오늘날의 한국에서 큰 울림을 갖고 다가온다는 게 서글플 따름이다. "당신의 승낙 없이는 그 누구도 당신이 열등하다고 느끼게 만들 수 없다No one can make you feel inferior without your consent."

"삶의 오르막길에서 만나는 사람들에게 정성을 다하라. 훗날 내리막길을 내려올 때 만나게 될 사람들도 바로 그들이니까"라는 말이 있지만, 한국에선 그럴 일이 거의 없다. 올라가는 사람은 늘 올라가고 내려가는 사람은 늘 내려가니까 말이다. 그럼에도 앞으론 "내가 누군지 알아?"라고 묻는 사람에겐 반드시 손석희의 제안대로 이 답을 던져보도록 하자. "Who Are You?" 영어가 좀 딸리는 사람은 "당신은 대체 누구시길래"라고 해도 좋겠다.

# 인천아시안게임과
# 북한 실세 3인방
# 기습 방문

2014년 9월 19일부터 10월 4일까지 16일간 인천광역시 일원에서 제17회 아시아경기대회가 열려 아시아 45개국에서 1만 3,000여 명의 선수와 임원이 참가해 36종목의 경기를 치렀다. 대회 표어는 '평화의 숨결, 아시아의 미래Diversity Shines Here'로 정해 우정과 화합을 통한 인류의 평화 추구, 아시아가 하나 되어 빛나는 아시아의 미래를 만들어 나아가자는 바람을 담았다.

대회 결과 1위는 중국으로 금메달 151개, 은메달 108개, 동메달 83개를 획득했으며, 2위는 한국으로 금메달 79개, 은메달 71개, 동메달 84개를 획득했다. 3위는 일본으로 금메달 47개, 은메달 76개, 동메달 77개를 획득했고, 카자흐스탄(4위), 이란(5위)이 그 뒤를 이었다. 북한은 금메달 4개, 은메달 7개, 동메달 2개를 차지하며 종합 7위에 올랐다.[187]

폐막일인 10월 4일, 남쪽은 아침부터 북한발 빅 뉴스로 들끓었다.

통일부가 긴급 브리핑을 통해 황병서 군 총정치국장, 최룡해 노동당 비서, 김양건 노동당 통일전선부장 등 북한 정권 실세 3인방의 남한 방문 소식을 밝힌 지 수 시간 만에 이들이 인천공항에 도착한 것이다. 이들의 전격적인 방문은 남북 관계 개선을 위한 북한의 승부수로 해석되었다.

북한은 인천아시안게임에 선수단과 함께 대규모 응원단을 보내려 했으나 남북 간 이견으로 응원단 파견이 무산되어 남북 관계에 먹구름이 낀 상황이었다. 이들 북한 3인방은 인천에서 김관진 청와대 국가안보실장, 김규현 국가안보실 1차장, 류길재 통일부 장관과 오찬 회동을 했으며 아시안게임 폐막식장에서는 정홍원 국무총리를 만났다. 이 자리에서 황병서 총정치국장은 "이번에 좁은 오솔길을 냈는데 앞으로 대통로로 열어가자"고 말했다. 그러나 대통로는 열리지 않았고 남북은 대북 전단 살포와 북한 인권 문제 등으로 갈등을 거듭했다.[188]

# "경비는 사람 취급도 안 하죠, 뭐"

2014년 10월 7일 서울 강남구 압구정동의 B아파트 경비원 이모 (53) 씨가 아파트 주차장에서 분신자살을 기도한 사건이 발생하면서 아파트 주민들의 갑질이 논란이 되었다. 이 아파트 경비원들이 속한 민주노총 서울본부 일반노조는 13일 기자회견을 열고 이씨가 겪은 인격 무시 사례를 폭로했다.

"(한 가해 주민은) 먹다 남은 빵을 5층에서 '경비' '경비' 불러서 '이거 먹어' 던져주는 식으로 줬다. 안 먹으면 또 안 먹는다고 질타해 경비실 안에서 (억지로) 먹었다.……일부 입주민의 일상적인 인격 무시, 폭언 등이 누적된 게 이씨의 자살 기도 원인이다. 아파트 주민들로부터 폭행·폭언을 당해도 제대로 대응할 수 없는 것이 경비원들의 상황이다."

실제로 국가인권위원회 보고서(2013년)에 따르면, 아파트 경비원 10명 중 3명(35.1%)은 주민들에게서 폭언을 들은 경험이 있었다. 보고서는 "정신적·언어적 폭력은 심각한 스트레스 요인으로 작용하고 심지어 정신질환으로 이어질 수 있다"며 "이를 지속적으로 당하는 경우 불안장애·우울증 등의 원인이 된다"고 지적했다.

민주노총 서울본부 일반노조는 이씨가 분신을 하자 입주자대표위원회(입대위)에 재발 방지 대책을 요구했는데, '개인 간의 문제'라는 답변이 돌아왔다. 경비원 ㄷ씨는 "현재까지 입대위가 이씨에게 병문안을 한 차례도 오지 않았다"고 했다. 일반노조 조합원 3명은 15일 오후 5시께 B아파트 경비원들을 대신해 아파트 입구에서 호소문을 읽었다.

"우리도 똑같은 사람이고 한 집안의 가장이며 인격을 무시당하면 모멸감에 깊은 상처를 받습니다. B아파트라는 공간에서 경비 일을 하며 입주민과 함께 살아가는 성원이기도 합니다. 가정보다 B아파트에서 지내는 시간이 더 많은 한 식구입니다. 이유야 어쨌든 입주민 주거 생활의 평안을 위해 경비원이 일하던 중 큰 사고를 당했는데도 입주자 대표분은 아직까지 우리에게 따스한 위로의 말씀도 없습니까. 저희는 감히 집에서 키우는 개가 사고를 당했더라도 이랬을까 하는 생각이 듭니다."

분신자살을 시도한 경비원 이모 씨는 전신 3도 화상을 입어 한 달 만인 11월 7일 패혈증으로 인한 다발성 장기부전으로 사망했다. 이 비극은 비교적 널리 알려진 사건일 뿐, 언론에 보도되지 않은 수많은 인권 유린 사건들이 매일 전국적으로 벌어지고 있었다. 아파트 경비원들은 이구동성으로 다음과 같이 말했다. "경비는 사람 취급도 안 하죠, 뭐.""경비원이란 딱지가 붙는 순간 바로 인격이 없는 사람 취급 받는 것 같습니다.""경비원은 아파트 단지의 제일 하층민입니다. 온갖 잡일을 다하면서도 제대로 된 인사는커녕 무시를 받는 경우가 많습니다."[189]

# '결혼등급제'와
# '결혼식 치킨게임'

신분 질서를 존중하는 결혼정보회사들은 회원을 여러 등급으로 분류했다. 2010년 한 결혼정보회사의 회원 분류 기준으로 알려진 '직업별 회원 등급'에 따르면 남성 회원 1등급은 '서울대 법대 출신 판사', 2등급은 '서울대 법대 출신 검사'이고, 3등급은 '서울대 의대 출신 의사'와 '비서울대 출신 판검사'였다. 명문대 출신의 대기업 입사자도 이 등급표에선 9등급에 불과했다. 평범한 20~30대 남성 대부분에 해당하는 일반 기업 입사자와 중소기업 입사자는 각각 14등급, 15등급으로 분류되었다.[190]

2014년 또 다른 결혼정보회사 등급제의 재산 항목에선(부모 재산 포함) 100억 원 이상이 100점으로 1등급이고, 3억 원 이하는 55점으로 10등급이었다. 학벌 부문에선 서울대, 카이스트, 미국 명문대 80점으로 1등급이고 2년제 대학은 53점으로 10등급이었다.[191]

집안의 사회경제적 존재 증명과 과시에 치중하는 한국 특유의 결혼식 문화도 결혼등급제의 현실을 시사해주었다. 종교학자 최준식은 『행복은 가능한가』(2014)에서 "지금 한국인들이 하는 결혼식을 단도직입적으로 표현한다면 혼(알맹이)이 빠져 있어 그것을 가리려고 외양만 화려해진 전형적인 저질의 졸부 스타일의 의례가 되고 말았다"고 했는데,[192] 이를 반박하기 어려운 증거가 너무 많았다. 2013년 호텔 결혼식 밥값 최고가는 1인당 21만 7,800원을 기록했고,[193] 특급호텔의 가장 싼 상품이 1억 950만 원에 이르렀다.[194]

결혼식은 '기죽지 않기' 전쟁이었다. 2014년 10월 『조선일보』와 여성가족부가 전국 신랑·신부와 혼주 1,200명을 조사한 결과를 한마디로 압축하면 '남들처럼'이었다. 신혼집이건, 예물·예단이건, 결혼식이건 "관행대로 하는 게 좋다"는 심리가 뚜렷했다. 그에 따라 결혼 과정을 힘들게 만드는 '고정관념 3종 세트'가 나타났다. 응답자 10명 중 6명이 "신혼집은 남자가 해와야 한다"(62.8%)고 했다. 이어 응답자 10명 중 4명이 "예단은 남들만큼 주고받아야 한다"(44.6%)고 했다. "결혼식에 친척과 친구만 오면 초라해 보인다"(50.9%)는 사람이 과반수였다.[195]

이런 결혼식 '치킨게임'을 어떻게 해야 멈추게 할 수 있을까? 이 질문을 던진 한겨레경제연구소장 이현숙은 "결혼 시장의 치킨게임은 신랑 신부, 양가 부모가 함께 변해야 멈출 수 있다"는 결론을 내렸지만,[196] 다시금 '남들처럼'이라는 굴레가 버티고 있으니 이래저래 쉽지 않은 일이었다. 그로 인해 한국은 이제 곧 청춘남녀들이 결혼을 거부하면서 세계 최저의 출산율을 기록하게 된다.

## 제10장

# 대한항공
# '땅콩 회항' 사건

## 뉴욕 JF케네디 국제공항의 나비

우리는 조선시대보다 더한 계급사회라는 말이 나올 정도로 워낙 전쟁 같은 삶을 사는 탓인지 남에게 모욕을 주는 걸 가볍게 여긴다. 먹고 사는 데에 지장 받지 않으려면 참고 견디라는 식이다. 전쟁 같은 삶에 익숙한 사회적 약자들은 모욕을 견디는 데에 능하지만, 이른바 '땅콩 회항' 사건은 그 능력이 무한대인 건 아니라는 걸 잘 보여주었다.

2014년 12월 5일 0시 37분(현지 시간) 뉴욕 JF케네디 국제공항에서 인천으로 출발하는 KE086편 항공기 1등석엔 대한항공 부사장 조현아가 타고 있었다. 출발 직전 그곳에선 이상한 일이 벌어졌다. 그 일은 처음엔 아주 사소한 사건이었지만, 얼마 후 "브라질에서 나비가 날개를 펄럭이면 텍사스에서 회오리바람이 불 수 있다"는 이른바 '나비 효과'의 한 사례로 간주해도 좋을 만큼 엄청난 후폭풍을 내장하고 있었다. 그 후

폭풍의 결과로 작성된 검찰의 공소장에 따라 사건 당시의 대화 상황을 간추리면 이렇다.

> **여승무원** (견과류 봉지를 열지 않은 채 보여주면서) "견과류도 드시겠는지요?"
>
> **조** "(봉지도 까지 않고) 이런 식으로 서비스하는 게 맞나?"
>
> **여승무원** "매뉴얼에 맞게 서빙한 것입니다."
>
> **조** "서비스 매뉴얼을 가져와라."
>
> (박창진 사무장이 서비스 매뉴얼이 저장된 태블릿피시를 조에게 전달)
>
> **조** "내가 언제 태블릿피시를 가져 오랬어, 갤리인포(기내 간이주방에 비치된 서비스 매뉴얼)를 가져오란 말이야."
>
> **조** "아까 서비스했던 그×, 나오라고 해. 내리라고 해."
>
> **조** (태블릿피시를 읽은 다음 최초 승무원의 설명이 맞다는 것을 알고 나서) "사무장 그 ×× 오라 그래." "이거 매뉴얼 맞잖아. 니가 나한테 처음부터 제대로 대답 못해서 저 여승무원만 혼냈잖아. 다 당신 잘못이야. 그러니 책임은 당신이네. 너가 내려."[197]

조현아는 "이 비행기 당장 세워. 나 이 비행기 안 띄울 거야. 당장 기장한테 비행기 세우라고 연락해"라고 호통쳤고, 박창진은 "이미 비행기가 활주로에 들어서기 시작해 비행기를 세울 수 없다"고 만류했다. 그러나 조현아는 "상관없어. 네가 나한테 대들어. 얻다 대고 말대꾸야"라고 꾸짖으면서 "내가 세우라잖아"라는 말을 서너 차례 반복했다.[198]

이미 22초간 약 20미터를 이동한 항공기가 멈추더니 탑승게이트로 복귀해 박창진을 하기시켰다. 이럴 수가! 언론인 김선주는 그 놀라움을 이렇게 표현한다. "영화는 현실을 뛰어넘지 못한다. 한국의 재벌이 사무장 하나를 달랑 내려놓기 위해 비행기를 돌리는 영화가 나왔다고 치자. 저런 황당무계한 설정이 어디 있느냐고 모두 비웃었을 것이다."[199] 실제로 당시 1등석에 앉은 다른 유일한 승객 박모(33) 씨는 친구에게 보낸 카카오톡 메시지에서 이 사건의 황당무계함에 대한 놀라움을 다음과 같이 표현했다.

"야, 미쳤나봐 어떡해. 비행기 출발 안 했는데 뒤에 미친×이야."

"승무원한테 뭐 달라 했는데 안 줬나봐. 계속 소리 지르고, 사무장 와서 완전 개난리다."

"헐 내리래 무조건 내리래. 사무장 짐 들고 내리래."

"헐 진짜 붙인다(게이트로 비행기를 붙인다는 뜻), 정말 붙여. 내가 보기엔 그리 큰 잘못 아닌데 살다살다 이런 경우 첨 봐."

"도대체 저 여자 때문에 도대체 몇 사람이 피해 보는 거야."[200]

승객 247명을 태운 비행기는 1시 14분이 되어서야 이륙을 위해 다시 활주로로 향했다. 37분간의 소동으로 항공기 출발이 늦어졌지만 기내에는 한마디의 사과 방송도 없었다.

### "내가 내 모든 것을 잃더라도 이것은 아니다"

이 사건이 알려지면서 JF케네디 국제공항에서 일어난 '나비의 날개짓'은 회오리바람으로 변해 한국 사회를 강타했다. 대한항공은 조현아의 입장을 두둔하는 어리석은 짓을 했을 뿐만 아니라 이후에도 "한 달이면 다 잊혀진다"는 논리로 사건의 은폐를 시도함으로써 회오리바람의 형성에 일조했다. 조현아는 부사장직에서 물러났지만, 그런 수준의 대응으로 잠재울 수 있는 바람이 아니었다.

40대 초반의 나이로 대한항공에서 18년 동안 일했던 박창진은 그 황량한 공항에 홀로 남겨진 채 무슨 생각을 했을까? 아마도 고통스러운 불면의 밤을 보냈을 박창진은 다른 항공기를 타고 한국으로 돌아온 후 정의로운 내부고발자로 다시 태어났다. 그는 방송 인터뷰에서 "아 나는 개가 아니었지, 사람이었지, 나의 자존감을 다시 찾아야겠다. 내가 내 모든 것을 잃더라도 이것은 아니다"고 했다.

박창진은 "조 전 부사장이 심한 욕설을 하며 매뉴얼 내용이 담겨 있는 케이스 모서리로 자신의 손등을 수차례 찍었"고, "자신과 여승무원을 무릎 꿇게 하고 삿대질을 하며 기장실 입구까지 밀어붙였다"며, "그 모욕감과 인간적인 치욕은 겪어보지 않은 분은 모를 것"이라고 말했다. 그는 대한항공 직원 5~6명이 집으로 찾아와 "사무장이 매뉴얼 숙지를 하지 못해 조 전 부사장이 질책을 한 것이고 욕설을 하지 않았으며 스스로 비행기에서 내렸다"고 진술할 것을 강요했으며, "지난 8일 국토부로 조사를 받으러 가기 전 대한항공 측에서 '국토부의 조사 담당자들이 대한항공 기장과 사무장 출신'이라며 '회사 측과 다 짜고 치는 고스톱'이라고 했다"고 털어놓았다.[201]

결국 조현아는 2015년 1월 7일 구속기소되었고, 1월 23일 박창진은 "이달 말 병가가 끝나면 2월 1일부터 출근하겠다"고 했다. 그는 "대한항공뿐만 아니라 어떤 곳에서도 제2·제3의 박창진과 같은 사건이 일

# 박창진 "趙, 날 노예 보듯… 먹잇감 찾는 야수 같았다"
# 조현아 "승무원들, 매뉴얼대로 서비스 안한 건 명백"

**趙·朴, '대한항공機 회항' 결심공판서 子正 넘긴 공방**

조현아 前부사장    박창진 사무장

'항공기 회항' 사건으로 구속 기소된 조현아 전 대한항공 부사장의 결심공판에서 이번 사건의 핵심 피해자인 박창진(42) 사무장이 증인으로 나섰다. 박 사무장은 2일 오후 서울 서부지법에 증인으로 출석, 조양호 한진그룹 회장과 조현아 전 부사장에 대해 작심한 듯 강도 높은 발언을 쏟아냈다. 반면 조 전 부사장 측은 이번 사건의 발단이 된 승무원의 매뉴얼 위반 여부, 항공기 이동을 인식하고 있었는지 여부 등 사안마다 검찰과 박 사무장의 주장을 반박했다. 양측의 주장이 팽팽히 맞서면서 이날 공판은 자정을 훌쩍 넘겨 진행됐다.

말끔하게 빗어 넘긴 머리에 검은 승무원복 차림으로 법정에 들어선 박 사무장은 이날 "조양호 회장과 조 전 부사장의 사과를 받은 적이 단 한 차례도 없다" "조 전 부사장은 한 번도 본인의 잘못을 인정하지 않고 일말의 양심을 보여주지 않았다고 생각한다"고 진술했다. 그는 "관심사병 이상의 '관심사원'으로 관리될 것 같다"는 검사의 질문에 "실제로 그런 시도가 여러 번 있었고 지금도 그렇다고 생각한다"고 답했다. 박씨는 증인석에 꼿꼿한 자세로 앉아 검찰·변호인의 질문에 또박또박 대답했지만 당시 기내 상황을 설명할 때는 울음을 터뜨리기도 했다. 박씨로부터 2m 떨어진 피고인석에는 조 전 부사장이 고개를 숙인 채 앉아 있었다.

박 사무장은 사건 당시 조 전 부사장이 자신의 오른 손등을 3~4회 내리친 폭행 정황에 대해 "인권을 유린한 행위"며 "먹잇감을 찾는 야수"라고 표현했다. 그는 "(조 전 부사장이) 봉건시대 노예처럼 생각해서인지 저에게 일방적 희생을 강요하고, 지금 저 자신도 본인의 잘못보다는 남의 탓만하고 있는 게 아닌가"라고 말했다. 그는 조 전 부사장이 "비행기 안 띄울 거야, 세워"라고 말한 것은 분명한 사실"이라며 "당시 조 전 부사장은 일등석 좌석에 앉아서 승무원을 질책할 때 수차례 창문 밖을 바라봤기 때문에 비행기가 이동 중인 사실을 알았을 것"이라고 주장했다. 그는 조 전 부사장에 대해 "저야 한 조직의 단순한 노동자로서 언제든 소모

품 같은 존재가 될 수 있겠지만, 조 전 부사장 같은 오너 일가는 영원히 그 자리에 있을 거라 생각한다. (이번 사건을) 더 큰 경영자가 되는 발판을 삼으시길 바란다"고 말했다.

박 사무장에 이어 증인석에 앉은 조 전 부사장은 "제 경솔한 행동에 대해서는 깊이 반성하고 사죄드린다"고 말했다. 그는 하지만 "승무원 잘못이 있느냐"는 검찰의 질문에 "승무원들이 매뉴얼대로 서비스하지 않은 것은 명백하다"고 수차례 강조했다. 조 전 부사장은 특히 자신에게 적용된 혐의 중 가장 형량이 무거운 항로변경죄(징역 10년 이하)와 관련해 "흥분 상태여서 비행기가 이동 중인 사실을 몰랐다"는 기존 주장을 되풀이했다. 그는 "박 사무장이 당시 비행기가 이동 중이라고 말한 것을 들은 적이 없다"면서 "당시에 화가 기를 세우라고 한 것은 비행 시작을 위한 모든 절차를 중지하라는 뜻이었다. 비행기를 되돌릴 최종 판단은 기장이 했다"고 검찰 공소 내용을 목조건 반박했다. 그는 이승무원에 대한 폭행은 인정했지만 박 사무장에 대한 폭행은 부인했다.

심문 말미 재판장은 조 전 부사장을 향해 "피고인은 '왜 내가 지금 여기 앉아 있나?' 이렇게 생각하고 있는 건 아닙니까?"라고 지적했고, 조 전 부사장은 "그건 아닙니다"고 답했다. 한 시간 가까운 심문이 끝난 후 고개를 숙인 채 눈물을 흘리는 조 전 부사장에게 옆에 앉은 변호인이 휴지를 두 장 뽑아 건네주기도 했다.

한편 박 사무장은 이날 "회사 복귀로 부당한 비행 스케줄을 강요받았다"고 주장했다. 그는 "(사건 이후) 지난달 5일 처음 나온 스케줄을 보면 계속해서 새벽 3~4시에 출근해야 했고, 장거리 스케줄도 과도하게 분포돼 있다"고 말했다. 박 사무장의 이런 진술이 알려지며 논란이 일자 대한항공은 "박 사무장의 비행 스케줄은 다른 승무원과 같은 조건으로 컴퓨터에 의해 자동 편성됐다"며 반박했다. 대한항공 관계자는 "박 사무장의 2월 근무 시간은 총 79시간으로 다른 사무장과 같은 수준이고 박 사무장 이전 근무 시간과도 차이가 없다"고 말했다.

최종석·이송원 기자

## 폭행 있었나
朴 "趙부사장 내 손등 내리쳐"
趙, 女승무원 폭행은 시인
"朴사무장은 때린 적 없어"

## 항공기 이동 알았나
朴 "수차례 창문 밖 알았을 것"
趙 "당시 흥분상태… 몰랐다"

## 대한항공 부당 스케줄 강요?
朴 "계속해 새벽 3~4시 출근"
회사 "다른 직원과 같은 수준"

---

대한항공 '땅콩 회항' 사건은 한국 사회에 갑질 문화가 만연해 있다는 사실을 보여주었다. 박창진은 조현아가 "야수가 먹잇감을 찾듯 이를 갈며 고함치고 폭행했다"고 고발했다. (『조선일보』, 2015년 2월 3일)

---

어날 수 있다"며 "권력이나 재력에 의해 소수자의 권리는 강탈되어도 된다는 모습으로 보이는 것은 바람직하지 않다"며 출근의 의지를 밝혔다. 그는 "출근은 당연한 개인의 권리"라며 "오너라 하더라도 특별한 징계 이유가 없으면 출근을 막을 수 없고, 이것은 강탈할 수 없는 권리"라고 말했다.[202]

2월 2일 결심공판에 증인으로 출석한 박창진은 "(조 전 부사장이) 야

수가 먹잇감을 찾듯 이를 갈며 고함치고 폭행했다"며 "봉건시대 노예처럼 생각해서인지 저에게 일방적인 희생을 강요하고, 지금까지도 본인의 잘못보다는 남의 탓만 하고 있는 게 아닌가"라고 말했다. 그는 "대한항공 승무원으로 최선을 다해 성실하게 일해왔는데 조 전 부사장에게 자존감을 치욕스럽게 짓밟혔다"고 했다. 또 그는 "나야 한 조직의 단순한 노동자로 소모품 같은 존재가 되겠지만, 조 전 부사장과 오너 일가는 영원히 그 자리에 있을 것이라고 생각한다"면서 "더 큰 경영자가 되시길 바란다"고 말했다.[203]

2월 12일 재판부는 이번 사건의 최대 쟁점이었던 항공기항로변경죄에 대해 유죄를 인정하면서 조현아에게 징역 1년의 실형을 선고했다. 오성우(서울서부지법 형사12부 부장판사)는 "이 사건은 돈과 지위로 인간의 존엄과 가치, 자존감을 무너뜨린 사건으로 인간에 대한 최소한의 배려심이 있었다면, 직원을 노예처럼 여기지 않았다면 결코 발생하지 않았을 것"이며 "당시 1등석 승객의 진술처럼 '비행기를 자가용마냥 운행해 수백 명 승객들에게 피해를 준 것"이라며 실형 선고 이유를 밝혔다.[204]

### "귀족과 속물의 나라에서 살아남기"

진보적 지식인들은 박창진의 용기에 뜨거운 격려를 보냈다. 인권연대 사무국장 오창익은 「대한항공 사무장의 '인간 선언'」이라는 칼럼에서 "때론 말 한마디가 모든 것을 단박에 일깨워준다. 나는 개가 아니라, 사람이라는 이 한마디가 꼭 그렇다. 이 엄연한 사실을 확인하기 위해 우리는 늘 너무 많은 것을 내놓아야 한다"며 다음과 같이 말했다.

"거대한 조직 앞에서, 힘센 권력 앞에서 개인은 초라하다. 힘도 없다. 파편처럼 흩어진 개인은 더 그렇다. 해서 개인에게 박 사무장과 같은 인간 선언을 기대하는 건 무리일지도 모른다. 단지 개인일 뿐인데, 저 거대한 권력, 재벌에게 당당히 맞서라는 건 무리다. 3대, 4대를 넘어 언제까지 이어질지 모르는 철옹성처럼 견고한 재벌이 아닌가. 그들이 우리의 무릎을 너무 쉽게 꺾어 버린다. 무릎 꿇지 않고 살 수는 없을까? 어쩌면 답은 의외로 간단할지도 모른다. 한 장의 종이는 언제든 힘없이 찢겨질 수 있지만, 종이를 묶어 놓으면 아무리 용을 써도 찢는 건 불가능하다. 그래서 개인들의 연대는 개인의 존엄을 지키는 가장 유력한 방법이다."[205]

서울대학교 법학전문대학원 교수 조국은 「귀족과 속물의 나라에서 살아남기」라는 칼럼에서 "나는 개가 아니다"는 박창진의 말을 전경련 앞에 새기고 나아가 초·중·고교 교과서에 넣어야 한다고 했다. 그는 "(조현아와 같은) '사회 귀족'과 달리 사회 구성원의 압도적 다수는 일자리, 방 한 칸, 자식 교육 등을 평생 걱정하며 살아야 한다. '사회 귀족'의 행태에 불만을 느끼지만 뚜렷한 해결 방안이 보이지 않으니, 분노를 삭이며 자기 앞가림하기에 몰두할 수밖에 없다"며 다음과 같이 말했다.

"'사회 귀족'이 지배하는 회사에 들어가는 경우는 바로 '사회 노예'가 된다. 자신과 가족의 밥줄이 걸려 있기 때문이다. 이러한 과정 속에서 민주공화국의 주권자는 점점 불의不義는 잘 참고 불이익은 못 참는 존재가 되고 있다. 거악巨惡 앞에서는 침묵하거나 눈치 보고 소악小惡 앞에서는 흥분하고 거품을 무는 존재가 되고 있다.……(그러나) 각성한 주체에게 두려움은 없다.……노동자는 봉급을 위해 노동을 팔 뿐이지, 인격까지 파는 것은 아니다. 회사 밥을 먹는다고 그 회사 '오너'의 '개'가 되어야 한다면, 그 회사는 '동물농장'이다."[206]

## 조현아 비판은 '마녀사냥'인가?

소수일망정 다른 주장들도 있었다. 3가지만 살펴보자. 온라인 평판 관리업체 맥신코리아 대표 한승범은 조현아에 대한 비판을 시기와 질투에 의한 '마녀사냥'으로 규정했다. 그는 "조현아 전 부사장에게서 '재벌 3세'란 타이틀을 떼어내도 여전히 최고의 스펙을 자랑한다. 미 명문 코넬대 호텔경영학 학사와 173cm(180cm라는 설도 있음)의 늘씬한 키에 고현정을 연상시키는 수려한 외모는 모든 이의 부러움을 자아낼 만하다"며 "조 전 부사장에 대한 대중의 시기·질투가 필요 이상의 공격을 유발하고 있는 것"이라고 주장했다.[207]

미국 패션계에서 디자이너로 일하는 오마리는 "'땅콩 회항'은 내가 한국인이란 걸 부끄럽게 만든 사건"이라면서도 "더욱 기분이 찜찜했던 것은 이 사건을 계기로 갑자기 신문이나 방송에서 떠들기 시작한 '갑甲질'이란 단어"라고 말했다.

"마치 유행병처럼 번지기 시작하여 시도 때도 없이 나오는 이 단어가 혐오스러워지기 시작했습니다.……벌어지는 사건마다 너무 극단으로 끌고 가는 경향과 사용하는 언어조차도 거칠어가는 한국 사회가 걱정이 됩니다. 나쁜 용어와 부정적인 단어가 난무하고 사건이 터질 때마다 사건의 수습과 긍정적이며 합리적인 해결 방법보다는 모두 죽일 듯이 비판하고 물어뜯으려고만 합니다."[208]

소설가 박민규는 「진격의 갑질」이라는 글에서 '갑질'에서 한국 사회의 전근대성을 발견하고, 조현아를 일본 애니메이션 〈진격의 거인〉에 빗대 '결코 넘어선 안 될 (근대라는) 벽을 넘어온 거인'으로 비유했다. 그는 이 사건에 대한 우리의 반응을 "시범케이스로 하나를 잡고 뜨겁게 끓어 올라 욕을 퍼붓고, 한 사람에게 갑질의 십자가를 지우고, 조롱하고, 기필코 갑을 응징했다는 이 분위기도 실은 매우 전근대적인 것"이라고 말했다.

"무엇보다 우리가 이토록 갑질에 분개한다는 사실을 나는 믿지 못하겠다. 국가기관이 대선에 개입해도, 천문학적인 국고를 탕진해도 가만히 있던 사람들이 느닷없이 이 쪼잔한(상대적으로) 갑질에 분노하는 현상을 믿을 수 없다, 이 얘기다. 얘는 까도 돼, 어쩌면 더 큰 거인의 허락이 떨어졌음을 은연중에 감지해서인지도 모르겠다. 그래서 나는 찜찜하다."[209]

그렇게 볼 수도 있겠다. 아닌 게 아니라 언론의 '갑질' 관련 보도는 일단 '갑질'이 이슈가 되었으니 무작정 쓰고 보자는 식으로 최소한의 사실관계조차 확인하지 않은 채 선정적으로 치달은 경우가 있었다. 그래서 '하이에나 저널리즘'이란 말까지 나왔다.[210]

## 왜 '을의 남편은 인터넷'이 되었을까?

그럼에도 이 모든 문제가 '긍정적이며 합리적인 해결 방법'을 찾고 실천하는 것이 거의 불가능하게 된, 즉 '소통 불능'의 현실이 낳은 비극일 수도 있다는 데에 눈을 돌려보면 어떨까? 이제 '을의 남편은 인터넷'이라는 말이 나올 정도로, 인터넷과 SNS는 빽 없고 줄 없는, 보잘것없는 을들의 작은 반란에 만인이 주시하는 광장을 제공했다. 그 덕분에 그간 밀실에서 한恨과 넋두리로만 존재하던 기막힌 사연들이 쏟아져 나오게 되었다.

그로 인한 감정의 증폭과 그에 따른 부작용은 있을망정, 역지사지易地思之에 따른 감정이입感情移入의 결과로 보는 게 옳지 않을까? 보통 사람의 범주에 속하는 그 누구건 자신은 물론 자신의 자식 역시 박창진일 수 있다는 생각을 했을 것이다. 그런 처지에서 감내해내야 하는 모욕과 굴욕이 자신에게도 일어날 수 있다는 사실에 어찌 냉정할 수 있었겠는가?

이 사건에 대해 진보가 더 흥분했던 것도 아니다. 이 사건을 처음 보도한 특종은 『한겨레』가 했지만, 감정이입을 최고조로 이끈 건 단연 '보수의 아성'이라는 종합편성채널 방송사들이었다. 종편이 자랑하는 '떼토크'에서 출연자들이 자신의 경험을 근거로 사건이 일어났던 시간대의 JF케네디 국제공항은 가게들이 모두 문을 닫고 사람들도 없어 얼마나 황량하기 짝이 없는지, 졸지에 그런 곳으로 강제 추방당한 박창진이 느꼈을 참담함과 비애가 어떠했을지에 대해 열변을 토할 때에, 이 사건이 어찌 보수와 진보의 경계를 뛰어넘어 모든 국민을 하나로 단합시키지 않을 수 있었겠는가?

대중의 분노는 '더 큰 거인의 허락이 떨어졌음을 은연중에 감지해서'라기보다는 대중, 아니 인간이 원래 갖고 있는 속성 때문으로 보는 게 옳을지도 모른다. 대중이 국가기관의 대선 개입과 천문학적인 국고 탕진에 분노하기는 어렵다. 그건 소련 독재자 이오시프 스탈린Iosif Stalin, 1879~1953이 "한 사람의 죽음은 비극이지만, 100만 명의 죽음은 통계다"고 말한 것과 같은 이치다. 문제의 핵심은 피부에 와닿는 실감이다. 즉, 한 사람의 죽음에 대해선 비극이라는 실감을 느낄 수 있지만, 수많은 사

람의 죽음은 그런 실감의 기회를 허용하지 않는다는 것이다.[211]

'쪼잔함'의 여부와 정도는 누구의 관점이냐에 따라 달라진다. 나와 내 자식이 박창진일 수 있다는 가능성은 국가기관의 대선 개입과 천문학적인 국고 탕진에 비해 결코 쪼잔한 것이 아니다. 사실 이건 한국 진보가 안고 있는 문제일 수 있다. 한국 진보는 주로 국가기관의 대선 개입과 천문학적인 국고 탕진 등과 같은 큰 이슈에 집중하는 반면, 대중의 '피부에 와닿는 실감'을 무시하거나 비교적 소홀히 하는 경향이 있다. 그래서 늘 대중의 외면을 받는 것이다. 그런 대중이 옳다는 게 아니라 그게 우리가 직면하고 있는 '있는 그대로의 세상'이며 그 세상에서 벌어지는 정치의 문법이라는 이야기다.

### '못생겨서 무릎 꿇고 사과'

뒤이어 쏟아져 나온 이야기들은 보통 사람들의 울분이 그럴 만한 것임을 계속 확인시켜주었다. 2015년 1월 10일 방송된 SBS 〈그것이 알고 싶다〉에서는 익명을 요구한 전·현직 대한항공의 승무원들이 오너 일가의 갑질에 대해 폭로한 내용은 사람들을 더욱 놀라게 만들었다. 그들은 '땅콩 회항' 사건과 관련해 "이번 사건 같은 일은 비일비재하다. 이런 게 뉴스에 나왔다는 게 오히려 의아할 정도"라고 밝혔다.

한 대한항공 전직 여승무원은 "로열패밀리가 타면 늘 비상이 걸려 전날부터 회의를 한다. 좋아하는 음료와 가수 등에 대한 교육도 이루어진다"며 "비행기에 그들이 탄다는 것 자체가 공포다. 말없이 내리면 다행이었다. 교육 받을 때에도 말없이 내리면 그게 칭찬이라고 생각했다"

박창진이 깊은 고뇌 속에 천명한 "나의 자존감을 다시 찾아야겠다. 내가 내 모든 것을 잃더라도 이것은 아니다"는 말은 모든 '을'이 지키고자 하는 것이다.

고 밝혔다. 다른 승무원은 "회장님과 회장님 사모님, 여동생분을 많이 서비스했다. 오너 가족분들께서 사무장님한테 '저렇게 호박같이 생긴 애를 왜 서비스를 시키냐'고 했다더라"며 "사무장이 후배한테 시켜서 '가서 사과드려라'고 말했다. 실수한 것도 아니고 서비스 실수도 아니었다. 그런데 얼굴이 마음에 안 든다는 이유로 무릎을 꿇고 사과했다"고 폭로했다.[212]

이런 인권유린은 진짜 동물농장에서도 일어날 수 없는 일이 아닌가? 어이하여 이런 엽기적인 일들이 가능했던 걸까? 그간 그런 인권유린을 감내해낸 대한항공 임직원들을 탓해야 하는 걸까? 아니면 '회사 안은 전쟁터, 밖은 지옥'이라는 말이 드라마 대사의 수준을 넘어서 한국인 대부분이 믿는 상식이 되었다는 걸 말해주는 걸까? 그렇다면, 이건 대한항공이나 조현아만의 문제가 아니잖은가?

지렁이도 밟으면 꿈틀한다. 조현아가 이 속담의 진위를 확인하고 싶어 저지른 일은 아니었겠지만, 그가 만든 '땅콩 회항' 사건은 '전쟁 같은 삶'을 토대로 번성한 '갑질 공화국'의 종언을 예고하는 징후일 수 있었다. 한국 사회는 조선시대보다 더한 계급사회라는 말이 나올 정도로 이미 갈 데까지 갔다. 헌법 제119조 2항, 즉 경제민주화 조항을 만든 전 청와대 경제수석 김종인은 다음과 같이 경고했다.

"지금 우리 사회는 더이상 양극화 해소를 미룰 수 없는 절박한 상황이다. 양극화가 계속 진행돼 사람들이 정치·경제·사회적 측면에서 극단적인 차등 대우를 받고 있다고 느끼면 '야성적 충동animal spirit'이 꿈틀거리게 된다. 기업 경영자에게만 동물적인 야성적 충동이 있는 게 아니다. 빈곤층에게 야성적 충동이 발동돼 집단행동에 나서면 제어하기 힘들어진다."[213]

그런 야성적 충동을 폭발시키는 뇌관은 다름 아닌 자존감이었다. 박창진이 깊은 고뇌 속에 천명하기로 작정한 최후의 자존감 말이다. 이 최후의 자존감은 계급을 초월해 모든 '을'이 지키고자 하는 것이다. 영산대학교 교수 장은주는 "모욕 없는 사회를 실현하기 위한 '자존감'을 갖춘 시민들의 공화주의적 실천 없이 존엄의 정치는 결코 성공할 수 없다"며 "존엄성은 주어지는 것이 아니라 스스로 참여해서 획득하는 것이다"고 말했다.[214]

어차피 전쟁 같은 삶이라면, 무조건 굴종하는 굴욕적인 전쟁보다는 존엄성을 획득하려는 의로운 전쟁에 뛰어드는 것도 해볼 만한 일이겠지만, 그게 결코 쉬운 일은 아니다. "창진아, 굳세어라!"는 응원 구호를 외치는 사람이 많은 걸 보면,[215] 우리는 박창진을 통해 그게 가능하다는 걸 보고 싶어했던 건 아닐까?

## '사회적 지지의 환상'

그러나 내부고발자가 겪어야 할 고난의 길은 험난하기만 했다. 박창진이 2월 1일 업무에 복귀해 국내선과 일본 노선 등에서 근무하다가 6일부터 2주간 병가를 냈고, 이어 20일부터 오는 4월 10일까지 50일 동안 병가를 낸 건 그가 극도의 고통에 시달리고 있었다는 걸 말해준다. 2014년 12월에 출간된 『내부고발자 그 의로운 도전』은 내부고발자가 겪게 되는 시련은 생각보다 훨씬 더 가혹하다고 말했다.

"처음에는 옳고 그름의 다툼 정도로 시작되나, 차츰 권력과 인간관계의 문제로, 이어서 개인에 대한 참기 어려운 모욕으로, 나중에는 인간의 존재 의미마저 부정당하는 단계로 이어지기도 한다. 다툼은 곧 모든 것을 거는 싸움이 되고, 물러설 수 없는 싸움으로 발전한다. 그리고 이런 게임은 룰이 없는 이전투구의 모습을 보인다. 그런데 상대는 조직과 권력이 있는 다수이고, 내부고발자는 아무것도 가진 것 없는 단기필마이다."[216]

내부고발자에 대한 여론의 환호와 지지가 있지 않느냐고? 그러나 그런 환호와 지지는 그렇게 오래 가지 않으며 기대만큼 큰 힘도 되지 못한다. 이 책은 그런 '사회적 지지의 환상'에 대해 "진정한 용기라고 칭송하다가도 곧 식는다. 대부분 안타까워하거나 자책하는 정도이며, 그마저도 잠깐인 경우가 많다"며 다음과 같이 말했다.

"많은 보통 사람들은 불의나 도덕, 옳고 그름을 돌아보기에는 자신의 일이 너무 많고, 다른 것을 챙길 경황이 없다. 내부고발자의 용기 있는 행동에 대해 사회는 생각처럼 그렇게 고마워하거나 기억해주지 않을지도 모른다. 조직이 잘못했다는 것을 알면서도 자신의 작은 이익 때문에 곧 조직을 두둔하고 나서는 이들도 어렵지 않게 볼 수 있다. 상식이 통한다고 하지만 실상은 그렇지 않고, 어쩌면 세상 사람들은 '바른 말을 하면 다친다'는 생각을 더 믿을지도 모른다."[217]

조현아에게 유죄판결을 내린 재판부도 그 점을 염려했다. "조양호 한진그룹 회장이 박 사무장의 회사 생활에 어려움이 없도록 하겠다고 했지만 '배신자' 꼬리표가 붙을 것으로 보인다." 재판부는 "사회적 지지와 보호는 일시적이며 국민들은 생계 문제로 기억에서 금방 흐려지게 될 것"이라면서 "여론에 의한 사회적 지지가 사라짐에 따라 더 힘든 상황을 겪게 될 가능성을 배제할 수 없다"고 말했다.[218]

실제로 약자를 따돌리는 이른바 '왕따' 현상은 대부분의 기업에 만연해 있었다. 예컨대, 2014년 11월 서울 여의도 국회 의원회관에서 열린 'KT 직장 내 괴롭힘 실태조사 보고회'에서는 직장에서 모욕과 차별 등을 당했다는 피해자들의 증언이 잇따랐다.

KT의 114 교환원이었던 육춘임(59) 씨는 2001년 "정규직 퇴사 뒤 용역업체 직원이 돼라"는 회사의 요구를 거부하고 2013년 12월 퇴사할 때까지 자신이 '어른 왕따'가 되었다고 했다. 회사는 육씨만 다른 공간에서 일하게 하는 식으로 팀원들한테서 분리시켰다. 육씨와 어울리면 안 된다는 것을 눈치로 '체득'한 동료들은 회사에서 그를 보고도 유령 취급하듯 못 본 척했다. "회사가 날 왕따시키니 동료들도 당연히 왕따에 가담을 했죠. 왕따는 일상이었어요." KT가 명예퇴직을 거부한 직원들만 따로 모아놓았다고 알려진 조직에서 일했다는 박진태(57) 씨는 회사가 사실상 '일진'이었다고 비판했다. 그는 "노조지부장을 마치자 회사가 외딴 섬으로 발령을 내 7년 동안 고립돼 있었다. 인터넷 연결도 안 되는 섬에서 중계소 안테나를 고칠 때면 '이대로 벼락이 쳐서 죽었으면 좋겠다'는 생각을 했다"고 말했다.[219]

## '조현아도 시스템의 피해자'라는 상상력

조직이라는 거인의 개가 되어도 문제, 개가 되지 않아도 문제였다. 김종대는 "우리 사회의 어떤 미생들은 인간으로서의 자기 존엄성 때문에 갑질하는 강자 앞에서도 개가 될 수 없다. 그게 강자를 무시하는 것으로 오인되는 순간 더 큰 참극이 발생한다. 나의 비통함을 향유하려는 강자는 이를 거부하는 개인을 절대 용납하지 않는다"며 다음과 같이 말했다.

"그런가 하면 실제로 개가 됨으로써 수직 서열화된 위계 사회에서 용케도 생존을 도모해나가는 더 많은 미생들도 있다. 이들은 강자에게서 어떤 모욕이나 고통을 당하더라도 그걸 참고 인내함으로써 언젠가 자신이 강자가 되면 지금 자신과 같은 약자를 지배할 수 있는 권리를 확보하게 된다고 믿는다.……여기서 특이한 것은 이렇게 적응할 줄 아는 미생들이 적응할 줄 모르는 미생들을 이해할 수 없을 만큼 증오하고 적대시한다는 것이다. '나는 개가 되었는데, 너는 왜 못하느냐'며 약한 개인에게 책임을 묻는 경향을 보인다."[220]

사정이 그와 같다면, 이건 인간의 문제라기보다는 구조와 시스템의 문제임이 분명했다. 구조와 시스템이 상황으로 나타날 때 사람은 상황의 노예가 된다. 사람의 특성이 아니라 상황이 중요하다고 보는 '상황주의situationism' 또는 '악의 상황 이론situational theory of evil'에 전적으로 동의할 순 없다고 하더라도, 조현아의 갑질과 내부고발자에 대한 탄압을 설명하기엔 적합하다.

전·현직 대한항공의 승무원들이 '땅콩 회항' 사건과 관련해 "이런 게 뉴스에 나왔다는 게 오히려 의아할 정도"라고 밝힌 것을 상기할 필요가 있다. 그런 상황이 당연하거나 자연스럽게 여겨질 정도의 시스템이라면, 그런 시스템의 문법에 충실했던 조현아 역시 그 시스템의 피해자일 수 있다는 인식, 아니 상상력이 필요하다.

내부고발자에 대한 탄압 역시 마찬가지다. 시스템 자체가 갑질과 왕따를 요구하는 것이라면, 우리가 해야 할 일은 특정인에 대한 분노와 증오를 넘어서 그런 상황을 일상화하는 시스템을 바꾸는 것이어야 한다. 그 일이 일터에서의 참여를 통해 민주주의 훈련을 하는 이른바 '직장 민주주의workplace democracy'이건 그 무엇이건 말이다. 그런 의미에서 이 사건은 이제부터 시작이라고 할 수 있는 것이었다.

## 제11장

# "민주화가
한류의 성공을 만들었다"

## 중국의 〈별에서 온 그대〉 열풍

2014년 초 SBS 드라마 〈별에서 온 그대〉(박지은 극본, 정태유·오충환 연출) 열풍이 중국을 강타했다. 인터넷 동영상 사이트로만 시청이 가능했지만 드라마를 방영한 동영상 사이트 4곳은 누적 시청수가 25억 건에 이르렀다. 드라마 방영을 결정한 중국 측도 미처 예상을 하지 못한 뜨거운 인기였다. 드라마에 나온 갖가지 소품은 중국에서 불티나게 팔려나갔다. '첫눈이 내리면 치킨과 맥주를 먹겠다'는 여주인공 대사 덕분에 중국 전역은 '치맥'과 '도민준(김수현 분)'에 열광했다.

3월 5일 중국 공산당 권력 서열 6위인 중앙기율검사위원회 서기 왕치산王岐山은 전국인민대표대회(전인대) 베이징시 대표단의 정부 업무보고 토론 과정에 참석해 "한국 드라마가 중국을 왜 점령했는가"라고 일갈했다. 그는 "그들이 담고 있는 것은 바로 전통문화의 승화"라고 결론 삼아 말했다. 중국 언론은 그의 발언을 비중 있게 소개했다. 그의 발언은 한국 드라마를 거울삼아 중국을 문화강국으로 만들겠다는 최고 지도부의 의지가 담긴 행보로 분석되었다.[221]

3월 8일 김수현은 중국 장쑤江蘇 위성TV 예능 〈최강 대뇌: 더 브레인〉 녹화에 장바이즈張柏芝와 함께 출연했는데, 한국에선 그의 출연료가 화제가 되었다. 김수현은 〈최강 대뇌〉 출연료를 포함해 초청 비용으로 600만 위안(약 10억 원)를 받았고, 시간당 100만 위안(약 1억 7,000만 원)이 넘는 출연료를 받은 것으로 알려졌다.[222]

3월 9일 반半관영『중국신원망中國新聞網』은 "한국 드라마의 인기 비결에는 잘생기고 예쁜 주인공도 있지만, 아줌마 작가들의 노력 없이는 불가능한 일이었다"고 전했다. '아줌마'라는 표현은 한국식 발음을 그대로 옮겨 '阿祖媽(중국어 발음 '아쭈마')'라고 썼다. 기혼 여성 작가들의 특징도 소개했다. 이 매체는 〈별에서 온 그대〉의 극본을 쓴 박지은 작가의 말을 인용, "한국 여성들은 지적 수준이 높고 섬세하다. 가사를 하면서 한가한 시간에 글을 쓰기 때문에 실패해도 괜찮다는 자세를 갖고 있다"고 전했다. 또 이러한 주변 환경이 작가들에겐 긴 분량의 대본을 써내려가는 데 도움이 되고, 주변에서 흔히 볼 수 있는 가정사와 애정사도 쉽게 녹여낼 수 있다고 했다.

중국 매체들은 한국에서 인기 드라마 작가의 권위가 주연배우만큼이나 높고 제작진조차 내용에 관여하기 어렵다는 점에 주목했다. 드라마나 영화가 엄격한 검열을 거쳐 제작되는 중국과 달리 한국은 자유로운 창작 활동을 보장하고 있다는 것이다.『중국망中國網』은 "한국 유명 작가들은 최소 1편당 2,000만 원 이상의 원고료를 받고 활동한다"면서 "한

2014년 초 SBS 드라마 〈별에서 온 그대〉 열풍이 중국을 강타했다. 인터넷 동영상 사이트로만 시청이 가능했지만 누적 시청수가 25억 건에 이르러 드라마 방영을 결정한 중국도 깜짝 놀라게 만들었다.

국에선 감독이나 배우가 대사에 손대는 것을 매우 예의 없는 행동으로 여긴다"고 전했다. 한국 드라마가 진작부터 '불치병', '교통사고', '주인공은 절대 죽지 않는다'는 뻔한 코드에서 탈피할 수 있었던 것은 이 때문이라고 강조했다.

그간 국내에선 늘 욕을 먹던 드라마 제작 방식마저 찬양의 대상이 되었다. 영화감독 자오바오강趙寶剛(59)은 "한국 드라마는 대본을 써가면서 촬영해 시청자의 반응을 반영하지만, 중국 드라마는 검열을 받기 위해 사전 제작을 해서 방송사에 판매하는 구조"라며 "이런 식으로는 한국과 같은 드라마를 절대 만들어낼 수 없을 것"이라고 쓴소리를 했다.[223]

『경향신문』 중국 전문기자 홍인표는 "최근 불어닥친 한국 드라마의 인기는 한류의 부흥이라고 볼 수 있다. 하지만 속내를 들여다보면 새로운 형태의 한류가 중국 시청자들을 사로잡았다고 할 수 있다. TV를 통해 진출한 것이 아니라, 인터넷 동영상 사이트를 통해 중국 안방에 들어간 것이 두드러진 특징이다"며 다음과 같이 말했다.

"드라마나 영화가 정식 절차를 통해 진출하려면 까다로운 허가를 받아야 한다. 더욱이 귀신이나 도박, 폭력을 미화하는 내용을 다루면 진출이 사실상 불가능하다. 인터넷으로 진출하면 한국과 거의 동시간대에 드라마를 볼 수 있다는 장점이 있다. 드라마 전개도 기존 한국 드라마의 틀을 깼다. 반짝했던 한국 드라마 인기가 중국에서 시들했던 것도 전개가 너무 늘어진다는 시청자들의 불만 때문이었다. 하지만 〈별그대〉는 드라마가 긴박하게 전개되는데다 판타지(환상) 요소가 가미되면서 시청자들의 관심을 불러오는 데 성공했다."[224]

## 중국 정부의 인터넷 콘텐츠 규제

그러나 한국의 처지에선 〈별에서 온 그대〉의 성공을 마냥 반길 수만은 없었다. 서병기는 "중국은 문화 교류 상대국이 뭔가 된다 싶으면 규제를 강화하는 경향이 있다"고 했는데,[225] 실제로 중국 내 한류는 '쫓고 쫓기는 게임'의 양상을 보였다. 중국 정부의 해외 완성작에 대한 규제를 피하기 위해 방송 포맷의 수출이라는 새로운 대안이 모색된 가운데, 2013년 한 해 〈아빠! 어디가?〉를 비롯해 〈나는 가수다〉, 〈1박 2일〉 등 7편의 포맷이 수출되어 성공을 거두자 중국은 포맷 수입도 규제하기 시작했다. 중국에서 미디어 정책을 총괄하는 국가신문출판광전총국(광전총국)이

각 위성방송국에 포맷 수입을 1년 1회로 제한하는 내용을 법으로 제정해 2014년부터 적용하기 시작했다.[226]

또한 광전총국은 2014년 3월 26일 인터넷으로 방송하는 드라마·영화 등에 대해서도 '선先 심사, 후後 방영' 제도를 실시하기로 했다. 앞으로는 인터넷 방송도 사전 심사 대상에 넣어 한류 확산의 통로를 중국 당국이 관리하겠다는 것이다. 광전총국은 심사를 통과한 인터넷 콘텐츠도 언제든지 방영을 중단시킬 수 있도록 했다. 이 제도는 〈별에서 온 그대〉가 중국 지상파 TV가 아니라 인터넷을 통해 인기를 얻은 데 대한 규제 성격을 지니고 있었다.[227]

4월 3일 중국 베이징에서 40대 가장이 한국 아이돌 그룹 EXO를 광적으로 쫓아다니던 13세 딸과 격렬한 말다툼을 벌이다가 칼로 딸을 살해하는 사건이 발생했다. 이 소녀는 EXO의 베이징 공연을 보기 위해 1,200위안(약 21만 원)이 필요하다고 요구했다. EXO에게 줄 선물까지 사려면 2,700위안(약 47만 원)이 필요했다고 한다. 그러나 소녀의 부모는 농민공(농촌 출신 도시 근로자) 출신으로 특정한 직업이 없어 경제적으로 상당히 어려웠다. 딸이 요구한 돈은 부모의 한 달 소득에 맞먹는 액수였다. 아버지가 야단을 치자 딸은 "내게는 (한류) 스타가 부모보다 중요하다. 스타를 더 사랑한다"고 대들었다. 이어 "돈은 나중에 벌어서 갚으면 될 것 아니냐"고 말했다. 이에 격분한 아버지는 주방의 칼로 딸을 찔렀다는 것이 사건의 전말이다.

중국 언론은 이 사건을 「한류 스타에 미친 13세 소녀가 아버지에게 살해당했다」는 자극적인 제목을 달아 상세히 보도했다. EXO의 중국 팬 중에는 한국까지 쫓아와 스타의 사생활을 일일이 따라다니는 일명 '사생팬'까지 있었다. 이들은 EXO가 다니는 미용실이나 숙소뿐 아니라 멤버의 친척 결혼식까지 난입해 소동을 벌였다. 중국 현지에서 봉변을 당한 한류 스타도 있었다. '빅뱅'의 멤버 승리는 2013년 12월 상하이에서 사생팬들의 추격을 받다가 교통사고까지 당했다. 택시를 타고 승리 일행을 뒤따라가던 팬들이 일부러 스태프의 차량을 뒤에서 받았고, 스태프 차량이 다시 승리가 타고 있던 차량을 받은 것이다.[228]

## 예능 한류, 공동 제작, 드라마 PPL

2014년 봄 '리얼 버라이어티'의 불모지였던 중국 전역에서 한류 예능 프로그램이 큰 인기를 누렸다. 그동안 방송사들이 국내 예능 프로그램을 판매하거나 더 나아가 포맷을 수출하는 형식으로 접근했다면 이젠 중국 현지 방송사의 제작 컨설팅을 맡거나 공동 제작을 하는 등 본격적으로 뛰어드는 방식으로 진화했다.

2014년 5월 SBS는 예능 프로그램 〈일요일이 좋다-런닝맨〉(런닝맨)을 중국판으로 공동 제작해 저장浙江 위성TV에서 방영하기로 했다. 글로벌 콘텐츠 판매를 맡은 SBS PD 김용재는 "기존에는 〈기적의 오디션〉, 〈K팝 스타〉 등과 같이 포맷 위주로 중국에 수출했지만, 〈런닝맨〉의 경우 국내 스태프가 직접 현지에서 제작에 참여할 계획"이라고 말했다. 이어 "중국에서 리얼 버라이어티에 대한 관심이 높지만 야외에서 제작하는 기술력이 부족한지라 공동 제작에 나서게 된 것"이라며 "제작진이 현장에 투입되면 포맷만 수출하던 이전과는 다른 결과물이 나올 것"이라고 설명했다.

예능 프로그램은 2014년부터 국내 제작진이 중국 현지 방송사의 제작 컨설팅을 맡거나 공동 제작을 하는 방식으로 진화했다. 중국에서 〈화양예예〉란 이름으로 재탄생한 tvN의 〈꽃보다 할배〉.

　　CJ E&M의 히트작인 tvN 〈꽃보다 할배〉의 중국판 〈화기예예花样爷爷〉에도 국내 제작진이 중국 현지로 날아가 컨설팅을 했다. CJ E&M은 그간 오디션 프로그램 〈슈퍼디바〉(2012), 연애 리얼리티 프로그램 〈더 로맨틱〉, 〈슈퍼스타K〉(2013) 등 포맷 위주로 중국에 수출해오다가 〈꽃보다 할배〉는 처음으로 제작 컨설팅에 나섰다. CJ E&M 홍보팀 대리 최무송은 "나영석 PD가 직접 중국 현지에 가서 기획이나 연출, 캐릭터 역할에 대한 부문에 대해 전반적으로 제작 노하우를 전수했다"며 "중국 측 제작진이 국내에 방문했을 때도 이우정 작가가 컨설팅에 동참했으며, 현지에는 플라잉 PD가 상주하면서 제작을 지원하고 있다"고 설명했다.

　　방송사들이 포맷 수출에 방점을 찍던 기존과 달리 제작 교류에 나선 이유는 잠재력이 큰 중국 콘텐츠 시장에서 추가 수익을 누릴 수 있다는 판단에서였다. 아이디어만 파는 포맷 수출보다 공동 기획·공동 제작을 할 경우 중국 현지에서 발생한 수익을 공유할 수 있기 때문이었다. 예컨대 중국 측은 〈아빠! 어디가?〉의 성공에 힘입어 영화 제작, 음원 출시로 약 2,000억 원을 벌었지만, MBC는 포맷 판매비만 받았다. 국내 방송사가 공동 제작·개발해 1,000억 원의 수익이 발생할 경우 9대 1로 해도 100억 원의 수익을 거두는 등 수익 창출의 기회가 되는 셈이었다.[229]

〈별에서 온 그대〉가 일으킨 중국 내 한류 후폭풍 이후 중국 기업들이 한류를 마케팅 포인트로 적극 활용하면서 중국 업체들이 한국 드라마에 PPL을 시작했다. 한국 드라마를 즐겨 보는 중국의 젊은 소비자들을 노린 것이었다. 박하선이 중국 타오바오淘宝의 스마트폰 앱을 이용해 식당 예약을 하는 〈쓰리 데이즈〉, 중국 리오Rio 칵테일이 소품으로 나온 〈닥터 이방인〉 등이었다. 〈운명처럼 널 사랑해〉에서는 중국 전자상거래 업체 쥐메이聚美의 배송 상자를 보여주며 3분여 업체를 호평하는 장면이 나오기도 했다. 거꾸로 중국 진출을 노리는 국내 업체들의 PPL도 있었다. 〈괜찮아 사랑이야〉에 주요 배경으로 등장한 커피전문점 C사는 중국 진출을 계획하고 있었다.[230]

그래서 나중엔 이런 일까지 벌어진다. "어제 KBS 〈프로듀사〉 보셨나요? 김수현이 마신 이 맥주 뭘까요? 아무리 찾아봐도 없던데 궁금하네요." 2015년 5~6월에 방영된 KBS-2 드라마 〈프로듀사〉 방영 중 여러 네티즌이 인터넷 게시판에 올렸던 글이다. 해당 맥주는 중국에서 2014년 12월에 출시된 리큐어 맥주로 한국엔 수입이 안 되었으니 찾지 못하는 게 당연한 일이었다.[231]

# "중국 배만 불리는 한류 두고만 볼 건가"

2014년 9월 중국의 한류 붐은 도취감에 취해 안이하게 대응하다가는 자칫 '독이 든 성배'일 수 있다는 지적이 나오기 시작했다. 특히 막강한 자본력을 가진 중국의 인터넷 업체들이 사극 중심인 중국 TV에 만족하지 않는 젊은 층을 위한 '한류 콘텐츠' 싹쓸이에 나선 것에 대한 반응이었다. 텐센트Tencent, 유쿠투더우優酷土豆 등 중국의 인터넷 강자들이 국내 지상파 3사와 연간 계약을 맺은 데 이어 SM·YG 등과도 손을 잡았다.

스타 작가나 PD들의 중국행도 이어졌다. 〈별에서 온 그대〉의 장태유 PD, 〈시크릿 가든〉의 신우철 PD, 〈최고의 사랑〉의 작가 홍자매 등이었다. 이런 중국행에 불을 붙인 건 한국 프로그램의 리메이크 바람이었다. 〈아빠! 어디가?〉 중국판(후난湖南 위성TV)의 히트 이후 봇물을 이룬 한국 예능 리메이크는 제작 자문, 플라잉 PD 파견 등이 필수였다. PD와 작가는 물론이고 여타 제작 스태프, 예능제작사 자체가 중국으로 날아갔다. 리메이크는 〈개그 콘서트〉, 〈런닝맨〉 등 예능, 〈루비반지〉, 〈넝쿨째 굴러온 당신〉 등 드라마까지 광범위하게 이루어지고 있었다.

문제는 외견상 활황으로 보이지만 실속이 없다는 것이었다. 〈아빠! 어디가?〉는 중국에서 TV 외에 영화, 모바일 게임 등으로 만들어지면서 2,000억 원의 수익을 올렸지만 부가 수익은 고스란히 중국 몫이었다. 중국판 〈아빠! 어디가?〉는 심지어 동남아에 팔려나가기도 했다. 드라마 온라인 전송료 역시 〈별에서 온 그대〉 4만 달러(회당)에서 〈내겐 너무 사랑스러운 그녀〉(20만 달러)로 반년 사이 5~6배 치솟았으나 중국 유통사

〈아빠! 어디가?〉는 중국에서 TV 외에 영화, 모바일 게임 등으로 만들어지면서 2,000억 원의 수익을 올렸지만 부가 수익은 고스란히 중국 몫으로 돌아갔다. 〈아빠! 어디가?〉의 중국판 〈파파거나아爸爸去哪兒〉.

가 가져가는 수익에 비하면 미미했다. 한 관계자는 "〈별그대〉가 38억 뷰인데 뷰당 광고료를 10원씩이라고 해도 380억 원이다. 최종 수익은 어마어마할 것"이라고 말했다.

제작 노하우가 이전되는 것을 우려하는 목소리도 높았다. J콘텐트허브 팀장 정일훈은 "노하우를 습득한 후에는 굳이 우리 인력을 쓸 이유가 없다"며 "게임 산업의 전철을 밟지 말아야 한다"고 경고했다. 핵심 제작 역량이 중국으로 넘어가 자체적인 제작 기반을 잃고 하청기지가 될 수 있다는 우려였다. 브로드스톰 대표 이교욱은 "면밀한 대응 없이는 중국 한류가 독이 될 수 있는 상황"이라며 "가급적 공동 제작으로 기획 단

계부터 우리가 이니셔티브를 쥐고 최대한 수익을 챙길 수 있는 방식을 고민해야 한다"고 말했다.[232]

2014년 10월 12일 새정치민주연합 의원 우상호는 미래창조과학부 국정감사 정책 자료집을 통해 한류 콘텐츠가 중국에 헐값으로 수출되는 것에 대한 문제를 제기했다. 중국에서 돌풍을 일으킨 드라마 〈별에서 온 그대〉는 한국 제작사가 얻은 수익은 5억 1,000여만 원에 불과한 반면 이 드라마를 수입한 중국 사이트 아이치이愛奇藝는 수백억 원의 이익을 얻었다는 것이다. 드라마 〈쓰리 데이즈〉도 16부작의 수출 총액이 겨우 8억 5,000만 원이었다. 드라마 한 편 제작비용이 2~3억 원 선인 현실을 감안하면 터무니없이 적은 액수였다. 반면 드라마를 수입한 중국 업체는 광고 등으로 천문학적인 수준의 부가 수입을 올렸다. 우상호는 중국에서 큰 성공을 거두고 있는 〈아빠! 어디가?〉 등 예능 프로그램의 포맷 수출도 문제 삼았다. 낮은 판매 금액에 비해 필요 이상의 정보를 제공하고 있다는 것이다.

『경향신문』은 「중국 배만 불리는 한류 두고만 볼 건가」라는 사설에서 "이런 현상이 지속되면 한국이 중국의 문화산업 하청기지로 전락하는 상황이 벌어질 수도 있다"며 "정부와 콘텐츠 전문가, 업체들이 머리를 맞대고 한류 콘텐츠가 정당한 대가를 얻을 수 있는 안정적인 유통망을 마련해야 한다"고 역설했다.[233]

게다가 아예 제작사를 사들이려는 움직임도 보였다. 초대박 한류 드라마를 만든 A제작사는 중국의 B인터넷 업체에서 3,000억 원 투자 제안을 받은 것으로 알려졌다. 독점 콘텐츠를 공급해달라는 것이었다. 중국의 C사는 무려 1조 원을 들고 여러 제작사를 입질 중인 것으로 알려졌다.[234] 2014년 10월 화처미디어華策影視는 국내 3대 영화배급사인 NEW 의 지분 15%를 인수해 2대 주주가 되었다. 2014년 11월 주나 인터내셔널Juna International이 드라마 〈주몽〉의 제작사였던 초록뱀미디어의 주식 31.4%를 인수하면서 국내 메이저 방송 제작사가 중국에 매각되는 첫 사례가 되었다.[235]

## '후발자의 이익'을 둘러싼 경쟁

그런 일련의 흐름은 오래전부터 예견된 것이었다. 중국 역시 한국이 누렸던 '후발자의 이익last mover advantage'을 누리고자 했던 것이기에 그건 어찌 보자면 당연한 수순이기도 했다. 이와 관련, 중국 베이징대학 교수 린이푸林毅夫는 이렇게 말했다. "산업혁명 이후 선진국들은 기술과 산업의 최전선에 있었고, 이 때문에 고비용·고위험이 수반되는 연구·개발에 뛰어들어야 했다. 이에 비해 개도국들은 후발 주자의 이점을 누렸다. 기술 혁신과 산업 발전을 기존 기술의 모방과 수입, 융합으로 달성할 수 있었고, 이는 선진국보다 훨씬 낮은 연구·개발 비용을 의미한다."[236]

린이푸는 모든 개도국은 성장할 수 있는 잠재력을 모두 갖고 있지만, 무엇보다도 후발자가 갖고 있는 이점을 활용할 줄 알아야 한다고 역설했다. "후발 주자의 이점을 활용할 수 있으려면, '실용적'이어야 한다. 어떤 산업을 개발할지 결정해야 한다. 현대화 과정에서 몇몇 개도국이 너무 야심찼다. 선진국처럼 대규모의 첨단 산업을 성급하게 추진·육성하려 했다. 어떤 산업을 개발하는 것이 유리한가를 고민해야 한다. 즉, 자국의 비교우위와 특성이 무엇인지 정확히 파악해야 한다."[237]

발전 단계를 생략함으로써 얻는 이익도 컸다. 예컨대, 다른 국가들이 '현금→신용카드→모바일 결제'의 단계로 넘어간 데 반해, 중국은 현금에서 바로 모바일 결제 단계로 넘어가며 최첨단의 핀테크Fin Tech 환경을 구축했다. 알리바바그룹 계열사인 앤트파이낸셜이 세계 최대의 핀테크 업체로 성장했고, 10억 명이 사용하는 텐센트의 모바일 플랫폼 위챗 Wechat에 적용된 위챗페이Wechat Pay는 중국인의 삶을 바꾸는 촉매제가 될 수 있었던 것도 바로 그런 이점 덕분이었다.[238]

중국 문화산업의 급성장엔 이런 후발자의 이익이 크게 작용했다. 후발자의 이익을 얻기 위한 노력은 다방면에서 전개되었다. 2001년부터 2012년까지 중국의 주요 학술지에 한국 드라마 관련 논문 120편이 발표되었는데, 연구 주제에서 한국 드라마의 '인기 원인'을 분석하는 연구 (19.2%)가 가장 많았다. 그다음으로 '문화산업 전략·정책'이 가장 많은 비중을 차지했다.

'인기 원인'에서도 한국 문화산업의 우수성을 이유로 제시하는 연구가 있기 때문에 실질적으로 중국 학계는 자국의 문화산업 발전을 위해서 한국 문화산업을 분석하는 연구 경향을 보였다. 여러 논문이 한국 정부의 적극적인 지원이 한류를 가능케 했다는 주장을 폈는데,[239] 이는 한국 정부의 과장 홍보도 한몫을 했겠지만, 중국 문화산업 발전을 꾀하겠다는 '행정적 연구'적 마인드가 작용했기 때문이었을 것이다.

『런민일보人民日報』를 비롯한 언론도 중국의 문화 수출을 위해 한류韓流와 한풍漢風을 서로 비교·분석하면서 한류 콘텐츠의 내적 구성과 제작 기법에 주목하는 기사를 많이 게재했다.[240] 이를 심층 분석한 정수영·유세경의 논문에 따르면, "『인민일보』의 대중문화 한류에 대한 인식과 태도의 기저에서 한류를 성공한 '한국의 대중문화, 정책, 기업 전략, 수출품'으로 바라보고 중국 대중문화 산업의 나아가야 할 방향이자 롤 모델로 규정하고 있음을 읽을 수 있다".[241] 또 합작 드라마나 한국인 제작자 기용 등을 통해 후발자의 이익을 얻으려는 시도도 왕성하게 이루어졌다.[242] 훗날(2015년 8월) 중국 재벌 완다그룹이 할리우드 제작사 와인스타인에 3,000만 달러를 투자했을 때 가장 원했던 것도 촬영과 편집, 마케팅 등 영화제작의 모든 과정에서 미국의 기술과 노하우를 배우려는 것이었다.[243]

## 이영애, "민주화가 한류의 성공을 만들었다"

후발자의 이익을 누렸던 한국이 중국이 추구하는 후발자의 이익에 되치기를 당할 것인지는 두고 볼 일이었지만, 아직 2014년은 그런 비관을 하기엔 이른 시점이었다. 게다가 한국은 중국엔 없는 비교우위가 있었으니, 그건 바로 민주화였다. 2014년 10월 24일 〈대장금〉의 스타 이영애는 홍콩 『밍바오明報』와의 인터뷰에서 "민주화가 한류의 성세盛世을 만들었다. 한국은 1998년부터 민주화가 시작돼 금기를 타파하고, 창조력을 발휘할 수 있어 한류가 발전할 수 있었다"고 말했다.

대만 국립정치대학 한국어학과 교수이자 대만 지한문화협회 대표인 주리시朱立熙는 『미디어오늘』에 기고한 글에서 이영애의 이 발언을 소개하면서 이것이야말로 7개월 전 왕치산이 던진 "한국 드라마가 중국을 왜 점령했는가"라는 질문에 대한 답이라고 평가했다. 그는 "그러나 그녀는 이러한 점을 간략하게만 언급했다. 왜 현재 홍콩 사람이 한국 드라마를 보게 되었는지, 왜 현재 한국에서 유행하던 홍콩 영화가 몰락하게 되었는지에 대해서는 언급하지 않았다. 그러나 이에 대한 답변은 매우 간단하다. 홍콩이 1997년 중국에 반환된 이후, 언론의 자유와 표현의 자유가 움츠러들면서 점차 몰락하게 된 것이다"며 다음과 같이 말했다.

"틀림없이 민주화는 한류를 만들었다. 이영애는 유일하게 홍콩에서 진실하게 자신의 소신을 밝힌 한국의 연예인이다. 그녀의 지혜와 도덕적 용기가 왕치산 등의 중난하이中南海의 한국 드라마 팬 고위 간부들을 부끄럽게 했다고 믿는다. 그들은 자유롭게 창작하고, 말할 수 없는 상황 아래서 우수한 영화와 텔레비전 문화를 발전시킬 수 없다는 것을 모르는 것일까? 어쩌면, 그들은 자유민주주의 체제가 없는 사회에서 생활했기 때문에 이러한 사실을 알 수 없는 것일 수도 있다."[244]

전 KBS 이사 조준상은 "비슷한 생각을 별로 기대하지 않은 이로부터 듣게 될 때 묘한 즐거움이 분명히 있다. 어제 그런 경험이 찾아왔다"며 주리시의 기고문을 언급했다. 그는 이영애의 "이런 깨어 있는 인터뷰 내용이 국내 언론에 보도된 적이 있는지를 '네이질'(네이버 검색)을 하면서 열심히 뒤져봤지만 못 찾았다"고 했다. 매우 신선한 발언이었는데, 국내 언론이 왜 그랬는지 이상한 일이다.

조준상은 "이영애발 뒤늦은 소식을 읽고 내친 기분에, 지난 3월 BBC가 방송한 라디오 다큐멘터리 〈한국, 조용한 문화강국〉을 다시 들어봤다"고 했다. 그는 다큐 진행자가 "날의 거침the roughness at the edges이야말로 자신의 문화에 진정으로 글로벌한 존재감을 주기 위한 한국의 최선의 희망일지 모르겠다"고 말한 것에 주목하면서 "거시적으론 민주주의와 자유주의 세례, 사회적 압력과 이로부터 벗어나려는 몸부림과 그

중국의 문화산업은 후발자의 이익을 활용해 한류를 추월할 수 있을까? 그러나 자유롭게 창작하고, 말할 수 없는 상황 아래서 우수한 영화와 TV 문화는 나올 수 없다. 2014년 9월 홍콩에서 행정장관 선거의 완전 직선제를 요구하며 발생한 우산 혁명.

속에서 느끼는 카타르시스, 그리고 미시적으로는 거칠고 도발적인 날것의 생생함"에 의미를 부여했다.[245]

한국국제교류재단의 자료집 「2014 지구촌 한류 현황」에 따르면, 2014년 현재 전 세계 79개 국가에 약 1,248개의 온라인 한류 동호회가 결성되어 전체 회원수가 2,182만여 명에 달하는 것으로 조사되었다. 이는 전년의 약 900만 명보다 2배 이상 늘어난 수치였다. 지역별로는 아시아·대양주大洋洲의 회원수가 가장 많은 것으로 나타났다. 중국을 포함해 이 지역 한류 동호회 회원수는 2014년 현재 1,760만 명에 달해 전년의 약 680만 명보다 약 1.6배 늘어났다.[246]

코트라·한국문화산업교류재단이 발간한 「2014년 한류의 경제적 효과에 관한 연구」 보고서에 따르면, 생산 유발 효과는 2011년 11조 1,224억 원, 2012년 11조 3,535억 원, 2013년 12조 375억 원으로 늘었다. 분야별로는 게임(2조 2,476억 원)·관광(2조 1,068억 원)·식음료(1조 8,188억 원) 순이었다. 화장품(8,824억 원)은 전년 대비 56.6% 늘었다. 10만 2,226명의 일자리도 만들었다. 29개국 한류 소비자 7,216명을 설문조사한 결과 베트남·말레이시아·미얀마는 한류가 대중화한 나라로, 이란·인도·일본은 한류가 쇠퇴하는 나라로 분류되었다.[247]

# '1인 방송' 시대의 개막

2014년 국내에서 나타난 주요 미디어 현상 가운데 하나는 '1인 방송'의 급증이었다. '공방(공부 방송)', '먹방(음식 먹는 걸 보여주는 방송)', '음방(음악 방송)', '겜방(게임 방송)' 등이 그런 경우였다. 1인 방송을 하는 사람들은 크리에이터creator, V로거Vlogger, 유튜버 등으로 불렸다. V로거는 비디오 블로거video blogger의 준말로 1인 방송을 하는 사람들을 일컫는 말이고, 유튜브에 직접 제작한 다양한 장르의 영상을 게시·공유하는 사람을 지칭해 유튜버라 했다.[248]

1인 방송의 성공 사례가 늘어나면서 1인 제작자·1인 채널의 방송 활동을 지원하는 MCNMulti Channel Network 비즈니스도 확대되었다. 세계적인 동영상 플랫폼 유튜브는 물론이고 한국의 인터넷방송 아프리카 TV 등이 파워 크리에이터 발굴과 지원에 나섰다. CJ E&M은 게임·뷰티·엔터테인먼트에 이르는 국내외 크리에이터를 발굴·육성하기 시작했는데, 2014년 12월 현재 CJ E&M의 크리에이터 그룹은 사업 1년 만에 총 144팀의 콘텐츠 제작자를 확보, 총 1,200만 명이 개인 채널들의 영상을 유튜브를 통해 구독하고 있었다. 소셜 라이브 미디어 아프리카 TV에는 매일 10만 개 개인 채널이 열리며 최고 77만 명이 동시 접속하고 있었다.[249]

파워 크리에이터의 활동 범위가 넓어지고 영향력이 커지자 2014년 12월 한국 정부는 콘텐츠 크리에이터 육성에 정책적 지원을 하겠다고 나섰다. 파워 크리에이터가 창조적인 상상력으로 일자리와 소득을 만들어내는 것을 핵심으로 하는 박근혜 정부의 '창조경제' 콘셉트와 맞아떨어진다고 보았기 때문이다. 정부는 파워 크리에이터들의 아이디어를 발굴해 세계적 콘텐츠를 만들어낸다는 계획을 세우고 '글로벌 파워 크리에이터' 선발 프로젝트까지 진행하기 시작했다.[250]

1인 미디어에 대한 부정적인 시각도 있었다. 벤처스퀘어 대표 명승은은 "MCN을 통해 유통되는 영상 콘텐츠들은 대개 사적이고 엽기적이며 보편적이지 않은 화제성에만 집중하게 될 가능성이 높다"며 "정치적이거나 역사와 사회에 대한 통찰을 담은 이슈, 또는 사회적 약자에 대한 주의 환기를 위한 공익적 콘텐츠는 갈수록 더 외면받기 십상이다. 보고 싶은 것만 볼 수 있는 시대가 되었기 때문에 고민해야 할 것이 더 많아졌다"고 말했다.[251]

"문화적 상상력이 밥이다"는 말은 대중문화계에서 거스를 수 없는 철칙이었지만, 그 상상력은 자주 타락의 길로 빠지기도 한다는 게 문제였다. 10년 전 한국을 방문했던 인도 출신의 탈식민주의 이론가인 가야트리 스피박Gayatri Spivak은 "사이버공간의 가장 심각한 문제는 자신을 즐기기 위해 끝없이 남을 파괴한다는 데 있다. 자신이 즐기기 위해서라면 바이러스까지 만들어내지 않는가? 훈련되지 않은 상상력이 다른 사람을 파괴하는 데 사용되고 있다. 결국은 남의 입장에 설 줄 아는 상상력은 훈련시켜야 하는 것이다"고 주장했다.[252] 상상력의 훈련은 꼭 필요한 일이었지만, 문제는 사이버공간의 적나라한 즉각적 만족이나 호기심 충족의 시장 논리에서 그런 기회를 갖기는 어렵다는 데에 있었다.

# 외로움을 치유하는 '먹방 신드롬'

2014년 1월 14일 미국의 블룸버그TV는 한국의 '먹방'을 소개하며 「어떻게 먹기만 해서 4만 달러를 한 달에 벌 수 있는가」라는 제목으로 보도했다. 이 방송은 먼저 먹음직스러운 음식으로 사람들의 관심을 끄는 것을 '푸드 포르노Food Porno'라고 한다면서 한국의 푸드 포르노는 먹방이라고 운을 뗐다. 이어 "한국에서는 먹으면서 방송하는 먹방이 인기를 끌면서 이를 통해 많은 돈을 버는 사람들이 생겨나고 있다"면서 "수만 명의 한국 시청자들이 매일 밤 먹방을 시청한다"고 전했다.[253]

『경향신문』 인터렉티브팀장 최민영은 2014년 3월 21일자 칼럼에서 '먹방'이 뜨는 이유 중의 하나로 '외로움'을 지목했다. "1인 가구가 늘어나고, 가족끼리도 한 식탁에 둘러앉기 쉽지 않은 게 한국 사회의 현실이다. 혼자 먹는 식사는 아무리 별미여도 그 맛이 별로이다. 그 빈 공간을 먹방이 채운 건 아닐까. 이웃 나라 일본에서는 혼자 밥 먹는 이를 위해 타인의 식사 장면을 담은 영상물도 시장에 나왔다고 한다. '고독한 미식가'라는 혼자 맛깔나게 밥 먹는 사내를 그린 TV 미니시리즈도 적잖은 인기를 모았다."[254]

먹방에 이어 쿡방(cook+방송)도 등장했다. 쿡방이란 음식을 요리하는 모습을 소재로 한 방송 오락 프로그램을 이르는 말이다. 2014년 한 해에만 쿡방은 10여 개를 훌쩍 넘어서며 큰 인기를 끌었다. 사회 불안, 가족 해체 등 사회·심리적 요인이 쿡방 신드롬을 불러오고 있다는 견해도 제시되었다. 나누리병원 정신건강연구소장 김혜남은 "우리 사회가 불안해지면서 '구강기'로 퇴행해 요리 관련 프로그램이 인기를 끌고 있는 것 같다"며 "남을 이겨야 생존할 수 있는 경쟁사회에 살고 있는 현대인들이 어머니가 해주는 밥을 먹고 보살핌을 받고 싶은 소망이 반영된 것 같다"고 했다.[255]

2015년 4월 1일 독일 시장조사업체 GfK가 22개국의 15세 이상 남녀 2만 7,000명을 대상으로 국가별 요리 투입 시간을 비교·분석한 결과에 따르면, '먹방', '쿡방' 등의 신조어가 생길 정도로 요리 관련 예능 프로그램이 인기를 끌고 있지만 정작 한국인이 직접 요리하는 시간은 세계에서 가장 짧았으며, 요리에 관한 지식·열정도 최하위 수준으로 조사되었다. 한국인이 일주일에 요리하는 시간은 3.7시간에 불과했다. 반면 인도와 우크라이나 국민은 일주일 평균 요리 시간이 각각 13.2시간, 13.1시간으로 길었다.

GfK는 국가별로 요리 시간이 차이 나는 것은 길거리 음식 등 외식산업의 발달 정도, 가공식품 보급도, 음식물을 판매하는 대형 슈퍼마켓 분포 등의 영향 때문이라고 분석했다. 특히 맞벌이와 1인 가구 증가에 따른 간편가정식HMR의 발달이 한국인의 요리 시간 단축에 기여한 것으로 관측되었다. 데우기만 하면 되는 즉석식품인 HMR의 국내 시장 규모는 2010년 8,000억 원에서 해마다 20% 이상 성장해 2014년 1조 7,000억 원으로 커졌다. 신속한 음식 배달 문화도 한 요인으로 지목되었다.[256]

# 반려동물 키우는
# 인구 1,000만 시대

2013년 1월 1일부터 인구 10만 명 이상의 도시에서 개를 기르는 사람은 시·군·구청에 등록해야 하는 '반려동물 등록제'가 시행되었다. 등록 대상은 생후 3개월 이상의 개로 지방자치단체가 지정한 동물병원에서 장치를 부착할 수 있다. 잃어버린 개를 쉽게 찾고, 일부 주인들의 유기를 줄이려는 목적으로 2008년 처음 도입되어 전국으로 확대되었다.[257]

농림수산검역검사본부는 2014년 기준 반려동물을 키우는 국내 가구를 전체의 20%로 보았다. 그중 개를 키우는 가구를 16.0%, 고양이를 키우는 가구는 3.4%로 추산했다.[258] 농림축산식품부에 따르면 반려동물 보유 가구 비율은 2015년 21.8%로 2012년(17.9%)보다 3.9%포인트 높아졌다. 이에 따른 반려동물 사육 인구는 457만 가구, 약 1,000만 명으로 추정되었다.[259]

이런 증가 추세는 인구구조의 고령화, 1~2인 가구의 증가, 애완동물을 하나의 가족 구성원으로 받아들이는 인식의 변화 등으로 애완동물을 키우는 인구가 증가한 탓이었다. 반려동물을 뜻하는 펫Pet과 가족을 의미하는 패밀리Family가 합쳐진 펫팸족Petfam族이라는 말도 등장했다.[260] 펫팸족의 등장으로 이른바 펫 비즈니스도 호황을 누린 가운데 새로운 직업도 출현했다.

한국직업능력개발원에는 2014년 한 해에만 반려동물행동교정사, 반려동물행동상담사, 반려동물관리상담사, 반려동물장례지도사 등 총 4건의 반려동물 관련 민간 자격이 신규 등록되었다. 반려동물 관련 자격증 등록도 눈에 띄게 증가했다. 한국애견연맹과 한국애견협회가 각각 애견 미용사심사위원과 애견종합관리사 자격증을 신규 등록했고, 한국프로 애견미용협회와 한국그루머협회도 애견 미용 관련 자격증을 신규 등록했다.[261]

농협경제연구소에 따르면 2013년도 우리나라 반려동물 연관 산업 시장규모는 1조 1,400억 원이었다. 2022년 기준 8조 원 규모를 기록하는데, 이는 글로벌 시장 대비 추정치 1.6% 수준이다. 이를 오는 2027년까지 15조 원 규모로 확대하고 산업을 더 활성화한다는 것이 정부의 목표다. 현재 반려동물 산업은 내수시장을 중심으로 성장하고 있지만 반려동물에 적합한 분류·표시·평가 제도와 인프라 등 정책적 지원이 전반적으로 부족한 것으로 분석되었다.[262]

## 2015 『연합뉴스』 10대 국내 뉴스 ▼

1 온 사회를 공포로 몰아넣은 메르스 사태

2 김영삼 전 대통령 서거

3 리퍼트 주한 미국 대사 피습

4 역사교과서 국정화

5 '성완종 리스트' 파문

6 북 지뢰 도발에도 8·25 합의로 남북 이산상봉·당국 회담

7 안철수 탈당…총선 4개월 앞두고 제1야당 분열

8 간통죄 62년 만에 폐지

9 박 대통령 중中 열병식 참관…한일 첫 정상회담

10 갈등 키운 식물국회…노사정 대타협도 빛바래


## 2015 『연합뉴스』 10대 국제 뉴스 ▼

1 IS의 파리 테러…전 세계 '테러와의 전쟁' 돌입

2 미·중 패권 경쟁 격화…중국 군사·경제 굴기

3 난민·그리스 사태로 유럽 분열 위기…통합 시험대

4 미얀마 총선 수치 야당 압승…53년 만의 민주화

5 이란 핵협상 13년 만에 역사적 타결

6 폴크스바겐 배기가스 조작 파문 일파만파

7 세계 '최대 FTA' TPP 타결…글로벌 무역전쟁

8 동유럽·남미서 좌파정권 붕괴 '도미노'

9 미국 대선전 트럼프 돌풍…대선 조기 가열

10 뉴호라이즌스호 명왕성 최근접…인류 우주탐사 새 역사

# 스스로 차버린
# 국정 쇄신의 기회

**"권력 서열 1위 최순실, 2위 정윤회, 3위 박근혜"**

2015년 1월 5일 서울중앙지검 형사1부(부장 정수봉)와 특수2부(부장 임관혁)는 정윤회의 국정 개입 의혹 문건 사태와 관련해 중간 수사 결과를 발표하면서 현 정부 비선 실세 국정 개입 의혹을 담은 '정윤회 문건' 내용과 '박지만 미행설'은 모두 허위라고 발표했다. 검찰은 청와대 문서를 유출한 4명을 사법 처리하는 선에서 수사를 일단락했다.

이날 검찰은 전 청와대 공직기강비서관 조응천을 공무상 비밀누설과 대통령기록물관리법 위반 혐의로 불구속기소했다. 박관천 경정이 2014년 2월 청와대 파견 해제 후 서울경찰청 정보분실에 보관했던 짐에서 청와대 문서 14건을 빼내 무단복사하고, 이를 최경락 경위에게 넘겨준 한일 경위도 공무상 비밀누설 등 혐의로 불구속기소되었다. 이에 앞서 문건 작성자인 박관천은 1월 3일 구속기소했다. 이 때문에 사태 초기 "문건 내용은 지라시 수준, 문건 유출은 국기 문란"이라고 했던 박근혜 대통령의 '수사 가이드라인'에서 벗어나지 않았다는 지적을 받았다.

새정치민주연합은 "청와대 맞춤형 결론을 내렸다"고 비판했다. 수석대변인 유기홍은 "비선 실세의 국정농단의 진실을 밝히라고 했더니 정씨는 지워버리고 문건 작성자들의 자작극이라는 수사 결과를 발표했다"며 "사건의 동기와 결과는 못 밝히고 과정만 처벌하겠다고 나선 꼴"이라고 비판했다.[1]

박관천은 수사 초기 조사를 받는 과정에서 박근혜 정부의 권력 지형과 관련해 "(정윤회 씨의 전 부인이자 고 최태민 목사의 딸) 최순실 씨가 1위, 정씨가 2위이며 박근혜 대통령은 3위에 불과하다"고 말했다. 이는 『동아일보』가 2015년 1월 7일자에 「박관천의 황당한 '권력 서열' 강의」라는 제목으로 보도하면서 공개되었다. 이에 대해 전 『월간조선』 기자 우종창은 『어둠과 위선의 기록: 박근혜 탄핵백서』(2021)에서 다음과 같이 말했다.

"2단짜리로 짤막하게 보도된 이 기사는 보도 동시에는 주목을 받지 못했으나, 최서원(최순실) 사건이 발생하자 많은 언론들이 박관천 주장을 마치 사실인 것처럼 인용, 보도했다. 이 바람에 최서원이 권력 서열 1위라는 허무맹랑한 이야기가 우리 사회에 퍼지게 된 것이다. 그러면, 박관천의 주장은 어디까지가 사실일까.……박관천은 어느 인터뷰에서도 최서원이 권력 서열 1위라는 근거는 제시하지 않고, '여러 사람이 다친다'는 말로 얼버무렸다."[2]

반면 전 『조선일보』 기자 이진동은 『이렇게 시작되었다: 박근혜-최순실, 스캔들에서 게이트까지』(2018)에서 박관천에 대해 긍정적인 평가를 내렸다. "누구나 그렇듯 박관천에 대한 평가는 엇갈렸다. 일부 기자들은 과장이 많다고 비판을 한다. 그렇지만 나는 박관천을 신뢰했다. 박관천의 말이 사실에서 빗나가는 경우도 있었지만, 이건 정보 업무의 특성 때문이다.……박관천은 '숨은 영웅'이었다. 불이익을 받을 수 있는 여건에서도 충분하고도 솔직한 제보와 정보 공유를 해줬다."[3]

미리 말하자면, 박관천은 2016년 4월 2심 재판에서 집행유예를 받고 풀려날 때까지 1년 4개월간 옥살이를 해야 했다(대법원은 2021년 1월 14일 징역 8월에 집행유예 2년을 선고한 원심을 확정했다). 설사 권력 서열론이 황당한 주장이었다고 하더라도 이 발언이 시사하는 국정 운영의 문제에 주목해 국정 쇄신의 기회로 삼았더라면 훗날 대통령이 탄핵을 당하는 비극은 일어나지 않았을 것이라는 점에서 안타까운 일이었다.

박관천 구속 등으로 비난 여론이 높아지자 서울중앙지검은 고소인인 정윤회의 주거를 압수수색하자는 '아이디어'를 냈지만, 대검 지휘부는 "고소인 압수수색은 전례가 없다"며 '불가' 결정을 내렸다. 『한겨레』 법조 기자 강희철에 따르면, 2년 뒤 '최순실 게이트'가 터지자 일부 검사는 "그때 (최순실 씨와 같은 집에 살고 있던) 정씨 주거만 압수수색했어도……"라며 안타까워했지만, 만시지탄晩時之歎이었을 뿐이다.[4]

1월 9일 청와대 민정수석비서관 김영한이 비선 실세 국정 개입 의혹 규명을 위해 열린 국회 운영위원회 출석을 거부하며 사퇴했다. 여야가 김영한의 운영위 출석에 합의하고 청와대 비서실장 김기춘이 국회 출석을 지시했는데도 김영한이 이를 거부하며 초유의 '항명 사퇴'를 한 것이다. 김영한은 이날 오후 여야가 자신의 운영위 출석에 합의한 사실이 공개된 직후 김기춘에게 '국회에 나가느니 차라리 사표를 내겠다'는 뜻 청와대 민정수석비서관 김영한이 남긴 '비망록'에는 비서실장 김기춘의 지시사항 등 청와대 수석비서관회의의 내용으로 빼곡했다. 이는 '박근혜 게이트'를 파헤치는 데에 큰 기여를 했다.

을 전했다.[5] (2016년 8월 21일 급성 간암으로 사망한 김영한이 2014년 6월 14일 부터 2015년 1월 9일까지 김기춘의 지시사항 등 청와대 수석비서관회의를 적어놓은 '김영한 비망록'은 나중에 '박근혜 게이트'를 파헤치는 데에 큰 기여를 한다. 언론에 비망록을 넘겨준 김영한 전 수석의 모친은 "청와대에 들어간 뒤 거의 매일 괴로워했다. 우리 영한이가 민정수석인데 김기춘 전 실장이 업무를 주도하고 [당시] 우병우 전 민정비서관과 직접 상의를 해서 자존심을 많이 상해했던 거 같다"고 말했다. 또 모친은 "급하게 술을 마셨다. 급성 간암이 왔다"며 "김기춘한테 전해달라. 우리 영한이를 이렇게 만든 건 김기춘, 우병우다. 대통령도 거기 있다"고 말했다.)[6]

### "대면 보고가 필요하다고 생각하세요?"

1월 12일 박근혜는 청와대 춘추관에서 한 신년 기자회견 연설에서 "나라를 위해 헌신과 봉사를 해야 할 위치에 있는 공직자들이 개인의 영달을 위해 기강을 무너뜨린 일은 어떤 말로도 용서할 수 없는, 있을 수 없는 일이라 생각한다"며 "이번 문건 파동으로 국민 여러분께 허탈함을 드린 데 대해 마음이 무겁고 송구스럽다"고 사과했다. 박근혜는 또 "그동안 사실의 진위 여부를 파악조차 하지 않은 허위 문건들이 유출돼 많은 혼란을 가중시켜왔다"며 "진실이 아닌 것으로 사회를 어지럽히는 일은 자라나는 세대를 위해서나 올바른 사회를 만들기 위해서나 결코 되풀이돼서는 안 될 것이다. 앞으로 공직 기강을 바로잡아 나가겠다"고 말했다.[7]

하지만 이날 박근혜는 비서실장 김기춘과 '정윤회 문건 파문 의혹'에 연루된 청와대 비서관 3인방의 교체론을 일축해 인적 쇄신을 할 뜻이 없음을 분명하게 밝혔다. 박근혜는 김기춘의 교체 가능성을 묻는 질문에 대해 "우리 비서실장께서는 드물게 사심이 없는 분이고, 가정에서도 어려운 일이 있기 때문에 자리에 연연할 이유가 없음에도 옆에서 도와주셨다. 이미 여러 차례 사의 표명도 했다"며 "그러나 여러 가지로 당면한 현안들이 있어서 그 문제를 먼저 수습해야 하지 않느냐"고 답변했다.

박근혜는 또 이재만 총무비서관과 정호성 제1부속비서관, 안봉근 제2부속비서관에 대해서도 "교체할 이유가 없다고 생각한다"고 잘라 말했다. 그는 "세 비서관이 묵묵히 고생하며 자기 맡은 일 열심히 하고 그런 비리가 없을 것이라고 믿었지만 이번에 대대적으로 뒤지는 바람에 '진짜 없구나' 하는 걸 나도 확인했다"며 "세 비서관이 의혹을 받았다는 이유로 내치거나 그만두게 한다면 누가 제 옆에서 일을 할 수 있겠느냐"고 말했다.

박근혜는 정윤회와 관련해서도 "정윤회 씨는 벌써 수 년 전에 저를 돕던 일을 그만두고 제 곁을 떠났기 때문에 국정 근처에도 가까이 온 적 없다. 실세는커녕 국정과 전혀 관계가 없다"고 말했으며, 정씨 부부의 문화체육관광부 인사 개입 의혹에 대해서도 "터무니없이 조작된 얘기"라고 말했다. 박근혜는 '정윤회 문건' 등 각종 의혹과 관련해 '조작', '허위', '터무니없는 일', '둔갑' 등의 표현을 동원해 적극 반박했다.[8]

이날 기자회견에서 한 기자가 "대통령께서는 소통이 잘된다고 여기고, 국민들은 그렇지 않다고 생각하는 인식의 괴리가 문제의 출발인 것 같다"고 묻자 박근혜는 "지난 2년 동안 민생 현장, 정책 현장에 가서 터놓고 이야기도 듣고, 청와대로 각계각층 초청해 활발하게 했다. 여야 지도자 모셔서 대화 기회를 많이 가지려 했는데 오히려 제가 여러 차례 딱

지를 맞았다"고 답했다. 자신은 노력하고 있는데 다른 사람들이 문제라는 식이었다.[9]

박근혜는 장관들의 대면 보고에 소홀한 것 아니냐는 질문에는 "과거엔 전화도, e메일도 없었지만 지금은 여러 가지가 있어서 대면보다 전화 한 통으로 빨리빨리 하는 게 편리할 때가 있다"고 답했다. 이어 "대면보고가 그렇게 중요하다고 생각하시면 대면 보고를 더 늘려나가는 방향으로 의논했으면 좋겠다"면서도 회견장에 배석한 장관들을 보며 "그게 필요하다고 생각하세요?"라고 물었다.[10]

### "콘크리트 벽을 보고 얘기하는 기분이 든다"

『동아일보』 논설위원 박성원은 1월 16일자 칼럼에서 "박근혜 대통령이 신년회견에서 배석 장관들을 향해 '그게(대면 보고가) 필요하다고 생각하세요?'라고 물었을 때, 여기저기서 가슴 철렁하는 소리가 들리는 듯했다. 웃음을 띠기는 했지만 '대체 어떤 얘기들을 하고 다녔기에 대면보고 부족 얘기가 나오는 거냐'는 레이저 광선이 느껴졌기 때문이다"며 다음과 같이 말했다.

"박 대통령이 '각 부처 고위공무원 인사는 해당 부처 장관이 전부 실질적 권한을 행사한다'고 했을 때는 각 부처의 출입기자들이 곳곳에서 한숨을 쉬었다. 대통령의 말이 사실이라면 부처 국·과장급 인사까지도 청와대 결재를 받기 위해 몇 달 동안 기다려야 한다던 부처 관계자들이 거짓말을 했거나, 대통령도 모르는 새 청와대 문고리 권력들이 장관들의 인사권을 가로채 주물러왔다는 얘기가 된다."[11]

사실 박근혜가 기자회견장에서 장관의 대면 보고가 너무 적다는 지적에 "그게 필요하다고 생각하세요?"라고 농담하듯 장관들에게 되물은 건 결코 농담이 아니었다. 오죽하면 "콘크리트 벽을 보고 얘기하는 기분이 든다"거나 "성은이 망극하옵니다. 저희 백성들은 견마지로犬馬之勞를 다하겠습니다"는 자조 섞인 반응이 나왔을까?[12]

이와 관련, 고려대학교 명예교수 최장집은 『양손잡이 민주주의: 한 손에는 촛불, 다른 손에는 정치를 들다』(2017)에서 "말하자면 박근혜 정부에서는 국무회의에서 정책 사안들을 심의하는 것은 고사하고, 정부 부서의 장관들, 청와대의 수석비서관들조차 대통령과 직접 만나기 어렵다는 것이다"며 다음과 같이 말한다.

"그들은 단지 '벨을 누르면 충성 경쟁'으로 달려가는 부하 직원에 불과한 존재로 여겨졌다. 공직 윤리도, 개인으로서의 자존감도 없으면서 머리는 좋은 엘리트에 불과한 것이다. 상황을 그렇게 만든 것은, 민주주의에서 대통령의 권력이란 무엇이고 어떻게 해야 하는가에 대한 무지와 오해에서 비롯된 것이라고 본다."[13]

박근혜는 평소 차분한 듯 보였지만 자신의 절대권력에 눈곱만큼이라도 이의를 제기하면 불같이 화를 냈다. 그러니 공직자들이 겁을 먹지 않을 수 없었다. 1월 12일 기자회견에서 쏟아진 박근혜의 막말들은 사실상 공직자들에 대한 협박이기도 했다.

박근혜는 이날 "말려든 것 아니냐", "바보 같은 짓", "정신을 차리고 살아야 된다", "제가 딱지를 맞았다", "말도 안 되는…" 등 대통령이 공식적인 자리에서 쓰기엔 부적절한 거친 어투를 그대로 썼다. 정윤회 국정 개입 의혹, 김기춘 청와대 비서실장과 '청와대 3인방'의 거취 문제 등

민감한 현안에 답할 때는 다소 격앙된 모습도 보였다. '청와대 3인방'을 "교체할 이유가 없다"며 단호하게 답했고, 정씨를 두고 "실세냐 아니냐 답할 가치도 없다"고 목소리를 높였다. 특히 정윤회 사건에 대해선 "정말 우리 사회가 이렇게 돼선 안 된다. 이렇게 혼란스럽고, 또 그게 아니라고 하면 바로잡아야 하는데 계속 논란은 하고, 우리가 그럴 여유가 있는 나라인가"라며 되레 비판 여론을 문제 삼는 공격적인 태도를 보였다. 중간에 말을 더듬는 일도 잦았다.[14]

그 장면을 본 공직자들이 무슨 생각을 했겠는가? 고위공직자건 새누리당 의원이건 "찍히면 죽는다"는 말을 제1의 행동강령으로 삼아 행동해왔으니, 국정농단 사태가 썩어 곪아터질 때까지 방치되어온 게 아니었겠는가? 새누리당 사람들이 박근혜 게이트를 예견하지 못했던 것도 아니었지만, 그저 "찍히면 죽는다"는 공포에 벌벌 떨었던 것인지도 모르겠다.

## 세월호 참사 후 '관피아'에서 '정피아·박피아'로

1월 23일 박근혜는 새누리당 원내대표 이완구를 국무총리로 내정하고 청와대 민정수석에 우병우 민정비서관을 승진 임명하는 등 청와대 개편을 단행했다. 병역 논란과 재산 관련 투기 의혹, 언론 외압 의혹 등 갖은 의혹 속에 2월 16일 가결 요건보다 7표 더 많은 148명 찬성으로 국무총리 임명 동의안이 통과되었다. 2월 17일 박근혜는 장관(급) 4명을 교체하는 개각을 단행했다. 홍용표 청와대 통일비서관을 통일부 장관, 새누리당 유일호·유기준 의원을 각각 국토·해수부 장관에 내정했으며,

박근혜 정부 2년차 때 임명된 공공기관장 3명 중 1명이 '정피아' 혹은 '박피아'였다. 이는 "인사 원칙의 첫 번째 기준은 전문성"이라는 박근혜의 대선 전 발언과 정면 배치되었다. 박근혜가 이완구 신임 국무총리에게 임명장을 수여하고 있다.

금융위원장 후보자엔 임종룡 NH농협금융지주 회장을 지명했다.[15] 2월 27일 박근혜는 청와대 비서실장에 이병기 국가정보원장을 전격 발탁했다. 또 '측근 돌려막기·회전문 인사'라는 지적이 나왔다. 야권은 "정보정치와 공안정치의 망령이 되살아날까 걱정스럽다"는 반응을 보였다.[16]

『경향신문』이 박근혜 정부 2주년을 맞아 1월 말 기획재정부가 지정·발표한 316개 공공기관 중 박근혜 정부에서 기관장이 바뀐 공공기관 237곳을 전수조사한 결과, 박근혜 정부에서 임명된 공공기관장 3명 중 1명이 낙하산 인사에 통칭되는 '정피아(정치+마피아, 정치인 출신 기관장)' 혹은 '박피아(친박+마피아)'인 것으로 나타났다. 237곳 중 '정피아'가 수장으로 취임·재직 중인 기관은 85개(35.9%)로 조사되었으며, 이중 71개 기관(30.0%) 수장 69명(겸직 포함)은 박근혜 대선캠프와 대통령

직인수위원회, 청와대, 대통령 직속위원회에서 활동했던 '박피아'로 나타났다. "인사 원칙의 첫 번째 기준은 전문성"이라는 박근혜의 대선 전 발언과 정면 배치되는 수치였다.

'박피아'를 출신별로 분류하면 48개 기관장(46명, 겸직 포함)이 2007·2012년 대선캠프에 참여했으며, 10개 기관장은 대통령직인수위 출신이었다. 청와대나 대통령 직속위원회 출신 인사들이 6개 기관, 2012년 대선 때 지지 선언을 한 단체 인사들이 5개 기관이었다. 세월호 참사 후 인선 흐름이 '관피아'에서 '정피아·박피아'로 바뀐 것도 특징 가운데 하나였다. 세월호 이전 임명된 154명 중 중앙부처·군·검경 출신은 58명(37.7%)이었으나, 세월호 후엔 9명(10.8%)에 그쳤다. 반면 정치권 출신들은 급격히 늘어났다. 세월호 참사 후 교체된 83개 기관장 중 24곳(38.1%) 수장은 새누리당 등 여권 출신 정피아였으며, 24곳 중 18개 기관의 장은 '박피아'로 분류되었다.[17]

친박 낙하산은 특히 어느 분야보다 전문성이 요구되는 금융권에서 두드러지게 나타났다. 대선캠프에 몸담았던 몇몇 인사와 전직 의원 등이 국책은행 기관장은 물론 금융권 감사 자리를 꿰찼다. 기술보증기금 감사인 박대해는 정당 당직자 출신으로, 2008년 총선 때 친박연대로 당선되었다. 기업은행은 여당 대선캠프에 몸담았던 양종오를 IBK캐피탈 감사, 대선 외곽단체인 국민희망포럼 서동기 이사를 IBK자산운용 사외이사로 임명했다. 수출입은행 감사 공명재도 새누리당 대선캠프 출신이었다.[18]

## "박근혜 정권 낙하산, MB 때보다 30% 늘어"

2월 24일 SBS 〈뉴스토리〉 탐사보도팀이 공공기관 경영정보공시 사이트 '알리오'에 공시된 303개 공공기관 경영진 2,109명 중 주무부처 고위공무원을 제외한 1,859명을 전수조사한 결과에 따르면, 전체의 17.1%인 318명이 낙하산이었다. 구체적으로 기관장 낙하산은 77명, 감사는 45명, 이사는 225명이나 되었다. 이는 MB 정권 출범 2년 동안 낙하산 245명보다 30%나 많은 수치였다.

낙하산은 주로 새누리당과 대통령직인수위 출신 등 이른바 '정피아'가 175명으로 가장 많았고, 대선캠프 인사도 128명, 대선 당시 박근혜 후보 지지 선언을 한 대학교수 등 전문가 그룹이 77명으로 집계되었다. 특히 지난 2007년 한나라당 대통령 경선 당시 박근혜 캠프의 외곽 단체였던 '국민희망포럼' 출신이 13명이나 되는 등 친박 단체 출신 낙하산도 29명이나 되었다.

공공기관장의 평균 연봉은 1억 6,400만 원, 감사의 평균 연봉도 1억 2,800만 원이나 되어서 박근혜 정부 출범 2년 동안 이사직을 빼더라도 낙하산 공공기관장 77명과 감사 45명의 월급으로만 171억 원의 혈세가 지급된 것으로 나타났다. 이들 낙하산 기관장, 감사들에게 제공되는 개인 비서와 고급 승용차, 운전기사를 포함하면 실제 소요되는 경비는 이보다 훨씬 더 컸다.[19]

지역 편중 인사도 여전했다. 3월 2일 새정치민주연합의 '박근혜 정부 특정지역편중인사실태조사TF'가 발표한 박근혜 정부 인사 실태 보고서에 따르면, 대한민국 국가 의전 서열 상위 10위까지의 11명 중

73%인 8명이 영남권 출신이며, 충청권 출신은 2명, 호남권 출신은 1명으로 나타났다. 국가 의전 서열 33위권 34명으로 범위를 넓혀도 영남권 출신은 44.1%인 15명으로, 충청권 출신 5명(14.7%), 호남권 출신 4명(11.8%)의 4배에 이르렀다. 국무회의 구성원인 전·현직 국무위원 33명의 출신지는 수도권 출신이 12명(36.4%), 영남권 출신이 11명(33.3%), 충청권 출신이 5명(15.2%), 호남권 출신이 4명(12.1%)이었다. 이 중 서울 출신이 9명(27.3%)으로 가장 많았고 대구·경북이 6명(18.2%), 부산·경남이 5명(15.2%)으로 뒤를 이었다.

박근혜가 대통령 취임 후 임명한 청와대 비서관급 이상 전·현직 고위직 115명의 출신 지역을 조사한 결과에 따르면, 대구·경북 출신이 31명(27%)으로 가장 많았고, 영남권 출신은 41명으로 35.7%를 차지했다. 호남권 출신은 14명(12.2%), 충청권 출신은 18명(15.7%)에 그쳤다. 5대 권력기관이라 불리는 검찰, 경찰, 국세청, 감사원, 공정거래위원회 인사도 편중이 심각했다. 일단 5개 기관장의 출신지가 모두 경남과 경북으로 영남권이었다.

5대 권력기관의 고위직 분석 결과도 이와 유사했다. 검찰 검사장급 이상 고위직 47명, 경찰 본청 국장급과 지방청장 등 고위직 40명, 국세청 국장급 이상 고위직 30명, 감사원 국장급 이상 고위직 35명, 공정거래위원회 국장급 이상 고위직 16명 등 총 168명을 전수조사한 결과 부산·경남 출신이 37명(22%), 대구·경북이 34명(20.2%)으로 영남권 인사가 42.3%(71명)에 달했다. 호남권 출신은 30명(17.9%), 충청권 출신은 28명(16.7%)에 그쳤다.

공기업, 준정부기관, 기타 공공기관 기관장 243명의 출신지도 대

구·경북 출신이 51명으로 21.8%, 부산·경남 출신이 4명으로 20.9%
등 영남권 출신이 100명으로 42.7%를 차지했다. 호남권 출신은 24명
(10.3%), 충청권 출신은 18명(7.7%)이었다.

이와 관련해 새정치민주연합 실태조사단은 "국민통합, 100% 대한
민국이라는 박근혜 대통령의 대선공약은 국민 분열, 반쪽 대한민국으로
전락했다"며 "특정 지역 편중 인사는 공직사회의 갈등과 지역주의를 조
장하고 국민 화합을 저해함으로써 대한민국 국가 발전에 역행하는 근원
이 되고 있다"고 비판했다.[20]

## 박근혜와 유승민의 불화

4월 8일 새누리당 원내대표 유승민은 국회 교섭단체 연설에서 "공약
가계부를 더는 지킬 수 없다. 지난 3년간 예산 대비 세수 부족은 22.2조
원"이라며 "증세 없는 복지는 허구임이 입증되고 있다"고 주장했다. 그
는 "창조경제를 성장의 해법이라고 자부할 수는 없다"며 "야당이 제시
한 소득주도형 성장론도 재검토가 필요하다"고 말했다. 더 나아가 유승
민은 "가진 자, 기득권 세력, 재벌 대기업의 편이 아니라 고통받는 서민
중산층의 편에 서겠다"고 했고, "진영 논리를 창조적으로 파괴하자"며
야당에 합의 정치를 제안했다. 이를 두고 새정치민주연합은 "우리나라
의 보수가 나아가야 할 방향을 보여준 명연설이었다"고 찬사를 보냈으
며, 서울대학교 교수 조국은 "냉전, 반공, 수구를 넘어선 OECD 수준의
보수를 보여주었다"고 평가했다.[21]

그러나 여권은 그럴 수 없었다. 『조선일보』는 「청靑과 각 세운 유劉

원내대표 연설, 무슨 의도인가」는 사설에서 "국민 입장에선 유 원내대표 연설이 과연 새누리당 내부의 충분한 조율調律을 거쳐서 나온 것인지 궁금할 수밖에 없다"며 이렇게 말했다. "유 원내대표가 당내 의견을 모아 박 대통령이 추진해온 정책 노선과는 선을 그으려는 의도에서 이처럼 각角을 세우고 나왔다면 집권 세력이 분열 조짐을 보인다고 해석할 수 있을 것이다. 만약 유 원내대표가 사견私見을 피력했다면 당의 대표로 연설대에 섰다는 것을 망각한 행동이다. 불필요한 혼선과 혼란을 막으려면 유 원내대표가 국민이 알아들을 수 있도록 설명해야 한다."[22]

정부·여당은 어떤 반응을 보였을까? 2개월 전 유승민이 원내대표 경선에서 이주영을 누르고 당선되었을 때 강한 불길함을 느꼈던 박근혜가 우려했던 일이다. 박근혜는 회고록에서 "언론은 여당의 대표와 원내대표 투톱이 모두 비박계가 됐다고 대서특필했다. 나는 김무성 대표가 유 의원을 민 게 경선에 큰 영향을 준 것으로 보고받았다"며 2012년에 있었던 일에 대해 다음과 같이 썼다.

"나와 유 의원이 국회 의원회관에서 본관까지 이어지는 지하통로를 모처럼 함께 걸어간 적이 있다. 둘만이 대화할 기회가 생긴 건 오랜만이었다. 당시에 이미 나와 유 의원의 관계가 예전 같지 않다는 말이 나올 때여서 신경을 쓰지 않을 수 없었다. 나는 일부러 이런저런 질문을 던지면서 얘기를 계속 걸었다. 그런데 이상하게 대화가 계속 겉돌았다. 나와 유 의원 사이를 어떤 벽이 가로막고 있는 느낌이었다. 꽤 긴 거리를 걸었지만 헤어지고 나서 씁쓸했던 기분이 지금도 기억난다."[23]

박근혜는 유승민의 교섭단체 연설에 대해선 어떤 생각을 했을까? 그는 "당시 나는 연설 장면을 TV 중계로 직접 봤는데 그의 발언을 납득하기 힘들었다. 일반 의원이면 자기 생각을 강조해서 말할 수 있겠지만, 원내대표는 당의 공식 입장을 대변하는 게 옳다고 생각한다. 하물며 국회 연설에선 더욱 그렇다"며 다음과 같이 썼다.

"그런데 여당 원내대표가 교섭단체 연설에서 정부의 핵심 정책과 대통령의 핵심 공약을 부정하는 모습을 보인 것은 나로선 상상하기 힘든 일이었다. 유 의원이 원내대표 경선에서 '내가 당선되면 정부의 핵심 공약을 뒤집겠다'고 미리 밝힌 다음에 당선된 것도 아니잖은가. 연설 내용도 문제가 많았다. 나는 증세를 말하기 전에 기본 복지 지출의 효율성을 제고하는 게 먼저라고 봤다.……창조경제는 제대로 된 성장 해법이 아니라면서도 유 의원은 야당(당시 새정치민주연합)의 소득주도성장론은 환영한다고 하니 나는 기가 막히지 않을 수 없었다."[24]

박근혜와 유승민의 불화는 이후로도 계속되면서 점점 더 격화되는 모습을 보였는데, 이는 다른 걸 떠나 두 사람을 위해서라도 불행한 일이었다. 혹 박근혜 자신이 전혀 느끼지 못하는, 오랜 세월에 걸쳐 자신의 몸에 밴 '여왕' 같은 자세 또는 태도가 그런 불행의 씨앗이 되었던 건 아니었을까?

# 왜 '헬조선'이란 말이 유행했는가?

2015년 1월 9일 KAIST 미래전략대학원의 토론회 '한국인은 어떤 미래를 원하는가'에서 과학기술정책연구원 박사 박성원은 20~34세 청년층의 설문조사 결과를 발표했다. 놀랍게도 응답한 청년의 42%가 "붕괴, 새로운 시작"을 원했다.[25] "붕괴, 새로운 시작"은 결코 추상적인 개념이 아니다. 엄기호가 『나는 세상을 리셋하고 싶습니다』(2016)라는 책을 쓰기 위해 청년들을 만나면서 가장 많이 들었던 말은 바로 이것이었다고 한다. "싹그리 망해버려라." 한 청년은 '싹 다 망하는 것'만이 이 사회에서 꿈꿀 수 있는 유일한 '공평함'이라면서 "차라리 전쟁이 났으면 좋겠다"는 말도 했다고 한다. "무섭지만 나만 죽나요, 다 죽잖아요."[26]

공평에 대한 욕구는 공포를 이긴다. '헬조선'은 머리에 바람이 너무 많이 들었거나 배가 너무 불렀거나 눈높이가 너무 높아서 나온 게 아니다. 당시 야당인 새정치민주연합이 "당신 80년대에 뭐 했어?"라고 묻는 동안, 1980년대를 아예 겪지도 못한 청년들은 '헬조선'이라는 표현마저 수긍하기에 이르렀다. 『한겨레』(2015년 8월 1일) 기자 이태희는 다음과 같이 말했다.

"지금의 한국은 '지옥'이다. 2030세대들은 이 나라를 '헬조선(hell+朝鮮)'이라고 부른다. 10대의 교육지옥, 20대의 취업지옥, 30대의 주거지옥이다. 서울시가 지난해 11월 발표한 '서울 시민 연령별 사망원인'의 세대별 1위를 따져보면 10~30대는 자살, 40~70대 이상은 암이었다. '견디면 암, 못 견디면 자살'이란 말이 나온다. 여기에 답을 내야 하는 것이 정치의 임무다."[27]

2015년 비극적 신조어로 헬조선과 함께 나온 게 바로 'N포 세대'였다. 사회·경제적 압박으로 인해 연애, 결혼, 주택 구입 등 많은 것을 포기한 세대를 지칭하는 용어로 포기한 게 너무 많아 셀 수도 없다는 뜻을 가지고 있다. 기존 3포 세대(연애, 결혼, 출산 포기), 5포 세대(3포 세대+내 집 마련, 인간관계 포기), 7포 세대(5포 세대+꿈, 희망)에서 더 나아가 포기해야 할 특정 숫자가 정해지지 않고 여러 가지를 포기해야 하는 세대라는 뜻에서 나온 말이다.[28]

그런데 정치는 무엇을 하고 있었던가? 완벽한 직무 유기 상태에 빠져 있었다. 그래서 이태희는 "내가 '헬조선'이란 표현에 공감하는 것은 미래를 향한 꿈을 잃어버린 '미래지옥'으로 가고 있는지도 모른다는 섬뜩한 예감 때문이다"고 개탄했다.[29] 이 칼럼에 달린 댓글 하나가 눈길을 끌었다. "기자는 이 나라 정치판이나 그 속에서 밥벌이하는 정치인들의 수준이 서방 선진국 수준인 줄 착각하고 있다. 지금 야당은 hell조선 같은 것에는 관심이 없으며, 아니 헬조선이란 가치가 있는지도 모르며 제1

야당의 혁신은 기득권 지키는 것이다."

　　한국은 진짜 헬조선이었을까? 이즈음 많은 사람의 호응을 얻었던 다음과 같은 문답은 많은 것을 생각하게 만들었다. "(문) 한국을 헬조선이라고 부르던데, 진짜 지옥이랑 비슷합니까? (답) 사실이 아닙니다. 진짜 지옥에선 죄지은 놈이 벌을 받습니다."[30] 죄지은 놈이 벌을 받지 않는 건 물론이고 오히려 더 떵떵거리고 산다는 점에서 헬조선은 결코 헬조선이 아니었다.

# '기러기' 양산하는
# '혁신도시의 비극'

　　2015년 1월 20일 『경향신문』엔 「'신의 직장' 지방 이전 공공기관 직원에 현금 퍼주는 '가난한 지자체'」라는 기사가 게재되었다. 전국 10곳 혁신도시 이전 공기업에 대한 지자체의 현금 지원 실태를 다룬 기사다. 이 기사에 따르면, 전남 나주 혁신도시로 본사를 옮긴 한국전력 직원들은 5년간 최대 1,000만 원의 지원금을 받는다. 전남 나주시가 직원들의 이주 지원을 위해 파격적인 당근책을 내걸었기 때문이다. 그런데 흥미롭다 못해 비극적인 건 한전은 직원 평균 연봉이 7,500만 원에 육박하는 반면, 전남도(나주시 포함)의 1인당 평균 소득액은 1,312만 원(2012년 기준)에 불과한 데다 나주시의 재정 자립도 역시 19.08%로 전국 최하위권이라는 사실이다.

　　'부자 공기업'에 대한 '가난한 지자체'의 무차별적인 현금 지원은 비단 나주시만의 문제가 아니었다. 대구와 전북·경남은 혁신도시 이전 공공기관 직원들이 주소를 옮기기만 하면 100만 원, 충북도는 공기업 직원들이 1인 이상 가족과 함께 6개월 이상 주소지를 두면 정착지원금 100만 원을 지급했다. 제주도 역시 비슷한 지원을 하고 있었다.

가족들을 대상으로 한 지원도 적지 않았다. 제주도는 고교에 자녀가 전학 또는 입학해 1년 이상 다니면 최대 100만 원의 장려금을 주고, 배우자 취업을 위해 과목당 10만 원씩 학원 수강료를 지원했다. 주민의 2배에 해당하는 출산축하금도 받았다. 대구와 울산시도 고교생에게 100만 원을 지원하며 충북도는 50만 원을 지원했다. 강원 원주시는 장학금으로 40만 원을 지급했다. 해당 지자체들은 "공기업 직원들을 이주시키기 위한 차원이지만 일부 공공기관 노조에서는 지원금을 달라며 항의하기도 했다"고 말했다.[31]

혁신도시로 이전하는 공공기관 직원들은 아파트 특별분양과 같은 파격적인 혜택 등 정부에서 두둑한 지원을 받았지만, 이 과정에서 이를 되팔아 수천만 원의 시세차익을 챙긴 직원이 수백 명이었다. 2014년 말 현재 특별분양을 받은 이전 공공기관 직원은 모두 7,666명이었는데, 이들 가운데 863명이 전매 제한기간(1년)이 끝난 뒤 바로 팔아 수천만 원의 이익을 챙긴 것이다.[32]

2015년 3월 현재 혁신도시 공공기관 임직원 2만여 명의 가족 동반 이주율은 전국 평균 23.1%에 불과했다.[33] 왜 그런가? 무엇보다도 자녀 교육 문제가 걸려 있기 때문이다. '인서울'이라는 속어의 유행이 잘 말해주듯이, 서울 소재 대학에 대한 집착이 병적 수준으로 대중화된 세상에서 자식을 지방으로 데리고 내려오는 건 결코 쉬운 일이 아니다.

그래서 많은 공공기관 직원들이 '기러기 가족'이 되는 길을 택한다.

공기업·공공기관을 아무리 지방으로 이전해도 임직원들이 자녀 교육을 위해 서울에 거주하면서 지방에선 원룸 형태의 생활을 하는 일이 발생한다. 모두를 괴롭게 만드는 '혁신도시의 비극'이다. 이는 무엇을 말하는 가? '교육 분산'을 전제로 하지 않는 혁신도시 사업은 성공할 수 없다는 것이다. 기러기 가족의 수만 늘려 그들의 삶을 피폐하게 만들 뿐이다.

제2장

# '성완종 메모' 파동과 '국회법 개정안' 파동

## 성완종의 자살과 '성완종 메모' 파동

전 대통령 이명박은 2015년 2월에 출간한 회고록『대통령의 시간 2008-2013』에서 자신의 치적을 부각시키는 자화자찬自畵自讚을 하면서 세종시 이전 문제와 관련해 한 장章을 할애해 박근혜를 간접적으로 비판했다.[34] 논란이 되고 있던 자원외교에 대해서도 "오랫동안 유전 개발을 해온 서구 선진국도 많은 검토 끝에 시추해 기름이 나올 확률은 20%에 불과하다"며 "실패한 사업만 꼬집어 단기적 평가를 통해 책임을 묻는다면 아무도 그 일을 하려 들지 않을 것"이라고 주장했다. 이어 이명박은 "자원외교는 그 성과가 10년~30년에 거쳐 나타나는 장기적 사업"이라면서 "퇴임한 지 2년도 안 된 상황에서 자원외교를 평가하고 문제를 제기하는 것은 '우물가에서 숭늉을 찾는 격'이라 생각한다"고 밝혔다.[35]

이런 상황에서 박근혜 정권은 전임 대통령에 대한 정치적 차별화의 일환으로 이명박이 중점을 두었던 해외자원개발 투자, 소위 자원외교 비리에 대한 수사를 시작했다. 첫 번째 수사 대상은 경남기업 회장이자 전 새누리당 의원인 성완종이었다. 4월 9일 자원개발외교 비리와 관련해 회삿돈 횡령 혐의 등으로 사전구속영장이 청구된 성완종이 검찰 수사에 반발해 억울하다는 내용의 유서를 남기고 스스로 목숨을 끊었다. 그는 이날 새벽 5시께 '억울하다', '어머니 묘소 옆에 묻어달라'는 등의 내용을 적은 유서를 남기고 서울 청담동 집을 나섰으며, 오후 3시 32분께 북한산 형제봉 매표소에서 300미터가량 떨어진 장소에서 숨진 채 발견되었다.

성완종은 서울 청담동 자택을 나온 직후인 오전 6시부터 50분간 『경향신문』과 전화 인터뷰를 통해서 김기춘 전 청와대 비서실장에게 미화 10만 달러를 건넸으며, 2007년 한나라당 대선후보 경선 때 허태열 전 비서실장(당시 대선캠프 직능총괄본부장)에게 현금 7억 원을 전달했다고 말했다. 성완종은 이 인터뷰에서 "김 전 실장이 2006년 9월 VIP(박근혜 대통령) 모시고 독일 갈 때 10만 달러를 바꿔서 롯데호텔 헬스클럽에서 전달했다"며 "당시 수행비서도 함께 왔었다. 결과적으로 신뢰 관계에서 한 일이었다"고 밝혔다.

성완종은 또 "2007년 당시 허 본부장을 강남 리베라호텔에서 만나 7억 원을 서너 차례 나눠서 현금으로 줬다. 돈은 심부름한 사람이 갖고 가고 내가 직접 주었다"고 말했다. 그는 "그렇게 경선을 치른 것"이라며 "기업 하는 사람이 권력의 중심에 있는 사람들이 말하면 무시할 수 없어 많이 했다"고 했다. 그는 '허 본부장의 연락을 받고 돈을 줬느냐'는 물음에 "적은 돈도 아닌데 갖다 주면서 내가 그렇게 할(먼저 주겠다고 할) 사람이 어덨습니까"라며 "다 압니다. (친박계) 메인에서는……"이라고 덧붙였다. 성완종의 주장에 대해 김기춘 전 비서실장은 『경향신문』과의 통화에서 "그런 일 없다. 더이상 드릴 말이 없다"고 부인했고, 허태열 전 비서실장도 『경향신문』 기자와 만나 "그런 일은 모른다. 그런 일은 없었다"고 말했다.[36]

이에 앞서 성완종은 영장실질심사를 하루 앞둔 4월 8일 서울 중구 전국은행연합회관에서 기자회견을 열어 억울하다고 호소했다. 그는 "2007년 한나라당 대선후보 경선 때 허태열 (당시) 의원의 소개로 박근혜 후보를 만났고, 그 후 박 후보 당선을 위해 누구보다 열심히 뛰었다"고 밝혔다. 그는 이어 "왜 내가 자원외교(비리 의혹 수사)의 표적이 됐는지 모르겠다"며 "나는 MB(이명박 전 대통령)맨이 아니다. 어떻게 MB 정부 피해자가 MB맨일 수 있겠나"고 주장했다. 또 그는 "사리사욕을 챙기고 싶었다면 얼마든지 할 수 있었지만 그렇게 하지 않았다"며 혐의를 대부분 부인했다.[37]

4월 10일 이른바 '성완종 리스트'가 적힌 메모가 발견되었다. 이날 검찰은 성완종의 시신을 검시하는 과정에서 김기춘·허태열 전 비서실장 등을 비롯해 정치인 8명의 이름과 특정 액수가 적힌 쪽지가 발견되었다고 밝혔다. 이 메모에는 허태열 실장 7억 원, 김기춘 실장 10만 달러, 유정복(인천시장) 3억 원, 홍문종(새누리당 의원) 2억 원, 홍준표(경남지사) 1억 원, (서병수) 부산시장 2억 원, 이완구(국무총리), 이병기(청와대 비서실장) 등이라고 적혀 있었다.[38]

4월 21일 이완구는 사의를 표명했다. 4·29 재보선이 다가오면서 민심 악화를 우려한 새누리당이 박근혜 대통령이 귀국하기 전에 자진

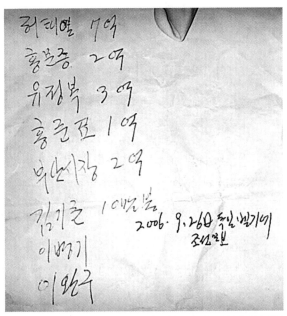

검찰 수사에 반발해 억울하다는 내용의 유서를 남긴 성완종 전 경남기업 회장의 '리스트'에는 허태열, 김기춘, 유정복, 홍문종, 홍준표, 서병수, 이완구, 이병기 등이 등장한다.

사퇴를 유도하는 방향으로 가닥을 잡고 이를 청와대와 이완구 총리 쪽에 직간접적으로 전달하는 등 조기 사퇴론을 요구하고 나선 데 따른 것으로 알려졌다. 또 이날 성완종 전 회장과 "개인적인 관계는 아니었다"고 주장해온 이완구가 지난 1년 동안 성완종과 210여 차례 통화를 시도했다는 새로운 사실도 알려졌다.[39]

'성완종 리스트'는 검찰 수사의 방향을 완전히 바꿔놓았다. 이명박 정권이 아닌 박근혜 정권의 최고위직 인사들이 더 큰 타격을 입게 되었다는 이야기다. 이와 관련, 이명박은 훗날(2016년 7월) "현 정부 출범 후 검찰이 몇 년째 기업 수사를 하는 것은 직전 정권의 비리를 캐기 위한 표

적 수사로 매우 잘못된 것이다"고 주장했다.[40]

## 새누리당이 압승한 4·29 재·보궐선거

4월 28일 박근혜는 이완구 사퇴와 관련해 "국정 공백을 최소화하기 위해 더 늦출 수 없는 사안이라 안타깝지만 국무총리 사의를 수용했다"며 "이번 문제로 국민 여러분께 심려를 끼쳐드려 유감스럽게 생각한다"고 밝혔다. 총리 임명권자로서 총리 퇴진에 유감을 표명했지만, 여야가 요구한 '대국민 사과'는 하지 않은 것이다.

박근혜는 또 '성완종 리스트'와 관련해서는 "고 성완종 씨에 대한 연이은 사면은 국민도 납득하기 어렵고 법치 훼손과 궁극적으로 나라 경제도 어지럽히면서 결국 오늘날같이 있어서는 안 될 일이 일어나는 계기를 만들어주게 되었다"고 말해 노무현 정부 때 이루어진 성완종 전 경남기업 회장에 대한 특별사면 때문에 '성완종 리스트' 파문이 일어났다는 식으로 말했다.[41]

『한겨레』는 4월 29일자 사설 「박 대통령의 적반하장」에서 "박근혜 대통령이 28일 '성완종 리스트' 파문과 관련해 내놓은 대국민 메시지는 사과도, 유감 표명도, 책임감의 표출도 아니었다. 그것은 오히려 적반하장식 도발이며, 낯 두꺼운 역공, 치졸한 정치 공세에 불과했다. 변명과 발뺌, 책임 미루기, 사태 핵심 피하기 등 그동안 수없이 비판을 받아온 박 대통령 특유의 화법이 총동원된 결정판이라고 할 만하다"고 비판했다.[42]

'성완종 리스트' 파문과 세월호 1주기 정국 속에서 4월 29일 4곳에서 치러진 4·29 국회의원 재·보궐선거에서 새누리당은 수도권 3곳을 석권하며 압승했으며, 새정치민주연합은 광주에서마저 무소속 천정배에게 의석을 내주며 1석도 건지지 못한 채 참패했다.

『한겨레』는 4월 30일자 사설 「벼랑 끝에 몰린 제1야당」에서 "4·29 재보궐선거는 새정치민주연합의 참패로 끝났다. 최대 승부처로 꼽혀온 서울 관악을에서 새누리당에 의석을 내준 것은 물론 안방인 광주 서을에서도 무소속 천정배 후보에게 무릎을 꿇는 등 0대 4로 전패했다. 특히 '성완종 리스트'라는 대형 호재에도 불구하고 이런 초라한 성적표를 받아든 것은 새정치민주연합에 뼈아픈 결과다"면서 다음과 같이 말했다.

"새정치연합은 이번 선거도 역시 '정권 심판론'에만 기대 선거를 치렀다. 특히 선거전 중반에 불거진 성완종 스캔들을 최대한 부각시키는 데 선거의 사활을 걸었다. 하지만 민심은 꿈쩍도 하지 않았다. 오히려 노무현 정부의 특별사면 문제에 대한 여당의 물타기 공세에 제대로 대처하지 못하면서 수세에 몰리는 상황까지 연출했다. 더욱 문제는 야당이 '정권 심판론'을 최대의 무기로 내세우면서도 정작 '정권 심판에 적합한 선거 구도'를 짜는 데는 실패했다는 점이다."[43]

## 새정치민주연합 지도부는 '봉숭아 학당'

왜 그런 일이 벌어졌던 걸까? 약 2개월 전인 2·8 전당대회가 문제였다. 당대표 자리를 놓고 문재인과 박지원이 격돌한 전당대회에선 박지원의 당권·대권 분리론이 꽤 호응을 얻었지만, 결과는 약 2.6% 차이로 문재인의 승리였다(문재인 45.3%, 박지원 41.8%, 이인영 12.9%). 이때부터 이른바 '친문 패권주의'를 둘러싼 친문·반문 간의 갈등이 시작되었고,

이는 민주당에 자해적 결과를 초래했다.

전당대회가 끝나자마자 등장한 첫 번째 이슈는 4·29 광주 서구을 재·보궐선거 공천이었다. 문재인이 친문 성향의 후보인 조영택을 공천할 것이라고 굳게 믿고 있던 천정배는 3월 9일 새정치민주연합에서 탈당했다. 결국 무소속으로 출마한 그는 새정치민주연합 후보 조영택을 누르고 당선되었다. 이에 대해 우상호는 『민주당 1999-2024』(2024)라는 책에서 다음과 같이 말했다.

"이에 그치지 않고 보궐선거를 기점으로 '호남 대 친문'이라는 프레임이 번지기 시작했다. 광주·전남 지역에서는 '친문 패권주의'라는 단어를 '문재인의 호남 무시'라는 개념으로 해석하는 분위기가 조성되었다. 이런 갈등이 생겼을 때 빠르게 잘 정리해야 할 지도부는 분열되어 오히려 갈등을 키우는 역할을 했다."[44]

5월 8일 언론에 공개된 최고위원 회의에서 비문계를 대표하는 최고위원 주승용은 재보선 패배를 놓고 문재인이 공정하게 공천하지 않았기 때문이라고 공개적으로 비판하는 일이 벌어졌다. 그러자 친문계 최고위원 정청래는 주승용을 향해 "사퇴한다고 공갈을 치고 물러나지 않는 사람도 있다"며 막말을 퍼부었다. 이 말에 격분한 주승용이 "정말 치욕적인 생각이 듭니다. 저는 지금까지 공갈치지 않았습니다. 저는 사퇴합니다"라면서 회의장을 박차고 나가버렸다. 졸지에 싸늘하게 냉각된 분위기를 바꿔보겠다는 의도였는지는 모르겠지만 최고위원 유승희가 어버이날이니 노래 한 소절 불러드리겠다면서 "연분홍 꽃치마가 봄바람에……" 하며 노래를 불렀고, 이에 언론은 "개정치민주연합 최고위원회는 (개그 콘서트) 봉숭아 학당"이라고 꼬집었다.[45]

정청래의 '공갈' 발언은 당 안팎에서 강한 비판을 받았다. 새정치민주연합 당내 의원들 대부분에게서 "정 의원이 지나쳤다", "정치의 품격을 떨어트린다"는 반응이 쏟아졌으며, 출당 요구까지 나왔다. 정청래는 주승용에게 사과한 당일 밤에 "후원금 보내겠다. 속시원하다. 더 용기를 내라는 격려가 많았습니다. 기죽지 않고 최전방 공격수로서 소임을 다하겠습니다"는 트윗을 올렸다.[46] 사과의 진정성은 있었던 걸까? 정청래는 도대체 왜 그랬던 걸까? "후원금 보내겠다"는 말에 답이 있었던 걸까? 그는 1년 후에 출간한 『정청래의 국회의원 사용법』에서 이런 명언을 남긴다. "국회의원을 움직이는 최고 단위 정치 행위는 팬클럽이다."[47]

## "'눈치 검찰'의 왜곡 재현된 성완종 사건"

5월 21일 박근혜는 새 국무총리 후보자로 황교안 법무부 장관을 지명했다. 이에 새정치민주연합 이종걸 원내대표는 "김기춘의 아바타라고 하는 분을 이번에 총리 후보로 지명했다"며 "국민과 야당을 무시한 것"이라고 강하게 비판했다. 이종걸은 이날 오전 원내정책조정회의 뒤 기자들과 만나 "야당이 황 장관에 대해 해임 건의안을 두 번이나 낸 적이 있다"며 "소통과 통합의 정치가 아닌 공안 통치, 국민을 강압하는 통치에 앞으로 국민과 야당이 어떻게 대응해야 할지 걱정스럽고 앞이 막막하다"고 말했다.[48]

"신속하고 철저하게 수사해 한 점 의혹도 남기지 않겠다"며 대대적으로 수사팀을 꾸린 지 82일 만인 7월 2일 검찰은 2013년 4월 4일 성완종에게서 3,000만 원을 받은 혐의로 이완구를, 옛 한나라당 대표 경선에 출마한 2011년 6월 중하순께 성완종 측근을 통해 1억 원을 받은 혐의로 홍준표를 정치자금법 위반 혐의로 각각 불구속기소하고 성완종 리스트에 오른 6명은 무혐의 처리하는 선에서 수사를 종결지었다. 이에 대해 『한겨레』는 7월 3일자 사설 「'눈치 검찰'의 왜곡 재현된 성완종 사건」에서 다음과 같이 말했다.

"검찰이 정치권력의 눈치를 보면서 사건의 본질을 왜곡한다는 비판은 요즘 부쩍 잦아졌다. 정윤회 씨 등 비선 권력의 국정 개입 의혹을 청와대 문건 유출 사건으로 뒤바꾸고, 세월호 참사에 대한 정부의 책임을 유병언 전 세모그룹 회장에게 전가한 것 등이 그런 예다. 이번 사건도 마찬가지다. 검찰이 국민을 속이려 한다는 의심을 받는 게 정상일 순 없다. 특검 재수사를 통해 엄중히 규명해야 마땅하다."[49](2017년 2월 16일 서울고등법원 형사2부가 홍준표에게 징역 1년 6개월을 선고한 원심 판결을 파기하고 무죄를 선고하자, 홍준표는 기자회견을 열고 "박근혜 정부 4년을 견디면서 김대중, 노무현 정부 10년보다 힘들게 보냈다"면서 "일부 '양박(양아치 같은 친박)'들과 청와대 민정의 주도로 내 사건을 만들어냈다"고 주장했다.)

### '국회법 개정안'을 둘러싼 갈등

2015년 5월 29일 새벽 여야는 공무원연금 개혁안 가결과 함께 국회가 모법母法의 취지에서 벗어난 행정부의 시행령·시행규칙에 대해 수정·변경을 요구할 수 있도록 하는 내용의 국회법 개정안을 찬성 211표, 반대 22표, 기권 11표로 통과시켰다. 개정안에 따르면, 정부 시행령이 법률 취지와 어긋나는 경우 국회가 정부에 수정·변경을 요구하면 정부는 이를 반드시 따라야만 한다. 여야는 세월호특별법 시행령 개정을 정부가 확실히 하도록 강제하기 위해 국회법을 개정했다.[50]

5월 29일 청와대는 여야가 합의로 통과시킨 국회법 개정안에 대해 "삼권분립 위배"라며 대통령의 거부권 행사 가능성을 거론했다. 이에 여당은 "위배가 아니다"고 반박하는 등 당·청이 정면충돌했다. 청와대 김성우 홍보수석은 이날 춘추관에서 브리핑을 갖고 "국회법 개정은 법원의 심사권과 행정입법권을 침해하는 것으로 헌법상 권력분립 원칙에 위배될 소지가 있다"면서 "정부 시행령을 국회가 좌지우지하도록 한 개정안은 행정부 고유 권한까지 제한하는 것으로, 행정부 기능은 사실상 마비 상태에 빠질 우려도 크다"고 밝혔다. 이어 "국회는 개정안을 정부에 송부하기에 앞서 다시 한번 면밀하게 검토하길 바란다"고 요구했다.

이에 대해 새누리당 유승민 원내대표는 국회에서 기자들과 만나 "어떤 부분이 삼권분립에 위배되는지 이해할 수 없다"며 "법률과 시행령 충돌 문제에 대한 최종 판단은 대법원이 하는 것이고, 삼권분립에 아무 이상이 없다"고 정면 반박했다. 유승민은 "국회가 시행령 모든 조항에 간섭하는 게 아니다. 좀 너무 과하게 해석하는 것 같다"고도 했다.[51]

이미 정무수석 조윤선을 통해 여당 지도부에 국회법 개정안은 삼권분립 위반이기 때문에 절대로 받아선 안 된다는 입장을 전달했던 박근혜는 분노했다. 그는 회고록에서 "하지만 국회에서 들려오는 얘기가 점점 여당이 개정안을 받는 쪽으로 기울어진다는 것이었다"며 다음과 같이 썼다.

"나는 불안해져서 5월 28일 저녁 이병기 비서실장에게 '이상한 얘기가 자꾸 나오는데 국회법 개정안은 절대 안 된다는 것을 유승민 원내대

여야 합의로 통과된 '국회법 개정안'에 대해 청와대는 "헌법상 권력분립 원칙에 위배될 소지가 있다"면서 강력하게 반발했다. 보수 단체 회원들이 박근혜 대통령의 국회법 개정안 거부권 행사를 촉구하고 있다.

표한테 다시 전달하라'고 지시했다. 그랬는데 이 실장이 원내대표와 연락이 안 된다는 것이었다. 유 원내대표가 일부러 연결을 피하는 듯했다. 어처구니없었다. 원내대표로서 아무리 협상이 어렵다지만 당·청이 한 팀이라면 그런 중차대한 사안은 서로 의논이라도 해야 하는 것 아닌가. 나중에 이 실장이 조해진 원내수석부대표하고 연락이 닿았는데 협상이 종료돼 되돌리기에는 이미 늦었다는 반응이라고 했다.……이런 상황 전개를 보고 나는 더는 유승민 원내대표와 함께 일할 수 없다고 결심했다."[52]

6월 1일 박근혜는 여야 합의로 국회를 통과한 국회법 개정안에 대해 "정부로서는 도저히 받아들일 수 없다"고 말해 거부권 행사 뜻을 내

비쳤다. 박근혜는 이날 청와대 수석비서관회의에서 "과거 국회에서도 이번 국회법 개정안과 동일한 내용에 대해 위헌 소지가 높다는 이유로 통과되지 않은 전례가 있다"며 "(이번 개정안에 따르면) 국정은 결과적으로 마비 상태가 되고 정부는 무기력해질 것"이라고 말했다.

또한 박근혜는 "국회에 상정된 각종 민생 법안조차 정치적 사유로 통과되지 않아 경제 살리기에 발목이 잡혀 있다", "미래세대를 위한 공무원연금 개혁조차 전혀 관련도 없는 각종 사안들과 연계시켜서 모든 것에 제동이 걸리고 있는 것이 지금 우리의 정치 현실"이라며 "피해는 고스란히 국민들에게, 그리고 우리 경제에 돌아가게 될 것"이라며 '민생 논리'를 들고 나왔다.[53]

이에 『경향신문』은 「삼권분립을 더 훼손하는 건 박 대통령이다」는 사설에서 "국회의 입법권에 개의치 않고 자기가 원하는 대로 국정을 운영할 수 있는 일탈된 행정입법 권한을 내놓지 않겠다는 발상이다. 그러니 여당인 새누리당 의원 대다수를 포함해 재적의원 3분의 2가 넘는 211명이 찬성해 통과시킨 국회법 개정안을 기어코 막겠다고, 국회에 선전포고를 하고 나섰을 터이다"고 비판했다.[54]

### "배신의 정치는 국민이 심판해주셔야"

6월 25일 오전 박근혜는 청와대에서 직접 주재한 국무회의에서 "국회법 개정안은 사법권을 침해하고 정부 행정을 국회가 일일이 간섭하겠다는 것으로 역대 정부에서도 받아들이지 못했던 사안"이라며 국회법 개정안에 대한 '재의요구안(거부)'을 의결했다. 박근혜의 강한 의지를 반영한 듯 재의요구안은 국무회의 첫 안건으로 상정되어 법제처장의 법안 내용 설명 후 5분여 만에 의결되었다. 이어 "국가 위기를 자초하는 것이기 때문에 불가피하게 거부권을 행사할 수밖에 없다"고 강조했다. 박근혜는 이날 모두 발언 16분 중 12분가량을 정치권 비판에 할애했다. 목소리 톤은 평소보다 3배 정도 높아, 거의 유세하는 수준이었으며, 특히 실무진이 전날 밤 올린 연설 원고를 본 후 더 강한 표현을 넣도록 지시한 것으로 알려졌다.[55]

이날 박근혜는 "정치가 국민들을 이용하고 현혹해서는 안 된다"며 강도 높은 발언을 이어 나갔다. 그는 "늘상 정치권에서는 언제나 정부의 책임만을 묻고 있고, 정부와 정부 정책에 대해 끊임없는 갈등과 반목, 비판만을 거듭해왔다"며 "일자리 법안들과 경제 살리기 법안들이 여전히 국회에 3년째 발이 묶여 있다. 정치권에서 민생 법안이 아닌 정치적 이해관계에 묶인 것들부터 서둘러 해결하는 걸 보고 비통한 마음마저 든다"고 말했다. 또 "국회가 꼭 필요한 법안을 당리당략으로 묶어놓고 있으면서 본인들이 추구하는 당략적인 것을 빅딜을 하고 통과시키는 난센스적인 일이 발생하고 있다"고 비판했다.

또한 박근혜는 유승민을 직접 언급하면서 "여당 원내사령탑도 정부·여당의 경제 살리기에 어떤 협조를 구했는지 의문이 가는 부분"이라며 "민의를 대신하고 국민들을 대변해야지, 자기의 정치철학과 정치적 논리에 이용해서는 안 된다"고 하면서 박근혜는 "저도 당과 후보를 지원하고 다녔지만 돌아온 것은 정치적·도덕적 공허함"이라며 배신감을 토로했다.

나아가 박근혜는 새누리당을 향해 "오로지 선거에서만 이기겠다는 생각으로 신의를 저버리고 국민의 삶을 볼모로 이익을 챙기려는 구태 정치는 이제 끝을 내야 한다"면서 "당선된 후 신뢰를 어기는 배신의 정치는 결국 패권주의와 줄세우기 정치를 양산하는 것으로 반드시 선거에서 국민이 심판해주셔야 할 것"이라고 말했다. 사실상 유 원내대표 사퇴를 촉구한 것으로 여당 운영에 직접적으로 개입한 것이었다.[56]

박근혜는 회고록에서 "내가 말한 배신은 대통령에 대한 배신이 아니라 국민에 대한 배신을 의미한 것이다"며 이렇게 말했다. "우리가 '국민에게 뽑아주시면 이러저러한 일을 하겠다'고 약속해서 당선됐으면 그 약속을 충실히 지켜야 한다. 여당 원내지도부가 정부의 공약 이행에 협조하지 않는다면 결과적으로 국민에 대한 배신이 된다는 것을 가리킨 것이다. 내 발언 이후 새누리당에서도 유 원내대표가 더는 직을 유지하기 어렵다는 분위기가 확산돼 그는 7월 8일 원내대표직에서 물러났다."[57]

## "정국을 파국으로 모는 대통령의 협박 정치"

유승민은 6월 26일 오전 국회 헌정기념관에서 열린 정책자문위원 위촉장 수여식에서 "박근혜 대통령께도 진심으로 죄송하다는 말씀을 드린다"면서 "대통령께서 국정을 헌신적으로 이끌어 나가려고 노력하고 계시는데 여당으로서 충분히 뒷받침해주지 못한 점에 대해 송구한 마음을 금할 길이 없다"고 밝혔다.[58] 그는 90도로 머리를 숙이며 대통령에게 공개 사과했지만, 정권은 오히려 대통령 발언을 비꼰 것으로 해석했다.[59]

그렇지만 이런 갈등에 대해 여론은 박근혜에게 더 큰 책임이 있다고 보았다. 『한겨레』는 「정국을 파국으로 모는 대통령의 협박 정치」라는 사설에서 "박 대통령이 이날 국무회의 발언에서 쏟아낸 정치권에 대한 비판과 혐오는 섬뜩할 정도다. 여야 정치권을 싸잡아 비판하는 목소리가 청와대 본관 회의실을 쩌렁쩌렁 울릴 정도였다고 한다"며 다음과 같이 말했다.

"정부의 총체적 능력 부족과 계속된 시행착오, 판단 잘못에 대한 자성은 눈곱만큼도 없다. 무엇보다 국가의 위기를 초래한 당사자가 그런 말을 하는 것부터 염치없는 일이다. 그런데도 박 대통령은 본인을 제외한 정치인들을 모두 '형편없는 사람들'로 몰아쳤다. 심지어 국회법 개정 문제의 원만한 해결을 위해 동분서주했던 국회의장에게까지 박 대통령은 공개적으로 망신과 모욕을 안겨주었다. 입법부 수장마저도 손아랫사람으로 업신여기고 있는 것이다."[60]

「대통령의 독선, '정치'를 짓밟다」는 『한겨레』 기사에서 정치평론가 유창선은 "메르스 사태에 대한 최고책임자로서 책임을 통감하고 국민 앞에 고개 숙여도 시원치 않을 판에 국민이 보는 앞에서 국회와 정치권에 호통을 치는 것이야말로 삼권분립을 무시하고 국회 위에 군림하려는 것"이라며 "박 대통령이 유신독재 시절에나 통했던 리더십이 지금도 받아들여지리라 착각을 하고 있다"고 비판했다.[61]

「"박 대통령, 지도자 아닌 군주의 정치"」라는 『경향신문』 기사에서 경희대학교 후마니타스칼리지 교수 김윤철은 "민주국가에서의 대통령 권력은 민심을 샀을 때 얻어지는 것인데 박 대통령은 그런 의미에서 대통령과 왕을 헷갈려 하는 것이 아닌가 싶다"며 "대통령 권력의 절대화를 지향하는 것이 아닌가 생각된다"고 말했다. 전 환경부 장관 윤여준은 "박 대통령 자신이 최고책임자가 아니라 본인은 그 위에 있는 '초월자'

라는 의식이 있어 보였다"면서 "그렇기 때문에 대통령은 국정 최고책임자인데도 책임의식이 없는 것"이라고 지적했다. 한신대학교 교수 윤평중은 '박근혜 정치'의 전형성을 언급하며 "불신을 키우고 갈등을 증폭하는 정쟁에는 능한데, 리더십을 통해 현안을 해결하고 비전을 제시하는 통치에는 대단히 무능하다"고 평가했다. 윤평중 교수는 이번 사태도 "메르스로 인한 지지율 폭락, 민심 이반이라는 상황에서 레임덕(권력누수) 탈출을 위한 또 하나의 승부수를 띄운 것"이라고 분석했다.[62]

### '여왕과 공화국의 불화'인가?

더욱 중요한 사실은 보수언론마저 박근혜 비판에 나섰다는 점이었다. 『동아일보』는 6월 26일자 사설에서 "박 대통령 발언은 너무 거칠고 직설적이다. 박 대통령도 자신의 실책에 대해 국민에게 사과해야 한다"고 했다. 논설위원 박성원은 이날 쓴 칼럼에서 "지금은 대통령이 여당 지도부를 불러 재떨이를 던지며 경부고속도로 건설에 필요한 재원 조달 법안을 통과시키도록 야단칠 수 있었던 박정희 시대와 다르다"고 지적했다. 이어 6월 27일자 사설에선 "국회법 혼선이 유 원내대표만의 잘못이라고 할 순 없다. 국회선진화법에 발목 잡혀 야당에 끌려다니는 그를 지원하기 위해 박 대통령이 기자회견이나 야당 지도부 설득을 한 적도 없다"며 "대통령의 개인 감정 때문에 여당 원내대표를 갈아치우는 것이 온당한지 의문"이라고 했다.

『조선일보』는 6월 27일자 사설에서 이 갈등을 "청와대와 여당이 앞장서서 정국 파행을 이끄는 기상천외한 사태"로 규정했다. 이 사설은

"대통령이 눈 한 번 부라렸다고 국회의원 160명을 대표하는 여당 원내대표가 공개적으로 용서를 비는 장면은 해외 토픽감"이라고 꼬집었으며, "대통령의 '안 된다'는 말 한마디에 자기들 손으로 통과시킨 법안을 군소리 없이 쓰레기통에 처박아버리는 새누리당도 미덥지 않기는 마찬가지"라고 비판했다.

『중앙일보』는 6월 30일자 사설에서 "친박이라는 사람들은 눈만 뜨면 유승민 원내대표에게 물러나라고 삿대질이다. 이들이 유승민 사퇴 명분으로 들고나온 가장 큰 이유는 바로 대통령의 신임을 상실했다는 점이다"며 "대통령에게 신뢰를 잃었다고 사퇴를 종용하는 건 민주 절차에 따라 뽑은 대표를 부정하는 일이자, 의회민주주의를 부정하는 위험천만한 발상"이라고 비판했다.[63]

『조선일보』논설주간 양상훈은 「여왕과 공화국의 불화」라는 7월 2일자 칼럼에서 "박 대통령은 열두 살 때 청와대에 들어가 18년간 물러나지 않을 것 같은 통치자의 딸로 살았다. 그를 '공주'라고 부른다고 해서 이상할 것이 없는 시대였다. 나중에는 퍼스트레이디의 역할까지 했다. 열두 살부터 서른 살까지의 생활이 사람의 인격 형성에 어떤 영향을 미치는지는 모두가 안다. 박 대통령은 청와대에서 나온 뒤 18년간은 사회와 사실상 분리된 채 살았다. 공주에서 공화국의 시민으로 자연스럽게 내려올 수 있었던 그 기간을 일종의 공백기로 보냈다"며 다음과 같이 말했다.

"박 대통령이 당선된 다음 날 언론은 '대통령의 딸이 대통령 됐다'고 썼지만 박 대통령을 잘 아는 사람들 중에는 그때 이미 '공주가 여왕 된 것'이라고 말하는 사람들이 있었다. 박 대통령의 불통不通 논란에 대해 어떤 이는 '왕과 공화국 사이의 불통'이라고 했다. 대통령과 국민이

## 여왕과 공화국의 불화

양상훈 칼럼
논설주간

> "
> 박 대통령 모습이 군림하는 王 같다면 대통령과 국민이 다른 시대를 사는 것 여왕이 나라 걱정해도 不運일 수밖에 없다
> "

박근혜 대통령 계파였다가 결국 등을 지게 된 사람은 많다. 박 대통령의 서울 삼성동 집에서 처음으로 '친박'을 결심했을 때의 멤버 70%가 등을 돌렸다고 한다. 그 사람들이 공통적으로 하는 얘기는 "박 대통령은 우리를 신하(臣下)로 여긴다"는 것이다. 박 대통령은 이 얘기를 어떻게 생각할지 모르겠지만 그들은 그렇게 느꼈다는 것이다. 당 대표와 따르는 의원이 왕과 신하 같았던 당시에 대통령이 된 지금은 아랫사람들이 어떻게 느낄지 짐작하기 어렵지 않다.

사실 박 대통령은 보통 사람들 상식으로는 잘 납득할 수 없는 모습을 보일 때가 적지 않다. 그는 초선 의원으로 당선되자마자 비서실장을 두었다. 당의 최고간부인 사무총장이나 정책위의장도 비서실장을 두지 않는다. 당 대표만 비서실장을 둔다는 사실을 모르지 않았을 텐데도 굳이 비서실장을 두었다. 전무후무한 일이었다. 박 대통령은 '나는 너희와는 다르다'는 생각을 갖고 있었던 것일까.

열렬 친박이었다가 완전히 갈라선 사람이 전하는 말에도 믿기 힘든 내용이 있다. 과거 그 의원이 박대를 모시고 차를 타고 이동할 때 박 대표 옆자리에 앉았다고 한다. 그랬더니 박 대표 비서들이 앞으로는 운전석 옆에 흔히 조수석이라고 부르는 자리에 앉으라고 하더라는 것이다. 일반적인 당 대표와 의원 사이라면 상상할 수 없는 얘기다.

박 대통령은 대표 시절 아무리 국회의원이라고 해도 밖에서 자율적으로 말하는 것을 싫어했다. 언론에 '모 의원'이라고 이름도 밝히지 않고 무슨 말을 하면 끝까지 그게 누군지 찾아내 진위를 물었다. "왜 그렇게 말씀하셨어요?" 이런 전화 한 번만 받게 되면 다들 입을 다물었다고 한다. 그런 사람들이 시간이 지나면서 하나둘 박 대통령 옆을 떠났다. 한 사람은 "내가 머슴 같다는 생각이 들었다"고 했다. 박 대통령이 말을 하면 모두 일제히 받아 적는 모습이 보기가 싫다는 사람이 나온 적이 있다. 박 대통령은 잘 이해하지 못했다고 한다. 대통령이 하는 말을 다 받아 적는 게 뭐가 이상하냐는 생각이었을 것이다.

박 대통령 주변에 신비주의가 있다. 대통령이 언제 출근하는지, 지금 어디에 있는지 청와대 비서실장도 모를 때가 있다. 세월호 사고 때 그렇게 흔히 나고도 메르스 사태 때 담당 장관이 대면 보고를 하는 데 6일이나 걸렸다. 사람들은 대체 왜 그러냐지 이해를 못 하겠다고 답답해한다. 그런데 대통령과 장관의 관계가 아니라 왕과 신하의 관계라고 생각하고 이 모든 일들을 보면 이상하지 않다.

전(前) 비서실장 시절 수석들은 업무보고를 대통령이 아닌 비서실장에게도 했다고 한다. 그 비서실장은 '윗분의 뜻을 받들어'와 같은 왕조시대 용어를 써서 대통령을 받들었다. 그러니 대통령과 장관·수석 사이를 군신(君臣) 관계라고 해도 과언이 아닐 정도로 벌어졌다. 대통령이 장관의 태도가 마음에 들지 않는다면 경질하면 그만이다. 그러지 않고 사상 초유의 면직 발표까지 한 것은 대통령이 법률상 임면권을 행사해 본 것이 아니라 부하나 신하의 불충(不忠)을 응징한 것이다.

박 대통령은 충성스런 지지자들을 갖고 있다. 거의 무조건적인 지지다. 박 대통령이 과거 선거 유세에 나가면 어디서나 열렬한 환호에 휩싸였다. 전라도에서도 사람들이 뛰어나와 '박근혜'를 보려고 몰려들었다. 미장원에서 파마를 하다 그대로 달려와 소리를 지르는 사람도 있었다. 정치적 지지가 아니라 애정에 가까웠다. 박 대통령 가문(家門)을 향한 애련한 마음도 섞여 있다. 이런 정치인은 그 말고는 아무도 없다. 박 대통령이 '나는 일반 정치인이 아니다'는 생각을 할 만도 하다.

박 대통령은 열두 살 때 청와대에 들어가 18년간 물러나지 않을 것 같은 통치자의 딸로 살았다. 그를 '공주'라고 부른다고 해서 이상할 것이 없는 시대였다. 나중에는 퍼스트레이디의 역할까지 했다. 열두 살에서 서른 살까지의 생활이 사람의 인격 형성에 어떤 영향을 미치는지는 누구나 안다. 박 대통령은 청와대에서 나온 뒤 18년간은 사회와 사실상 분리된 채 살았다. 공주에서 공화국의 시민으로 자연스럽게 내려올 수 있었던 그 기간을 일종의 공백기로 보냈다. 박 대통령이 당선된 다음 날 언론은 '대통령의 딸이 대통령 됐다'고 썼지만 박 대통령을 잘 아는 사람들 중에는 그때 이미 "공주가 여왕 된 것"이라고 말하는 사람들이 있었다.

박 대통령의 불통(不通) 논란에 대해 어떤 이는 '왕과 공화국 사이의 불화'라고 했다. 대통령과 국민이 다른 시대, 다른 세상을 살고 있다는 얘기인데 작은 문제가 아니다. 사람들이 국회의원이라면 진저리를 치는데도 박 대통령이 국회 원내대표를 배신자라며 쫓아내는 데 대해서만은 부정적 여론이 높다고 한다. 왕이 군림하는 듯한 모습을 본 공화국 시민들의 반응일 것이다.

박 대통령이 여왕이라고 해도 개인 이익을 추구하는 왕이 아니라 종일 나라를 걱정하는 왕이에는 틀림없다. 그러나 지금 이 시대는 아무리 나라 걱정을 하고 잘해 보려고 해도 그게 옛날 제왕식이면 통하기 어렵다는 게 문제가 아니다. 이번 일도 짚 밟은 지식인이 황망을 느끼는 걸 보았다. 몸에 밴 사고 체계와 스타일을 바꿀 수 없다면 '인자하고 겸허한 여왕'이기라도 했으면 하는 바람이다.

『동아일보』는 "박 대통령 발언은 너무 거칠고 직설적"이라고, 『중앙일보』는 "의회민주주의를 부정하는 위험천만한 발상"이라고, 『조선일보』는 "대통령과 국민이 다른 시대, 다른 세상을 살고 있다"고 보수언론마저 박근혜를 비판했다. (『조선일보』, 2015년 7월 2일)

다른 시대, 다른 세상을 살고 있다는 얘기인데 작은 문제가 아니다. 사람들이 국회의원이라면 진저리를 치는데도 박 대통령이 국회 원내대표를 배신자라며 쫓아내는 데 대해서만은 부정적 여론이 높다고 한다. 왕이 군림하는 듯한 모습을 본 공화국 시민들의 반응일 것이다."[64]

『동아일보』 논설위원 박성원은 「배신자 만들어내는 대통령」이라는 7월 3일자 칼럼에서 유승민이 꼭 3년 전 한 인터뷰에서 박근혜에 대해 한 말을 소개했다. "박 전 대표의 비서실장을 할 때도 주군을 모신다는 생각은 없었다. 박 전 대표와 내가 상하, 주종, 고용주와 피고용주 관계

라고 생각 안 한다. 뜻을 같이하는 동지적 관계라고 생각했다." 이어 박
성원은 "동지라는 개념은 박 대통령 사전에 없는 것 같다"며 "그들(국회
의원 및 관료)을 국정 논의 상대로 인정하지 않는 듯한 자세가 자꾸 배신
자를 만들어내는 것은 아닌지 돌아볼 때"라고 했다.

　박근혜가 보수언론마저 등을 돌리게 하는 정치를 통해 얻고자 했던
건 과연 무엇이었을까? 정녕 '왕과 공화국 사이의 불통'이었던 걸까? 그
게 아니라면 그 관계를 정상으로 복구하기 위해서라도 엄격한 자기 성
찰에 임해야 했던 게 아닐까? 이때까지도 박근혜는 문제의 심각성을 제
대로 느끼지 못하고 있었던 것으로 보였다.

# 간통죄 위헌 결정

한국여성정책연구원이 2014년 6월 성인 2,000명(남성 1,024명, 여성 976명)을 대상으로 조사해 2015년 2월 15일 공개한 「간통죄에 대한 심층 분석」 보고서에 따르면, '결혼한 뒤 간통 경험이 있다'고 답한 남성은 36.9%로 나타났다. 결혼 후 다른 남자와 간통한 여성은 6.5%로 조사되었다. 현행법상 간통죄로 처벌받을 수 있는 경험을 한 응답자는 전체의 23.6%였으며, 남성이 32.2%, 여성이 14.4%였다. 이는 결혼 후의 간통과 결혼 전 배우자가 없는 상황에서 배우자가 있는 이성과 성관계를 맺은 경우도 포함된 것이다. 결혼 전 배우자가 있는 이성과 성관계를 한 적이 있다고 답한 남성은 20%였고, 여성도 미혼 시절 유부남과 잠자리를 했다고 고백한 비율이 11.4%였다.[65]

2015년 2월 26일 헌법재판소는 간통죄에 대해 재판관 9명 중 7명의 찬성 의견으로 위헌違憲 결정을 내렸다. 이로써 간통죄는 이날 폐지되었다. 1953년 형법에 간통죄가 도입된 이후 62년 만이었다. 위헌 결정으로 간통죄에 마지막 합헌 결정이 선고된 다음 날인 2008년 10월 31일 이후 간통 혐의로 수사나 재판을 받고 있는 사람은 수사와 재판이 중지되고, 유죄가 확정된 사람은 재심을 통해 무죄판결을 받을 수 있게 되었다.

박한철·이진성·김창종·서기석·조용호 재판관은 위헌 의견에서 "간통죄는 과잉금지 원칙에 반해 국민의 성적 자기결정권과 사생활의 비밀 자유를 침해하는 것으로 헌법에 위반된다"고 밝혔다. 이들 재판관은 "혼인과 가정의 유지는 당사자의 자유로운 의지와 애정에 맡겨야 한다"며 "형벌을 통해 타율적으로 강제될 수 없다"고 판단했다.

별도 위헌 의견을 낸 김이수 재판관은 배우자에 대한 성적 성실의무가 없는 미혼의 상간자까지 처벌하도록 하는 것은 국가형벌권의 과잉 행사로 판단했다. 강일원 재판관 역시 "죄질이 다른 수많은 간통 행위를 반드시 징역형으로만 응징하도록 한 것은 위헌"이라며 "간통죄가 적용되지 않는 배우자의 종용(사전동의)이나 유서(사후승낙)의 개념이 명확하지 않아 명확성 원칙에 위배된다"고 밝혔다.

반면 이정미·안창호 재판관은 "간통죄 폐지는 '성도덕의 최소한'의 한 축을 허물어뜨림으로써 성도덕 의식의 하향화를 가져온다"며 위헌 결정에 반대했다. 이정미·안창호 재판관은 "급속한 개인주의적, 성 개방적 사고방식에 따라 성에 관한 국민의 법의식에 많은 변화가 있었다"며 "그러나 우리 사회에서 남녀의 정절 관념은 전통윤리로서 여전히 뿌리 깊게 자리 잡고 있다"고 판단했다.[66]

3월 6일 여론조사 기관 한국갤럽이 전국 성인 남녀 1,003명을 대상으로 실시한 조사에 따르면 간통죄 폐지에 대해 53%는 '잘못된 판결'이라고 답했다. '잘된 판결'이라는 응답은 34%였으며, 13%는 의견을 유보했다. 성별로는 남성보다 여성이 간통죄 폐지에 더 부정적이었다. 남성은 '잘된 판결'이라는 응답이 42%, '잘못된 판결'이라는 응답이 43%로 찬반이 팽팽히 맞섰다. 반면 여성은 '잘된 판결'(26%)이라는 의견보다 '잘못된 판결'(63%)이란 응답이 압도적으로 많았다.[67]

## 제3장

# '자원외교' 감사와
# 북한의 DMZ 지뢰 도발 사건

### '이명박 자원외교' 감사와 논란

2015년 7월 14일 감사원은 '해외자원개발사업 성과분석' 감사 결과를 발표하면서 이명박 정부에서 중점을 두고 추진한 해외자원개발 사업의 실적이 거의 없다고 밝혔다. 이는 이명박 정권 시절 감사원이 행한 감사 결과와 판이하게 다른 결과였다.[68] 이명박은 회고록에서 "(이명박 정부 시절) 총회수전망액은 30조 원으로 투자 대비 총회수율은 114.8%에 이른다"고 말했는데 현실은 이와도 전혀 달랐던 것이다.[69]

감사원에 따르면, 우리나라가 1984년 이후 해외자원개발을 위해 투자한 돈은 모두 169개 사업 35조 8,000억 원에 이르는데, 이 가운데 이명박 정부 시절에만 77.6%에 달하는 28조 원이 투자되었다. 하지만 투자 규모에 비해 성과는 극히 미미했다. 석유의 실제 도입 실적은 우리가 손에 쥔 지분의 0.4%(220만 배럴)에 불과했으며, 이마저도 대부분 세 차례 시범 도입한 물량일 뿐이었다. 감사원은 또 사업에 참여한 공사들은 막대한 적자를 떠안고 부실화될 우려가 높다고 지적했다. 사업 초기인 2008~2014년에 발생한 적자는 예상(3조 1,000억 원)보다 9조 7,000억 원 많은 12조 8,000억 원에 달했지만 각 공사가 향후 46조 6,000억 원을 추가 투자할 계획을 세우고 있어 사업 부실화와 재무 위험이 커질 것이라는 게 감사원의 지적이었다. 당장 2019년까지 필요한 추가 투자 규모만 22조 원이 넘는 것으로 지적되었다.[70]

『경향신문』에 따르면, 자원외교는 부실 덩어리였다. 산업통상자원부는 비상시 해외자원개발 지역에서 들여올 자원 양이 하루 23만 6,000배 럴이라고 호언했지만, 감사원 감사 결과는 그 24%인 6만 배럴에 그쳤다. 또 석유·광물·가스공사가 투자 중인 60개 사업 중 자원 확보 효과가 있는 사업은 23개에 불과했다. 석유공사는 자원의 해외 반출을 금지하거나(미국), 자국 석유공사에만 원유를 독점 공급하는(페루) 등 자원 확보가 안 되는 10개 사업에 5조 7,000억 원을 투자했다. 투자 결정 과정에서 문제도 심각했다. 가스공사는 2012년 탐사 사업을 하면서 전문과 자문 없이 토목기사 자격증이 있는 사내 직원 1명에게 평가를 맡기고 투자를 결정했으며, 석유공사는 2011년 투자비를 3,080억 원 증액하면서 이사회 의결을 받지 않았다. 광물공사는 자문사에서 채굴 활동 금지 가능성에 대해 자문을 받고도 이사회에 보고하지 않다.[71]

『한겨레』는 7월 15일자 사설 「수십조 나랏돈 날린 '이명박 자원외교'」에서 "사정이 이 지경까지 이른 데는 특히 이명박 정부가 철저한 준비나 투명한 절차 없이 실적 보여주기식 국책사업으로 해외자원개발을 무리하게 밀어붙인 탓이 제일 크다. 부실투성이 사업을 4조 5,000억 원

감사원은 이명박 정부의 해외자원개발 사업은 투자 규모에 비해 성과는 극히 미비하다고 발표했다. 캐나다 에너지 회사 하베스트의 시추 모습.

을 들여 덜컥 인수했다가 손실 확정액만 이미 1조 5,000억 원을 넘긴 석유공사의 캐나다 하베스트 인수가 대표적이다"며 다음과 같이 말했다.

"이 과정에서 겉으로는 자원 공기업의 의사결정이라는 모양새를 띠었지만, 실제로는 청와대와 정권 실세가 모든 과정을 쥐락펴락한 정황은 충분히 드러난 상태다. 한때 온 나라를 뜨겁게 달군 무상급식 재정은 연간 2조 원 남짓이다. 무책임한 정권이 날려버린 나랏돈 수십조 원에 견줄 때 새발의 피에 불과한 액수다. 이명박 정부의 '자원외교'는 단순한 정책 실패 사례가 아니다. 더 늦기 전에 진상을 낱낱이 밝혀내고, 책임자를 반드시 가려내야 한다."[72]

# 북한의 DMZ 지뢰 도발 사건

8월 4일 경기도 파주 비무장지대DMZ에서 목함지뢰 3개가 잇따라 터져 부사관 2명(하재헌·김정원 하사)이 다리가 절단되는 등의 중상을 입는 사건이 발생했다. 8월 10일 합참은 비무장지대에서 수색 작전을 벌이던 우리 병사 2명이 4일 북한이 매설해놓은 것이 확실시되는 목함지뢰에 심각한 중상을 입었다고 발표하고 대북 성명을 통해 "북은 혹독한 대가를 치르게 될 것"이라고 경고한 뒤 첫 조치로 11년 만에 대북 확성기 방송을 개시했다.[73]

8월 11일 박근혜는 북한의 지뢰 도발을 두고 "우리 정부는 강력한 대북 억지력을 바탕으로 한 압박도 지속해나가는 한편 북한과의 대화 재개를 위한 노력도 지속해나갈 것"이라고 말했다. 북한 지뢰 도발 사태에 대한 첫 공식 언급이었다. 이에 앞서 청와대 민경욱 대변인은 이날 춘추관 브리핑에서 "이번 사건은 북한군이 군사분계선을 불법으로 침범해 목함지뢰를 의도적으로 매설한 명백한 도발"이라며 "북한의 도발 행위는 정전협정과 남북 간 불가침 합의를 정면으로 위반한 것으로서 우리는 북한이 이번 도발에 대해 사죄하고 책임자를 처벌할 것을 엄중히 촉구한다"고 말했다.[74]

8월 11일 『디펜스21』편집장 김종대는 자신의 페이스북에 올린 「지뢰에 무너진 박근혜 정부의 위기관리」라는 글에서 지뢰 폭발 사건과 관련해 박근혜 정부의 위기관리 능력에 대해 강하게 성토했다. 김종대는 "최초 지뢰 사고가 발생한 8월 4일로부터 6일이 지난 시점에서야 북한의 지뢰 도발이라고 말하는 믿어지지 않을 만큼 느린 대응, 이건 무얼 말하는 걸까요?"라면서 "6일이 지나도록 가만있다가, 그것도 일부 예비역들과 국회의원이 말하는 동안에도 국방부는 아무런 대응 작전도 하지 않았다? 그리고 이제 와서 대북 확성기 방송 재개와 DMZ 주도권 장악 작전을 실시한다? 이게 어찌된 일일까요? 이게 실효성이 있습니까?"라고 추궁했다.[75]

8월 11일 새정치민주연합 대표 문재인은 다리가 절단된 채 국군수도병원에 누워 있는 김정원 하사를 찾아가 웃는 얼굴로 "짜장면 한 그릇 먹고 싶다든지 그런 소망 없어요?"라고 말해 논란을 빚었다. 이런 상황은 '문재인 대통령의 공감 능력' 등의 제목을 붙인 영상이나 사진으로 제작되어 온라인에서 퍼졌고, 많은 이의 비판을 받았다.[76]

8월 12일 청와대는 북한의 지뢰 도발 사건에 대한 정부의 늑장·부실 대응 논란이 불거지자 사건이 발생한 4일부터 9일까지 네 차례에 걸쳐 박근혜 대통령에게 보고했다고 밝혔다. 이날 브리핑에서 청와대는 1차 보고는 위기관리센터를 통해 박근혜 대통령에게 보고가 이루어졌고, 나머지 세 차례는 김관진 안보실장이 서면 또는 유선 구두 형식으로 보고했다고 설명해 박근혜 대통령이 국방부 장관이나 국가안보실장에게서 직접 대면 보고를 받지 않은 것으로 밝혀졌다.[77]

8월 12일 새누리당 의원 유승민은 한민구 국방부 장관이 참석한 국회 국방위 전체회의에서 북한의 지뢰 도발 바로 다음 날 정부가 남북고위급 회담을 제안한 데 대해 청와대의 컨트롤타워 기능을 문제 삼았다. 유승민은 "전날(4일) 지뢰 사고가 터졌는데 통일부 장관이란 사람이 다음 날 북한에 (회담) 제안을 하고, 정신 나간 짓 아니냐"면서 "부처 사이에 전화 한 통 안 하나? 청와대 NSC(국가안전보장회의) 사람들은 도대체 뭘 하는 사람들이냐"고 따졌다.

앞서 유승민은 한민구 국방부 장관에게 지뢰 폭발 사건이 발생하고 이틀이 지나서야 현장 조사가 이루어졌다는 국방부 보고서에 대해서도 "이상한 것 아니냐"고 지적했다. 지뢰 1차 폭발이 있었던 시간이 지난 4일 오전 7시 31분인데도, 5일엔 박근혜 대통령의 북한 경원선 기공식 참석, 이희호 여사 방북, 남북고위급 장관 회담 제안 등이 진행되었고, 6일 에서야 현장 조사가 이루어진 사실에 대한 문제 제기였다.[78]

## 한사코 '대면 보고'를 피하는 박근혜

이 사건의 대응 과정에서 또다시 '대면 보고' 문제가 대두되었다. 8월 14일 『한겨레』는 「이번에도…박 대통령에 '대면 보고' 전혀 없었다」는 기사에서 "지난 4일 비무장지대DMZ에서 발생한 북한 지뢰 도발 사건이 청와대 보고 시점 등 '진실게임' 공방으로 확대되고 있다. 특히 박근혜 대통령이 4차례에 걸쳐 보고받으면서, 국방장관은커녕 청와대 국가안 보실장의 대면 보고조차 한 차례도 받지 않은 것으로 드러나 또다시 불 통 논란에 휩싸이고 있다. 세월호 참사와 중동호흡기증후군(메르스) 사태 등에서 드러난 '대면 보고·컨트롤타워' 논란이 또다시 재연된 셈이 다"면서 다음과 같이 말했다.

"박 대통령이 이번에도 대면 보고를 한 차례도 받지 않았다는 점도 논란이 되고 있다. 국가 안보와 관련한 사안이 발생했는데도, 국군 통수 권자인 박 대통령에게 김관진 청와대 국가안보실장이 서면 및 유선으로 만 보고한데다 그나마 실질 책임자인 한민구 국방부 장관은 박 대통령에게 직접 보고조차 못한 사실이 또다시 드러난 것이다."[79]

『경향신문』은 8월 15일자 사설 「위기 상황에도 대면 보고 안 받는 '불통 대통령'」에서 이렇게 말했다. "중대 사안이 발생할 때마다 대통령이 보고를 언제, 어떻게 받았는지 물어야 하는 상황은 비정상적이다. 위기 상황에서 문서만 들여다보는 지도자가 정확한 판단과 효율적 대응을 할 수 있겠는가. 핵심 참모들과도 소통하지 않는 지도자가 민심을 헤아릴 수 있겠는가. 박 대통령의 리더십이 바뀌지 않는 한 정권의 위기는 계속될 것이다. 문제는 정권뿐 아니라 시민의 생명과 안전도 위기에 처할 수 있다는 점이다."[80]

대면 보고 논란은 박근혜 절반 임기 동안 끊임없이 제기된 비판 가운데 하나였다. 소통 방식이 단순히 개인적 '스타일'을 넘어 국정 운영 혼란의 주범으로 꼽혔기 때문이다. 예컨대 박근혜는 2014년 세월호 참사 당일에도 21차례의 보고를 받았지만 모두 서면과 전화 보고였으며, 2015년 상반기 메르스가 급속히 확산하면서 국민을 공포와 불안 속으로 몰아넣었음에도 문형표 보건복지부 장관에게서 1대 1 대면 보고를 한 차례도 받지 않았다. 왜 박근혜는 대면 보고 방식을 바꾸려 하지 않던 것일까?

박근혜의 '대면 보고 기피증'에 대해 한 참모는 "서면으로 보면 더 많은 정보를 빠른 시일 안에 습득할 수 있다. 서면 보고를 받는다고 소통이 안 된다고 보는 게 문제"라고 해명했지만 서면이나 전화 보고는 '쌍방향 소통'이 아닌 '일방적 지시' 성격이 강하다는 점에서 이는 설득력이 없는 변명이었다. 박근혜가 대면 보고를 기피하는 이유에 대해 새누리당의 한 인사는 "박 대통령은 콘텐츠가 없는 사람이다. (오랜 정치 생활을 했다는 점을 감안하면) 깜짝 놀랄 정도다. 대면 보고를 받으면 그 자리에서 결정을 내려줘야 하는데 그게 불가능하다"고 적나라하게 지적했다. 김만흠 한국정치아카데미 원장은 "대면 보고의 특징은 대통령이 잘못 알고 있거나 잘못 판단하는 걸 그 자리에서 바로잡을 수 있다는 점"이라며 "서면·유선 보고는 일방적인 지시일 뿐이고, 박 대통령 국정 운영의 단면을 보여주는 것"이라고 말했다.[81]

## 대북 확성기 방송의 위력

박근혜는 8·15 광복절 경축사에서 "지뢰 도발로 정전협정과 남북 간 불가침 합의를 정면으로 위반했다"고 북한 정권을 비판했다. 8월 17일 한미 합동 군사훈련인 을지프리덤가디언UFG 훈련이 시작되면서 전방엔 긴장이 더욱 고조되었다. 북한은 대북 확성기를 위협하기 위해 8월 20일 오후 3시 53분과 4시 12분 두 차례에 걸쳐 경기도 연천군 중면 일대에 포격 도발을 했고, 우리 군은 K9 자주포를 동원해 휴전선 이북으로 29발의 대응 사격을 했다.

8월 20일 오후 5시 북한군 총참모부는 전통문을 보내 "48시간 이내 대북 심리전 방송을 중지하지 않으면 군사적 행동을 개시한다"고 협박했다. 다음 날 박근혜는 예정되어 있던 지방 일정을 취소하고 전투복 차림으로 경기도 용인의 3군사령부를 방문해 군 지휘관들에게 "어제 대응한 것처럼 앞으로도 북한이 도발하면 현장 지휘관의 판단에 따라 가차 없이 단호하고 즉각적으로 대응하라"고 지시했다.

8월 21일 오후 북한의 대남담당 비서 김양건이 전통문을 보내 "21일

© 연합뉴스  북한의 DMZ 목함지뢰 도발 사건이 발생하자, 박근혜는 "지뢰 도발로 정전협정과 남북 간 불가침 합의를 정면으로 위반했다"고 비판했다. 그리고 8월 17일 을지프리덤가디언 훈련이 시작되면서 전방에는 긴장이 더욱 고조되었다.

이나 22일 판문점에서 김관진 국가안보실장과 일대일 접촉을 하자"고 제안했다. 목함지뢰 사건의 논의를 위해선 북한군 책임자가 있어야 한다고 판단한 정부는 남쪽에선 김관진과 더불어 통일부 장관 홍용표가 나갈 테니 북쪽에선 김양건과 총정치국장 황병서도 함께 나오라고 수정 제안을 보냈다.

북한이 수정 제안을 받아들여 22일 오후 6시 30분 판문점 평화의 집에서 남북한 '2+2'의 고위급 접촉이 시작되었다. 북한이 목함지뢰 사건에 대해 모르는 일이라고 발뺌을 하는 바람에 1차 접촉은 뚜렷한 성과 없이 새벽 4시 15분까지 이어졌다. 2차 접촉은 23일 오후 3시 30분에 재개되어 25일 0시 55분에 끝났는데, 김관진이 북한의 모르쇠 전략에

'협상 결렬'도 불사하는 강공을 편 덕분에 남북 양측이 6개 조항의 공동 보도문에 합의할 수 있었다. 보도문 제2항은 "북측은 최근 군사분계선 비무장지대 남측 지역에서 발생한 지뢰 폭발로 남측 군인들이 부상당한 것에 대해 유감을 표명하였다"는 내용이었다.

남북은 이 8·25 고위 당국자 접촉에서 대북 확성기 방송 중단과 준전시 상태 해제 이외 이산가족 상봉, 당국 회담 개최, 민간 교류 활성화 등에도 합의했다. 양측은 10월 20일부터 26일까지 금강산 이산가족 상봉(남측 389명과 북측 141명)을 진행했으며, 11월 26일 판문점 실무접촉을 거쳐 12월 11일 개성공업지구에서 차관급이 수석대표를 맡는 제1차 남북당국회담을 개최하기로 합의했다.[82]

그러나 이런 일시적 화해 분위기는 이듬해인 2016년 1월 6일 북한이 4차 핵실험을 감행하면서 다시 얼어붙고 말았다. 당시 '2+2'의 고위급 접촉에 참여했던 홍용표는 훗날(2024년 6월) "당시 북한의 유일한 목적은 확성기 방송을 끄는 것이었다. 이를 위해 우리 측이 원하는 요구 사항을 대부분 수용했다"며 다음과 같이 말했다.

"우리가 확성기를 끄는 대신 북한은 우리 요구 사항인 목함지뢰 도발에 대한 유감 표명, 준전시 상태 해제, 이산가족 상봉, 다양한 민간 교류에 합의했다. 심지어 합의문에 '비정상적인 사태가 발생하지 않는 한'이라는 전제를 달아 확성기 방송을 중단한다는 내용이 포함됐는데 이걸 북한이 받을 줄은 몰랐다. 영구적 중단이 아닌 조건부 중단인데도 그대로 받을 만큼 급하고 절박했던 것이다. 그 문구 덕분에 이후 북한의 4차 핵실험 도발 등이 일어났을 때 확성기 방송을 재개할 수 있었다."[83]

# 주한 미국 대사 리퍼트 피습 사건

2015년 3월 5일 오전 7시 40분께 주한 미국 대사 마크 리퍼트Mark Lippert가 세종문화회관에서 개최된 민족화해협력범국민협의회 조찬 행사에서 한미연합사령부 해체, 정전협정 대신 평화협정 체결 등을 주장하던 우리마당통일문화연구소 대표 김기종에게 피습당해 부상을 입었다.

김기종은 테이블에 앉아 강연을 준비 중이던 리퍼트에게 갑자기 달려들어 25센티미터 길이의 흉기를 휘둘렀고, 무방비 상태의 리퍼트 대사는 오른쪽 광대뼈부터 턱밑까지 길이 11센티미터, 깊이 3센티미터의 자상刺傷과 왼쪽 팔 전완부(팔꿈치~손목) 관통상, 새끼손가락 신경 손상 등의 큰 상처를 입었다. 긴급 후송된 리퍼트는 오른쪽 뺨을 80여 바늘 꿰매고 왼쪽 팔 전완부 신경 접합술을 받는 등 2시간 30여 분에 걸친 큰 수술을 받았다.

피습 자체도 큰 충격이었지만 당시 한미동맹의 초대형 악재로 작용할 수도 있다는 우려가 적지 않았다. 그러나 리퍼트는 "한미동맹 진전을 위해 최대한 빨리 돌아오겠다. 같이 갑시다"(수술 후 4시간 만에 트위터 글), "비 온 뒤에 땅이 굳어진다"(퇴원 기자회견)며 초지일관 의연한 대처로 일각의 우려를 잠재웠다.

북한은 사건 당일 "전쟁 미치광이 미국에 내려진 응당한 징벌, 정의의 칼 세례를 안겼다"고 논평했고, 김기종을 안중근에 비유했지만, 오히려 리퍼트와 미국에 대해 우호적인 여론이 강해지는 동시에 하락하던 박근혜 정부에 대한 지지율마저 반등하는 현상을 초래했다.

살인미수 혐의 등으로 구속기소된 김기종은 2015년 9월 11일 1심 재판에서 징역 12년을 선고받았다. 항소심에서도 1심에서의 혐의가 모두 인정되었으며, 2016년 9월 28일 대법원은 김기종에게 살인미수, 외국사절 폭행, 공무집행방해 혐의를 유죄로 인정해 징역 12년 선고를 확정했다.[84]

# 한국사 교과서
# 국정화 파동

## 한국사 교과서가 촉발한 이념 전쟁

2015년 10월 12일 오후 2시 황우여 사회부총리 겸 교육부 장관은 정부세종청사에서 브리핑을 열고 중·고등학교 한국사 교과서를 현행 검정에서 2017년부터 국가가 발행하는 국정 체제로 바꾸기로 했다면서 관련 계획을 행정예고했다. 교육부는 국정교과서를 '올바른 역사 교과서'로 명명했다.[85]

한국사 교과서 국정화는 "균형 잡힌 역사 교과서 개발 등 제도 개선책을 마련하라"는 박근혜의 뜻이 사실상 반영된 결과였다. 박근혜 정부의 역사 교과서 국정화는 2013년 6월 박근혜가 수석비서관회의에서 "교육 현장에서 진실이나 역사를 왜곡하는 것은 절대로 있어서는 안 되며 바로잡아야 한다"고 강조한 이후 당정이 이를 주도하고 교육부가 뒷받침하는 식으로 진행되어왔다. 2014년 8월 황우여 부총리 겸 교육부

장관이 인사청문회에서 "역사는 국가가 책임지고 한 가지로 가르쳐야 한다"며 국정화를 시사하는 발언을 하면서부터 역사 교과서 국정화 논란이 불거졌다.[86]

정부가 역사 교과서 국정화 전환 방침을 발표한 이날 전국 곳곳에서는 국정화 찬성과 반대 집회가 열렸다. 전국 466개 시민단체가 모인 '한국사 교과서 국정화 저지 네트워크'는 이날 오전 10시 서울 종로구 청운동 동사무소 앞에 모여 발표한 성명서에서 "한국사 교과서 국정화는 민주주의에 대한 도전"이라며 "정부가 공론公論을 무시하고 교과서 국정화를 통해 유신시대로의 회귀를 강행할 경우 전 국민적 저항에 직면할 것임을 명심하라"고 밝혔다.[87]

반면 서울 여의도 국회의사당 앞에서 종북좌익척결단·반국가교육척결국민연합·나라사랑실천운동 등 보수단체 7곳은 "정부의 국사 교과서 국정화에 정당·언론·교육계는 협조하라"는 내용의 기자회견을 열었다. 이들은 '현행 교과서는 학생들에게 민중혁명을 가르친다'는 김무성 새누리당 대표의 말을 인용하며 "좌편향적 국사 교과서를 정상적으로 교정하려는 정부의 노력에 우리는 환영과 지지를 보낸다"고 했다.[88]

10월 12일 새정치민주연합은 정부가 역사 교과서 국정화 방침을 담은 고시를 행정예고하자 이를 '역사 쿠데타'로 규정하고 14개월여 만에 장외투쟁을 재개하는 등 전면전을 선언했다. 문재인 대표는 이날 긴급 의원총회에서 "경제와 민생을 내팽개치고 이념 전쟁에 혈안이 된 박근혜 정부와 새누리당이 더이상 역사 앞에 죄를 짓지 말기를 엄중 경고한다"고 목소리를 높였다.[89]

정부가 국정화를 천명한 가운데 야당·역사학계·교육계 등이 '민주주의 역행'이라며 강력 반발하면서 경제 살리기, 노동 개편, 내년 예산 등 시급한 국정 현안이 모두 역사 교과서 국정화 블랙홀로 빨려들기 시작했다. 사실상 정국이 청와대가 주도하는 '역사 전쟁'의 격랑 속으로 빠져든 것이다.

## 역사 교과서 국정화, 찬성 47.6% 반대 44.7%

박근혜는 미국 순방길에 오르기 직전인 10월 13일 오후 2시 청와대에서 수석비서관회의를 열어 "대한민국 국민으로서 올바른 역사관을 가지고 가치관을 확립해서 나라의 미래를 열어가도록 하는 것은 자라나는 세대들에게 우리가 필연적으로 해주어야 할 사명이라고 생각한다"고 주장했다. 박근혜가 한국사 교과서에 대해 공개적으로 언급한 것은 2014년 2월 이후 처음이었다.[90]

『한겨레』는 「염치도 논리도 없는 대통령의 '국정화 궤변'」이라는 사설에서 "온 나라를 갈등과 혼란의 구렁텅이로 몰아넣은 한국사 교과서 국정화 추진의 '진원지'인 박근혜 대통령이 드디어 입을 열었다.……그 발언은 온통 적반하장, 자가당착으로 가득 차 있었다. 특유의 유체이탈 화법도 어김없이 등장했다. 다수 여론의 반대를 무릅쓰고 국정화를 강행하는 것이 박 대통령의 집착과 아집 때문임을 세상이 아는데도 박 대통령은 모든 것이 교육부의 결정인 양 딴청을 부렸다"고 비판했다.[91]

여성학자 정희진은 "유체이탈 화법은 소통 무능처럼 보이지만 실제 인식론적 기반은 사람이 보이지 않는, 안하무인이다"고 했는데,[92] 사실 박근혜의 유체이탈 화법은 안하무인 화법이었다. 박근혜는 한국사 교과

박근혜는 역사 교과서 국정화로 "국민통합의 계기"가 마련되기를 기대한다고 말했지만, 국민들의 의견은 찬성 47.6%, 반대 44.7%로 절반으로 확연하게 쪼개졌다.

서 국정화로 "국민통합의 계기"가 마련되기를 기대한다고 말했지만, 국민들의 의견은 절반으로 확연하게 쪼개져 통합을 기대하기 어려운 수준으로 나타났다.

10월 14일 '머니투데이 더300'이 여론조사 기관 리얼미터에 의뢰해 역사 교과서 국정화 관련해 여론조사한 결과 찬성 47.6%, 반대 44.7%로 의견이 반으로 갈렸다. 보수층과 진보층은 각기 찬성이 76.3%, 반대가 75.7%로 양극으로 갈라졌고, 지역별로도 영남 지역은 찬성, 호남 지역은 반대가 압도적이었다. 충청과 서울에서는 반대가 52%대로 찬성보다 많았다.[93]

한국사 국정화를 두고 대립이 극에 달한 가운데 10월 22일 청와대에서 박근혜 대통령과 여야 대표·원내대표 '5자 회동'이 '1시간 48분' 동안 진행되었다. 이날 회담의 40% 가까이가 '교과서 토론'이었다. 문재인 새정치민주연합 대표가 모두 발언을 통해 "국민들은 역사 국정교과서를 친일 미화, 독재 미화 교과서라고 생각한다. 또 획일적인 역사 교육을 반대한다. 교과서 국정화를 중단하고 경제와 민생을 돌봐주길 바란다"고 말했다.

이에 박근혜는 "현재 학생들이 배우는 역사 교과서에는 북한이 정통성이 있는 것처럼 서술돼 있다"고 주장하며 "(한국사 교과서 국정화는) 이것을 바로잡자는 순수한 뜻"이라고 말했다. 또 "검정 역사 교과서 집필진의 80%가 편향된 역사관을 가진 특정 인맥으로 연결돼 7종의 검정 역사 교과서를 돌려막기로 쓰고 있어, 결국은 하나의 좌편향 교과서라고 볼 수밖에 없다"며 "따라서 국정교과서는 불가피하다"고 밝혔다. 박근혜는 이어 "6·25전쟁에 관해 남과 북 공동의 책임을 저술한 내용을 봤다"며 "대한민국 정통성을 부인하고, 책을 읽어보면 대한민국에 태어난 것을 부끄럽게 여기게끔 기술돼 있다"고 말했다.

이종걸 원내대표가 "부끄러운 역사로 보이는 게 어떤 부분인가"라고 묻자 "전체 책을 다 보면 그런 기운이 온다"고 답한 것으로 전해졌다. 이종걸은 "우리나라 역사학자 2,000여 명이 국정교과서 집필을 거부했는데 그렇다면 다 특정 좌파 이념에 물든 전문가라는 취지인가. 우리는 그렇게 이해하지 않는다"고 반박했다.[94]

### 청와대가 관여한 교과서 국정화 비밀 작업

10월 25일 새정치민주연합 한국사 교과서 국정화 저지 특위 위원장 도종환은 특위가 입수한 '(한국사 교과서 국정화) 티에프(T/F) 구성·운영계획(안)'을 공개하고 "박근혜 정부가 국정화를 공식 발표하기 전인 지난 9월 말 이미 국정화 방침을 확정한 뒤 서울 종로구 대학로 국립국제교육원에 비선 조직(비공개 티에프) 사무실을 차려놓고 국정화 작업을 추진해왔다"면서 "이 조직은 국정화 작업을 총괄하고 검정교과서 집필진과 전국교직원노동조합(전교조) 등에 대한 색깔론 공세를 주도해왔다"고 밝혔다.

도종환 의원이 입수한 'T/F 구성·운영계획(안)'을 보면, 이 조직은 단장 1명, 기획팀 10명, 상황관리팀 5명, 홍보팀 5명 등 총 21명으로 구성되어 있었다. 단장은 오석환 충북대학교 사무국장이고, 기획팀장은 김연석 교육부 교과서정책과 역사교육지원팀장이 맡았다. 오 사무국장은 교육부의 정식 파견 발령도 받지 않은 채 TF 단장으로 일하고 있었으며, 대부분 교육부 직원들인 다른 팀원들도 별도의 파견 발령 없이 정부세종청사가 아닌 이곳에서 일요일에도 근무하는 것으로 드러났다.

TF가 추진 경과를 청와대에 일일 보고하는 정황도 확인되었다. '운영계획'의 상황관리팀 소관 업무에는 'BH 일일 점검 회의 지원'이라고 명시되어 있다. 도종환 의원은 "제보에 따르면 TF는 진행 상황을 청와대에 날마다 보고하고 청와대 교육문화수석을 포함한 몇몇 청와대 수석들이 회의에 참석했다"고 밝혔다. 상황관리팀은 '교원·학부모·시민단체 동향 파악 및 협력' 업무도 맡고 있었다. 홍보팀은 한발 더 나아가 '온라인 뉴스(뉴스·블로그·SNS) 동향 파악 및 쟁점 발굴'과 '기획기사 언론섭외, 기고, 칼럼자 섭외, 패널 발굴'까지 담당하고 있었다.[95]

이날 밤 새정치민주연합의 도종환·유기홍·김태년 의원과 정의당의 정진후 의원 등 야당 의원 4명과 보좌진, 『한겨레』를 비롯한 취재진

박근혜 정부는 역사 교과서 국정화를 추진하기 위해 사전에 TF팀을 구성해 국정화 작업을 진행해왔다. 국립국제교육원 내 외국인 장학생 회관 앞에서 기자회견을 하고 있는 김태년·유은혜·도종환·정진후 의원(왼쪽부터).

이 이 사무실을 찾아서 확인한 결과 이 조직은 일요일임에도 사무실로 출근해 보고서 작성 업무 등을 하고 있었다. 야당 의원들이 문을 열어줄 것을 요구했으나, 이들은 문을 잠근 채 열어주지 않았고 곧 다른 곳으로 빠져나갔다.

『한겨레』는 10월 26일자 「문 앞서 야당 의원들 막고 '검정교과서 분석' PC 서둘러 꺼버려」에서 "야당 의원과 『한겨레』 등 취재진이 들이닥치자 사무실에 있던 티에프 관계자들은 건물 출입문을 걸어 잠갔다. 야당 교육문화체육관광위원회 소속 국회의원들이라는 신분을 밝혔으나, 이들은 문을 열지 않았다. 곧이어 경찰 경비 병력이 들이닥쳐 건물을 에워싼 채 건물 안에 있는 티에프 관계자들을 보호하기 시작했다"면서 다음과 같이 말했다.

"야당 의원들과 취재진은 밤 10시 현재까지 티에프 사무실 건물 앞에서 잠긴 문이 열리기를 기다렸다.『한겨레』취재진이 창밖으로 확인해보니, 사무실 안 컴퓨터 화면에는 현행 검정교과서들의 '편향성'을 분석한 자료가 창에 띄워져 있었다. 컴퓨터에 붙어 있는 메모지에는 '차관님 업무 보고' '대정부 질의' '국회입법조사처 요구 자료' 등의 메모가 빼곡히 적혀 있었다. 그간 이 사무실에서 이뤄진 작업의 면면을 유추해볼 수 있는 내용들이다. 건물 안에 남아 있던 티에프 관계자들은 취재진의 인기척을 느꼈는지 황급히 불을 끄고 컴퓨터 등 장비를 교체하는 모습을 보였다."

도종환 의원은 "아직 국민의 여론을 수렴하는 행정예고 기간이 남았는데, 박근혜 정부는 벌써 국정화를 기정사실화한 채 비밀 작업을 하고 있다"며 "정부가 비공개 조직을 운영하면서 국가 중대사를 국가 기밀처럼 추진하는 것은 명백히 행정절차법 위반"이라고 주장했다.[96]

### 새누리당의 손을 들어준 10·28 재보선 결과

10월 27일 박근혜는 전 국민에게 방송으로 생중계된 국회에서 진행한 2016년도 예산안 시정연설을 통해 "취임 후 비정상적인 관행과 적폐를 바로잡기 위해 노력해왔다. 역사 교육을 정상화시키는 것은 당연한 과제이자 우리 세대의 사명"이라고 말했다. 박근혜는 또 "집필되지도 않은 교과서, 일어나지도 않을 일을 두고 더이상 왜곡과 혼란은 없어야 한다고 생각한다"며 "역사를 바로잡는 것은 정쟁의 대상이 될 수 없고 되어서도 안 되는 일"이라고 주장했다. 대부분 역사학자들이 집필을 거부하고, 국민 다수가 반대하는 한국사 교과서 국정화를 '비정상의 정상화'로 규정하며 국정화를 예정대로 밀어붙이겠다고 공개 선언한 것이다.[97] 청와대는 이날 박근혜의 시정연설에 보수우익 단체 회원 80여 명을 초청했다.

『한겨레』는 10월 28일자 사설 「극우단체들이 '호위무사'로 등장한 대통령 시정연설」에서 "박근혜 대통령의 국회 시정연설에는 국민행동본부 등 극우단체 회원 80여 명이 '특별 방청객'으로 참여했다. 극우단체 회원들이 박 대통령의 연설을 응원하는 '치어리더' 내지는 '호위무사'로 등장한 셈이다. 이런 풍경은 지금 박 대통령이 추구하는 정치 지향점이나 국정 운영의 방향이 어디를 향하고 있는지를 상징적으로 보여준다"면서 다음과 같이 말했다.

"박 대통령은 이날도 경제니 개혁이니 하는 말을 수없이 되풀이했다. 경제란 단어가 56차례, 청년이라는 말이 32차례, 개혁이 31차례나 나왔다고 한다. 그러나 지금 중요한 것은 이런 단어를 되풀이 강조하는 게 아니다. 역사 교과서 국정화 문제로 나라가 두 동강 난 상태에서 경제가 살아날 리 없고, 분열과 갈등의 소용돌이 속에서 나라가 새롭게 변모할 수 없다. 그래서 대통령의 말들은 모두 아무런 감동도 울림도 전하지 못한 채 공허한 수사만으로 남았다. 그리고 시정연설은 '분열된 국론의 통합'이 아니라 오히려 분열과 갈등의 골을 더욱 깊게 하는 또 다른 계기가 되고 말았다. 억지 논리를 강변하는 대통령, 그리고 여기에 기립박수를 보내는 새누리당과 극우단체 회원들의 뒤틀린 충성 속에 나라는 더욱 멍들어가고 있다."[98]

11월 3일 정부는 여론의 반대를 무릅쓰고 '한국사 교과서 국정화'를 확정 고시했다. 10월 12일부터 11월 2일 자정까지 이루어진 행정예고 기간에 접수된 의견 중 반대 의견을 낸 인원은 32만 1,075명으로 전체(47만 3,880명)의 67.75%에 달한 것으로 집계되어 찬성 의견을 제출한 인원(15만 2,805명)의 2배가 넘는 수치였지만 이는 무시하고 속전속결로 처리한 것이다.[99]

정부의 일방통행식 국정화 추진에 국정화 반대 측은 불복종 운동을 전개하겠다고 밝혔다. 전국 17개 시·도 교육감 가운데 진보 성향의 교육감 10여 명은 대안교과서를 공동으로 발간하겠다고 말했으며, 479개 시민사회단체가 결성한 한국사 교과서 국정화 저지 네트워크와 청년연대 등 진보단체는 정부의 확정 고시를 "쿠데타 군사작전"이라고 규정하고 촛불집회 등 국정화 반대 운동의 강도를 높이겠다고 밝혔다.[100]

이 한국사 교과서 국정화 정국에서 나온 여당 정치인들의 막말은 매카시즘의 극단을 치달았다. 역사학자의 90%와 중·고교 역사 교사들 다수가 좌파로 매도당했고, '국정화 반대는 적화통일 대비용'이라거나 '북한 지령'이라는 도 넘은 색깔론이 난무했다. 이런 '악마 만들기'가 두렵다고 말하는 이들이 나올 정도로 여당의 언어폭력은 심각한 수준이었다.[101]

그럼에도, 국정화 정국의 와중에서 치러진 10·28 재보선 24개 선거구에서 새누리당은 15곳에서 후보를 당선시킨 반면 새정치민주연합은 불과 2명의 후보만 당선시켜 참패를 당한 것이 말해주듯, 적어도 대중과의 소통에선 야당이 더 심각한 문제를 안고 있는 것으로 보였다.[102]

# 38명이 사망한
# 메르스 사태

2015년 5월 20일 질병관리본부(현재 질병관리청)가 바레인에서 입국한 한국 국적의 68세 남성이 중동호흡기증후군 또는 메르스MERS, Middle East Respiratory Syndrome에 감염되어 치료 받고 있다고 밝히면서 한국인 감염자가 처음 확인되었다. 이후 메르스 확진 환자는 빠르게 증가했으며, 6월 1일 메르스로 인한 첫 번째 사망자가 나오면서 정부의 안이한 대응에 대한 비판의 목소리가 높아졌다. SNS를 통해 온갖 유언비어와 소문이 퍼져 나가면서 공포 분위기가 조성되기도 했다.

6월 2일 청와대는 메르스로 사망자 2명이 발생하고 3차 감염이 확인된 뒤에야 긴급 점검회의를 여는 등 부랴부랴 대응에 나섰다. 5월 20일 첫 감염자가 확인된 뒤 13일 만에 대응에 나서면서 늑장·부실 대처라는 지적이 일었다. 게다가 박근혜가 메르스 상황을 실시간으로 제대로 파악하지 못하고 있는 정황도 드러났다. 야당은 "박근혜 대통령이 (국회법

논란 등) 정치적 갈등만 키운 채, 메르스 문제에는 관심을 기울이지 않았다"며 비판했다.[103]

아닌 게 아니라 박근혜는 세월호 참사 때와 비슷한 행태를 보였다. 5월 20일 첫 감염자가 발생한 이후, 메르스가 병원 응급실 감염자를 통해 사방으로 번져나가는 동안 박근혜는 전혀 보이지 않았다. 박근혜는 첫 확진 환자가 나온 지 엿새 만에 국무회의 자리에서 처음 대면 보고를 받았고, 6월 3일에서야 대통령 주재 '메르스 대응 민관 합동 긴급 점검 회의'를 열었다.[104]

6월 8일은 메르스 사태에서 최악의 날이었다. 이날 하루 동안 삼성 서울병원에서만 17명의 환자가 발생하는 등 하루 만에 확진자가 23명이 급증하면서 여론이 악화되었다. 삼성서울병원에서는 이후 67명의 환자가 더 나와 총 90명의 환자가 발생하는 등 메르스 확산의 최대 진원지가 되면서 6월 13일부터 7월 19일까지 37일 동안 부분폐쇄 조치를 당하기도 했다. 삼성 부회장 이재용은 6월 23일 특별 기자회견을 열고 "저희 삼성서울병원이 메르스 감염과 확산을 막지 못해 국민 여러분께 큰 고통과 걱정을 끼쳐드렸다"며 "깊이 사죄한다"고 말했다.[105]

7월 28일 정부는 국무회의를 통해 메르스가 사실상 종식되었음을 선언했다. 첫 환자가 발생한 지 68일 만이었다. 정부는 20일 넘게 확진자가 나오지 않았고 격리 대상자 모두 격리가 해제되어 감염 가능성이 사라진 것으로 판단한다고 밝혔다. 메르스 사태로 감염된 사람은 총 186명이었으며, 그중 38명이 사망해 치사율은 20.4%로 기록되었다. 완치되어 퇴원한 환자는 145명이었다. 메르스로 인해 총 1만 6,693명이 시설 혹은 자가 격리되었다.[106]

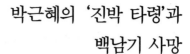

### "진실한 사람들만 선택받아야 한다"

2015년 11월 10일 박근혜는 청와대에서 주재한 국무회의를 통해 국회가 각종 경제 법안을 처리하지 않고 있는 상황을 강력 비판하면서 "국회가 이것(경제 법안들)을 방치해서 자동폐기한다면 국민들은 절대 용서하지 않을 것"이라고 말했다. 이날 박근혜는 한중 FTA 비준안, 노동개혁법, 일자리 관련 법안 등을 사례로 들고 2016년 5월 제19대 국회 임기가 끝날 때까지 이 안건들이 처리되지 않으면 결국 폐기될 수밖에 없다며 "(그렇게 되면) 국민이 용서치 않을 것", "볼모로 잡는 것", "통탄스러운 일", "불임不姙 국회" 같은 격한 표현을 쏟아냈다.[107]

박근혜는 또 "이제 국민 여러분께서도 국회가 진정 민생을 위하고, 국민과 직결된 문제에는 무슨 일이 있어도 소신 있게 일할 수 있도록 나서주시고, 앞으로 그렇게 국민을 위해서 진실한 사람들만이 선택받을 수 있도록 해주시기를 부탁드린다"고 말했다. 지난 6월 국회법 개정안을 둘러싼 당·청 갈등 과정에서 유승민 당시 원내대표를 겨냥해 '배신 정치 심판론'을 들고나온 지 5개월 만에 이번엔 '국민 심판론'을 거론한 것이다. 이는 새누리당 친박계 핵심 윤상현 의원 등이 유승민 전 원내대표의 빈소에서 '대구 물갈이론'을 공론화한 직후에 나온 것이어서 청와대가 2015년 4월 총선 국면에 적극 개입하려는 것 아니냐는 관측이 나왔다.[108]

박근혜가 공개석상에서 사실상의 '진박(진짜 박근혜 사람) 판정론'을 제기하면서 여권은 이날 하루종일 술렁였다. 새누리당 인사들은 "진실한 사람들만이 선택받을 수 있도록 해달라"는 박 대통령의 발언을 '총선에서 내 사람을 뽑아달라'는 메시지로 해석했다. 특히 그 메시지가 여권의 심장부이자 박근혜 대통령 자신의 정치적 기반인 대구·경북TK을 향해 있다고 보는 시각이 많았다.[109]

박근혜의 '총선 심판론'을 두고 정치권이 요동치자 청와대는 11월 11일 "경제와 민생을 위한 대통령의 절실한 요청"이라며 진화에 나섰다. 하지만 이날 박근혜는 청와대에서 열린 사회보장위원회 회의에서 "은혜를 갚는다는 것은 그 은혜를 잊지 않는 것"이라고 말해 미묘한 여운을 남겼다. 박근혜는 6·25전쟁 벨기에 참전용사가 "우리를 잊지 말아달라"는 말을 했다고 소개하며 "은혜를 갚는다는 것은 그 은혜를 잊지 않는 것이다. (은혜를) 잊지 않는다는 것이 바로 은혜를 갚는 것이라는 말이 생각났다"고 말했다.[110]

친박계는 이날 박근혜가 한 '은혜론'과 예전의 '배신론'은 동일한 맥락이라고 해설했다. 정치적 이견을 배신으로 간주하는 박근혜의 통치 스타일상 '맹목적 충성파'가 아니고서는 '진실한 사람' 범주에 들기 어렵다는 말이었다. 친박계의 말을 종합해보면 이 범주에 드는 여당 정치인으로는 대통령 정무특보를 지낸 새누리당 윤상현·김재원 의원, 당 지도부 서청원·이정현 최고위원, 홍문종 전 사무총장 등이 이에 해당했다.

내각에 기용한 장관들로는 이날 이임식을 마치고 국회로 귀환한 유기준 해양수산부 장관, 최경환·황우여 부총리, 유일호 국토교통부 장관, 김희정 여성가족부 장관, 정종섭 행정자치부 장관, 윤상직 산업통상자원부 장관 등이 거론되었다. 이 외에 조윤선 전 청와대 정무수석(서울 서초갑), 곽상도 전 민정수석(대구 달성), 윤두현 전 홍보수석(대구 서) 등도 이 범주에 포함되는 정치인들이었다.[111]

## "점점 더 거칠어지는 대통령의 입"

11월 12일 『한겨레』 선임기자 성한용은 「점점 더 거칠어지는 대통령의 입」에서 11월 10일 국무회의에서 나온 박근혜의 발언은 "'사정', '통탄', '국민이 보이지 않는', '절대 용서하지 않을 것', '진실한 사람들', '선택', '혼이 없는 인간', '혼이 비정상', '전교조', '특정 이념' 등 자극적이고 증오와 저주에 찬 어휘가 가득"하다고 개탄했다.[112]

11월 12일 새누리당 서울시당위원장인 김용태 의원은 SBS 라디오에 출연해 박근혜 대통령의 '진실된 사람들' 발언 이후 당내에서 '진박(진짜 친박)'과 '가박(가짜 친박)' 논란이 가열되는 것을 두고 "지금 시대가 어떤 시대인데 국민들께서 뭐라고 생각하겠나. YS, DJ 때 상계동계 동계동계도 아니고 무슨 일인가"라며 "너무나 부끄럽고 국민들이 뭐라고 할까 얼굴이 화끈거린다"고 말했다.[113]

『경향신문』11월 13일자 「진박·가박·용박·멀박·홀박… '친박 용어사전 개정판'」에서 "박근혜 대통령이 지난 10일 국무회의에서 '진실한 사람들만이 선택받을 수 있도록 해달라'고 말한 이후 '진박·가박' 논란이 여권을 휩쓸고 있다"면서 다음과 같이 말했다.

"진박은 '진짜 친박' 또는 '진실한 친박', 가박은 '가짜 친박'이란 뜻이다. 여기에 '박 대통령을 이용만 한다'는 개념의 용박用朴까지 등장했다. 2007년 한나라당 대선후보 경선을 앞두고 이명박·박근혜 후보 가운데 어느 쪽에 줄 섰느냐를 두고 의원 분류 개념으로 쓰인 친이·친박이 '친박 용어사전'의 출발점이다. 이후 이명박 정부 후반기 친이계가 쇠퇴하고 박근혜 대통령이 집권에 성공하면서 친박의 분화는 가속화했다. 그러면서 다양한 '○박'이 '친박 용어사전 개정판'에 이름을 올렸다. 원박(원조친박)·범박(범친박)·신박(신친박)·복박(돌아온 친박)·홀박(홀대받는 친박)에서 멀박(멀어진 친박)·짤박(잘린 친박), '옹박(박근혜 옹위) 부대'까지 온갖 조어가 등장했고, '친박 카스트 계급도'까지 탄생했다. 급기야 박 대통령이 직접 '진실한 사람들'을 거론하면서 용어사전 '재개정판'까지 등장한 것이다."[114]

성한용은 박근혜의 "얼굴에는 야당에 대한 혐오가 이글거린다"며 이렇게 말했다. "도대체 왜 그러는 것일까. 20대 '퍼스트레이디 대리' 시절 경험했던 박정희 방식이 편하기 때문일 것이다. 박정희 방식의 요체는 대통령 1인 지배구조다. 독재다. 그런데 그렇게 해서 잘될까? 안 될 것이다. 지금은 1970년대가 아니다. 큰일이다. 대한민국은 박근혜 대통령만 바라보다가 '잃어버린 20년' 블랙홀로 빨려들어가는 경로에 들어선 것 같다."[115]

『중앙일보』논설위원 이훈범은 "우리 대통령의 화법은 참으로 독특해서 듣는 사람을 곧잘 헷갈리게 한다. 우선 화자의 시점視點이 기이한데 1인칭도 3인칭도 아닌 거의 전지적 작가 시점이다. 그래서 관찰자였다가 비판자가 되기도 하며, 판관도 되었다가 때로 피해자가 되기까지 한다"며 다음과 같이 말했다.

"스스로 국정교과서를 밀어붙여 갈등을 조장해놓고는 이념 싸움을 하지 말아야 한다고 으르고, 자신은 정부와 상관없는 양 메르스 창궐의 책임을 보건복지부에 떠넘긴다. 세월호 승객 구조에 실패한 해양경찰을 질타하면서 사과 한마디 없고, 측근들이 연루된 '리스트'와 '문건'을 수사하는 검찰에 친절한 '가이드라인'을 제시한다. 국제적 망신을 한 윤창중 성추행 사건 때 대통령 자신이 공개적으로 홍보수석의 사과를 받은 것은 그야말로 압권이었다."[116]

## 11·14 민중총궐기 대회와 백남기 사망

11월 14일 서울 광화문광장에서 주최 측 추산 13만 명(경찰 추산 7만 명)이 참여한 가운데 2008년 미국산 쇠고기 수입 반대 촛불집회 이후 최대 규모의 시위가 발생했다. 이날 광화문광장은 전쟁터를 방불케 했다. 『한국일보』기자 김성환은 11월 17일자 기사 「물대포와 쇠파이프… 7년 전前 그때와 같았다」에서 "2008년 6월 광우병 촛불집회 이후 최대 인파가 모였던 14일 민중총궐기 대회. 해가 질 무렵 집회 참가자들의 행진이 시작되자 서울 광화문광장을 살피던 기자는 7년 전 기억을 떠올렸다. 차벽, 물대포, 최루액, 쇠파이프, 횃불…… 활극 영화에서나 볼 법한 도구들이 어김없이 등장했고, 우려는 금세 현실로 나타났다"면서 다음과 같이 말했다.

"가장 먼저 차벽이 눈에 들어왔다. 2008년 처음 선보인 '명박산성'보다 더욱 견고해진 경찰버스 띠 행렬은 물샐 틈 없이 시위대의 북쪽 행진을 막고 있었다. 여기에 시위 수위가 높아지면서 물대포와 캡사이신 최루액이 더해졌다. 비가 흩뿌리는 가운데 참가자들은 '파바'라 불리는 최루액 성분이 섞인 물대포를 맞고 맥없이 쓰러졌다. 경찰 분사기에서 뿌려진 최루액을 맞고 기침을 내뱉는 참가자도 부지기수였다.……변하지 않은 건 시위대도 마찬가지였다. 경찰이 설정한 질서유지선이 무너지고 집회 참가자들이 북상을 시도하는 도중 일부는 쇠파이프를 꺼내 들었다. 밧줄을 이용해 경찰버스를 끌어 내리려는가 하면, 심지어 버스 주유구에 불을 붙이려는 위험천만한 장면도 포착됐다. 오후 9시가 넘어서자 세종로 사거리 파이낸스센터 앞에는 지난해 5월 노동절 집회 때 선보였던 횃불까지 등장했다."[117]

이날 시위에 참석한 농민 백남기는 정부를 향해 쌀 수매값을 올리겠다고 한 공약을 이행하라고 요구하다가 경찰이 쏜 물대포(살수차)에 직격으로 맞아 병원으로 옮겨졌지만 위중한 상태에 빠졌다. 사고 현장을 촬영한 영상과 목격자들의 말을 종합하면, 백남기는 이날 오후 6시 56분쯤 종로구청 사거리 인근 대치 현장에서 경찰이 쏜 물대포에 가슴과 얼굴 부위를 직격으로 맞아 뒤로 넘어졌으며, 경찰은 백남기가 쓰러진 뒤에도 그를 향해 15초간 물대포를 계속 쐈다.

경찰의 '살수차 운용 지침'에 따르면 직사 살수 때는 안전을 고려해 가슴 이하 부위를 겨냥해야 하지만 백씨를 포함한 참가자 여러 명이 얼

© 연합뉴스

11·14 민중총궐기 대회에서 농민 백남기는 쌀 수매값을 올리겠다고 한 공약을 이행하라고 요구하다가 경찰이 쏜 물대포에 맞아 쓰러졌다. 경찰은 백남기가 쓰러진 뒤에도 그를 향해 15초간 물대포를 계속 쐈다.

굴과 상반신을 직격으로 맞았다. 지침은 또 물대포 사용 중 부상자가 발생할 경우 즉시 구호 조치하도록 규정하고 있지만 경찰은 오히려 백씨를 구조하려는 다른 참가자들을 향해서도 조준 살수를 계속했다. 지침과 달리 분사나 곡사 같은 '경고 살수' 없이 곧바로 조준 살수가 이루어졌다는 참가자들의 증언도 잇따랐다. 이날 집회로 총 51명의 참가자가 연행되었으며, 훈방된 고등학생 2명을 제외한 49명이 입건되었다.[118]

이날 경찰이 시위 강경 진압을 위해 사용한 진압 물량은 경찰 역사상 기록될 만한 엄청난 양이었다. 물대포에 쓰인 물 양만 200톤이 넘었고, 캡사이신 최루액은 651리터가 쓰였다. 살수차는 경찰이 보유한 전국의 19대가 전부 서울로 올라왔다. 이 진압 과정에서 새롭게 등장한 차벽보호용 식용유와 실리콘도 100리터가 넘는 양이 쓰였다.

경찰 인력만 2만 명가량이 동원되었는데, 이는 경찰 추산 8만 명으로 가장 많은 시민이 모였던 2008년 6월 10일 광우병 촛불집회 당시의 경찰 병력 1만 7,000여 명보다 많은 규모였다. 이를 위해 전국에서 총 284개 중대가 투입되었다. 경찰 1명이 시민 3.4명(경찰 추산 집회 인원 6만 8,000명)을 맡았던 셈이다. 새정치민주연합 안전행정위원회 소속 의원 정청래는 "이는 최근 10년 이래 최대의 경찰 인원과 장비가 동원된 것"이라고 밝혔다.[119] (백남기는 2016년 9월 25일 사망했다. 국가의 공권력에 쓰러진 지 316일 만이었다. 이날 백남기를 치료해온 서울대병원은 "백씨가 오후 1시 58분께 급성신부전으로 숨을 거뒀다"고 밝혔다. 백남기는 민중총궐기 당일 저녁에 쓰러진 뒤 외상성 뇌출혈 진단을 받고 줄곧 의식을 잃은 채 인공호흡기 등에 의존해 생명을 이어왔다.)

## 악화된 '분열·대립의 정치'

11월 22일 전 대통령 김영삼이 향년 87세로 서거했다. 세상을 떠나기 전에 차남 김현철에게 통합과 화합이라는 말을 필담으로 써냈다. 이 필담을 받아든 김현철이 이것이 무엇이냐고 묻자, 김영삼은 "지금 우리에게 필요한 것"이라고 대답했다고 한다. 이 두 단어가 김영삼이 국민을 향해 남긴 마지막 유언인 셈이었는데, 이는 민주화를 위해 평생을 헌신한 김영삼이 마지막에는 갈등과 대립을 반복하는 정치권에 대해 근심 걱정을 많이 한 것으로 여겨졌다.[120]

실제로 나라를 생각하는 사람이라면 근심 걱정을 하지 않을 수 없을 정도로 당시의 갈등과 대립은 극심했다. 주요 20개국G20 정상회의 등 참석을 위한 열흘간의 순방을 마치고 귀국한 박근혜는 귀국 다음 날인 11월 24일 국무회의에서 11·14 민중총궐기 대회를 '불법 폭력 사태'라고 규정했다.

박근혜는 이날 모두 발언을 통해 "구속영장이 발부된 민노총 위원장이 시위 현장에 나타나서 나라 전체를 마비시킬 수 있다는 것을 보여주자며 폭력 집회를 주도했다"며 "대한민국의 체제 전복을 기도한 통진당의 부활을 주장하고, 이석기 전 의원 석방을 요구하는 정치적 구호까지 등장했다"고 언급했다. 이어 박근혜는 "특히 복면 시위는 못하도록 해야 할 것"이라며 "IS(이슬람국가)도 지금 얼굴을 감추고 그렇게 하고 있지 않느냐"고 말했다. 대통령이 집회 참가 시위대를 'IS 테러리스트'에 비유해가며 집회에서 '복면 착용 금지법' 필요성을 강조한 것이다.[121]

이날 박근혜는 '립서비스', '국민에 대한 도전' 등 거친 표현을 써가며 국회를 또다시 맹비난했다. 박근혜는 이날 한중 FTA 비준 동의안의 조속한 처리를 촉구한 후, "백날 우리 경제를 걱정하면 뭐하느냐. 지금 할 수 있는 것에 최선을 다하는 게 책임 있는 자리에 있는 사람들의 도리"라면서 "맨날 앉아서 립서비스만 하고, 경제 걱정만 하고, 민생이 어렵다고 하고, 자기 할 일은 안 하고, 이건 말이 안 된다. 위선이라고 생각한다"고 국회를 비판했다. 박근혜는 감정이 격앙된 듯 잠시 발언을 멈추었다가 "앞으로 국회가 다른 이유를 들어 경제의 발목을 잡아서는 안 된다. 그것은 직무유기이자 국민에 대한 도전"이라고 말했다.[122]

11월 24일 미국 경제지 『월스트리트저널』의 알라스테어 게일

Alastair Gale 서울지국장은 집회·시위 참가자를 이슬람국가IS와 연관 지은 박근혜의 발언에 놀라움을 표시하면서 자신의 트위터에 "한국 대통령이 자국 시위대를 IS에 비교했다. 이건 정말이다South Korea's president compares local protestors in masks to ISIS. Really"고 적었다.[123]

『경향신문』은 11월 25일자 사설 「박 대통령은 시민을 테러리스트로 몰 셈인가」에서 "박 대통령 발언은 인간적 예의와 염치에도 어긋난다. 당시 물대포에 맞은 60대 농민은 지금 생명이 위태로운 처지다. 정부를 대표하는 대통령은 사과부터 해야 도리다. 하지만 대통령은 '안타깝다'는 수준의 유감 표명조차 하지 않았다"면서 다음과 같이 말했다.

"며칠 전 서거한 김영삼 전 대통령은 '통합과 화합'이란 유훈을 남겼다고 한다. 평생을 도전과 투쟁 속에 살아온 고인의 마지막 메시지가 통합과 화합이라는 사실은 깊은 울림을 준다. 여당과 야당, 새누리당 내 친박근혜계와 비박근혜계, 새정치민주연합 내 주류와 비주류가 잠시나마 정쟁을 멈춘 데는 이러한 유지를 따르자는 의미가 클 터다. 그런데 박 대통령은 고인의 유지를 새기기는커녕 국민을 모욕하고 편가르는 데 나섰다. 역사 교과서 국정화로 수세에 몰리자, 신공안정국을 조성해 국면을 전환하려는 시도로 짐작한다. 전가의 보도처럼 활용해온 '종북'도 모자라 '종IS' 타령이라도 할 참인가. 그러나 우방국의 불행을 자국 정치에 이용하고, 전직 대통령의 죽음 앞에서도 삼갈 줄 모르는 대통령에게 동의할 시민은 많지 않을 것이다."[124]

## '호통정치' · '윽박정치' · '질타정치' · '독선정치'

정기국회 종료일(9일)이 다가온 가운데 12월 7일 박근혜는 청와대에서 김무성 새누리당 대표와 원유철 원내대표를 만나 노동시장 개편 법안과 이른바 '경제 활성화법' 등의 조속한 처리를 촉구했다. 이날 박근혜는 "이제는 19대 정기국회가 이틀밖에 남지 않았고, 이번에 우리가 꼭 해야 될 것은 반드시 하고 넘어가야겠다. 그렇지 않으면 두고두고 가슴을 칠 일"이라며 "내년에 국민을 대하면서 선거를 치러야 되는데 정말 얼굴을 들 수 있겠느냐. '뭘 했냐 도대체' 이렇게 국민들이 바라보지 않겠는가"라고 말했다.

박근혜는 또 "걱정을 백날 하는 것보다 지금 경제 활성화법들, 노동 개혁법들을 통과시키다 보면 경제가 살아나고 국민 삶도 풍족해진다", "한숨만 쉬면 하늘에서 돈이 떨어지는가"라고 말해 은연중 야당을 공격했다. 여야는 12월 3일 기업활력제고를 위한 특별법(원샷법), 대·중소기업 상생협력 촉진에 관한 법, 서비스산업발전기본법(서비스법), 사회적경제기본법, 테러방지법 등을 9일로 끝나는 정기국회에서 '합의 후 처리' 하기로 합의한 바 있었지만 합의가 되지 않은 상황이었다.[125]

박근혜가 국무회의에서 정치권 심판론을 제기한 것은 2015년에만 들어서 4번째였다. 박근혜는 6월 유승민 전 새누리당 원내대표를 향해 "배신의 정치에 대한 심판"이라고 했으며, 11월 10일 국무회의에선 "국회가 이것(경제 법안들)을 방치해서 자동 폐기된다면 국민들은 절대 용서하지 않을 것"이라고 했다. 또 11월 24일 국무회의 때도 "립서비스만 한다", "자기 할 일은 안 한다", "위선"이라고 야당을 비판했다.[126]

박근혜가 소통을 시도할 생각은 하지 않고 남 탓만 하자 박근혜의 이런 정치 스타일에 대해선 '호통정치', '윽박정치', '질타정치', '독선정치' 등의 다양한 비판이 쏟아졌다. 그럼에도 박근혜는 12월 8일 작심한 듯 국회에 대한 비판의 수위를 높였다. 이날 박근혜는 '국회', '정치권'을 17번이나 거론하며 의회를 강하게 비판했다. 이날 박근혜는 "국회가 명분과 이념의 프레임에 갇힌 채 기득권 집단의 대리인이 됐다"며 "말로는 일자리 창출을 외치면서도 행동은 정반대로 노동 개혁 입법을 무산시킨다면 국민의 열망은 실망과 분노가 되어 되돌아올 것"이라고 주장했다. 박근혜는 특히 야당을 직접 겨누고 선거 심판론까지 거론했다.[127]

12월 9일 제19대 마지막 정기국회에서 서비스산업발전기본법 등 경제 활성화 법안 처리가 끝내 무산되었다. 12월 14일 박근혜의 불편한 심기를 고려한 정부·여당은 돌연 '경제위기론'을 꺼내 들었다. '국가 비상사태'라는 단어까지 등장했다. '노동 5법'과 경제 활성화 법안 등이 연내 국회를 통과하지 않으면 경제가 위기 수준으로 악화될 것이라고 주장한 것이다.

박근혜는 이날 청와대에서 주재한 수석비서관회의에서 "대량 실업"을 두 차례나 언급했다. 박근혜는 기업활력제고법 국회 통과를 통한 선제적 업종 구조조정이 이루어지지 않으면 "대량 실업으로 이어질 수밖에 없다"며 "대량 실업이 발생한 후 백약이 무슨 소용이 있겠느냐"고 말했다. 박근혜는 이날도 선거 심판론을 다시 제기했다. 박근혜는 새정치연합을 두고 "국민들의 삶과 동떨어진 내부 문제에만 매몰되고 있는 것은 국민과 민생을 외면하고 있는 것이나 다름없다"고 콕 집어 비판했다. "국회의 국민을 위한 정치는 실종되어버렸다", "국회가 국민을 외면하고 있다" 등을 동원하며 "국회의 존재 이유를 묻지 않을 수 없다"고까지 했다. 이날까지 해서 박근혜의 정치권 심판론은 6번으로 늘었다.[128]

## "박근혜의 진박 밀어주기, 정도가 심하다"

12월 16일 박근혜는 청와대에서 경제관계장관회의를 주재한 자리에서 "국회가 존재하는 이유는 국민들을 대변하기 위해서다"며 "국민들이 간절히 바라는 일을 제쳐두고 무슨 정치개혁을 할 수 있겠냐"며 국회에 경제 활성화와 노동 개혁 관련 법안 처리를 거듭 촉구했다. 이날 박근혜는 "정치개혁을 먼 데서 찾지 말고 가까이 바로 국민들을 위한 자리에서 찾고, 국민들을 위한 소신과 신념에서 찾아가기 바란다"며 "국민들이 바라는 일들을 하는 것이 정치개혁의 출발점"이라고 비판했다. 박근혜는 또 "1430여 일 동안 묶여 있는 서비스산업발전기본법이 만약 1000일 전에 해결됐다면 수많은 젊은이들이 일자리를 찾고 활기찬 삶을 살 수 있었을 것"이라며 "이 젊은이들이 잃어버린 시간, 잃어버린 인생을 누가 보상할 수 있겠냐. 우리 미래세대에 더이상 죄 짓지 말고 지금이라도 실행을 해야 한다"고 말했다.[129]

『한겨레』는 12월 17일자 사설 「유신시대 '긴급조치'까지 내릴 셈인가」에서 "박근혜 대통령은 이날도 청와대에서 열린 경제관계장관회의에서 노동시장 구조개편 법안 등 쟁점 법안의 국회 처리를 다그치면서 이런 법안들의 처리를 '국민이 바라는 일'이라고 못박았다"면서 다음과 같이 말했다.

"법안 앞에 '쟁점'이라는 말이 붙은 데서도 알 수 있듯이 이 법안들이 온 국민의 박수를 받지 못하고 있음은 박 대통령이 더 잘 알 것이다. 노동법의 취업규칙 불이익 변경 요건 완화만 해도 노동자의 고용 안정성을 해칠 위험이 크다는 지적이 나오고, 기간제법과 파견제법 개정 역시 비정규직 노동자를 늘릴 우려가 있다는 비판을 받고 있다. 그런데도 박 대통령은 모든 사안을 흑백과 선악으로 나누어 자신은 언제나 백이고 선이라는 식이다. 이러다가는 '국민이 바라는 일을 위해 군대를 동원하겠다'고 나서지나 않을까 걱정이다."[130]

12월 22일 박근혜는 국무회의를 주재한 자리에서 "옛말에 '들어갈 때 마음과 나올 때 마음이 한결같은 이가 진실된 사람'이라는 말이 있다"며 "그것은 무엇을 취하고 얻기 위해서 마음을 바꾸지 말고 일편단심의 마음을 가져야 한다는 말이기도 하다"고 말했다. 이어 박근혜는 개각으로 국무회의를 떠나는 장관 이름을 하나하나 거명하며 감사를 표시했다. "그동안 국무위원으로 최선을 다해주신 최경환 (경제)부총리와 황우여 (사회)부총리, 정종섭 행정자치부 장관, 윤상직 산업통상자원부 장관, 김희정 여성가족부 장관에게 감사하다"고 말했다.[131] 거명된 장관 5명은 한결같이 총선 출마 예정자였기에 11월 10일 "진실한 사람들만이 선택받을 수 있도록 해달라"는 국무회의 발언에 이은 '진실 시리즈' 2탄으로 해석되었다.

이와 관련해 『중앙일보』는 12월 24일자 사설 「대통령 진박 밀어주기, 정도가 심하다」에서 "정치권은 '물러나는 장관들이 진실한 사람'이란 메시지와 '장관들은 국회에 돌아가도 마음을 바꾸지 말라'는 뜻으로 받아들인다. 가뜩이나 새누리당은 'TK(대구·경북) 물갈이'와 '진박(진실한 친박) 논란'으로 자중지란이다. TK 지역에선 대통령과의 친밀도를 인도의 카스트 제도에 빗댄 '친박 4대 계급론'이 퍼졌다고 한다. 박 대통령이 '배신의 정치를 심판해달라'고 유승민 의원을 찍어낸 뒤 생긴 현상이다"면서 다음과 같이 말했다.

"유 의원과 경쟁하는 이재만 전 대구 동구청장 출정식엔 친박계 의원들이 몰려가 '이재만은 진실하다'는 말을 쏟아냈다. 더욱 걱정스러운 대목은 여당의 이런 '진실 찾기' 행태가 유 의원과 가까운 사람을 대상으로, 더 나아가 TK만이 아닌 전국으로 확산되고 있다는 점이다. 최근 인천 송도와 경남 사천에서 열린 대통령 행사엔 이 지역 총선 예비후보인 민경욱 전 청와대 대변인과 최상화 전 청와대 춘추관장이 참석해 박 대통령과 사진을 찍었다. 대통령 행사엔 경호에 따른 청와대의 사전 승인이 필요하다. 인천공항공사 박완수 전 사장, 한국공항공사 김석기 전 사장 등 친박 인사들도 공기업을 팽개친 채 선거판으로 달려가 '진실한 사람'을 외치고 있다."[132]

## 한일 위안부 문제 합의를 둘러싼 갈등

12월 28일 박근혜 정부는 한일 외교장관회담을 통해 '위안부' 피해자 문제의 해결 방안에 합의했다. 일본 정부의 위안부 책임 통감, 아베 신조 총리 명의 사죄와 반성 표명, 한국 정부의 재단 설립과 일본 정부 예산 10억 엔(약 96억 원) 출연 등이 골자였다. 윤병세 장관은 일본의 예산 출연 조치 이행을 전제로 "이번 발표를 통해 이 문제가 최종적·불가역적으로 해결될 것을 확인한다"며 "향후 유엔 등 국제사회에서 이 문제에 대해 상호 비난·비판을 자제한다"고 말했다.[133]

하지만 양국 정부가 상대 쪽에 요구해온 핵심 관심 사항을 맞교환하는 과정에서 타결된 내용에 대한 등가성 여부를 놓고 논란이 일었다. 특히 일본의 '법적 책임'을 끝내 명시하지 못했다는 점, 아베 일본 총리의 직접 사죄 없이 재단 설립으로 무마했다는 점, 주한 일본대사관 앞의 소녀상을 우리 정부가 관련 단체와 협의해 적절히 해결하기로 노력하기로 합의했다는 점 등 3가지에 대한 문제 제기가 이어졌다.[134] 한일 간 합의에서 가장 큰 주목을 받은 것은 이번 합의를 "최종적·불가역적 해결"로 선언한 것이었다. 이에 따르면, 한국 정부는 앞으로는 일본 정부를 상대로 위안부 문제를 다시 거론할 수 없게 되었기 때문이다.

12월 29일 시민단체를 중심으로 '제2의 한일협정'이라는 비난 여론이 일었다. 평화와통일을여는사람들 등 47개 시민단체 회원들은 이날 서울 종로구 외교부 청사 앞에서 기자회견을 열고 "일본 외무상이 대신 발표한 아베 신조安倍晋三 일본 총리 입장은 오래전 고노 담화를 되풀이하는 수준"이라며 "총리 개인의 추상적 사과는 역사 왜곡에 대한 비판을 무마하려는 감언에 불과하다"고 비판했다. 이들은 그러면서 "50년 전에도 3억 엔의 축하금으로 식민범죄 청산과 법적 배상을 맞바꾼 굴욕적인 한일기본조약과 청구권 협정을 맺은 적이 있지 않느냐"고 상기시킨 뒤 "10억 엔으로 일본군 위안부 문제에 대해 국가적·법적 사죄와 배상 문제를 도외시한 이번 야합은 반역사적"이라고 목소리를 높였다.[135]

여론조사 기관 리얼미터가 12월 29일 전국 19세 이상 국민들을 대상으로 일본대사관 앞에 설치된 소녀상을 다른 장소로 옮기는 데 대한 의견을 물은 결과, 응답자의 66.3%가 '반대한다'고 답해 '찬성한다'는 응답(19.3%)의 3배가 넘는 것으로 조사되었다. 모든 지역과 계층에서 일

박근혜 정부는 위안부 피해자 문제의 해결 방안에 합의했지만, 시민사회단체는 '제2의 한일협정'이라고 비난했다. 평화나비대전행동 관계자들이 대전 평화의 소녀상 앞에서 "한일 합의를 폐기하라"며 시위를 하고 있다.

본대사관 앞 소녀상 이전에 반대하는 것으로 나타났다.[136]

12월 31일 김성우 홍보수석은 '일본군 위안부 문제 합의와 관련해 국민께 드리는 말씀'을 통해 위안부 협상 타결 이후 불거진 소녀상 이전 문제, 졸속·이면 협상 의혹과 관련해 "소녀상 철거를 전제로 돈을 받았다는 등 사실과 전혀 다른 보도와 사회 혼란을 야기하는 유언비어는 위안부 문제에 또 다른 상처를 남게 하는 것"이라고 밝혔다.[137]

훗날(2022년 5월 26일) 서울행정법원은 '한반도 인권과 평화를 위한 변호사 모임'이 외교부를 상대로 위안부 합의와 관련해 제기한 정보공개 청구 소송에서 일부 정보의 공개를 명했다. 공개된 문건에는, 한일 합의 전날인 2015년 12월 27일 외교부 동북아국장 이상덕이 2시간 30분간 위안부 단체의 대표 격인 윤미향과 면담한 기록이 있다. "이 국장이 발표 시까지 각별한 대외 보안을 전제로 금번 합의 내용에 일본 정부 책임 통감, 아베 총리 직접 사죄·반성 표명, 10억 엔 수준의 일본 정부 예산 출연(재단 설립) 등 내용이 포함된다고 밝힌 데 대해"라는 문건이 그것이다.

이와 관련, 서울시립대학교 교수 이창위는 "외교부의 노력을 인지하고 사태의 추이를 관망하던 위안부 운동가들이, 자신들의 입지 상실을 막기 위해 위안부 합의를 공격했던 것"이라며 다음과 같이 말했다. "위안부 합의 집행기구인 '화해·치유재단'은 '나눔의 집' 등에서 공동 생활하는 위안부들을 만나기 위해 관련 시설에 협조공문을 보냈다. '나눔의 집'은 '할머니들이 합의와 화해·치유재단에 반대하고 있고, 방문도 원하지 않기 때문에 협조해줄 수 없다'고 접근을 막았다. 위안부 운동가들의 전략적 태도가 뚜렷이 보이는 예이다."[138]

이 문제는 2017년 5월 문재인이 대통령 취임 후 첫 한일정상 통화에서 일본 총리 아베가 "위안부 합의의 이행"을 강조하자 "국민 대다수가 정서적으로 2015년 위안부 합의를 수용 못하고 있는 현실"이라고 대응하고,[139] 이후 그 기조로 나아감으로써 한일관계는 물론 국내적으로도 뜨거운 정치·사회적 갈등을 불러일으킨다.

# 목함지뢰 피해자 조롱 사건

"DMZ에 멋진 거 있잖아요. 발목지뢰. 하하하하… DMZ에 들어가서 경품을 내거는 거야. 하하하하… 발목지뢰 밟는 사람들한테 목발 하나씩 주는…." 나꼼수 출신 전 민주당 의원 정봉주가 2017년 6월 14일 자신이 운영하는 유튜브 채널 '정봉주의 전국구' 방송에서 한 말이다. 당시 코리아연구원장(훗날 문재인 정부 국가안보실 통일정책비서관) 김창수가 '평창 동계올림픽이 곧 있으니 마식령 스키장-금강산-DMZ 공포 투어-설악산-평창을 잇는 복합국제관광단지를 만들면 좋을 것'이란 주장을 하자, 정봉주가 끼어들며 내뱉은 말이었다.

이 발언은 2024년 3월 12일 정봉주가 더불어민주당 서울 강북을 경선에서 비명계 박용진 의원을 꺾고 국회의원 후보로 공천을 받자 도마 위에 올랐다. 국민의힘 수석대변인 박정하는 논평을 내고 "민주당 정봉주 후보의 막말과 욕설이 화수분처럼 터져 나오고 있다"며 "정 후보가

DMZ 발목지뢰를 언급한 건 비뚤어진 국가관이며, 우리 국군 장병들에 대한 모독"이라고 주장했다.

이어 박정하는 "정 후보는 2019년 10월 자신의 유튜브 방송에서 조국 사태 관련 당에 반대 의견을 낸 특정 정치인을 향해 입에 담기 힘든 욕설을 쏟아냈다. 당시 욕설 중 겨우 거론할 수 있을 만한 내용이 '너 한번 만나면 죽여버려'다. 퍼부어대는 막말과 욕설은 거리낌이 없어 보였다"며 "정 후보는 과거 유튜브 콘텐츠를 전부 삭제한 상태라고 하는데, 그런다고 해서 국민들의 기억에서까지 삭제할 수는 없을 것"이라고 덧붙였다. 당시 정봉주가 한 말은 "너 한번 만나면 죽여버려 이제. K머시기! 이 ×만한 ××야! 전국 40개 교도소 통일된 조폭이 내 나와바리야!"였으며, 이 욕설의 대상은 금태섭이었다.

정봉주는 3월 13일 소셜미디어에 "과거 목발 경품 발언 직후 당사자께 직접, 유선상으로 사과드리고 관련 영상 등을 즉시 삭제한 바 있다"며 "그때나 지금이나 같은 마음으로 과거 제 발언에 대해 정중히 사과드린다"고 밝혔다.[140] 그러나 "피해자에게 사과했다"는 해명이 거짓임이 드러나면서 그는 공천장을 반납했다.

놀라운 건 북한 도발의 피해자에게 그런 몹쓸 조롱을 하는 발상이 용인되는 민주당 분위기였다. 민주당 내에서 친북 성향이 있는 사람들은 탈북자를 '변절자'라고 비난하는 몹쓸 행패를 부리기도 하고, 변절자 이상으로 공포감을 조성하는 '부역자'라는 말을 쓰기도 하지만, 이들은 민주당 내에서 무사하게 지내는 데에 아무런 문제가 없으니 말이다.

# 'SNS 팬덤정치'로 이름을 얻은 이재명

## 그의 '작살' 발언에 "온몸에 전율이 일었다"

"이재명은 'SNS 대통령'이라는 별칭을 들을 정도로 온라인상에서 많은 지지자를 확보하고 있다. 어쩌면 SNS 시대의 개막과 함께 정치를 시작한 이재명은 행운아다. 그는 SNS 시대에 최적화된 정치지도자인 까닭이다."[141] 『2021·2022 이재명론』(2021)의 공동 저자인 장동훈의 말이다. 전적으로 동의하지 않을 수 없는 주장이지만, 이재명의 'SNS 정치'엔 명암이 있었다.

2012년 12월 31일에 벌어진 한 풍경을 감상해보자. 이날 성남시의회는 임시회 본회의를 열어 2013년도 예산안을 처리하려고 했으나, 다수당인 새누리당 시의원이 등원을 거부해 의결 정족수 미달로 자동 산회했다. 당시 재적의원 34명은 새누리당 18명, 민주통합당 15명, 무소속 1명으로 구성되어 있었다. 새누리당 시의원들은 이재명이 추진한 핵심 사업인 '도시개발공사 설립'에 재정 부담이 가중된다며 당론으로 반대했고, 등원마저 거부했다. 이에 따라 준예산 체제가 7일간 이어졌는데, 그 과정에서 이재명 지지자들은 새누리당 시의원들에게 문자 폭탄을 보냈다.

2013년 1월 3일 한 지지자는 트위터에 "오늘 저희 지역구 시의원님 땀 좀 빼질 흘리신 듯. 동네 엄마들이 문자 폭탄에 전화 폭탄을 선물하셨거든요. 저도 동참했답니다"는 글을 올렸고, 이재명은 "그래서 새누리당 의원님들께서 조금 정신이 드신 걸까요?"라는 답글을 올렸다. 이는 훗날 이재명이 자신에 대한 문자 폭탄에 대해 부정적인 입장을 취할 때에 '자업자득自業自得'이자 '내로남불'이라는 비판의 한 근거가 된다.[142]

이재명은 본격적인 'SNS 정치'로 전국적인 주목을 받기 시작했다. 그는 그런 지명도를 업고 2015년 3월 27일 〈김어준의 파파이스〉 43화에 출연해 성남의료원 설치, 무상산후조리 사업 등의 복지 사업에 관한 자신의 철학과 비전을 설명해나갔다. 이에 나꼼수 김용민이 "대통령이 되면 전국적인 무상산후조리원 하실 겁니까?"라고 묻자, 이재명은 "산후조리원뿐만이 아니라요. 그전에 작살을 좀 내야죠"라고 말해 녹화장을 술렁이게 만들었다.

이재명의 발언에 김용민과 김어준은 한동안 멍하니 이재명만을 바라보았고, 잠시 침묵이 흐른 뒤 박수가 쏟아졌다.[143] 이는 이재명의 여러 별명 중의 하나인 '작살'이 생겨나게 된 사건이었지만,[144] 열성적인 팬덤을 구축하는 계기이기도 했다. 한 지지자는 "온몸에 전율이 일었다"며 환호했는데,[145] 이렇게 전율한 지지자가 적지 않았다.

## 이재명이 유승준을 물고 늘어진 이유

이재명의 관심사는 다양했다. 그는 병역 회피와 입국금지 문제로 논란을 빚은 가수 유승준에 대해서도 말을 아끼지 않았다. 2015년 5월 14일 이재명은 자신의 페이스북을 통해 "유승준 씨, 그대보다 훨씬 어려운 삶을 사는 대한의 젊은이들이 병역의무를 이행하다가 오늘도 총기 사고로 죽어가는 엄혹한 나라 대한민국에 돌아오고 싶습니까?"라고 말문을 열었다.

이재명은 "한국인들 주머니의 돈이 더 필요합니까? 아니면 갑자기 애국심이 충만해지셨습니까? 대한민국의 언어로 노래하며 대한국민으로서의 온갖 혜택과 이익은 누리다가 막상 국민의 의무를 이행해야 하는 시점에서 그걸 피하기 위해 대한민국을 버리고 외국인의 길을 선택한 그대. 왜 우리가 한국인과 닮았다는 이유만으로 외국인인 그대에게 또다시 특혜를 주고 상대적 박탈감에 상처받아야 하는가요?"라고 반문했다.

이어 이재명은 "상대적 박탈감과 억울함은 갖가지 방법으로 병역 회피하고도 떵떵거리는 이 나라 고위공직자들만으로도 충분합니다. 이제 그만 그대의 조국에 충실하고 배반하고 버린 대한민국은 잊으시기 바랍니다"고 비꼬았다.[146]

이재명은 5월 20일에도 페이스북을 통해 "스티브유님. 지금이라도 군입대를 하겠다구요?"라고 물은 뒤, "그게 진심이라면 그대는 여전히 심각할 정도로 대한민국을 우습게 아는 교만한 사람"이라고 질타했다. 이재명은 "외국인 한 명을 위해 오천만에게 적용되는 대한민국 법을

성남시장 당시 이재명은 유승준의 병역 회피와 입국금지 문제에 대해서도 발언을 할 만큼 굳이 나서지 않아도 될 분야까지 논쟁에 뛰어들었다. 그렇게 그는 'SNS 정치'로 전국적인 주목을 받기 시작했다.

고치거나 법을 위반하라고 하는 것"이라며 "불가능할 것을 알면서도 그렇게 말했다면 그대는 눈물에 약한 한국민의 착한 심성을 악용해 또다시 능멸한 것"이라고 비난했다(유승준이 국적회복을 하더라도, 그는 이미 만 39세로, 군 입대할 수 있는 나이 상한인 만 38세를 넘긴 상태라 입대할 수는 없다는 이야기였다).

　　이어 이재명은 "이제 당신의 사적 이익을 위해 우리 대한국민들을 더이상 우롱하지 말기 바란다"며 "착한 사람이 화나면 무섭습니다"고 경고했다. 하지만 이런 시각에 대한 반론도 있었다. 한 트위터 사용자는 "재벌 부유층과 한국 권부 핵심 요직의 인물 8할이 군 미필이고 그 자녀들 또한 일반인 군복무 비율에 절반도 안 된다"면서 "한국 병역 비리의 핵심 문제는 계층 간의 군복무 불평등 문제다. 기득권층은 이런 구조적 비리를 은폐하기 위해 유승준 문제를 부각하고 있다"고 꼬집었다.[147]

당시 유승준 논란은 핫이슈였기 때문에 이재명의 유승준 비판은 이재명의 전국적 지명도를 높이는 데에도 기여를 했다. 이재명은 2015년 5월 기준 트위터에서 12만 7,000명의 팔로어를 거느린 'SNS 스타'로서 다양한 사회 이슈에 직접 '돌직구' 발언을 던지고, 연예 매체까지 발언을 중계하는 몇 안 되는 정치인이 되었다.

### 'SNS 정치'로 대선후보의 반열에 오르다

한국갤럽은 이미 2015년 5월 초 문재인, 박원순, 안철수와 함께 그를 대선후보로 분류했다. 야권 정치인 중 4위권에 늘 오르내리던 충남도지사 안희정을 제치고 그가 그 자리에 올라선 것이었다. 국회의원 역임 경력이 없는 기초자치단체장이 대선후보로 분류된 건 처음 있는 일이었다.

이에 대해 이재명은 『한겨레』(5월 30일) 인터뷰에서 "미국 출장 중 지인에게 문자가 와서 알았다. 처음엔 장난치는 건 줄 알았다. 귀국 뒤 기사를 찾아보니 진짜더라. 좀 당황스러웠다. 속도가 너무 빠르다고 생각한다"고 말했다. 기자 허재현과 주고받은 주요 문답을 감상해보자.

**허재현** 에스엔에스 이야기를 안 할 수 없을 것 같다. 이거 왜 시작했나?

**이재명** 부당한 공격에 맞서는 도구가 필요했다. 2012년 한 종합일간지가 '성남시가 청소용역업체 나눔환경에 특혜를 줬고 이게 통합진보당과 관련 있다'는 식으로 기사를 썼다. 그 뒤 나는 '종북주의자'로 공격당했다. 기자회견을 열어 해명을 해도 언론이 보도를 안 해주더라. '악' 소리도 못 내보고 당할 뻔했다. 살아남기 위해 트위터를 시작했다.

**허재현** 이 시장의 트위터를 보면 좀 표현이 지나쳐 보일 때가 있다. '세월호 실소유주가 국정원이라고 확신한다'고 쓴 것 등이 그렇다. 명예훼손 혐의로 고소도 당했는데.

**이재명** 내가 좀 직선적이고 다혈질인 건 맞다. 빙빙 돌려 거짓말하기 싫다. 이런 성격이 단점이 아닌 장점이 되도록 잘 활용하려 한다. 세월호-국정원 관련 발언은 무혐의 처분을 받았다.

**허재현** 이 시장을 보면 굳이 안 나서도 될 분야까지 나서 논쟁을 하는 것처럼 비치기도 한다. 가수 유승준의 귀국 문제까지 나서서 비판할 필요가 있나. 유승준이 성남시로 이사 오겠다는 것도 아닌데.

**이재명** 사회 기득권층이 병역기피 문제를 가볍게 여기는 것에 대해 쓴소리를 해야 한다고 생각했다. 나는 사회공동체를 지키는 게 중요하다고 생각한다. 그 공동체의 의무를 저버리고 탈출한 사람이 병역의무가 지워지는 기간이 다 끝나니까 다시 오겠다고 하는 건 우리 5천만 공동체를 우롱하는 거라고 봤다. 국가 공동체를 지키고 무질서를 바로잡는 건 성남시장으로서 해야 할 일 중 하나다.

**허재현** 이 시장도 싸가지 없는 진보처럼 비칠 수 있다. 트위터 글을 보면 남의 이야기를 경청하는 모습보다 본인 주장이 더 많아 보이는데.

**이재명** (다소 표정이 굳어지며) 그건 좀 억울한데? 나는 트위터 팔로어(이 시장을 친구 맺은 사람)보다 내가 팔로잉(이 시장이 친구 맺은 사람)하는 사람이 더 많다. 다른 사람들 글도 리트위트(공유) 많이 하고, 페이

스북의 '좋아요' 버튼도 많이 누른다. 나도 싸가지 있으려 노력한다.(웃음)

허재현 너무 싸우는 이미지라고 생각하지 않나? 광범위한 대중의 공감을 얻기엔 한계가 있을 수 있다.

이재명 정치인들이 대개 '우아' 모드를 좋아하지만 그러면 제 역할 다 못한다.(웃음) 용서와 화해 이런 것만 해선 안 돼. 잘못된 걸 지적하고 진상규명과 책임을 요구해야 한다. 어차피 내가 대통령 되려고 정치를 시작한 사람도 아니다.[148]

## "성남 시민만 챙겨서 죄송하다"

이재명은 2015년 7월 29일 "성남 시민만 챙겨서 죄송하다"는 글을 당 페이스북에 공개했다. 마케팅 전문가로 영입된 새정치연합 홍보위원 손혜원이 릴레이 방식으로 진행하는 '셀프 디스(자기비판)'의 3탄이었다. 이재명은 이 글에서 "내년 총선에 나가지 않겠다"며 "(다른 국민께) 도움을 드리지 못해 죄송하다"고 했다.

이에 대해 야당에서도 '생뚱맞다'는 반응이 나왔다. 시정市政을 챙겨야 할 이재명에게 누가 총선에 나가라고 했는지, 누가 다른 국민까지 챙기라고 했는지 모르겠다는 것이다. 야당 관계자들은 "성남시장이 성남 시민 열심히 챙기고 있다는 걸 누가 반성으로 듣겠느냐"고도 했다. 그러나 앞서 나왔던 대표 문재인과 의원 박지원의 셀프 디스도 그런 식이었으니, 이재명만 탓할 일은 아니었다.

문재인은 "카리스마를 못 보여 드려 죄송하다"며 "인권변호사로 30년을 살다 보니 면전에서 언성을 높이는 것은 상상할 수 없다"고 했다. 박지원은 "호남, 호남 해서 죄송하다"며 "같은 대한민국이지만 호남은 늘 뒷전이라 꼭 성공해 호남을 위해 헌신하겠다고 생각했다"고 썼다. 사실상 자기 홍보와 같았다. 『조선일보』는 "자기 자랑 무대로 변한 야野의 '셀프 디스' 홍보"라고 꼬집었다.[149]

이재명은 10월 1일 "성남시에 거주하는 19~24세 청년들에게 1년에 100만 원의 청년배당을 지급하겠다"고 밝힘으로써 포퓰리즘 논란을 빚었다. 일부 언론이 소득과 취업 여부를 따지지 않고, 부잣집 아이들까지 청년배당을 지급하는 것은 비효율적이라고 비판하자, 이재명은 다음과 같은 반론을 폈다.

"주로 재벌 아들과 같이 특수하고 극단적인 사례를 든다. 한국 사회가 99대 1 사회인데 극소수의 사례를 가지고 99를 비판하는 것은 논리적인 합리성이 없는 것이다. 부잣집 아이들을 골라내는 게 비용이 더 든다. 생활수준에 대한 기준을 만들고 시민 전원을 다 조사하는 것은 비용면에서 바람직하지 않다."[150]

네티즌들의 피를 끓게 만들 수 있는 주제로 병역 문제와 쌍벽을 이루는 건 반일 감정이 아닌가? 이재명은 2015년 11월엔 SBS〈그것이 알고 싶다: 꽃들에 관한 인권보고서 2부〉와 관련, 자신의 페이스북에 "일제의 일본군 위안부, 박정희 정권의 미군 위안부, 그리고 박근혜 정부의 위안부 지원금 금지 조치"를 나열하며 "대체 대한민국의 정체성은 무엇이고 대한민국은 누구를 위한 존재냐"고 분개했다. 그는 또 다른 페이스북 글을 통해 "일본군 장교 출신으로 일본군 위안부를 모방해 미군 위안부를 만든 박정희 대통령. 일본군 위안부에 대한 박근혜 정부의 이 잔인

한 조치는 과연 박정희의 미군 위안부와 무관하다 할 수 있을까요?"라고 질타했다.[151]

## '손가락혁명군' 팬덤 CEO가 된 이재명

그렇게 속 시원한 말씀을 거침없이 해대는 정치인을 본 적이 있었는가? '손가락혁명군(손가혁)'이라는 이재명 팬덤이 탄생한 건 당연한 일이었다. 이재명은 이런 식으로 축적한 자신의 '명성 자본'을 '정치적 자본'으로 활용했다. 그는 2015년 9월 29일 다음과 같은 글을 올렸다.

"'손가락혁명' 동지들의 도움이 필요해요. 기사에 욕설 댓글 난무. 응원 댓글 좀 부탁합니다^^ (중략) 얼마나 효과가 크면 국가 공무원인 국정원 직원, 군인까지 목숨 걸고 하겠습니까? 기사를 보면 꼭 공감 누르고 댓글 달고 댓글 추천해주세요. 그게 바로 손가락으로 대한민국을 바꾸는 손가락혁명입니다."[152]

이재명은 12월 15일엔 자신의 페이스북에 성남의 한 시민을 공개 수배한다는 게시글을 올렸다. "수배합니다. 제 청년배당 관련 글에 들어와 폭언성 댓글을 다신 분입니다. 페북 보니 성남분이시라는데, 혹 이분 연락처나 인적사항 아는 분 DM 좀 부탁합니다. 저한테 무슨 억하심정이 있는지, 왜 얼굴까지 내놓고 제 페북에 들어와 이런 폭언을 퍼붓는지 이유가 궁금합니다. 본인도 하실 말씀 있으면 이 글에도 댓글 다세요^^" 이틀 만에 4,000명이 '좋아요'를 누르고 340명이 공유를 한 것으로 나타났다.[153]

좀더 체계적인 활동이 필요하다고 판단한 이재명은 12월 25일 자

이재명은 '손가락혁명군'이라는 팬덤의 CEO를 자처하며, 손가락으로 대한민국을 바꾸는 혁명을 일으키자고 했다. 2017년 1월 광주 김대중컨벤션센터에서 열린 '손가락혁명군' 출정식 모습.

신의 트위터에 글을 올려 손가혁의 모집 요강을 밝혔다. 본격적인 팬덤 CEO로 등극한 셈이었다. 이재명이 밝힌 모집 요강은 "첫째, 손가락이 건강하고 건전할 것. 둘째, 옳은 말과 글에는 마구 흥분할 것. 셋째, 세상을 바꾸겠다는 의지가 있을 것. 넷째, 새누리당·일베 요원이 절대 아닐 것. 다섯째, 비록 적이라도 욕은 하지 말 것" 등의 내용을 담고 있었다. 이후 손가혁의 숫자가 급격히 늘기 시작했다.[154]

이재명은 "대한민국의 새로운 변화를 준비하는 우리의 동지들 손가락혁명 동지들한테 큰 절을 드리겠다. 제가 먼저 두려움을 뚫고 혁명적 변화, 국민 변화의 폭풍 속으로 뛰어들겠다"고 화답했다. 토크콘서트에 참석했던 손가락혁명군은 "지지자들의 반응은 폭발적이었다. 전국에서

버스를 대절해서 왔고 미국 뉴욕에서도 지지자들이 왔다"고 보탰다.[155]

이제 우리는 해가 바뀌면 손가혁의 열화와 같은 지지에 힘입어 대권 주자로 우뚝 서게 되는 이재명을 보게 된다. 그건 공직, 그것도 기초자치단체장을 맡은 지 겨우 6년 만에 일어난 놀라운 사건이었다. 나중에 이재명에게 대표적인 상징처럼 따라붙는 사자성어四字成語인 '전광석화電光石火'와 같은 급성장이었다.

중앙선거관리위원회가 이재명에 대해 SNS 시정 홍보가 사전선거운동이라고 검찰에 수사 의뢰한 것으로 알려지자, 이재명은 2016년 2월 2일 자정 무렵 트위터에 "허허 이제 본격 시작하는가 보군. 공무원들에게는 수차례 정치적 중립 의심받을 행위 하지 말도록 지시했는데 내가 공모?"라고 반박하며 "내 팔로워가 20만에 가까운데 공무원을 동원했다구요? 이제 제대로 시작할 모양인데 손가락혁명 동지들이 나서 주세요"라고 알렸다.[156]

이재명은 그렇게 잘 나가고 있었지만, 새정치민주연합의 사정은 전혀 그렇지 못했다. 당대표 문재인은 당의 분위기를 일신하기 위해 '김상곤 혁신위원회'를 출범시켰지만, "지도부 때문에 당이 엉망이 되고 있다는 원망이 하늘을 찌르고 있었고",[157] 문재인의 사퇴를 요구하며 정기적으로 모임을 하던 반문 성향의 비주류 의원들은 결국 2015년 9월부터 탈당을 시작했다.

의원 박주선과 전남지사 박준영이 가장 먼저 탈당했고, 김상곤 혁신위에서 하위 20% 의원을 공천에서 무조건 배제한다는 방침을 발표한 이후인 12월부터 탈당이 본격적으로 진행되었다. 12월 13일 전 공동대표 안철수의 탈당 선언이 기점이 된 가운데, 문병호(인천 부평갑), 황주홍

(전남 장흥·강진·영암), 유성엽(전북 정읍), 김동철(광주 광산갑), 임내현(광부 북을), 최재천(서울 성동갑) 등이 그 뒤를 이었다. 2015년 12월 28일, 새정치민주연합은 문재인이 홍보위원장으로 영입한 브랜드 전문가 손혜원의 주장에 따라 당무위원회 의결을 거쳐 당명을 안철수의 흔적이 담긴 '새정치'를 뺀 '더불어민주당'으로 바꾸었다.[158]

# 전 국무총리
# 한명숙 구속 사건

　박근혜 정권이 그럭저럭 잘 버텨낼 수 있게 만든 1등 공신은 무능하고 무력한 야당이었다. 박근혜의 '대면 보고 기피증'이 문제가 되었던 2015년 8월 노무현 정부의 국무총리(2006년 4월 20일~2007년 3월 7일)를 지낸 한명숙이 불법 정치자금 수수 사건으로 대법원의 확정판결을 받고 구속수감된 사건은 엎친 데 덮친 격으로 야당에 큰 타격이 되었다.

　이는 한명숙이 건설회사 한신건영의 전 대표인 한만호에게서 "대통령 후보 경선 비용을 지원하겠다"는 제의를 받아 2007년 3월 31일에서 4월 초순경에 현금 1억 5,000만 원, 미화 5만 달러, 자기앞수표 1억 원을 합쳐 3억 원을 1차로 받았고 4월 30일에서 5월 초순경 현금 1억 3,000만 원, 미화 17만 4,000달러를 2차로 받았으며 8월 29일에서 9월 초순경 현금 2억 원, 미화 10만 3,500달러를 3차로 받아 총 세 차례에 걸쳐 9억 원의 불법 정치자금을 수수한 사건이었다.

2011년 1심 재판부는 한만호가 진술을 번복해 신빙성이 없고 물증이 없다면서 무죄로 판결했으나 2013년 2심에서는 한명숙의 여동생이 한만호의 1억 원권 자기앞수표를 아파트 전세자금으로 사용한 사실이 인정되어서 징역 2년의 실형과 추징금 8억 8,000만 원을 선고했고 대법원 전원합의체에서 확정되었다. 2015년 8월 20일 대법원에서는 한명숙 여동생의 자기앞수표 금전 거래 내역이 물증으로 확인되었기 때문에 1차로 수수한 3억 원에 대해서는 대법관 13명이 만장일치로 유죄를 선고했고 나머지 6억 원의 수수 여부에 대해서 8명은 받았다고 인정했고 5명은 불분명하다고 보았다. 한명숙은 2015년 8월 24일 서울구치소에 수감됨으로써 '최초로 실형을 선고받은 전직 국무총리'라는 불명예를 안았다.[159]

민주통합당은 2014년 3월 26일 새정치민주연합으로 이름을 바꾸었는데, 새정치민주연합 대표 문재인은 2015년 5월 "기득권을 내려놓고 '육참골단'의 각오로 임하겠다"고 밝히는 등 혁신을 위한 결연한 의지를 밝혔지만,[160] 문제는 그의 부족주의 또는 '패밀리 철학'이 너무 강하다는 것이었다. 육참골단肉斬骨斷은 '(내) 살을 베도록 내어주고 (대신 상대의) 뼈를 끊는다'는 뜻인데, 내 살은커녕 피부에 상채기 하나 나는 것조차 벌벌 떨었으니 더 말해 무엇하랴.

문재인은 2015년 8월 25일 비공개 최고위원회의에서 전날 구속수감된 한명숙의 추징금을 모금하자고 제안해 논란을 불러일으켰다. 당내 일각에서 '친노계의 제 식구 감싸기'라는 비판이 제기되었지만, 문제는 좀 다른 데에 있었다. 문재인 측 관계자는 "한 전 총리 측 변호인단은 회의에서 '한 전 총리가 돈을 받은 적이 없다고 하는 상황에서 추징금을 모금해서 준다는 것은 명분이 없고 실효성이 없다'는 의견을 제시했다" 며 "모금 계획은 없다"고 밝혔다.[161] '공사公私 구분' 의식이 약한 문재인 의 '부족주의 마인드'를 보여준 해프닝이었다.

"(새정치민주연합엔) 기득권을 지키기 위해서 잘못이 있더라도 숨겨 주고 서로 보호해주는 폐습이 만연해 있다."[162] 당시 새정치민주연합의 당원이었던 변호사 금태섭이 2015년 9월에 출간한 『이기는 야당을 갖 고 싶다』는 책에서 한 말이다. 새정치민주연합의 후신인 더불어민주당 은 훗날 집권에 성공하긴 했지만, 그건 탄핵을 당한 박근혜가 헌납한 것 이었을 뿐 민주당의 그런 고질적인 폐습을 청산한 덕에 이루어진 건 아 니었다.

## 제7장

# SNS가 낳은
# 카·페·인 우울증

## '미움받을 용기'를 갖기 어려운 이유

"미니홈피-내가 이렇게 감수성이 많다. 페이스북-내가 이렇게 잘살고 있다. 블로그-내가 이렇게 전문적이다. 인스타그램(사진 공유 SNS)-내가 이렇게 잘 먹고 다닌다. 카카오스토리-내자랑+애자랑+개자랑. 텀블러-내가 이렇게 덕후(오타쿠)다." 2013년 인기를 끈 'SNS 백태'라는 게시물이다. 영화평론가 최광희는 2013년 SNS에 이런 글을 올렸다. "우리는 모두 자기 인생의 주인공이고 싶다. 그러려면 청중이, 관객이 필요하다. SNS는 많은 사람들에게 서로가 인생의 주인공임을 말하고, 서로의 청중이 되어주는 곳이기도 하다. 그러나 누구도 진짜 주인공이 아니고, 누구도 진짜 청중이 아닌 곳이기도 하다. 그래서 가끔 이 공간이 서글프다."[163]

일본 철학자 기시미 이치로岸見一郎와 작가 고가 후미타케古賀史健가

오스트리아 심리학자 알프레트 아들러Alfred Adler, 1870~1937의 심리학을 대화 형식으로 풀어낸 책 『미움받을 용기』(2014)에 한국 사회가 뜨겁게 반응한 것도 바로 그런 이유 때문이 아니었을까? 아들러는 독자들에게 "사람의 모든 고민이 인간관계에서 비롯된다"는 간단한 명제를 던지면서 우리가 행복해질 수 없는 이유는 '모두에게 인정받으려는 욕구' 때문이라고 설명한다. 그 욕구를 부정하면서 버리라는 게 그의 주문이다. 단적으로 말해 "행복해지려면 미움받을 용기도 있어야 한다"는 것이다. 홍상지는 "언뜻 궤변처럼 들리지만 이 말에 넘어간 국내 독자가 벌써 10만명이다"고 썼다.[164]

아들러의 주장은 궤변일까? 물론 궤변 같은 말이 전혀 없진 않다. 예컨대, 칭찬을 '인간관계를 수직관계로 바라보는 증거'로 간주해 칭찬에 반대한다는 데에 이르러선 근본주의 냄새가 물씬 풍기지만,[165] 그가 어렸을 때 극단적인 열등감의 화신이었다는 점을 감안해 문학적 수사법 정도로 이해하면 무방하겠다. 적어도 한국의 보통 사람들에겐 말이다.

'미움받을 용기'는 일본에선 꼭 필요한 조언일 것 같다. 일본은 '메이와쿠迷惑'의 나라이기 때문이다. 일본인이 초등학교에 들어가면 가장 먼저 배우는 게 "폐迷惑(메이와쿠) 끼치지 마라"다. 그래서 남에게 결사적으로 친절하다. 남엔 정부와 공적 영역도 포함된다. 2004년 고베 대지진 때 손자가 바위에 깔려 있는 상황에서도 할머니는 "폐 끼쳐 죄송하다"고 했다. 최근 이슬람 무장 단체 IS에 인질로 잡혀 처형된 일본인 유카와 하루나湯川遙菜의 아버지는 "국민에게 폐 끼쳐 죄송하다"고 했고, "정부 노고에 감사한다"는 말도 잊지 않았다.[166]

반면 한국인들 중엔 정부는 물론 모르는 사람에게 폐 끼치는 걸 권

한국 사람들은 페이스북, 블로그, 인스타그램 등 SNS를 통해 자신이 인생의 주인공이라는 것을 인정받고 싶어 한다. 하지만 '미움받을 용기'도 필요하지 않을까?

리로 생각하는 사람이 많다. 이미 충분히 '미움받을 용기'를 갖고 있는 것이다. 그럼에도 그들은 행복을 느끼지 못한다. 한국인들이 중요하게 생각하는 사람은 아는 사람들이다. 친척이거나 친구거나 이웃이다. 따라서 한국인들에게 필요한 건 '미움받을 용기' 그 자체는 아니다. 누구에 대해 '미움받을 용기'를 가져야 하는지를 따져볼 필요가 있겠다. 한국인에게 가장 필요한 건 '비교하지 않는 용기'였지만, SNS는 그걸 더욱 어렵게 만들었다.

### 자신을 비참하게 만드는 '카페인 우울증'

자기 자랑과 자기 과시에서 늘 이길 수만은 없었다. 2015년 5년차 직장인 홍모(29, 여) 씨는 페이스북 활동을 줄이겠다고 결심했다. 재미로 시작한 SNS가 하면 할수록 우울하다고 느껴져서다. "철마다 해외여행을 가고 결혼 5주년 기념으로 가족이 모두 몰디브를 다녀왔다고 페이스북에 근황을 올리는 친구를 보다 보니 벽을 만난 기분이 들었다." 그는 심리상담센터를 찾아 "친구들이 페이스북에 올린 호텔 식당, 핸드백, 남편에게 받은 선물 중 어느 것 하나 내가 갖거나 갖고 있는 게 없었다"며 "누구보다 열심히 살아왔다고 믿었는데 내 삶이 한없이 초라하게 느껴졌다"고 말했다.[167]

이처럼 카카오스토리·페이스북·인스타그램 등 SNS로 인한 상대적 박탈감과 그에 따른 마음의 병을 이른바 '카·페·인 우울증'이라고 한다. '김현철 공감과성장 정신건강의학과의원'에 따르면 병원을 찾는 10~20대 환자 10명 중 5명 이상은 'SNS로 인한 우울감'을 호소한다. 김현철은 "불면증이나 폭식증에 시달린다거나 감정 기복이 심해졌다며 병원을 찾아온 사람들과 상담해보니 이들의 SNS 사용이 최근 부쩍 늘었음을 알 수 있었다"고 말했다.

'카·페·인 우울증'의 증상은 다양하다. "행복한 순간만을 기록하는 왜곡된 현실이라는 걸 알면서도 동경하게 되고 부러우니 자꾸 들여다보게 된다." "취업 준비 중인데 친구들이 회식이나 출장 사진을 올리면 나만 낙오자가 된 것 같아 무기력해진다." "직장 동료가 값비싼 기념일 선물을 받아 SNS에 자랑하면 비교가 돼 연애도 하기 싫어진다." "럭셔리 블로거들을 보면 내 삶이 처량해진다."[168]

심지어 이런 일까지 벌어졌다. 2015년 2월 인천 서부경찰서는 2015학년도 서울 소재 사립대학교 수시전형에서 유모(19) 양의 개인정보를 인터넷상에서 알아내 입학을 취소시킨 혐의로 재수생 김모(19) 양을 검거했다. 경찰 조사 결과 서로 만나지는 않았지만 3년 정도 인터넷에서 유양과 SNS 친구로 지내온 김양은 자신이 떨어진 대학에 유양이 합격하자 질투심을 못 이겨 범행을 저지른 것으로 밝혀졌다. 김양은 유양이 SNS에 올려놓은 수험번호와 계좌번호 등을 모은 뒤, 입시 대행 사이트에 전화를 걸어 자신이 유양인 것처럼 속였다. 그렇게 해서 유양의 보안번호를 얻어낸 김양은 이 번호로 학교 홈페이지에 들어간 뒤 입학 포기를 의미하는 등록예치금 환불을 신청한 것이다.[169]

## '외모에 대한 조롱'으로 장사하는 한국 TV

"예쁜 친구의 인스타그램을 보다가 참지 못하고 성형을 했다." 앞서 거론한 카·페·인 우울증의 한 사례로 일어난 일이다. 전문가들은 상대적으로 자아가 강하지 않고 우울감을 잘 느끼는 사람들이 SNS에 의존할 확률이 크다고 진단한다. 이런 성향의 사람들이 게임이나 술을 찾듯이 SNS를 찾는다는 이야기다. 건국대학교 신경정신과 교수 하지현은 "삶을 과시하거나 인정받기 위해 SNS를 시작했다가 오히려 다른 사람의 화려한 삶을 보며 우울감이 더 커지는 경우가 많다"며 "특히 젊은 층으로 갈수록 이런 현상은 심해진다"고 말했다.[170]

그러나 성형에 관한 한, 아무래도 성격과 나이를 초월하는 것 같다. 얼굴과 몸매는 가장 가시적인 인정투쟁의 장場이기 때문이다. 한국처럼 외모 차별이 심한 나라가 또 있을까? 중앙대학교 교수 김누리는 "TV 개그 프로그램을 보라"며 다음과 같이 말했다.

"소재의 절반 이상이 외모에 대한 조롱이다. 개그의 본령인 정치 풍자는 찾아볼 수 없고, 그 자리를 신체적 약자에 대한 허접한 조롱으로 메우는 방송의 행태는 우리 사회가 얼마나 야비하고 품격 없는 공동체로 전락했는지를 여실히 보여준다. '인간에 대한 예의'는 우리 사회가 가장 결여하고 있는 품성인 것 같다. 인간을 존중하고 타인을 배려하는 태도가 너무도 모자란다. 특히 사회적 약자는 온전한 인격체로 살아가기가 쉽지 않다."[171]

'긴 코 오징어녀 리셋, 프리티걸로 재탄생', '굴곡진 얼굴 노안 꽃거지녀, 동안미녀로 변신', '밥주걱턱 가제트녀, 러블리걸로 대변신', '팔각형 얼굴 외계인녀, V라인 큐트걸로 변신'. 일반인을 출연시켜 성형수술·체중감량 등 외모 변신 과정을 다루는 한 미용·성형·다이어트 방송 프로그램 제목들이다. 〈렛미인Let 美人〉, 〈미녀의 탄생: 리셋Reset〉 등의 프로그램은 '개천에서 용 나는' 모델의 정신에 충실하기 위해 출연자를 환자로 부르는 등 외모 차별 언어 사용의 극단을 보여주었다.[172]

외모 비하가 시청률 높은 방송 프로그램의 주식이라고 해도 과언이 아닐 정도로 외모 차별이 자연스럽게 일상적으로 저질러지는 나라가 '성형수술 세계 1위'의 기록은 갖게 된 건 너무도 당연한 일이 아닐까? 아니 1위라는 기록만으론 실감이 나지 않는다. 시장규모가 세계 전체의 4분의 1(45억 달러)인데다 비전문의의 수술 건까지 망라하면 실제 성형 인구는 더 많다고 보아야 한다.[173] 이게 미디어 탓만은 아니겠지만, TV를 비롯한 우리 미디어들의 외모에 대한 조롱과 비하를 이대로 방치해도 좋은지, 이젠 정말 심각하게 생각해볼 때가 된 것 같았다.

## 인간을 경시하는 '무례사회'

"공장에서 우리가 만드는 것은 화장품이지만 시장에서 우리가 만드는 것은 희망이다." 세계적인 화장품 브랜드 레브론Revlon의 창업자인 찰스 레브슨Charles Revson, 1906~1975의 말이다. 결국 세상은 그의 뜻대로 돌아갔고, 이제 한국에선 미용 성형이 자신을 적극적으로 발전시키려는 자기계발의 주요 수단으로 부상되는 경지에 이르렀다.[174]

그 덕분에 서울 지하철역은 거대한 '성형 광고 터널', 아니 '희망의 터널'이 되었다. 2014년 3월 지하철 3호선 1호차 내부 벽면에 부착된 광고물 총 12개 중 7개는 성형외과를 홍보하는 광고였으며, "성형을 하고 그녀에게 고백했다", "새로운 꿈이 생겼다" 등 출구마다 붙은 광고 수는 40개가 훌쩍 넘었다. 압구정역의 6개 출구와 복도, 역내 기둥 등에 설치된 성형 광고는 110여 개에 달했다. 지하철을 이용한 시민들은 개찰구를 통과하거나 복도를 따라 걸으면서, 혹은 에스컬레이터를 타고 지하철역을 나설 때까지 끊임없이 성형외과 병원의 광고에 노출될 수밖에 없었던바, 지하철역 안은 그 자체가 성형 광고 터널이라고 해도 과언이 아니었다.[175]

"남자친구가 조용히, 무릎 꿇고 추천한 그곳, ××× 성형외과." 이젠 지하철에 이런 문구를 내세운 광고까지 등장했다. 주먹을 움켜쥔 채 무릎 꿇고 앉아 있는 한 남성의 하반신 사진이 광고판의 절반을 차지하고 있다. 이 광고에 대해 중앙대학교 교수 김누리는 "잠시 눈을 의심했다. 이렇게까지 막갈 수도 있구나. 성형외과 앞에서 간청하는 남자와 그 옆에서 고민하는 여자라니"라고 개탄했다.

한국처럼 외모 차별이 심한 나라가 또 있을까? 미용·성형·다이어트 방송 프로그램들은 출연자를 환자로 부르는 등 외모 차별 언어 사용의 극단을 보여주고 있다. 서울 강남구 지하철역의 성형외과 광고.

서울 강남의 한 성형외과에서는 직접 깎은 턱뼈들로 '턱뼈탑'을 만들어 병원 로비에 전시하기까지 했다. 이에 대해 김누리는 "이런 일들은 단순히 도를 넘어선 외모지상주의나 성형 광풍만을 가리키는 것이 아니다. 그것은 우리 사회의 내밀한 본성을 들춰준다. 우리 사회가 인간에 대한 최소한의 예의마저 상실한 '무례사회'로 변해버렸음을 폭로한다"며 다음과 같이 말했다.

"무례사회는 돈만 벌 수 있다면 인격 모독쯤은 아무렇지도 않은 사회, 인간을 경시하는 사회다. 성형 광고의 주체인 '의사 선생님들'의 경우에서 보듯, 이 사회를 지배하는 기득권 집단의 인식은 지극히 천박하다. 이들은 대개 이 사회의 교육 과정을 가장 성공적으로 이수한 '우등생들'

인 까닭에, 이들의 천민성은 그대로 사회의 성격을 대유한다. 인간에 대한 예의를 모르는 자를 '모범생'으로 길러내는 무례사회에 미래는 없다."[176]

한국이 세계에서 가장 앞서가는 '미용·성형 공화국'이 된 이유는 복합적이었다. 치열한 생존경쟁, 서구 지향성, 영상·광고매체의 폭발, 중앙집권적·획일적 소통 구조(소용돌이·쏠림 문화), 사회문화적 동질성, 공정성 의식 박약(차별·왕따 친화적 문화), 사회적 문제의 개인주의적 해결 풍토 등을 들 수 있었다.

1960년대에 "억울하면 출세하라"는 게 대중의 삶을 지배하는 금언이 되었듯이, 이젠 "억울하면 고쳐라"가 자기 운명을 진취적으로 개척하려는 모험주의적 한국인의 생활 상식이 된 건 아닐까? 한국, 참으로 다이내믹한 동시에 흥미로운 나라지만, 삶을 황폐화시키는 '전쟁 같은 삶'을 살고 있다는 점에서 결코 축하할 일은 아니었다.

# 박근혜의
# 중국 전승절 행사 참석

2014년 11월 10일 중국 베이징에서 열린 한중 정상회담이 끝난 뒤 대통령 박근혜는 중국 주석 시진핑과 함께 FTA 협상 타결을 공식 선언했다. 협상 타결 후 세부 조율과 양국 서명 등을 거쳐 2015년 12월 20일 FTA가 정식 발효되었다. 한중 수교가 이루어진 1992년 64억 달러에 그쳤던 양국 무역은 2017년 2,802억 6,000만 달러, 2021년에는 3,000억 달러를 돌파한다.[177]

박근혜는 회고록에서 한중관계의 개선과 '신뢰 외교'의 성과에 자부심을 드러내면서 2015년 9월 3일 중국의 전승절 기념행사에 참석한 것에 대해서도 언급했다. 당시 이는 국내에서 적잖은 논란이 되었다. 예컨대, 박근혜의 경제민주화 멘토였던 김종인은 "박근혜 정부가 저지른 치명적 실수 가운데 하나가 중국 전승절 기념행사에 참석한 것"이라고 했다.

제2차 세계대전에서 중국이 이겼다고 축하하는 '승전 70주년 기념 행사'에 자유 진영 지도자로서는 거의 유일하게 박근혜가 참석했는데, "다른 나라 국가원수들은 왜 참석하지 않았느냐 하는 것을 고민"했어야 했다는 것이다. "'우리(중국)는 이제 미국에 대항할 만한 군사적 역량이 충분하다'고 노골적으로 천명하려는 의도가 확연합니다. 그런 자리에 우리 대통령이 달려가 시진핑 주석과 러시아 푸틴 대통령 바로 옆에 서서 박수를 치고 있었으니 미국 입장에서는 한국을 어떻게 봤겠어요?⋯⋯그 뒤로 중국이 북한을 대하는 태도가 달라졌나요? 우리를 대하는 태도가 달라졌나요?"[178]

이런 논란에 대해 박근혜는 "전승절 참석은 예민한 사안이었다. 결정을 내리기 전까지 신중하게 생각했고, 결국 결단했다. 지금도 그 결정을 후회하지 않는다"며 이렇게 말했다. "외교라는 것은 일방적인 교류가 아니라 어떻게든 양국의 공통분모를 찾고, 모두가 잘되는 미래 비전을 찾아가는 과정이라고 생각한다. 진정성을 가지고 노력하다 보면 굳게 닫힌 양국의 관계도 점차 회복되고, 동시에 협력할 수 있는 공간도 더 커진다고 믿는다."[179]

제8장

# 왜 부동산은
# 블랙홀이 되었는가?

## "피를 토하고 싶은 심정이다"


"부동산은 블랙홀 같은 단어이다." 아주대학교 사회학과 교수 노명우가 2013년 12월에 출간한 『세상물정의 사회학: 세속을 산다는 것에 대하여』에서 한 말이다. 이어 그는 이렇게 말했다. "부동산은 인간이 주거의 터전에 대해, 좋은 집에 대해, 뿌리 뽑힘의 야만에 대해 던졌던 모든 질문을 먹어 삼킨다. 집을 부동산이라는 단어로 포장하면 집은 터전이기를 그만두고, 그곳에 살고 있는 사람마저도 교환가치에 포섭된 존재로 전락시킨다.⋯⋯부동산이라는 포장지를 쓴 아파트는 시가나 호가로 표현되는 교환가치를 담는 그릇에 불과하다."[180]

"주택 전세시장이 요동을 치면서 도시의 세입자들은 피를 토하고 싶은 심정이다." 언론광장 공동대표 김영호가 『미디어오늘』(2015년 2월 11일)에 기고한 「변두리로, 더 변두리로, 전세 난민의 행렬」이라는 칼럼에서 한 말이다. 이어 그는 다음과 같이 말했다.

"하지만 언론도 그 실상을 자세히 전달하지 않아 세상은 마치 아무 일도 없다는 듯이 돌아가는 느낌이다. 비수기인 한 겨울철에 전세 가격이 폭등세를 보여 전세 난민들이 더 싼 셋집을 찾아 변두리로, 변두리로 헤맨다. 아니면 또 빚을 내서라도 집세를 더 올려주어야 하니 빚더미가 쌓인다. 집을 옮기면 아이들 학교도 옮겨야 하니 집을 줄여서라도 주변에서 더 싼 셋집을 찾으려고 애쓰나 허탕이다. 열심히 일해도 먹고 집세 내고 나면 남는 게 없다."[181]

먹고살기 위해 도심에 있어야만 하는 이들은 변두리로, 변두리로 헤맬 수도 없었다. 서울 인구의 1%인 10만 명이 고시원이라도 찾아 들어가야 했다.[182] 서울의 20~34세 청년 1인 가구 중 주거빈곤가구(지옥고)의 비율은 2005년 34.0%, 2010년 36.3%, 2015년 37.2%로 갈수록 늘어나고 있었다. 전체 가구 중 주거빈곤가구 비율이 1995년 46.6%에서 2015년 12.0%로 급락한 것과 대조적이었다.[183]

소설가 박민규는 〈갑을고시원 체류기〉란 단편에서 "그것은 방이라고 하기보다는 관이라고 불러야 할 크기의 공간……그 좁고 외롭고……정숙해야만 하는 방 안에서 나는 웅크리고 견디고 참고 침묵했고……"라고 했다. 2015년 7월 30일 JTBC 앵커 손석희는 '앵커 브리핑'에서 이 내용을 소개하면서 "세상이라는 냉정한 문 앞에서 침묵해야 하는 이 시대 젊은이들의 자화상"이라고 했다. 그는 "상반기 20대 청년 실업자가 41만 명. 사상 최고치를 기록했습니다. 취업을 포기한 '취포자'와 취업재수생까지 합하면 그 수는 무려 120만 명에 육박한다고 합니다. 지난달 서울시 공무원 시험에 몰린 인원만 13만 명입니다. 취업이 두려워

졸업마저 미루는 학생들로 대학은 넘쳐납니다"라면서 이런 질문을 던졌다. "웅크리고, 견디고, 참고, 침묵한 것에 대한 보상은 있는 것인가."[184]

고시원은 분노와 저항 의지마저 꺾어놓는 마력을 발휘했다. 취업 준비를 하는 28세 청년은 "고시원 공간이 좁으니까 마음도 작아지는 느낌을 받았다"고 말했다. "저는 꼭 나갈 거예요. 꼭 나갈 거예요. 왜냐면은 이제 좁은 공간에서 살다 보면은 내 자신이 커질, 성장할 수 없을, 없을 것 같다는 그런 위협감? 이런 걸 느끼더라구요."[185]

그런 위협감에서 벗어나려고 발버둥치는 사람들, 피를 토하는 심정의 사람들에겐 분노와 저항 의지보다는 약탈 체제에 순응해 죽어라 하고 '노오력'을 하는 것 외에 다른 선택이 없었다. 그저 웅크리고, 견디고, 참고, 침묵할 수밖에 없는 사람들은 표 계산에 빠른 정권과 정치인들, 고위 관료들에겐 존재하지 않는 사람이나 다름없었다.

## 땅 투기는 정치자금의 젖줄이다

"지방의회 의원들, 국회의원들, 그리고 시장들이 돈을 충당하는 방법은 주로 땅 투기였다." 지리학자 임동근이 2015년 7월에 출간한 『메트로폴리스 서울의 탄생』에서 한 말이다. 이어 그는 "신시가지 개발은 아주 큰 스케일로 나눠먹는 거고요, 자질구레하게는 국도를 자기 땅 옆에 건설해서 돈을 버는 방법이 있었습니다"라면서 다음과 같이 말했다.

"보통은 새로운 도로 신설시 선을 긋는데 약 500미터 폭 안에서 경제성에 따라 결정됩니다. 500미터 안에서는 자유로이 왔다 갔다 할 수 있습니다. 그 사이에서 10미터만 벗어나도 내 땅이 수용되거나 아니면 길가가 되어 지가가 폭등하기 때문에, 지방에서 국도 사업은 새로운 정치인 아니면 기존 정치인들의 돈줄이 되었던 겁니다."[186]

어디 그뿐인가? 그간 서울에서 추진된 재개발정책과 도심재개발사업은 오히려 도심 공동화로 이어져 도시민이 살 수 없는 공간을 만드는 결과를 초래했다.[187] 그런데 지방은 이 못된 걸 그대로 배워와 지방에 적용시킴으로써 스스로 지방의 위기를 가중시키는 자해自害를 일삼았다. 도시학자 마강래는 인구가 줄어드는 곳에서는 남아 있는 인구라도 가급적 모여 살아야 살아남을 수 있음에도 지방 중소도시는 반대로 더욱 흩어지는 방향으로 가면서 도심 공동화를 부추기고 있다고 개탄했다. 원도심을 꿋꿋하게 지키고 있는 중소도시는 하나도 없으니, 도심 공동화는 필연이라는 것이다.[188]

그럼에도 자꾸 도시 외곽으로 관공서를 옮기는 동시에 아파트를 개발하는 건 그게 무슨 진보의 증거라도 되는 양 전국의 모든 도시가 일사불란하게 따라서 하는 짓이 되고 말았다. 뭘 몰라서 그런 걸까? 그런 점도 없진 않겠지만, 그게 이유의 전부는 아니었다. 마강래는 '땅을 소유한 토호들과의 결탁'에 주목하면서 다음과 같이 말했다.

"지역유지인 토호들은 대규모의 부동산 소유주이면서 동시에 건설업체를 운영하거나 지방의원으로 활동하고 있는 경우가 많다. 중소도시에서의 외곽 택지개발은 건설업자와 부동산 소유주들의 합작품인 경우가 종종 있다. 건설업자는 아파트를 분양해 이익을 챙길 수 있으니 좋고, 땅 주인들은 비싼 값에 땅을 팔 수 있으니 좋다. 건설업자와 부동산 소유주의 윈윈win-win 전략은 주택시장이 활황인 상황에서 딱 들어맞았다."[189]

정치가 그 지경일진대, "감옥에서 10년 살아도 10억 원을 벌 수 있다면 나는 부패를 저지를 것이다"고 생각하는 청소년들을 어찌 나무랄 수 있으랴(반부패활동 NGO인 한국투명성기구가 2008년 전국의 중고생을 대상으로 실시한 반부패인식지수 조사에서 18%의 학생이 택한 '결심'이다).[190]

## 연간 수십조 원의 집세 약탈

"그간 집세 폭등으로 인해 연간 수십조 원이 추가로 세입자로부터 집주인에게 흘러갔다. 이것은 일제강점기에 지주들이 소작농을 수탈했던 것과 진배없는 일이다." 송현경제연구소장 정대영이 『경향신문』 (2015년 10월 1일)에 기고한 칼럼에서 한 말이다. 2015년 8월 기준으로 서울의 가구당 평균 전세 가격은 3억 7,000만 원 선으로 2년 전에 비해 8,000만 원이나 오르는 등 '미친 집세' 파동이 터지자,[191] 그는 "이러한 불공정과 패악을 방조하고 있는 정부와 정치권은 경제정의나 서민을 위한다는 말을 쓰지 말아야 한다. 이 문제를 해결해줄 수 있는 정치세력이 절실히 필요한 때이다"고 말했다.[192]

그러나 그런 정치세력은 나오지 않았으며 나올 수도 없었다. 소작농이었던 국민 다수가 지주가 된 상황에서 수혜자의 수가 워낙 많았기 때문이다. 다수결 민주주의 체제의 저주라고나 해야 할까? 프랑스 철학자 자크 랑시에르Jacques Ranciere는 정치 바깥에서 배제된 자들이 정치 안의 몫을 주장하는 것이 진정한 의미에서의 정치라고 했는데,[193] 이 정의에 따르자면 한국엔 진정한 의미의 정치가 없는 셈이었다.

『경향신문』(2015년 10월 21일)이 보도한, 서울 양천구의 66제곱미터 아파트에 전세로 살고 있던 임모(33) 씨가 '집 없는 죄인'이 된 사연을 들어보자. 7월까지만 해도 "10월에 전세 기간이 만료되면 전세금을 3,000만 원 올려달라"고 했던 집주인은 9월 말 갑자기 "3,000만 원보다 더 올려 받아야겠다"고 말을 바꾸었다. 계약 만료 3개월 전에 고지한 내용과 다르므로 불법이지만 임씨는 결국 3,000만 원에 1,000만 원을 더 얹어 4,000만 원을 주고 2억 3,000만 원에 재계약을 하기로 했다. 임씨는 "그래도 집주인이 배려한 덕에 4,000만 원 인상에 그쳤다"면서 "나로선 나름 '선방'한 것"이라고 했다. 그는 "요즘 전셋값을 1억 원 올려달라는 집주인이 많다는 얘기를 들었더니 몇천만 원 올려달라는 건 감사하게 생각되더라"면서 "더 올려드리지 못해 죄송하단 소리가 절로 나왔다"고 했다. 임씨는 "전셋값이 4,000만 원 오른 것을 '배려'라고 생각하게 만드는 비합리적인 세상"이라며 "추가된 1,000만 원을 어떻게 마련할지 막막하다"고 했다.

이런 기막힌 현실에 대해 주택개발 정책대안 시민단체인 '주거복지연대' 이사장 남상오는 "1960~1980년대 도시 개발 이후 땅 있는 사람 위주로 사회가 돌아가면서 집 없는 사람들은 이사 비용 몇 푼 받고 쫓겨나는 행태가 수십 년간 반복됐다"며 "집은 피도 눈물도 없는 괴물이 됐다"고 했다.[194] 아니다. 말은 바로 하자. 집이 괴물이 된 게 아니다. 그런 현실을 외면하는 정부와 고위공직자들이 괴물이 된 것이다. 한국에선 정치 안에서 향유하는 자들이 정치 안팎의 몫을 주장하고 약탈하는 것이 진정한 의미의 정치가 되고 말았다.

## "모든 정치는 부동산에 관한 것이다"

"우리 시대에 모든 정치는 부동산real estate에 관한 것이다." 미국 평론가이자 사상가인 프레드릭 제임슨Fredric Jameson이 2015년 『뉴레프트 리뷰』에 기고한 「싱귤래리티의 미학」이란 글에서 "포스트모던 정치는 본질적으로 지역적인 차원에서나 세계적 차원에서나 본질적으로 토지 수탈에 관한 문제다"며 한 말이다. 이에 대해 김병화는 "이제 정치의 문제가 숫제 공간의 문제가 되었다고 말하는 것은 억지까지는 아니더라도 지나친 과장처럼 들린다"며 다음과 같이 말했다.

"그렇지만 그의 생각을 좇자면 그럴 만도 하다는 생각이 든다. 악명 높은 인클로저enclosure와 식민지 약탈에서부터 오늘날의 버려진 공장 지대, 정착촌과 난민 수용소, 거대한 규모의 슬럼에 이르는 자본주의의 역사적 경관을 한숨에 주파할 때, 무엇보다 무토지 농민의 투쟁에서부터 '점령하라' 운동에 이르는 저항을 생각할 때, '오늘날 모든 것이 토지에 관한 것'이라는 제임슨의 발언은 더이상 억지스럽지 않게 들린다."[195]

모던이건 포스트모던이건, 왜 그걸 이제서야 깨달았느냐고 제임슨을 탓할 일은 아니다. 오히려 격려를 하면서 "한국을 연구해보라"고 권하는 게 좋겠다. 불로소득으로 부자가 되었다고 해서 그걸 약탈이라고 할 순 없지만, 그게 예외가 아니라 주요 사회적 흐름으로 구조화되어 있다면 그건 약탈이다.

한국의 부자가 존경받지 못하는 결정적인 이유는 그들의 부의 축적이 주로 불로소득에 의존했기 때문이다. 이미 1989년 한국응용통계연구소가 서울 시내 거주자 1,514명을 대상으로 실시한 '부자와 돈에 대

그저 웅크리고, 견디고, 참고, 침묵할 수밖에 없는 사람들에게 부자는 늘 선망과 벤치마킹의 대상이 된다. 도저히 세상이 바뀔 것 같지 않기 때문이다.

한 여론조사'에서 응답자의 89.3%는 부자 가운데 졸부가 많다고 지적했는데,[196] 물론 이 '졸부'엔 '부동산 불로소득자'라는 의미가 포함되어 있다. 이런 졸부들의 약진은 오늘날에도 지속되고 있다.

부자는 마음속 깊은 곳에서 우러나오는 존경을 받지는 못할망정 늘 선망과 벤치마킹의 대상이 되고 있다. 도무지 세상이 바뀔 것 같지 않은 전망 탓이리라. 몇 년 후 세계적인 주목을 받은 봉준호의 영화 〈기생충〉(2019)엔 "돈이 다리미라구. 돈이 주름살을 쫙 펴줘"라거나 "부자인데

착한 게 아니고 부자라서 착한 거야" 같은 대사들이 등장하는데,[197] 이게 바로 그런 현실을 잘 묘사해주었다.

"무주택자일수록 이사를 자주 다니는데, 투표율이 낮은 동네와 높은 동네를 분석해보면 투표율이 낮은 동네에서 무주택자 비율이 월등하게 높았다." 부동산 전문가 손낙구가 2015년 10월 『주간경향』의 특집 기사에서 한 말이다. 그는 "지역 공약만 봐도 저소득층·무주택 계층은 철저히 소외돼 있기 때문에 '그놈이 그놈인데 투표하면 뭐하나' 하는 인식이 지배적으로 나타난다"며 "지금 살고 있는 동네가 '우리 동네'가 아니라 곧 떠나야 할 곳일 뿐이고, 정치문제를 함께 이야기할 동네 사람들이 없는 곳에서 투표율이 오르기는 어렵다"고 지적했다.

최근 5년 사이 4번이나 이사를 해야 했던 직장인 강모(37) 씨는 고향을 떠나 서울·수도권에 정착한 지난 10년 동안 대통령 선거 외에는 투표한 적이 없다고 말했다. 강씨는 2006년 직장을 얻어 서울에 온 이후 서울 영등포구, 마포구, 은평구와 경기 고양시로 사는 곳을 옮겨 다녔다. 바쁜 직장생활 탓에 전입신고가 늦어 선거 공보물을 받지 못하고 지나간 적도 있다. 강씨는 "그래도 전국적으로 이름 있는 후보는 어디서 들은 기억이라도 있지만 구청장이나 시의회, 구의회 선거에 나오는 후보들은 이름조차 못 듣고 선거 기간이 지나간다"며 "내년 총선 시기도 지금 사는 집 계약 날짜 무렵이라 재계약을 못하면 이사 때문에 정신이 없어 또 그냥 넘어갈지도 모른다"고 말했다.[198] 우리는 언제까지 "그놈이 그놈인데 투표하면 뭐하나"라는 자세로 이 지긋지긋한 부동산 약탈 체제를 그대로 두고 지켜봐야 하는 걸까?

## 제9장

# "사회정의를 위해
무릎을 꿇게 했다"

## '을'의 눈물로 가득찬 '갑질민국'

갤럽의 2013년 '세계 경제 조사 보고서'는 "3차 대전은 일자리 전쟁이 될 것이다"고 했다. 아니 이미 '일자리 전쟁'이 벌어지고 있으며 앞으로 더욱 악화되리라는 음울한 전망들이 국내외를 막론하고 나오고 있다.[199] 특히 한국에선 '3포 세대(연애·결혼·출산 포기)'에 이어 최근에는 '4포 세대(3포+취업 준비로 인한 인간관계 포기)', '5포 세대(4포+내 집 마련 포기)'라는 말까지 유행할 정도로 청년들의 삶은 어려워지고 있었다.[200] 2015년 2월 취업포털사이트 '사람인'이 2030세대 2,880명을 대상으로 "연애, 결혼, 출산, 대인관계, 내 집 마련 중 포기한 것이 있는가"라고 물었더니, 1,660명(57.6%)이 '있다'는 답을 한 것으로 나타났다.[201]

"사는 게 사는 게 아니다. 이게 어디 사는 거야? 전쟁이지!" 이렇게 말하는 사람이 많다. 심지어 "회사 안은 전쟁터, 밖은 지옥"이라는 말도 나온다. 사회적 약자를 위한 연대를 주장하는 이도 '심리적 참전參戰'이라는 말을 외칠 정도로, 우리에겐 모든 게 전쟁인 셈이다. 이런 '전쟁 같은 삶'은 각종 통계로도 입증된다. 한국은 세계에서 수면 시간이 가장 짧고, 노동 시간은 가장 긴 나라로, '저녁이 있는 삶'을 기대하기 어렵다.[202] "몸 부서져라 일해도 '가난 탈출' 더 어려워졌다"며 빈곤층의 참상을 알리는 기사가 연일 쏟아져 나오고 있었다.[203]

한국노동사회연구소가 통계청의 경제활동인구조사 부가조사를 분석해 2014년 11월 26일 내놓은 '비정규직 규모와 실태' 보고서를 보면, 시간당 5,580원인 최저임금도 받지 못하는 노동자가 전체의 12.1퍼센트, 227만 명이고, 정규직에 한恨이 맺힌 비정규직이 전체 임금노동자의 45.4퍼센트, 852만 명이다. 청년 노동자의 첫 일자리 가운데 36%가 비정규직이다.[204] 그밖에도 끔찍한 통계가 수없이 많지만, 세계 최고의 자살률과 세계 최저의 출산율만으로도 그 전쟁의 참혹함을 미루어 짐작할 수 있었다.

전쟁터에선 오직 힘만이 정의다. 약육강식弱肉強食 · 우승열패優勝劣敗 · 적자생존適者生存의 원리에 근거한 '사회진화론Social Darwinism'에 따라 움직이는 사회적 전쟁도 다를 바 없다. 그런 힘의 관계를 가리키는 갑을甲乙관계와 그 관계에서 벌어지는 갑의 못된 횡포, 즉 '갑질'은 도처에 만연해 있었다. 『경향신문』의 사설이 잘 지적했듯이, "지금 대한민국은 수많은 '을'의 눈물로 가득찬 '갑질민국'",[205] 즉 '갑질 공화국'이었다.

2015년 1월 한국언론진흥재단이 20~60세 국민 1,000명을 대상으로 사흘간 진행한 설문조사에 따르면 95%의 응답자는 "한국이 다른 나라보다 갑질 문제가 더 심각하다"는 데 매우 동의(44%)하거나 동의하는 편(51%)이라고 밝혔다. 갑질이 "모든 계층에 만연해 있다"는 응답은 77%로 "일부 계층에 해당된다(20%)"와 "몇몇 개인에 해당된다(3%)"를 크게 앞질렀다.

또 가장 심각한 갑질은 정치인·고위공직자·재벌의 갑질인 것으로 나타났다. 갑질이 "매우 심각하다"에 대한 응답은 재벌 64%, 정치인·고 위공직자 57%, 고용주·직장상사 46% 순이었다. 그런데 이 조사에서 정 작 흥미로운 건 자신이 갑인지 을인지 묻는 말에 대한 답이었다. "항상 갑 이다"는 응답은 1%에 불과했고, "나는 을이다"고 답한 사람이 85%에 이 르렀다. 이들 중 "항상 을이다"는 17%, "대체로 을이다"는 68%였다.[206]

## '개천에서 용 나는' 모델의 비극

그러나 갑질은 결코 많은 권력과 금력을 가진 사람들만이 저지르는 게 아니다. 그건 상대적이거니와 다단계 먹이사슬 구조로 되어 있어 전 국민의 머리와 가슴속에 내면화되어 있는 삶의 기본 양식이다. 즉, 이른 바 '억압 이양의 원리'에 따라, 상층부 갑질의 억압적 성격은 지위의 고 저에 따라 낮은 쪽으로 이양되는 것이다.

'갑질'에 대한 이런 착각보다 더 무서운 착각이 우리 내면에 도사리 고 있다. 그건 바로 '갑질 공화국'의 탄생 이유에 관한 것이다. 우리는 사 람들의 좋지 못한 의도와 행위들의 결과로 갑질이 성행한다고 믿는 경 향이 있지만, 그건 결코 진실이 아니다. 갑질은 우리가 옳거니와 바람직 하다고 여기는 것들의 '의도하지 않은 결과unintended consequence'에 의 해 생겨난다. 좋지 못한 의도와 행위들도 그런 '의도하지 않은 결과'의

산물일 뿐이다. 이게 바로 '갑질 공화국'의 비밀이다.

그 비밀의 열쇠는 우리가 세속적 진리로 믿고 있는 속담에서 찾을 수 있다. 그건 바로 "개천에서 용 난다"이다. 우리는 개천에서 난 용을 보면서 열광하는 동시에 꿈과 희망을 품는다. 계층이동의 가능성을 보면서 이 세상이 살 만한 곳이라는 확신마저 갖는다.

그런 확신은 충분한 역사적 근거를 갖고 있다. 대한민국이라는 나라 자체가 국제사회에선 '개천에서 난 용'이기 때문이다. 특히 삼성전자를 비롯한 대한민국의 대표선수 기업들은 세계 무대에서 선두를 달리며 맹활약하고 있다. 이 얼마나 자랑스럽고 가슴 뿌듯한 일인가? 우리는 내부적으로도 수많은 용을 배출했고, 내 집안은 아닐망정 한두 다리만 건너면 '개천에서 난 용'을 쉽게 찾아볼 수 있다. 사정이 그러하니 "개천에서 용 난다"를 우리의 국가·국민적 이데올로기로 삼는다 한들 무엇이 문제이랴.

그런데 고성장의 시대가 끝나면서 요즘은 개천에서 용이 거의 나오지 않는다. 그래서 많은 이들, 특히 진보 인사들이 더는 '개천에서 용이 나지 않는 세상'에 대해 개탄하면서 개천에서 용이 날 수 있게끔 세상을 바꿔야 한다고 말한다. 이렇듯 '개천에서 용 나는' 모델은 우리 사회에서 진보적 가치에 충실한 것으로 평가된다.

"개천에서 용 난다"는 단순한 속담이 아니다. 그건 한국 사회를 움직이는 기본 모델이자 심층 이데올로기로서 무게와 중요성을 갖는다. '개천에서 용 나는' 모델은 신분 상승을 이룰 수 있는 '코리안 드림'의 토대이지만, 동시에 사회적 신분 서열제와 더불어 "억울하면 출세하라"는 왜곡된 능력주의, 즉 '갑질'이라는 실천 방식을 내장하고 있다.

우리는 개천에서 난 용을 보면서 열광하는 동시에 꿈과 희망을 품는다. 하지만 '개천에서 용 나는' 모델은 누군가의 희생을 전제로 한다. 한 중학교 정문에 붙어 있는 서울대 합격 축하 플래카드.

'개천에서 용 나는' 모델은 누군가의 희생을 전제로 한다. 세계 무대의 선두에서 맹활약하는 재벌 기업들은 혼자 잘나서 그렇게 된 게 아니다. 그들은 국가의 전폭적인 지원을 받았으며, 지금도 각종 특혜를 누리는 건 물론 중소기업을 착취하거나 쥐어짜는 갑질이 그들이 내세우는 경쟁력의 주요 근거가 되고 있다. 용의 반열에 속한다고 평가할 수 있는 좋은 직장에 다니는 보통사람들의 고연봉도 다른 사람들의 저임금이라는 희생 위에서 가능한 것임은 두말할 나위가 없다.

게다가 '개천에서 난 용'은 자신을 배출한 개천을 돌보지 않을 뿐만 아니라 오히려 죽이는 데에 앞장선다. 개천에 사는 미꾸라지들이 아니라 자신이 어울리는 용들의 문법에 충실해야만 더 큰 성공을 거둘 수 있기 때문이다. 그렇지 않다면 대한민국 건국 이후 거의 모든 대통령과 대부분의 주요 정책 결정자가 지방 출신임에도 지방을 희생으로 '서울 공화국'이 탄생한 것을 어찌 설명할 수 있으랴.

그보다 더욱 중요한 건 '개천에서 용 나는' 모델의 사회적 기회비용機會費用, opportunity cost이다.[207] 이 모델은 개천의 모든 자원, 특히 심리적 자원을 탕진할 뿐만 아니라 전 국민으로 하여금 개인과 가족 차원에서 용이 되기 위한 '각개약진各個躍進'에 몰두하게 만든다. 각개약진이란 적진을 향해 병사들이 지형지물을 이용하여 개별적으로 돌진하는 걸 뜻하는 군사용어다. 우리는 그런 식으로 살아가고 있다. 공동체와 사회는 와해되어가고 있는 가운데 우리가 사는 곳은 '외로운 분자들의 나라a nation of lonely molecules'로 전락하고 있다.

우리는 개천에 사는 모든 미꾸라지가 용이 될 수 있는 가능성은 열려 있다는 이론적 면죄부를 앞세워 극소수의 용이 모든 걸 독식하게 하는 승자독식주의를 평등의 이름으로 추진하는 집단적 자기기만과 자해를 저지르고 있었다. 미꾸라지들끼리 연대와 협동의 정신으로 공동체와 사회를 꾸려나가는 가치엔 그 어떤 눈길도 주지 않은 채 말이다.

우리는 모두가 다 용이 될 수는 없으며, 용이 되기 위해 얼마나 많은 사람이 고통과 희생을 감내해야 하며, 용이 되지 못한 실패로 인해 얼마나 많은 사람이 좌절과 패배감을 맛봐야 하는지에 대해선 생각하지 않는다. '개천에서 용 나는' 모델을 깨지 않는 한 과도한 지역 간 격차, 학력·학벌 임금 격차, 정규직·비정규직 격차와 그에 따른 '갑질'은 결코 사라질 수 없게 되어 있었다.

### "무릎 꿇어. 대학은 나왔어?"

"무릎 꿇어. 대학은 나왔어?" 어느 손님이 매장에서 종업원이 실수를 하자 대뜸 내뱉은 말이었다. 종업원이 실수를 한 것과 무릎이 무슨 상관이며, 또 대학은 무슨 상관이 있단 말인가? 이런 쓰레기 같은 발언은 정신 나간 사람의 무의미한 외침으로 들으면 간단히 해결될 일이지만, 문제는 우리 사회의 많은 상황에서 갑으로 행세하는 이들이 을의 무릎을 요구하는 일이 잦다는 데에 있었다. 『모멸감: 굴욕과 존엄의 감정사회학』(2014)에서 이 사건을 소개한 사회학자 김찬호는 다음과 같이 말했다.

"그 한마디에 깔려 있는 거대한 콤플렉스 덩어리는 어떻게 생겨났을까. 그것은 우선 그 사람의 성장 경험에서 찾아야 하겠지만, 다른 한편으로 한국인의 심성을 지배하는 깊은 조류를 함께 더듬어봐야 할 것이다. 철저한 서열 의식과 귀천 관념, 자기보다 약한 사람을 짓밟으면서 쾌감을 느끼는 심보는 오래전부터 끈질기게 이어져오고 있다."[208]

그랬다. 그 심보는 '개천에서 용 나는' 모델과 맞닿아 있었다. 우리는 출세를 한 사람들이 개구리 올챙이 적 생각하지 못하고 변절하는 경향이 있다고 말하지만, 그건 결코 개인 차원의 문제가 아니다. 이 모델은 개천과 더불어 개천에서 사는 미꾸라지들에 대한 모멸을 기반으로 하는 것이며, 미꾸라지들에겐 이른바 '학습된 무력감learned helplessness'을 강요하는 것이었다.[209] 그렇기에 그런 심보를 갖는 것이 자연스럽게 여겨졌다.

그런 못된 심보 때문에 무릎을 꿇게 하는 사람들도 있겠지만, 그걸 한 단계 업그레이드시킨 이유 때문에 무릎을 꿇게 하는 사람들도 있었다. 그들 나름의 정의감 때문이라면? 이 의문에 대해 생각해볼 수 있는 사건이 2014년 12월 27일 오후 3시 30분쯤 경기도 부천 현대백화점 중동점 지하주차장에서 일어났다.

50대 여성 A씨는 체어맨 차량에 탄 채로 쇼핑 중인 딸이 돌아오기를 기다리고 있었다. 주차 요원 B군(21)은 그녀에게 다른 차들의 주차를 위해 조금 이동해달라고 요구했다. 하지만 그녀는 차를 이동시키지 않았고, B군이 차량과 조금 떨어진 뒤에서 허공을 향해 주먹질을 했다. A씨는 이것이 자신에게 욕을 한 것이라고 생각해 B군에게 따졌고, 마침 쇼핑을 마치고 온 딸도 가세했다. 그 뒤 B군은 모녀 앞에서 무릎을 꿇고 30여 분 동안 있었으며, 말리던 동료 주차 요원 3명도 잠시 함께 무릎을 꿇었다가 주위에서 말려 일어섰다.

이 사건은 그냥 묻히는 듯했지만, 2015년 1월 3일 B군의 누나가 "백화점에서 모녀 고객이 아르바이트 주차 요원인 동생에게 30여 분 동안 무릎을 꿇리고 폭언을 했다"는 글을 한 인터넷 사이트에 사진과 함께 올리면서 뜨거운 '갑질 논란'을 불러일으켰다. 한 목격자는 "(백화점 모녀가) 주차 요원한테 '내가 오늘 (백화점에서) 740만 원 쓰고 나왔어 ××' 뭐 이런 식으로 욕도 하고 큰소리를 냈다"고 증언했다.

B군 누나의 글에 대해 한 누리꾼은 댓글에 자신을 '당사자 겸 목격자'라고 소개하며 "동생분이 무슨 짓을 하셔서 저희 모녀에게 무릎 꿇고 사과하게 됐는지 아예 안 써져 있는 거 같다"며 "주차 요원이 허공에다 대고 주먹을 날리는 행동을 해 항의를 했더니 사과하지 않고 버티다가 일어난 일"이라고 설명했다. 이어 "계속 고개만 저으며 대답도 않고 사과도 안 하다가 사람들이 몰리니 그제서야 스스로 무릎을 꿇었다"며 "사과를 받고 끝난 일인데 이런 식으로 글을 올려 피해를 입었다"고 주장했다. 반면 B군은 나중에 "날씨가 추워 몸을 풀려고 셰도우 복싱 동작(주먹질)을 했는데 이것 때문에 오해가 생겼다"며 "'죄송하다', '아니다'라고 해명하려 했는데 당황스럽고 말을 잘 못하니 의사전달이 안 됐다"고 해

명했다.[210]

## "너무 두려워서 무릎을 꿇었다"

2015년 1월 10일 방송된 SBS 〈그것이 알고 싶다〉를 통해 모녀는 '마녀사냥'을 당하고 있다며 억울함을 호소했다. 모녀는 주차 아르바이트생을 주차장 바닥에 무릎 꿇린 것에 대해 "때릴 수 없기 때문에 그랬다. 꿇어앉아라, 할 수 있다. 내가 화난 상태에서는"이라고 설명하며 "사회정의를 위해 그렇게 했다"고 강조했다. 특히 모녀 중 어머니는 급기야 사무실 바닥에 뒹굴며 "내 돈 쓰고 내가 왜 주차 요원에게 모욕을 받아야 하냐. 왜 이런 대우를 받아야 하냐"고 언성을 높이기도 했다.

하지만 당시 B군의 무릎 꿇은 모습을 사진 촬영한 목격자는 "그런 모습은 처음 봤다. 온몸을 막 떨면서 몸이 경련이 일듯이 훌쩍훌쩍 울더라. 이 사람이 무슨 큰 잘못을 한 줄 알았다. 아무 대꾸도 못하고 계속 울기만 하더라"고 설명했고, 실제로 CCTV에서 주차 요원은 장시간 무릎을 꿇은 탓에 제대로 걷지도 못한 채 부축을 받으며 나가는 장면이 포착되었다. B군은 "너무 두려워서. 알바를 그만두면 등록금 마련이 힘들어질 것 같아서" 무릎을 꿇었다고 했다.[211]

참으로 놀라운 생각이다. 때릴 수 없어 무릎을 꿇렸고, 사회정의를 위해 그렇게 했다는 당당함이 말이다. 아니 놀랍다 못해 무섭다. A씨는 자신의 그런 정의로운 행위가 칭찬을 받기는커녕 '마녀사냥'의 대상이 되었다는 생각에 억울함을 견디지 못해 사무실 바닥에 뒹군 게 아니었겠는가? 소통 절대 불능의 이 상황을 어찌할 것인가!

경기도 부천 현대백화점 중동점 지하주차장에서 갑질 모녀는 "사회정의를 위해" 주차 요원에게 무릎을 꿇게 했다고 말하며, 자신들은 마녀사냥을 당했다고 억울함을 호소했다.

부천 현대백화점 모녀 갑질 사건이 일어난 지 열흘만인 2015년 1월 5일 대구의 한 백화점에서 일어난 "백화점 점원 뺨 때린 '갑질녀女' 사건"의 장본인도 억울하다고 했다. 그 사건의 전말은 이렇다. 1월 5일 오후 7시께 대구 모 백화점 3층 의류 매장에서 40대 여성이 환불을 요구했다. 이물질이 묻은 옷 교환 요구에 매장 점원은 "옷에 립스틱이 묻어 교환이 안 된다"고 거절했다. 그러자 여성은 카운터에 있던 물건과 옷을 바닥으로 던지고 고함을 지르며 30분간 난동을 부렸다.

이 과정에서 남성 직원은 이 여성에게 뺨까지 맞았고, 옆에 있던 점원들도 떼밀리는 등 폭행을 당했다. 목격자들의 이야기를 들어보면 당시 백화점 안의 음악소리가 굉장히 컸는데도 뺨을 때리는 소리가 시선을 집중시킬 정도였다. 40대 여성은 결국 옷 교환에 성공했으나 분을 삭이지 못하고 다시 매장을 찾아 "여태까지 뭣 때문에 염장을 질렀냐. 나 원래 이렇게 사는 사람 아니다"며 또다시 직원의 머리카락을 손으로 치고 어깨를 밀쳤다. 직원들은 끝까지 이 여성을 '고객님'이라고 부르며 제대로 항의조차 못하고 당하기만 했다.[212]

이런 사건은 어쩌다 뉴스가 되느냐 되지 않느냐 하는 차이만 있을 뿐 전국 방방곡곡에서 매일 일어나고 있다고 해도 과언이 아니다. 왜 그럴까? 실질적인 계급사회, 아니 신분제 사회를 만들기 위해 안달하는 기업들에도 큰 책임이 있다.

## "처음으로 사람을 죽이고 싶다는 생각을 했다"

백화점 등과 같은 업소에선 상위 20%의 고객이 백화점 전체 매출에 기여하는 정도가 70~80% 수준에 달하기 때문에 백화점들은 고객을 차등화해 서비스를 하는 '계급 만들기'에 혈안이 되어 있다. 당연히 직원들에겐 VVIP 등과 같은 최상위 고객에겐 절대 복종할 것을 요구함으로써 그 어떤 저항의 가능성도 미리 차단한다.

VVIP들은 직원을 종 부리듯 대한다. 반말은 기본이요, 사소한 부분이라도 마음에 안 들면 "너, 내가 누군지 알아?", "네가 나를 몰라봐?"라는 말이 불쑥불쑥 내뱉는다. 친절한 VVIP들도 있지만, 그들조차도 직원들을 종처럼 하대하는 건 기본이다. 직원들이 가장 무서워하는 말이 "나 백화점 옮길 거야"이기 때문에, 이런 1%의 고객을 잡기 위해 직원들은 죽으라면 죽는 시늉도 해야 한다. 물론 직원들 무릎 꿇리게 하는 건 일도 아니다.[213]

백화점들은 '암행감시단'까지 매장에 파견해 직원이 종처럼 구는지를 확인한다. 한 명품 브랜드가 자사의 판매직원들을 감시하기 위해 각 매장에 '미스터리 쇼퍼'라는 암행 고객을 파견하면서 교육한 내용은 이렇다. "최대한 집요하게 진상처럼 굴어보세요. 매장에 없는 물건을 보여달라고 요구해보기도 하고 물건에 대해서 트집도 잡아보세요. 그래도 직원이 불쾌한 내색 않고 흐트러짐 없이 응대를 하는지, 회사의 매뉴얼에 맞춰 안내를 하는지 살피세요."

2013년 10월 노동환경건강연구소의 조사 결과에 따르면, 백화점 판매 노동자, 카지노 딜러, 철도·지하철 역무·승무 노동자, 간호사, 콜센터 노동자 2,259명 중 83.3%가 "회사가 나를 지속적으로 관찰하고 있다"고 느낀다고 답했고 59.4%가 "회사에서 파견한 모니터 요원(미스터리 쇼퍼)을 경험한 적 있다"고 말했다. 자신의 회사에서 "평가점수가 낮은 사람들에게 인격을 모독하는 조치가 이뤄졌다"고 응답한 이는 41.2%였다.

감시와 모욕적 언행이 일상이 된 회사에서 서비스직 노동자들은 극심한 우울 증상을 호소했다. 응답자의 38.6%가 상담이 필요한 수준의 우울 증상을 보였고 30.5%가 "자살 충동을 느낀 적 있다"고 답했다. 이같은 우울 증상은 회사나 고객에게서 부당한 대우를 받은 노동자일수록 심하게 나타났다. 80.6%가 일하면서 고객에게서 무리한 요구를 받은 경험이 있다고 응답했는데 이들 중 41.45%가 상담이 필요한 수준의 우울 증상을 나타냈다. 욕설을 포함한 폭언을 들은 경험이 있는 81.1%의 노동자 중에서 41.06%가, 성희롱이나 신체 접촉을 당한 경험이 있다는 29.5% 중에서는 63.49%가 상담이 필요한 우울 수준이었다.[214]

물론 고객들의 그런 부당한 대우는 사실상 사측이 조장한 것이다.

항공사의 경우를 보자. 1등석일수록 숙련된 승무원이 배치되어야 하는데 1등석 고객들이 "요즘 왜 여기 늙은 것들만 배치했냐"고 항의하는 일이 벌어졌다. 그러자 항공사는 '예쁜' 승무원들만 1등석에 배치했다. 사측의 이런 자세는 승무원의 신체와 관련된 것들까지 세세하게 통제하는 것으로 나타난다. 실제 규정에는 "담배나 커피 등에 의한 착색이 심한 경우에는 치아 미백 관리를 통해 깨끗한 치아를 유지한다", "새치머리와 흰머리인 경우에는 반드시 지정 색상으로 염색한다", "곱슬머리의 경우 반드시 웨이브를 펴서 손질한다" 등의 내용이 있다.[215]

이렇게까지 인권침해적인 간섭을 받는 감정 노동자들의 정신 건강이 좋을 리 없었다. 2014년 11월 한국노동사회연구소가 은행·증권·생명·손해보험회사 등 금융권 직원 2,456명을 상대로 감정노동 실태조사를 벌인 결과 직원의 3분의 2가 폭언을 듣고도 실적을 위해 친절함을 강요당하는 '감정노동'에 시달리고 있는 것으로 나타났다. 34.3%는 병원 방문이 필요한 중등 이상의 우울증을 겪고 있는 것으로 나타났지만, 이들에게 회사 측은 "너만 참으면 된다"는 주문을 외워댈 뿐이다.[216]

고객센터 관리자로 일하는 박정연(가명, 32)은 신입 사원 때 사소한 실수 때문에 고객한테 고소를 당할 뻔했다. 고객은 와서 무릎 꿇고 사과하면 고소하지 않겠다고 했다. 팀장과 부장이 직접 그를 데려가 사과하도록 했다. 무릎 꿇기 전 고객이 마음을 풀었지만 친절과 환대로 가득찼던 박정연의 세상은 그날 이후 무너졌다. "그때 처음으로 사람을 죽이고 싶다는 생각을 했다. 일할 땐 진상고객을 욕하지만 회사를 벗어나면 약자들한테 소리지르는 내 모습을 발견한다."[217]

제10장

메갈리아
사건

**"남자는 숨 쉴 때마다 한 번씩 때려야 한다"**

2015년 초 한국여성단체연합이 국립국어원에 『표준국어대사전』의 '페미니즘'과 '페미니스트' 정의를 광범위하게(사실상 온건하게) 바꿔달라고 요청하는 의견서를 내는가 하면, 사회 일각에서나마 '페미니즘의 종언'이 외쳐지고 있었다. 이후 2030세대의 경제적 고통이 심화되면서 페미니즘 혐오도 더욱 강해지기 시작했다. 2015년 여름 메르스(중동호흡기증후군) 공포가 한국을 덮치면서 뜻밖의 사건이 하나 벌어지고, 이 사건은 한국 여성운동사에 한 획을 긋는 메갈리아 탄생으로 이어진다.

메르스 공포가 한창이던 5월 29일 인기 커뮤니티인 '디시인사이드'는 메스르 관련 정보를 공유하는 '메르스 갤러리(메갤)'를 만들었다. 이곳에 메르스 의심 증상을 보이던 두 여대생이 격리 조치를 거부해 메르스를 퍼뜨렸다는 루머에 관한 글이 올라왔다. 해당 여대생들에 대해 디시인사이드의 누리꾼들은 "이러니 김치녀 소리를 듣는다", "원정(원정 성매매) 가는 거 아니냐", "명품백 멘 것이 딱 한국 된장녀", "쇼핑에 환장 했다"며 성적 모욕감을 주는 발언은 물론 한국 여성 전체를 싸잡아 비아 냥거렸다.[218]

해당 내용은 사실무근으로 드러났고, 이 소동은 그대로 묻히는 듯했 지만, 곧 메갤에는 사실도 아닌 내용으로 '김치녀'라며 한국 여성을 싸 잡아 비난한 한국 남성들의 여성 혐오적 행태를 비판하는 글들이 올라 오기 시작했다. 이들은 남성과 여성의 젠더 위계를 반전시킨 소설 『이갈 리아의 딸들』에 빗대 스스로를 '메갈리아의 딸들'로 부르다가 여성 혐오 에 대한 저항이 생물학적 여성에만 국한된 것은 아니기에 '메갈리안'으 로 바꾸었다. 평등주의egalitarian와 유토피아utopia의 합성어인 이갈리아 Egalia라는 단어가 시사하듯이,[219] 그들이 꿈꾼 건 남녀가 평등한 세상이 었다.

온라인상에서 벌어지는 여성 혐오의 중심에는 혐오 전문 사이트 '일베'가 있었는데, 메갈리아는 일베를 중심으로 각종 여성 혐오 용어들 이 퍼져나가는 양상을 '미러링mirroring'으로 대응했다. 미러링은 '거울 mirror처럼 반사해서 보여준다'는 뜻이다. 거울이 좌우를 바꾸어 보여주 듯, '미러링'은 성별의 배치를 뒤집어 보여줌으로써 '여혐혐女嫌嫌', 즉 '여성 혐오에 대한 혐오'를 실천하는 기법이었다.

여성 혐오자들은 "여자는 삼 일에 한 번 때려야 한다"를 줄인 '삼일 한'이라는 단어를 즐겨 썼다. 이에 대항해 메갈리아는 "남자는 숨 쉴 때 마다 한 번씩 때려야 한다"는 '숨쉴한'이라는 단어를 만들었다. 허영심 많은 여성을 일컫는 '김치녀'에 대항해서는 '김치남', '한남충(벌레 같은 한국 남자)' 등의 용어를 만들었다.

여성을 그저 성기에 빗대어, '여자의 적은 여자'라는 관용구를 '보적보'로 줄이는 표현에 대해, 메갈리아는 군폭력 문제 등을 거론하며 '자적자'라고 받아쳤다. '보슬아치(보지+벼슬아치)'에 대해선 '자슬아치', '꽃뱀'은 '좆뱀' 등으로 바꿔 부르며 맞불을 놓았다. '가슴 크기'로 여성을 평가하는 남성은 '6.9센티미터짜리 작은 성기'를 가진 존재로 불렸다. 세간에 떠도는 습관적인 여성 비하 발언들은 다음과 같은 식으로 뒤집어졌다.

"남자는 집에서 조신하게 살림이나 해야 된다.""남자는 집에 가서 애나 봐라.""남자가 공부해서 뭐하냐, 잘생긴 게 최고지.""역시 술은 남자가 따라줘야 제맛이다.""잘 생긴 남자 따먹고 싶다.""남고생 따먹고 싶다.""군대 가기 싫었으면 싫어요 했어야지. 즐긴 거 아냐?"[220]

## 혐오 발언을 뒤집어서 되돌려주기

물론 이 모든 과정이 순조로웠던 건 아니다. 처음에 거친 언어를 구사하는 메갈리안이 등장하자 남성 커뮤니티에선 "여자가 어떻게 저런 험한 말을 쓸 수 있나"며 당황했고, 그동안 김치녀와 된장녀라는 말에 대해서는 자정능력에 맡겨야 한다던 디시인사이드 운영자가 '김치남'과 '김치녀' 둘 다 사용금지시키는 일이 벌어졌다. 이에 대해 시인 노혜경은 다음과 같이 말했다.

"그래도 디시인사이드 관리자는 근대의 시민으로서 최소한의 공정성은 가지고 있었다고 본다. 왜냐면 김치남은 김치녀를 뒤집은 것인데,

메갈리안은 남녀가 평등한 세상을 꿈꾸었는데, 이들은 '미러링'을 통해 여성 혐오 발언을 뒤집어 여성 혐오에 대한 혐오로 되돌려주었다.

김치녀는 되고 김치남은 안 된다고 하면 자기가 여성 혐오자라는 걸 커밍아웃하는 것이 되니까 그것이 부끄러운 줄 알았다는 것이다. 여기서 부끄러울 수 있었다는 것이 '대박' 사건이라고 생각한다. 부끄러워하면서 김치남과 함께 김치녀가 금지되는 걸 본 여성들이 '아! 이거 좋은 전략이로구나'라고 생각한 것이다. '뒤집어서 되돌려주니까 쟤네들이 꼼짝 못하더라' 하면서 자연발생적으로 미러링을 사용했다고 한다."[221]

디씨인사이드의 '공정한' 조치에 대응해 메갈리안들은 6월 6일 메갈리아라는 이름의 페이스북 페이지를 개설했다. 신상 노출의 위협을 염려한 운영자는 이를 자신의 신상과 다른 가계정으로 만들었는데, 이후 '메갈리아1'에 쏟아진 댓글 공격과 신고 때문에 실명인증이 필요해졌고, 가계정이라 인증을 하지 못해 '메갈리아1' 페이지는 닫히게 되었다.

하지만 이후 실명 계정으로 운영한 '메갈리아2, 3'은 페미니즘 관련 카드뉴스를 만들거나 페미니즘적인 시선으로 기사 논평을 하는 수준이었음에도 신고 누적으로 삭제되었고, '메갈리아4'에 이르게 되었다.[222] 결국 디시인사이드의 본색이 드러난 이런 어려운 상황 속에서도 메갈리아는 8월 6일 자체 사이트도 출범시키면서 활동을 계속 해나갔다.

메갈리아에 대한 반격엔 진보와 보수의 차이는 없었다. 하지만 그어떤 반격도 한 번 터진 봇물을 저지할 순 없었다. 김서영은 메갈리아의 등장은 겉으론 우연인 듯 보이나 사실 언제고 터질 필연이었다고 말했다. 그간 여성들은 참을 만큼 참았다는 것이다.

"2000년대 중반 이후 '개똥녀' '된장녀'를 시작으로 '루저녀' '개념녀' '트렁크녀' 등 각종 '~녀' 시리즈가 줄을 이었다. 모두 여성을 대상화하고 낙인찍는 표현이다.……여성의 피부, 가슴 크기, 얼굴 심지어 성기 색깔까지 평가 대상이 됐다. 2014년쯤 등장한 '김치녀' 담론에서 한국의 여성 혐오는 정점을 찍었다. '된장녀'에서 벗어나기 위해선 검소하게 데이트 비용을 나눠내는 '개념녀'가 되면 됐지만, '김치녀'는 한국 여성이라면 연령·계층을 불문하고 벗어날 도리가 없었다."[223]

## "남자 10%는 짝이 없는 남성 잉여 세대"

메갈리아 논란이 한창이던 2015년 9월 17일 『시사IN』은 「여자를 혐오한 남자들의 '탄생'」(천관율 기자)이라는 기사를 게재해 큰 화제를 모았다. 이 기사는 데이터 기반 전략 컨설팅 회사 '아르스프락시아'와 함께 2011~2014년 3년 동안 일베에 올라온 게시글 43만 개를 원자료 삼아 '여성 혐오 담론지도'를 그렸다.

이 지도는 '군대'가 핵심일 것이라는 통념을 깨트렸다. 여성 혐오 담론지도에서 군대 문제는 주변부에 고립되어 있고, 단어의 등장 빈도로도 732회에 불과해 20위권 밖이었다. 이 지도에서 두드러지는 키워드는 '김치녀'였다. '여성('여자' 등 유사 단어 포함)'이 1만 159차례 등장하는 동안 '김치녀'는 8,697차례 등장했으니, '김치녀'는 한국의 여성 혐오를 상징하는 단어가 된 것이다. '김치녀'의 탄생 배경은 데이트 경험이었다. 짝짓기 시장, 그러니까 결혼까지 포함해서 '연애 시장에서의 환멸'이 여성 혐오의 뿌리라는 것이다.

"여성 혐오 담론에서 '김치녀'란 무엇보다도 '연애 시장에서 반칙을 하는 여자'를 뜻한다. 반칙이란 뭘까. '남녀평등을 외치면서 결정적인 순간에는 남자의 능력을 따지는 여자' '남녀평등을 외치면서 데이트 비용은 남자에게 물리는 여자' '남녀평등을 외치면서 결혼할 때 집은 남자가 마련해야 한다는 여자' '자기 외모는 성형으로 과대 포장하면서 남자의 능력은 칼같이 따지는 여자'다. 포괄적으로 정의 내리면 이렇다. '연애 시장에서 (사람 됨됨이나 사랑이 아니라) 남자가 보유한 자원을 따져서 분수 이상으로 한몫 잡으려는 여자.' 한국의 젊은 남성을 사로잡은 여성 혐오 담론이 내놓는 '김치녀'의 원형이다."

천관율은 "이 여성 혐오자들이 보기에 사랑이야말로 연애 시장에서 유통되어 마땅한 유일한 화폐다. '김치녀'는 연애 시장의 화폐를 사랑에서 남자의 경제력으로 바꿔놓는 시장 교란자다. 이렇게 해서 극적인 가치 전도가 일어난다"며 다음과 같이 말했다.

"여성 혐오는 이 시장 교란자를 단죄하는 정의로운 분노이자, 사랑에 충실한 순수한 남성만이 도달할 수 있는 어떤 숭고한 경지가 된다. 여기까지 오면 여성 혐오는 숨겨야 할 부끄러운 감정이 아니다. 차라리 자긍심의 원천이다. 여성 혐오는 연애 시장에서 최하층에 위치하는 '루저'의 정서를 뛰어넘어 '멀쩡한 젊은 남성'도 공유하는 집단 정서로 진화한다. 이제 페이스북 김치녀 페이지에 실명을 걸고 '좋아요'를 누르는 남자들이 탄생한다."

연애 시장에서 좌절을 느끼고 그 분노를 여성 일반에게 겨누는 남성 집단이 왜 이리도 대규모로 쌓여가고 있는가? 천관율은 이 질문에 답하기 위해 한국은 산아제한 정책과 '남아선호 사상(여아 살해 풍조)'으로 인해 세계에서도 손꼽히는 성비 불균형 국가였다는 점에 주목한다. 통계를 확인할 수 있는 가장 오래된 시점인 1975년에도 이미 출생성비는 112.4로 붕괴 수준이었으며, 가장 심했던 1990년에는 성비가 116.5까지 치솟았고, 성비가 110을 넘긴 해도 13번이나 되었다. 남자 10명 중 1명은 짝이 없는 거대한 남성 잉여 세대가 탄생했다는 것이다.

게다가 여자보다 남자가 결혼에 더 적극적인 '문화적 성비 붕괴' 현상도 일어났다. 한국보건사회연구원의 「전국 결혼 및 출산 동향 조사」(2012)에서 결혼을 '반드시 해야 한다'와 '하는 편이 좋다'를 합친 비율이 남자는 67.5%였던 반면 여자는 57%에 그쳤다. 한국의 연애 시장에서는 생물학적 성비 붕괴 위에 '문화적 성비 붕괴' 10%포인트가 추가로 붙는다는 것이다. 여성이 결혼을 기피하는 주요 이유 중 하나는 가부장제였다. "시댁 중심의 결혼 생활이 부담스러워서 결혼을 회피한다"고 답한 여성이 무려 72.2%에 이르렀다.

'문화적 성비 붕괴' 현상에서 결혼 기피 여성은 사회적 지위·소득·

"왜 우리 곁엔 괜찮은 남자들이 없는 거죠?"
"우린 혼자 살면 안 되는 건가요?"
대한민국 미혼여성 50명이 솔직하게 털어놓는 결혼파업백서!

2012년 조사에서 결혼을 '반드시 해야 한다'와 '하는 편이 좋다'를 합친 비율이 남자는 67.5%였던 반면 여자는 57%에 그쳤다. 여성이 결혼을 기피하는 주요 이유 중 하나는 가부장제였다.

학력 등에서 상위 10~15%에 속했기 때문에 나머지 여성들이 그들의 빈 공간을 순차적으로 메움으로써 사회적 지위·소득·학력 등이 낮은 남자들이 남성 잉여 세대가 되었고, 이들은 선배들이 겪지 않았던 새로운 환경에 놓여 있었다. 이들은 웹과 모바일이 제공한 초연결사회에 살며 대단히 간편하게 서로를 발견하고, 여성 혐오를 배양하고 증폭해낼 공간을 온라인에서 확보했다는 것이다.[224]

매우 흥미로운 분석이다. 10년 전인 2006년 5월 미국 『UPI』 편집장 마틴 워커Martin Walker는 국제 관계 전문지 『포린폴리시』에 기고한 「성적 좌절의 지정학」이라는 글을 통해, 아시아에서 남초 현상을 지적하며 "결혼할 수 없는 남성들이 극단적인 민족주의 성향을 보이는 등 많은 문제들을 일으킬 것"이라고 주장했다. 그는 2020년에는 아시아 남성들의 '거대한 성적 좌절'이 발생할 것이라며, 중국에서만 4,000만 명의 미혼 남성이 성욕을 충족할 수 없게 될 것이라고 추론했는데,[225] 그 예측이 한국에서도 실현되기 시작했던 걸까?

## "결혼 시장에서 낙오된 남자들의 절망감"

연애 시장에서 여성이 더 희소한 자원이 되었다면, 남성은 왜 '더 많은 호의'가 아니라 '더 많은 혐오'를 택하는가? 연애 시장의 논리로 보면 거의 자해 전략인 여성 혐오가 어떻게 해서 연애 시장에서 탄생할 수 있을까? 천관율은 이 질문에 답하기 위해 진화심리학자 데이비드 버스David M. Buss의 이론에 근거해 "학대란, 자신보다 '시장가격'이 높은 여성 배우자에 대한 무의식적인 가격 흥정 전략이다"고 말한다.

"마치 중고차를 고르며 이리저리 트집을 잡고 사고 기록을 따져 묻 듯, 학대는 배우자 여성의 가치를 줄여 잡아 자신을 떠나지 못하게 만드는 도구다. 이 전략은 분명 자기파괴적이고 위험하지만, 자신보다 '시장가격'이 높은 여성은 어차피 떠나갈 가능성이 높기 때문에, 배우자보다 뒤처진 남성에게는 이판사판으로 해볼 만한 도박이 된다."[226]

이런 원인 분석 후, 천관율은 「'메갈리안'…여성 혐오에 단련된 '무서운 언니들'」이라는 기사에선 "미러링이란 여성 혐오의 문법에 익숙하고 충분히 갖고 놀 수 있으면서도 과속하지 않는 사람만이 가능한 외줄타기다"라면서 다음과 같이 말했다.

"맥락 없이 접해야 하는 온라인 공간의 다수 구경꾼에게 메갤발 혐오 발화는 그저 '여자 일베의 등장'으로 받아들여진다. 이 전략은 얼마나 유효할까. 메갈리안에서도 그를 둘러싼 논쟁이 주기적으로 벌어진다. 외부의 시선이야 어떻든, 오랫동안 온라인 공간의 여성 혐오에 시달리며 단련된 이 '무서운 언니들'은 당분간 충격요법을 유지할 생각이다. 메갈리안 홈페이지의 공지사항에 걸린 한 문답이 위 질문을 다룬다. '좀더 성숙하게 논리적인 분위기로 바꾸자? 그 짓 10년 넘게 했다. 돌아온 거 없다.'"[227]

2015년 10월 한국여성정책연구원이 15~34세 남녀 1,500명을 대상으로 조사한 결과(남성의 삶에 관한 기초연구 Ⅱ)에 따르면, 여성 혐오 표현을 접촉한 경험이 있는 이들은 전체 응답자의 83.7%에 달했다. 된장녀(98.4%), 김치녀(93.7%), 김여사(92.1%), 성형괴물(88.7%), 삼일한(35.3%) 등의 표현을 접한 것으로 나타났다.[228]

이 조사에서 놀라운 점은 여성 혐오 표현에 공감하는 비율은 청소년이 66.7%로 여타 세대를 제치고 1위를 차지했다는 점이다. 여성 혐오성 댓글을 단 사람들도 남성 청소년(27.9%)이 대학생(23.1%)과 무직 남성(24.2%)보다 많았다. 사치하는 여성에게 가장 부정적인 평가를 내린 집단도 남성 청소년이었는데, 이들이 이런 여성을 얼마나 만나 보았다고 그런 평가를 내린 걸까? 왜 이런 일이 벌어진 걸까?

우선적으로 일베의 영향과 친구들이 하는 걸 따라서 하는 '또래문화'가 지목되었다. 경기도교육연구원이 9월에 진행한 '중고등학생의 맹목적 극단주의 성향에 대한 연구: 일베 현상을 중심으로'를 보면 고교생 683명 대상 설문조사에서 92.5%가 일베를 '알고 있다'고 응답했다. 알게 된 주요 경로로는 '친구를 통해서'(53%) 또는 '인터넷이나 SNS를 통해서'(44%)였다. 이들은 여성 혐오는 물론 한국의 근현대사마저 일베를 통해 배우게 된다.[229]

## 메갈리아 '흑역사'인 '좆린이 사건'

메갈리아는 미러링과 더불어 소라넷 폐지 운동, 몰카 근절 캠페인, 아동 성폭력 피해자와 미혼모 시설 후원, 성폭력 방지 캠페인 후원, 미디어의 성차별 비판 활동 등 여권 신장과 보호를 위한 다양한 활동을 이끌었기에 한국 페미니즘의 새 지평을 열었다는 평가를 받았다. 하지만 혐오를 혐오로 되갚는 방식은 혐오의 재생산에 불과하다는 비판도 받았으며, 특히 지나친 일반화와 성적性的 폄하가 집중적인 비판의 대상이 되었다. 이런 비판엔 '최악'의 사례들이 거론되었다.

한 게시물에서는 "직모直毛인 남자는 폭력성이 있으니 만나지 말라"는 주장을 펼치면서 "역시 갓양남(서양 남자를 신에 빗댄 말)"이라며 서양 남자들을 치켜세웠다. 서양 남자들은 대부분 곱슬머리이니 폭력성이 없다는 것이다. 또 성범죄 관련 기사에는 "한남충 유전자는 어쩔 수 없다", "역시 한남충"이라는 등 모든 한국 남자를 잠재적 성범죄자 취급하는 듯한 댓글도 쉽게 발견할 수 있었다.[230]

2015년 12월엔 메갈리아를 공격하는 많은 사람이 메갈리아의 '흑역사'로 꼽는 '좆린이 사건'이 일어났다. 한 여성이 익명으로 메갈리아 게시판에 인터넷에서 어렵지 않게 볼 수 있는 '로린이(로리타+어린이)' 발언들을 '좆린이'로 미러링한 글을 올렸는데, 이 글이 삽시간에 다른 커뮤니티로 퍼져나가면서 게시글의 내용을 실제 상황으로 믿어 어떻게 어린아이를 성적 대상으로 보고 '좆린이'라고 부를 수 있느냐는 비난이 쏟아졌다. 게시자는 '미러링'이라고 해명했지만, 비난은 신상털기와 마녀사냥으로 이어졌다. 게시자의 이름, 과거 직장, 사는 곳, 카톡 아이디 등 개

인정보가 공개적으로 게시되었고 그 글마다 수많은 인신공격성 악플이 달렸다.[231]

　　이 사건은 두고두고 메갈리아를 비난하는 소재로 사용되지만, 진실을 살펴볼 필요가 있다. 이 게시물을 올린 이는 유치원 여교사였는데 어릴 때 아동 성폭행 피해자였다. 그런데 하도 '로린이, 로린이' 하니까 뒤집어서 '좆린이'라고 미러링한 것이다. 노혜경은 "나는 '좆린이'라는 글이 메갈리아에서 널리 돌아다니는 글인 줄 알고 아무리 미러링을 한다고 해도 어떻게 그렇게 머리 나쁘게 하냐고 생각했다. 그런데 알고 보니까 한 사람이 쓴 글을 이렇게 많이 퍼다 날랐는데 그게 남자들이 퍼뜨린 것이다"며 다음과 같이 말했다.

　　"안중근 의사를 모욕했다는 것도 자기들이 퍼뜨린 것이다. 이것도 남녀의 지형이 기울어져 있는 상태에서 발생한 일종의 공격이구나 싶었다. 메갈리아 쪽에 있는 여성들과 메갈리아를 반대하고 공격하는 쪽의 남성들과는 파워에서 비교가 안 된다. 한 여성을 공격하는 데 23만 개의 글이 생산되었다. 여자들 가운데 이런 정도로 공격받는데 간 크게 그래도 '좆린이'라고 할 여성이 몇 명 있겠는가? 23만 개의 글 중에서 70~80%는 그 여성을 성토하거나 단죄하기 위해 공격하는 글이다. 23만 대 1로 당하고 있는 것이 여성이라고 할 수 있다."[232]

　　그러나 이런 실상을 전혀 모르는 사람들은 '로린이'와 '좆린이'를 같은 비중으로 다루거나 오히려 '좆린이'가 더 나쁘다는 입장을 취했다. 맥락 없이 전개되는 '23만 대 1'의 전쟁에서 애초에 '좆린이' 운운한 게 죄였을까? 이후 '좆린이'는 진실과 무관하게 두고두고 메갈리아를 패륜 집단으로 몰아가는 주요 근거 중 하나가 된다.

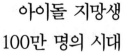

아이돌 지망생
100만 명의 시대

## '차이나 머니'의 습격인가?

2015년 1월 1일 중국 국가신문출판광전총국(광전총국)은 원래 4월부터 시행할 예정이었던 해외 온라인 동영상에 대한 사전심의를 앞당겨 시행하기 시작했다. 방송 6개월 전에 사전심의를 하되 해외 수입 콘텐츠가 전체 콘텐츠 총량의 25%를 넘지 못하도록 하는 게 핵심이었다.

이에 대해 한국콘텐츠진흥원 정책연구실 연구원 윤재식은 "온라인 동영상까지 사전심의를 하기로 한 건 최근 급증하고 있는 한국 드라마 소비를 억제하고 자국 콘텐츠를 보호하기 위한 목적으로 이해하고 있다"고 말했다. 그는 "사전심의가 도입되면서 한국에서 방송 종료 이후 최소 6개월 이상 판매를 할 수 없기 때문에 흥행 기회를 놓쳐 판권 가격이 떨어지고 그동안 불법복제가 늘어나면서 국내 드라마 제작사들이 큰 타격을 입게 된다"고 설명했다. SBS미디어홀딩스 부장 김혁은 "지난해까지만 해도 드라마 판권을 서로 사가려는 분위기였는데 이제는 6개월 뒤를 예측할 수 없기 때문에 일단 관망하는 분위기로 돌변했다"면서 "회당 2~3억 원에 팔렸을 드라마가 절반 이하로 떨어진 상황"이라고 말했다.[233]

그런 상황에서 거대 중국 자본의 국내 방송 콘텐츠 제작사 인수와 제작 인력의 해외 유출이 심각한 상황에 이르렀다. 특히 협상 개시 2년 6개월 만인 2014년 11월 10일 한중 FTA 타결로 투자 분위기가 고조되면서 중국 자본의 국내 진입은 더욱 속도를 내기 시작했다.[234] 2015년 3월 6일 국회에서 열린 '한중 FTA에 따른 방송 환경 개방의 영향과 전망' 토론회에서 패널들은 한중 FTA가 '차이나 머니'의 습격으로 인해 한국 방송 시장에 '기회'이기보다 '위기'가 될 가능성이 더 크다고 입을 모았다.[235]

2015년 7월 22일 중국 광전총국은 "텔레비전 예능 프로그램은 저속한 허영심과 물신주의를 배격하고 사회주의 핵심 가치관을 고양해야 한다"는 내용의 지침을 각 방송국에 내려보냈다. 광전총국은 "최근 몇 년 사이 일부 예능 프로그램이 중국에서 인기를 끌고 있지만 한편으로는 시청률 올리기에 집착해 신변잡기적인 말장난과 호들갑 떨기에 매달리고, 사치 낭비 풍조를 조장하고 있다"며 "도를 넘는 저속함과 오락성은 반드시 근절해야 한다"고 지시했다. 광전총국은 한국 예능 프로그램 모방 풍조에도 제동을 걸었다. 이 기관은 "일부 예능 프로그램이 한국이나 미국 방송의 틀을 그대로 가져오다시피 하는 풍조는 근절해야 한다"며 "프로그램 제작자들이 중국 고유의 문화에 자부심을 지니고 이를 반영해야 한다"고 요구했다.[236]

김헌식은 "이러한 규제 지시는 사실상 한국 방송 프로그램을 겨냥한 것"이라며 이런 대응 방안을 제시했다. "한국적인 예능 프로그램 가운데는 사회주의적인 요소와 부합할 수 있는 점도 있다. 예컨대, 공익적인 내용을 포함하고 있는 예능이 대표적이라고 할 수 있다.······솔루션 프로그램도 가능할 수 있다. 현실에 바탕을 둔 건설적이고 긍정적인 대안을 찾는 내용을 중요시하겠다고 광전총국이 밝히고 있기 때문이다."[237]

이즈음 드라마 제작사들은 중국 제작사에서 드라마 대본과 리메이크 권리를 넘겨달라는 제안을 많이 받고 있었다. 돈 주고 사겠다는 것이니 반길 일이었지만, 문제는 중국 측이 리메이크 권리를 사되 한국 드라마의 리메이크라는 것을 밝히지 않겠다는 조건을 요구한다는 점이었다. 이마저 받아들일 수도 있는 일이었지만, 더 큰 문제는 일부 중국 제작사들이 그 리메이크를 자신들의 오리지널 드라마라며 제3국에 다시 리메이크 권리를 팔아넘긴다는 것이며, 실제로 그런 사례가 있었다. 한 드라마 제작사 관계자는 이렇게 말했다. "아무리 제작사들이 어렵다고 해도 한국 드라마라는 것을 숨기는 조건에 동의해주는 것은 마치 영혼을 파는 것 같아 거절하고 있다."[238]

## '한류 마케팅'과 '한류 스타 체험 상품'

2015년 3월 25일 코트라는 아시아·중화권·중남미·유럽·아프리카 등 지역별 한류 마케팅 주요 사례를 소개했다. 드라마 〈별에서 온 그대〉에서 남자주인공 도민준 역을 맡아 최고 한류 스타가 된 김수현이 모델로 출연한 경남제약의 비타민C 제품 '레모나'는 중국 내 매출이 전년보다 30% 이상 증가했고 '중국인이 사랑하는 한국의 명품 브랜드'에

선정되었다. 대만 쌤소나이트는 김수현을 모델로 채용한 이후 매출이 550% 증가해 아시아 지역 최고 성장률을 기록했다. 파리바게뜨는 전지현을 모델로 기용한 후 중국 현지에서 우유식빵을 출시한 당일 10만 명분 판매 기록을 세웠다.

코믹한 국내 이미지와 달리 동남아에서는 '아시아의 프린스(왕자)'로 통한 모델 겸 배우 이광수는 예능 프로그램 〈런닝맨〉에서 '기린', '배신남' 캐릭터를 선보이면서 해외 촬영 때마다 국내에서보다 많은 팬을 몰고 다녔다. 이광수가 커피 전문점 '카페베네' 말레이시아 1호점 개점 행사에 등장했을 때 1만여 명이 모였을 정도였다. 브랜드 홍보에 성공한 카페베네는 연말까지 말레이시아 매장을 6개로 늘리기로 했다.

아모레퍼시픽의 화장품 브랜드 '이니스프리'는 배우 이민호 덕분에 싱가포르에 첫 매장을 연 지 한 달 만에 4억 7,000만 원의 매출을 올렸다. LG전자는 중국 상하이에서 유기발광다이오드OLED TV 출시 행사를 열면서 이민호를 초청했는데, 제품 선구매 예약자만 10만 5,000여 명에 달했다.

크로아티아와 우크라이나에는 가수 싸이의 글로벌 히트곡 이름을 딴 한식당 '강남스타일'이 운영되고 있었다. 크로아티아 수도 자그레브 무역관 관계자는 "강남스타일 한식당은 연매출 성장률이 150%에 이를 정도로 한류 재미를 톡톡히 보고 있다"고 말했다. CJ푸드빌의 한식 브랜드 '비비고'는 영국 런던에서 싸이를 모델로 한 마케팅을 펼쳤으며, 하이트진로는 과테말라 현지에서 판매하는 '참이슬' 겉면에 싸이의 사진을 붙여서 판매 중이었다.[239]

문화체육관광부의 「2013년 외래 관광객 실태조사」에 따르면, 한국에 온 외래 관광객의 1인 평균 지출 경비는 1,648.2달러(약 179만 9,000원)였다. 가장 소비를 많이 하는 국가는 중국(평균 2,271.9달러, 약 247만 9,000원)으로, 가장 돈을 적게 쓰는 독일인(969.5달러, 약 105만 8,000원)의 2.3배 수준이었다. 중국인들이 한국에 와서 저렴한 화장품과 옷 쇼핑에만 열을 올린다는 건 옛말이 되었고, 이젠 돈이 많이 들어도 특이한 체험을 할 수 있는 '고급 투어'에 눈을 돌리고 있었다. 이런 중국인들을 위해 한류 스타가 방송에서 입던 옷을 입고 사진을 찍거나 뮤직비디오 촬영을 하는 상품이 등장했다. 이를 잘 다룬 『조선일보』(2015년 4월 11일) 기사 내용의 일부를 소개하자면, 다음과 같다.

2015년 4월 중년의 중국 여성이 10대 딸과 함께 서울 강남구 삼성동 'SM타운 코엑스 아티움'을 찾았다. SM타운 코엑스 아티움은 SM 소속 가수들과 관련된 물품을 구매하거나 문화상품을 즐길 수 있는 복합 문화공간이었는데, 이날 어머니는 딸에게 15세 생일 선물로 '한류 스타 체험'을 선사했다. 두 사람은 스튜디오에서 전문가에게 화장을 받고 머리를 한 뒤 걸그룹 소녀시대가 방송에서 입고 나온 것과 같은 의상을 입고 사진 촬영을 했다. 이날 찍은 사진으로 80쪽짜리 화보집과 벽에 붙여 놓을 수 있는 대형 사진을 만들었다. 7~8시간이 소요되는 이 상품은 어떻게 구성하느냐에 따라 비용이 수십만 원에서 수백만 원까지 들기도 했다. 연예인과 함께 있는 자신의 모습을 3D 프린터를 이용해 조각상으로 만드는 상품도 가격이 최고 62만 5,000원에 달하는데도 중국인들에게 인기가 높았다.

서울을 한눈에 내려다볼 수 있는 헬기 투어도 중국인 관광객들이 좋아하는 관광상품이었다. 이들은 30분 동안 잠실-팔당댐-롯데월드-잠

실종합운동장을 둘러보는 99만 원짜리 팔당댐 코스와 15분간 잠실-여의도공원-63빌딩-국회의사당을 돌아보는 51만 원짜리 여의도 코스를 많이 찾았다. 헬기 1대엔 최대 3명까지 탈 수 있었는데, 2014년 4월부터 2015년 3월까지 1년 동안 중국인 6,500명이 헬기 투어를 하며 서울을 내려다보았다. 블루에어라인 이사 노상호는 "중국에서 인기 있는 한국 아이돌이 헬기 투어를 하는 모습이 방송에 등장한 이후 '럭셔리 투어'라며 중국인 손님이 늘었다"고 말했다.

결혼사진을 찍기 위해 한국을 찾는 중국인들도 계속 늘었다. 한국관광공사는 웨딩 촬영을 위해 한국을 찾은 중국인이 2014년에만 1만 쌍에 이를 것으로 추정했다. 한국관광공사 관광벤처팀장 강규상은 "중국에서 50만 원 정도인 웨딩 촬영 비용은 한국에 와서 찍을 경우 적게는 300만 원에서 많게는 1,000만 원까지 든다. 여기에 숙박과 관광 비용이 더해지면 수백만 원이 추가되는 데도 인기다"고 말했다.

'한국 웨딩 촬영'과 연계한 관광상품은 수천만 원에 달하는 고가高價임에도 웨딩서비스업체 아이웨딩이 한국에서 웨딩 촬영을 해준 중국인 신혼부부는 2014년 641쌍으로 2010년(24쌍)의 약 27배에 달해 약 12억 원의 매출을 올렸다. 아이웨딩 해외사업본부장 한상민은 "한류 열풍의 영향도 있지만 한국의 사진 촬영과 보정 기술이 중국보다 뛰어나 '한국에서 사진을 찍으면 연예인처럼 예쁘게 나온다'고 소문이 났다"고 말했다.[240]

### 빠순이는 '불가촉천민'인가?

생각해보면 이상한 일이었다. '한류 스타 체험 상품' 판매엔 모든 사

한류를 만든 일등 공신이지만 콘서트장이나 공개방송 현장에서 빠순이은 불가촉천민 비슷한 대접을 받는 경우가 적지 않다. 심지어 안전요원들에게 폭행을 당하는 경우도 있었다. 팬에 대한 과잉 진압 논란이 발생했던 '2015 안산M밸리 록 페스티벌'.

람이 흐뭇해하면서도 국내의 열성 팬, 특히 빠순이들에 대해선 전혀 다른 자세를 취했으니 말이다. 빠순이들의 헌신으로 큰 직접적 수혜자들은 배은망덕背恩忘德의 모범을 보여주기라도 작심한 듯 빠순이들을 너무 함부로 대했다. 2015년 5월 이진송은 「빠순이 발로 차지 마라 너는 누구에게 한 번이라도 찐득한 사람이었느냐」는 글에서 "통장에 빨대 꽂는다는 표현이 있다"며 다음과 같이 말했다.

"혹은 감정이 있는 ATM. 포토카드를 모으려고, 사인회에 당첨되려고, 콘서트에 가려고, 굿즈를 사려고, 빠순이들은 개미처럼 입금을 한다. 그리고 그것은 고스란히, 아이돌뿐만 아니라 엔터테인먼트 업계 종사자들의 '밥줄'이 된다. 공개방송처럼 무료로 진행되는 행사라고 할지라도, 없는 방청객은 돈을 주고라도 사와야 하고 결국 그 콘텐츠의 소비자들이 빠순이라는 점에서, 자리를 채우는 빠순이들은 소비자일 뿐 아니라 돈 한 푼 안 받고 일하는 파트타임 노동자이기도 한 셈이다."

빠순이들은 그에 따른 정당한 대접을 받고 있었는가? 전혀 그렇지 못했다. 이진송은 "자본주의 사회의 기본은 불특정 다수인 소비자가 평등하게 누릴 수 있는 권리이다. 자신이 지불한 값에 준하는 물건·서비스를 받고, 문제가 발생했을 때 이의를 제기하고 합당한 배상과 사과를 받는 것. 왕일 필요도 없고, 딱 그 정도면 족하다. 그러나 빠순이들의 현실은?"이라고 물으면서 다음과 같이 말했다.

"녹화가 끝나고 들어가는 '오빠'에게 잘 가라는 인사를 건네는 것만으로 방송국 스태프에게 혼쭐이 나고 눈 부라림을 당한다. 행사를 맡은 아나운서는 빠순이들에게 말을 잘 듣지 않으면 '오빠'를 불러주지 않겠다고 협박하고, 그 자리를 채우게 한 장본인에게 비아냥대는 발언을 서슴지 않는다. 사전녹화나 사인회는 늘 예정보다 늦어져 열악한 환경에서 하염없이 기다려야 한다. 안전 요원들은 벌레 보듯 쳐다보고 촬영 관계자는 '되게 할 일 없으신가 봐요' 하고 빈정거린다. 사랑을 저당 잡힌 죄로, 빠순이들은 그냥 을이 아닌 불가촉천민이 되는 것이다."[241]

한류를 위해 헌신했으면서도 그 공을 인정받기는커녕 오히려 혐오와 박대의 대상이 되는 또 다른 집단이 있었으니, 그들은 바로 독립PD였다. 아니 대중문화계에 종사하거나 대중문화와 관련 있는 모든 사람이나 집단 중 오직 약자만이 그런 대접을 받았다.

## 외주제작사 독립PD들에 대한 인권유린

2015년 6월 종합편성채널 MBN의 PD가 외주제작사의 독립PD를 폭행해 안면 골절상을 입힌 사건이 발생한 가운데, 7월 28일 한국독립 PD협회와 전국언론노동조합 등이 주최한 '방송사 외주제작 프리랜서 노동 인권 실태 긴급 증언 대회'에선, 그동안 묵혀져온 방송사 PD들의 외주 PD에 대한 인권침해 사례들이 보고되었다. 한 외주제작사 독립PD 는 방송사 직원들과의 회식 자리에서 농담을 받아주지 않았다는 이유로 방송사 소속 PD에게서 뺨을 맞았다고 증언했다. "프로그램에서 광고·협찬을 많이 하지 않았다는 이유로 갑자기 제작에서 배제됐다", "4~5명 이 주말 내내 일했는데도 합쳐서 180만 원 정도밖에 받지 못했다" 등의 증언들도 나왔다.[242]

8~9월에 한국독립PD협회와 전국언론노동조합이 독립PD 175명 을 상대로 한 '독립PD 노동 인권 긴급 실태조사'에 따르면 업무와 관 련해 폭행을 당한 경험이 있다고 답한 비율은 응답자 96명 중 17명 (17.7%)이었고 이 중 가해자가 방송사와 독립제작사 소속 관리자 혹은 직원은 80.0%에 이르렀다. 여성 독립PD는 성적 수치심을 느끼게 하는 희롱이나 추행 등 성폭력을 당했다고 답한 비율은 응답자 32명 중 14명 (43.8%)이었다. 언론노조 관계자는 "인권침해 질문은 타질문에 비해 무 응답률이 압도적으로 높았다"고 말했다.[243]

방송 제작 때 서면 계약서를 작성했다는 응답은 41명(23.5%)에 불 과했다. 83명(47.4%)은 구두계약을 했고, 계약 없이 일을 하는 경우도 51명(29.2%)이나 되었다. 독립PD들은 2013년 문체부가 마련한 '방송

영상 프로그램 제작 스태프 표준계약서'의 존재조차 모르고 있었다. '안다'는 응답자는 3명(1.7%)에 불과했다. 급여 형태도 불안정했다. 월급이 아닌 방송 건당 임금을 지급 받는 경우가 절반 가까이 되었고(47.4%), 체불 경험도 64.4%나 되었다. 방송 제작 전이나 제작 중 프로그램이 취소된 경우엔 임금을 받기 어려웠다. 아예 받지 못한 경우는 35.1%, 받지 못한 적이 더 많았던 경우는 37.5%였다. 국민연금(미가입률, 50.0%), 고용보험(84.0%), 산재보험(82.3%) 등의 혜택도 제대로 누리지 못하고 있었다. 건강보험은 지역가입이 57.1%였으며, 업무상 관련된 부상이나 치료비를 '개인 부담'하는 경우도 83.7%로 집계되었다.[244]

9월 새정치민주연합 의원 우상호가 발간한 '종편 및 방송사 독립제작 관행 실태조사'는 상상을 초월하는 일들을 보여주었다. 외주제작 PD가 무릎을 꿇고 지상파 방송사 메인작가의 하이힐에 소주를 받아 마셨다며 울먹이면서 증언하는 내용도 실려 있었다. 이에 숙명여자대학교 미디어학부 교수 강형철은 "방송사 인력 간에 골품제처럼 신분적 질서가 존재하는 나라에 창의 콘텐츠가 발전하길 기대하는 것 자체가 어불성설이다"고 했다.[245] 한류의 성공이 그런 모든 문제를 은폐했던 건 아니었을까?

### '슈퍼스타 이론'과 '고독한 영웅 이론'

방송사 인력 간에 존재하는 골품제 같은 신분적 질서는 연예인들 사이에도 존재했다. 후자는 합법적이라는 차이는 있었지만 말이다. 국회 기획재정위원회 소속 더불어민주당 의원 박광온이 국세청에서 제출받은 '2016년 연예인(배우·가수·모델) 수입 신고 현황' 자료를 분석한 결

2017년 2월 28일 서울 구로아트밸리 예술극장에서 열린 '2017 한국 대중음악상 시상식'에서 최우수 포크 노래 부문을 수상한 가수 이랑은 트로피를 즉석 경매해 판매했다. 그는 "1월 수입이 42만 원, 2월에는 96만 원"이었다고 말했다.

과에 따르면, 가수·배우·모델 등 연예인의 하위 90%가 버는 연평균소 득은 1,000만 원도 채 안 되는 것으로 나타났다.

연예인 중 소득 쏠림 현상이 가장 두드러진 부문은 가요계였다. 가 수 중 수입액 상위 1%가 벌어들인 돈은 연평균 42억 6,400만 원이었 다. 이는 가요계 전체 수입의 52%에 해당했다. 범위를 조금 넓혀보면 상 위 10%의 연평균 수입은 7억 3,200만 원으로 전체 수입의 90.3%를 차 지했다. 하지만 나머지 하위 90%의 연평균 수입은 870만 원에 불과했 다. 가수 상위 1%와 하위 90% 간 소득 격차가 무려 490배에 달했다.

배우도 상황은 비슷했다. 수입 상위 1%와 상위 10%의 연평균소득 은 각각 20억 800만 원(전체 수입액의 47.3%), 3억 6,700만 원(전체 수입액의 86.8%)이었다. 하지만 나머지 하위 90%가 올린 연평균소득은 620만 원이었다. 배우 상위 1% 소득이 하위 90%의 324배에 이르렀다. 모델은 수입 상위 1%와 하위 90%의 소득액은 각각 5억 4,400만 원, 270만 원으로 그 격차는 201배였다.[246]

물론 이는 전 세계적인 현상이었고, IT 기술 발전은 그런 빈부격차를 심화시켰다. 1981년 미국 시카고대학의 경제학자 셔윈 로젠Sherwin Rosen, 1938~2001은 『미국경제리뷰American Economic Review』에 20세기의 기술혁신이 어떻게 슈퍼스타들의 수입을 극대화했는지에 관한 논문「슈퍼스타 경제학The Economics of Superstars」을 발표함으로써 이른바 '슈퍼스타 경제학'의 창시자가 되었다. 특히 저렴하면서도 효과적인 커뮤니케이션 기술 덕분에 소수의 스타들은 예전보다 빨리, 그리고 강력하게 세계적인 인기를 얻으면서 엄청난 돈을 벌어들이고 있었다. 이를 가리켜 '슈퍼스타 이론Superstar Theory'이라고 한다.[247]

1980년 『포천』이 선정한 200대 기업의 CEO는 일반 노동자의 42배에 해당하는 소득을 올렸지만, 이 비율은 2000년까지 500배 이상으로 증가한 것으로 나타났다.[248] 일반적인 기업계에선 '슈퍼스타 이론'의 자매 이론인 '고독한 영웅 이론Lone Ranger Theory'이 기업 내의 그런 빈부격차를 정당화하는 논리로 동원되었다. 론 레인저Lone Ranger는 정의를 위해 싸우는 미국 대중문화의 아이콘이다. 1933년 라디오에 등장한 이래로 TV(1949~1957), 만화, 잡지, 영화 등에 의해 미국인을 사로잡은 픽션의 영웅이다. CEO를 기업의 '론 레인저'로 간주한 이 이론은 CEO가 그 회사의 주식 가치를 결정하는 일차적인 요인이라는 사실에 근거했다.

스티브 잡스Steve Jobs, 1955~2011와 애플의 관계가 '고독한 영웅 이론'

의 대표적 사례로 거론된다. 애플에서 잡스의 역할은 절대적이었기 때문이다. 그러나 그런 예외를 제외하고 보자면 회사의 성공 중 얼마만큼이 CEO에 의해 이루어진 것이고 또 얼마만큼이 운 때문인지를 구별해내는 게 쉽지 않다는 것이 이 이론의 한계라고 볼 수 있었다.[249]

### "아이돌 지망생 100만 명, 데뷔는 324명"

한류는 '슈퍼스타 이론'과 '고독한 영웅 이론'을 껴안은 현상임은 두말할 나위가 없다. 한류 스타와 기업가들은 전 세계 대중의 오락 생활에 큰 기여를 하고 있기에 공익을 추구하는 '슈퍼스타'이자 '고독한 영웅'이라고 볼 수도 있겠지만, 한국에선 주로 '코리안 드림'의 표상으로 소비되는 경향을 보였다. TV의 예능 토크쇼에선 연예인들이 나와 무명 시절 고생담을 이야기하는 게 주요 메뉴가 되었고, 그래서 급기야 한 어린이는 아버지에게 "아빠, 연예인이 되려면 어릴 때 반지하 방에 살아야해?"라고 묻는 지경에 이르렀다.[250]

자수성가自手成家의 모범을 보였다는 점에선 긍정적이었지만, 언론이 더 주목하는 건 '건물주' 리스트였다. 한류 스타와 기업가들이 무슨 건물주가 되었다는 기사는 한국 연예 뉴스의 주요 품목이 되었다. 예컨대, 2014년 8월 재벌닷컴은 유명 연예인 40명이 보유한 빌딩의 실거래 가격을 발표했다. SM엔터테인먼트 회장 이수만 등 18명이 100억 원 이상 빌딩을 가진 것으로 집계되었다. 이수만은 서울 강남구 압구정동 소재 빌딩 2채 등이 650억 원으로 연예인 최고 빌딩 부자에 올랐다.

2위는 YG엔터테인먼트 대표 양현석으로 마포구 서교동과 합정동 소재 빌딩 실거래가가 510억 원이었다. 3위는 가수 서태지로 강남구 논현동과 종로구 묘동 소재 빌딩이 440억 원이었다. 배우 전지현은 강남구 논현동과 용산구 이촌동 소재 빌딩의 실거래가가 230억 원으로 여자 연예인 중 최고 빌딩 부자였다. 이후 순위는 송승헌(210억 원), 비(200억 원), 유인촌(190억 원), 박중훈(190억 원), 권상우(180억 원), 차인표·신애라 부부(170억 원), 김희애(170억 원), 김태희(140억 원), 장동건(120억 원), 장근석·고소영(각 110억 원) 등이었다.[251]

그래서 '조물주 위에 건물주'라는 말은 유행어가 되었고, 심지어 초등학생의 꿈이 되었다. 훗날(2018년 6월) 이진석은 "초등학생들에게 꿈을 물어보면 '서장훈처럼 되고 싶다'는 대답을 들을 확률이 꽤 높다는 말을 들은 적이 있다"며 이렇게 말했다. "농구 선수가 되겠다는 게 아니다. TV 예능 프로그램에서 '6,000억 원대 건물주'로 불리고 있기 때문이라고 한다. 실제로도 300억 원 정도 건물주로 알려졌다. 청소년들 사이에서 연예인과 운동선수가 장래 직업으로 인기가 높은 것도 그들이 소유한 건물 때문이라는 분석이 나온다. '장동건 빌딩', '박찬호 빌딩'처럼 유명 스타의 이름이 붙은 건물들이 서울에만 100개를 헤아린다."[252]

'조물주 위에 건물주'라는 말은 '갓물주'라는 말로 진화했다. '갓 God(신)'과 '건물주'의 합성어로, 건물주가 자신의 모든 것을 결정한다는 의미로 건물주를 신으로 빗대어 표현한 말이었다. 훗날 MBC 〈PD수첩〉(2020년 4월 21일)은 '연예인과 갓물주' 편을 통해 연예인 건물주들의 숨겨진 부동산 투자법을 소개하는데, 지난 5년간 건물을 매입한 연예인은 총 55명으로 건물 63채를 매입, 매매가 기준으로 그 액수가 4,700억 원에 달하는 것으로 집계되었다. 이들 중 상당수가 은행에서 최대한으로 대출을 끌어와 건물주가 된 후 되팔아 시세차익을 노리는 투자 또는 투기를 한 것으로 나타났다.

초등학생들의 장래 희망 1위가 아이돌이 되면서 성공을 꿈꾸는 지망생들만 줄잡아 100만 명에 달했지만, 아이돌 음악 전문 비평 웹진인 아이돌로지가 펴낸 『아이돌 연감 2015』에 따르면 2015년 한 해 동안 데뷔한 신인 아이돌은 60개 팀(324명)에 불과했다. 이 중 팬들이 알아봐주는 아이돌은 한 해 10개 팀 남짓이었으며, 그나마 그 10개 팀도 장기간 활동에 성공할지는 알 수 없었다.[253]

2017년 7월 한 인터넷 커뮤니티에서는 한 회원이 지난 10년간 데뷔한 아이돌의 팀명과 데뷔 날짜를 정리한 표가 화제가 된다. 이 표에 따르면 2007년 15팀, 2008년 11팀, 2009년 26팀, 2010년 27팀, 2011년 49팀, 2012년 63팀, 2013년 45팀, 2014년 59팀, 2015년 59팀, 2016년 52팀, 2017년 상반기 28팀 등 400팀이 넘었다. 이들 중 정작 1년에 한두 팀이 남기도 어려운 게 현실이었다.[254]

애프터스쿨 출신 이가은의 어머니는 2015년 1월 영국 BBC 방송에 출연해 "당장 뉴스만 봐도 아이돌 그룹이 하루에 몇 개씩 생겨나고 사라진다"며 "가은이가 다시 가수를 하겠다고 하면 말리고 싶다"고 말했다.[255] 그러나 어이하랴. 꿈 없인 살 수 없는 게 우리 인간인 것을! 아이돌 지망생들은 이가은 어머니의 말씀을 '승자의 여유'쯤으로 간주했을지도 모를 일이었다.

## 한국 클래식 음악의 비밀

세계적 스타가 되기 위한 열정은 클래식 음악 분야에서도 나타나고 있었다. 1970년대에 정명화, 정경화, 정명훈 등 세 사람의 이름이 널리 알려지기 시작한 이후로 한 해 국제 콩쿠르에 입상하는 젊은 음악가의 수는 수십 명에서 100명대로 올라갔다. 특히 바이올린과 성악, 이 두 분야에서는 콩쿠르의 파이널에 한국인 또는 한국계가 다수가 되는 경우가 많았다. 콩쿠르에서 한국인을 견제하는 조치가 나올 정도였다. 유럽 극장에서 한국 성악가를 빼놓으면 그 극장들이 공연에 타격을 받을 정도로 한국인은 클래식 음악계의 실세로 활약하고 있었다.[256]

2010년 5월 벨기에 공영방송 RTBF는 〈한국 음악의 비밀〉이란 프로그램을 제작해 방영했는데, 세계 3대 콩쿠르 중 하나인 퀸엘리자베스 콩쿠르 등 유수의 콩쿠르를 한국인이 석권하게 된 배경, 한국 음악 교육의 비결을 다룬 내용이었다. 1995년 전만 해도 결승에 진출한 적이 없었는데, 그 후 16년 만에 한국인 378명이 결승에 진출했고, 이 중 60명이 분야별 최우수상을 차지한 것이 너무도 신기하고 이해가 안 가 만든 프로그램이었다.

2011년 6월 30일 차이콥스키 콩쿠르 남녀 성악 부문에서 한국인은 각각 1위, 피아노 부문에서 2, 3위, 바이올린 부문에서 3위로 입상해 상을 휩쓸다시피 했다. 2012년 6월 17일 오페라의 본고장인 이탈리아의 베르디 국제 성악 콩쿠르에서도 한국 성악가가 1, 2, 3위를 차지했다. 2015년엔 조성진이 3대 국제 콩쿠르의 하나인 쇼팽 콩쿠르에서 한국인으로는 처음으로 우승했다.[257]

세계 유수의 콩쿠르를 석권하고 있는 한국인들은 외국인들에겐 탐구의 대상이다. 2015년 10월 21일 세계 3대 국제 콩쿠르의 하나인 쇼팽 콩쿠르에서 조성진은 한국인으로는 처음으로 우승했다.

발레 분야에서 활약도 두드러졌다. 2016년 7월 은퇴 공연을 마친 슈투트가르트의 수석 발레리나 강수진이나 아메리칸발레시어터 수석 무용수 서희, 2016년 남성 최고의 무용상이며 무용아카데미상이라는 '브누아 드 라 당스'상을 수상한 김기민(여성은 1999년 강수진, 2006년 김주원 수상) 등의 활약을 보더라도 한국인은 음악과 춤에서 발군의 실력을 드러내 보였다. 문학 분야에서도 2012년 신경숙의 『엄마를 부탁해』가 '맨아시아 문학상'을 수상하는 등 2009년부터 미국 시장에 진출했으며, 2016년 5월엔 한강의 『채식주의자』가 세계 3대 문학상인 '맨부커상'을 수상했다.[258]

클래식 음악에서의 활약에 한국인의 타고난 자질이 얼마나 작용했는지는 알 수 없으나 왕성한, 아니 부모의 자기희생적인 교육열 덕분이라는 건 분명한 사실이었다. 예술의전당 사장 김용배는 외국의 대연주가들이 한국에 연주하러 와서 우리의 10대 초반 어린 음악도들을 보고 3번 놀란다는 이야기가 있다고 했다. "어린 학생이 연주하겠다고 하는 곡목이 그 대가가 어렸을 적엔 스무 살이 넘어서야 겨우 손대기 시작하는 엄청난 곡이라서 처음 놀라고, 다음에는 그럼에도 불구하고 그 어려운 곡을 너무나 잘 연주해 또 놀라고, 마지막으로 그 곡보다 기교적으로 훨씬 쉬운 기초적인 곡을 시켜봤을 때 너무나 못해 다시 한번 놀란다는 것이다. 조급증이 빚어낸 우리 예술계의 병폐가 아닐 수 없다."259

그러나 그 '병폐'가 동시에 클래식 음악시장을 확대시켜줌으로써 뛰어난 음악도들의 수상에 큰 힘이 되었음을 어찌 부정할 수 있으랴. 한국과 일본 등 동아시아 국가들은 서양과는 달리 고급문화와 대중문화의 경계가 비교적 분명하지 않다는 점도 그런 시장 형성에 큰 영향을 미쳤을 것이다. 영국 런던대학 교수 돌로레스 마르티네즈Dolores Martinez는 일본을 예로 들면서 "문화에 대한 서구의 관념, 특히 고급과 저급 혹은 엘리트와 대중문화 사이의 분할은 보편적으로 유효한 개념인가" 하는 의문을 제기하면서 다음과 같이 말했다.

"서구에서 엘리트 혹은 고급문화라고 분류될 법한 행위들이 일본에서는 계속 중산층의 영역으로 편입되고 있다는 것이다. 일본에서는 많은 여성들이 다도, 고전무용, 클래식 악기 연주 등을 배우고 있다. 그리고 광범위한 여성층이 연극, 클래식 음악, 발레, 오페라 같은 수입된 고급 외국문화를 소비하고 있다. 이런 식으로 몇 백만 명의 사람들이 소위 '엘리트' 행위에 참여할 때, 어떻게 이것을 대중문화로 분류하지 않을 수 있겠는가?"[260]

정도의 차이는 있겠지만, 한국도 그런 의문을 제기할 수 있는 나라였다. 1994년 세계 음반 판매량 중 클래식 음반의 비중이 가장 높은 나라는 네덜란드(14%)였지만, 한국이 8.8%로 영국(8.7%), 이탈리아(7.9%), 미국(3.7%) 등을 누르고 중상위권을 차지했다는 게 그걸 잘 말해준다 하겠다.[261] 또한 한국에 초청된 서양 공연예술 티켓 값은 동아시아 국가들을 포함해 세계에서 가장 비싼 축에 속했다. 2005년 베를린 필하모닉 입장료(R석 기준)는 45만 원으로 일본(31만 원), 중국(24만 원)을 크게 웃돌았다. 이에 대해 김헌식은 "한국에서 예술 공연은 사치재이므로 관람료가 비쌀수록 더욱 각광받는다"고 했다.[262]

이는 한국과 일본 모두 고급문화가 전통적인 것이 아니라 서양에서 수입된 문화라는 점과 연결시켜 살펴보아야 할 것이다. 물론 대중문화도 그런 점이 있지만, 그래도 대중문화는 처음엔 서양에서 수입되었을망정 '현지화'의 과정을 거쳐 다시 태어나거나 더욱 발전된 면모를 보이기도 한다는 점에서 차이가 있었다.

### "서바이벌과 오디션이 아니면 안 되는가?"

대중음악계의 오디션 열풍은 다소 변형된 서바이벌 형태로 힙합에도 들이닥쳤다. 원래 힙합은 1970년대 중반 미국 뉴욕 빈민계층의 흑인 음악으로 출발했지만, 한국에선 1990년대 이후 중산계층 이상의 가정에서 자란 젊은이들의 음악으로 자리 잡았다. 이런 계층 차이와 더불어 한국 힙합엔 미국이나 유럽에선 볼 수 없는 특성이 있었는데, 그건 바로 자신의 우월성을 드러내려는 '구별짓기' 용도였다. 이규탁이 지적했듯이, "힙합 음악을 듣는 사람은 아이돌 댄스 음악이나 트롯 혹은 발라드 음악을 즐겨 듣는 사람에 비해 '음악을 좀더 제대로 아는 사람'의 우월한 위상을 가지게 된 것"이다.[263]

2015년 Mnet의 〈쇼미더머니 시즌4〉의 1차 지원자는 약 7,000명에 달했다. 시즌3엔 3,000명이었던 지원자가 2배 이상 폭증한 것이며, 시즌5엔 9,000명, 시즌6엔 1만 2,000명으로 늘게 된다. 〈쇼미더머니〉 효과는 가수의 주요 수입원인 대학 축제 섭외에서 잘 나타났는데, 실제로 2016년 가을 대학 축제에 섭외된 가수 대부분이 〈쇼미더머니 시즌5〉의 본선 진출자거나 〈프로듀스 101〉 출연진이었다.[264]

방송을 통해 인지도를 쌓지 못한 래퍼들에게는 그만큼 무대에 설 기회가 줄어들었다는 건 두말할 나위가 없었다. 김수아와 홍종윤이 지적한 것처럼, "이제 한국 힙합에서 성공은 단순하게 정의된다. 〈쇼미더머니〉에 나가 주목받는 것이다".[265] 더욱 큰 문제는 방송의 속성에 부응하기 위한 노력으로 인한 힙합의 변질이었다. 이종임은 "수많은 경쟁자들을 물리치고, 짧은 시간에 자신의 역량을 발휘해야 하는 지원자들은 공격적이고 자극적인 내용을 선호할 수밖에 없다"며 다음과 같이 말했다.

"서바이벌 프로그램이므로 타인을 배려하기보다는 자신이 돋보여야 한다는 프로그램의 근본적 틀을 벗어날 수는 없기 때문이다. 하지만 힙합 장르에서 보여주는 비판 정신이 상대방을 노골적으로 비난하거나 사회적 약자를 무시해도 된다는 것은 아니다. 힙합이 젊은 세대의 호응과 더불어 하나의 대중문화로 자리 잡을 수 있었던 것은 사회 부조리에 대한 적극적 비판, 약자와 가난에 대한 억압적 상황을 힙합에서만 가능

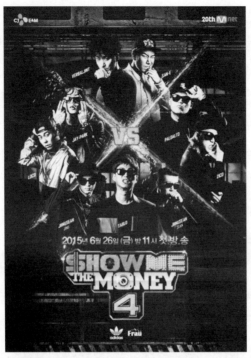

대중음악계의 오디션 열풍은 다소 변형된 서바이벌 형태로 힙합에도 들이닥쳤다. Mnet의 〈쇼미더머니 시즌3〉의 지원자는 3,000명이었지만 시즌4엔 약 7,000명, 시즌5엔 9,000명, 시즌6엔 1만 2,000명으로 증가했다.

한 '거친 언어'로 표현하기 때문이었다. 하지만 현재 국내 서바이벌 프로그램에서는 사회에 대한 비판이 아니라 내 앞에 있는 경쟁자에 대한 노골적 비난만 남았다."[266]

Mnet은 힙합 장르를 적극적으로 활용했다. 〈쇼미더머니〉만 시즌4가 만들어졌고, 여성판 〈쇼미더머니〉인 〈언프리티 랩스타〉 역시 인기를 끌어 시즌2가 제작 중이었다(〈언프리트 랩스타〉는 시즌3까지 제작되었다). 비인기 장르가 대중에게 널리 알려진 점은 긍정적이었지만, 미디어의 입

맛에 맞게 왜곡되고 있다는 게 문제였다. 힙합 전문 웹진 '리드머'의 편집장 강일권은 "Mnet이 힙합이라는 음악 장르를 망치고 있다"면서 "이 장르와 뮤지션들이 방송 하나에 좌우되고 문화 전체가 휩쓸리고 있어 우려된다"고 말했다. 대중적인 장르가 아닌 힙합에 유일무이한 오디션 프로그램이 만들어지자 래퍼들이 성공을 위해 줄을 서게 되었으며, 실력보다는 미디어가 원하는 '스타'가 곧 분야의 최고로 평가받는다는 것이었다.

랩을 통해 출연자들이 서로를 비난하는 '디스dis'가 중점적으로 나오고 팀 디스 미션을 통해 탈락자를 거르기도 하는 등 〈쇼미더머니〉는 '갈등'을 지나치게 부각했다. 강일권은 "힙합은 곧 '디스 문화'라는 게 제작진의 인식인데, 일정 요소인 건 맞지만 이 장르의 전부인 것처럼 왜곡한다. 장사가 되는 자극적인 요소를 부각해 장르 자체를 왜곡하고 있다. 이는 제작진의 무지와 오만에서 비롯된다"고 비판했다.[267]

김성현은 "한국 힙합의 호황은 슬프게도 가요계 전반의 불황이나 체질 약화와 깊은 연관이 있다"고 했다. "가요계가 아이돌 중심으로 재편되고 음반시장이 빈사瀕死 상태에서 헤어나지 못하면서 중견 가수들이 직격탄을 맞았다. 대중음악이 두 발로 굳건하게 서지 못하고 방송에 의존하면서 서바이벌과 오디션이 아니면 음악 프로그램이 살아남지 못하는 기현상이 벌어졌다. 1990년대 힙합의 인기가 홍대 클럽의 부상浮上과 연관 있다면 지금의 인기는 서바이벌과 오디션 프로그램에 기대고 있다."[268]

## "이수만과 양현석 위에 김태호가 있다"

2015년 8월 대중음악계에선 "이수만과 양현석 위에 김태호가 있다"는 말이 떠돌았다. 김태호 PD가 연출하는 MBC〈무한도전〉에서 2년마다 가수들을 섭외해 여는 '〈무한도전〉 가요제'에 출연하면 음원 차트와 포털사이트 검색어 순위 상위권에 오른 것을 두고 나온 말이었다. 이번엔 밴드 혁오와 싱어송라이터 자이언티가 김태호의 '간택'을 받았다. 각종 음원 차트에서 50위 밖에 있던 두 사람의 노래는 방송이 나간 후 1~5위를 휩쓸었다. "가요계 최고 권력은〈무한도전〉"이라는 말이 나올 법한 일이었다.

권승준은 "지상파 음악 프로그램은 대중에게 좋은 음악을 고루 소개한다는 본래의 취지를 잃은 지 오래됐다. 1시간 방송 내내 아이돌이 나와 춤을 추며 입을 뻥긋거리는 게 요즘 음악 프로의 전부다. 지상파 3사가 모두 같은 아이돌들로 돌려막기를 하고 있으니 다른 음악을 듣고 싶은 시청자들은 돌릴 채널이 없다. 그 빈자리를 김 PD처럼 영민한 연출자들이 파고들었다"며 다음과 같이 말했다.

"문제는 예능은 어디까지나 예능이란 점이다. 요즘 인기를 끄는 MBC〈복면가왕〉에 나오는 가수는 기괴한 복면을 쓰고 '화생방실 클레오파트라' 같은 우스꽝스러운 별명으로 불려야 한다. 섬세한 감정 표현이 필요한 발라드를 불러도 복면 때문에 도통 감정이입이 되지 않는다. 자신의 정체를 들키지 않아야 한다는 프로그램 규칙 때문에 가수는 본래 창법을 무리하게 뒤틀고 변형시켜 노래한다. 오락 프로선 결국 재미있고 웃기는 게 우선이니 이 모든 걸 감수해야 한다. 케이블 Mnet〈슈퍼스

MBC 〈무한도전〉이 가수들을 섭외해 연 '〈무한도전〉 가요제'에 출연한 가수가 음원 차트와 포털사이트 검색어 순위 상위권에 오르자 대중음악계에선 "이수만과 양현석 위에 김태호가 있다"는 말이 나왔다.

타K〉 같은 경연 프로그램도 마찬가지다. 노래 실력보다는 기구한 사연을 가진 이들이 더 주목받는다."

권승준은 "이런 기형적인 구조의 책임은 모두가 나눠갖고 있다"며 이렇게 말했다. "음악 프로 PD들은 변화와 혁신을 거부하고, 예능 PD들은 시청률을 핑계로 뮤지션들을 데려다가 쇼를 시킨다. 음악가는 대중에게 자신을 알리고 싶은 절박함에 그걸 받아들이고, 대중은 그저 즐길 뿐이다. 이것이 정상이라고 보는 이는 거의 없지만 바꿔보겠다고 나서는 이도 거의 없다. K팝이니 한류니 어느 때보다 화려함을 뽐내는 한국 대중음악계가 마주한 외화내빈外華內貧의 현실이다."[269]

## 대형 연예기획사와 지상파 방송사의 갑을관계

그러나 "이수만과 양현석 위에 김태호가 있다"는 말은 예능 프로그램과 김태호가 큰 인기를 누리고 있었다는 것일 뿐, 전반적으로 지상파 방송사와 대형 연예기획사의 관계는 이미 갑을관계를 형성한 지 오래였고, 막강한 연예인 군단을 거느린 후자가 '갑'의 위치에 있었다.[270] 연예기획사의 전성시대가 열리면서 2016년 기준으로 등록된 연예기획사의 수는 1,952개에 이르렀고, 이 가운데 소속 연예인이 없는 업체(캐스팅 디렉터, 모델 에이전시 등)는 444개로 22.7%를 차지하고 있었다. 연예기획사의 전체 매출 규모는 2조 5,840억 원이었고, 증권시장에 상장된 14개 대형 연예기획사는 1조 2,533억 원을 차지하고 있었다.[271]

서울 강남구 SM엔터테인먼트 사무실에는 매주 신곡이 100곡씩 쌓이고 있었는데, 국내 작곡가의 곡만이 아니라 스웨덴·덴마크·네덜란드·영국·프랑스·미국 등 세계 음악계에서 활동하는 작곡가 700~800명이 신곡을 보내오고 있었다. SM엔터테인먼트에서 가수 발굴과 신곡 채택을 전담하는 4팀 30명이 이 곡들을 놓고 세 차례에 걸쳐 심사를 벌였다. SM엔터테인먼트 프로듀싱본부장 이성수는 "매년 4,000~5,000곡을 듣고 평가하다 보면, 폭넓은 음악적 색채를 만드는 데 톡톡히 도움이 된다"면서 "최근에는 일본·중국 작곡가 발굴이나 협업에도 공을 들이고 있다"고 말했다.[272]

2006년 12월 가수 겸 작곡자인 한성호에 의해 설립된 FNC엔터테인먼트는 FT아일랜드, 씨엔블루 등과 같이 아이돌 그룹과 밴드 시스템을 결합한 '아이돌 밴드'로 성공을 거두면서 2016년 JYP를 제치고 업계 3강의 위치에 오르기도 했으며, 이후 한국 연예기획사는 SM·YG·JYP·CUBE·FNC의 5강 체제를 유지하게 된다.[273]

지상파 방송을 위협하는 건 대형 연예기획사들만이 아니었다. 2015년 9월 2일 CJ그룹은 '문화사업 20주년 미디어 세미나'에서 2020년까지 문화 사업에 10조 원을 투자하겠다고 밝혔다. 연 매출이 수십조 원에 달하는 월트디즈니·타임워너와 같이 TV제작·영화·음악 등 콘텐츠와 TV채널·극장 등 플랫폼을 아우르는 글로벌 문화 기업으로 성장하겠다는 계획이었다.[274]

한국 대중음악계의 외화내빈 속에서도 2015년 영어 전용 방송인 아리랑TV가 가요계에서 최고의 홍보 채널로 각광받고 있었다. 전 세계 106개국에 송출되는 국내 유일한 방송인데다 다른 지상파 방송과 달리 유튜브를 통해서도 쉽게 접근할 수 있기 때문이었다. 아리랑TV의 연예·예능 프로그램 〈애프터스쿨 클럽〉은 국내 가수들과 해외의 K-팝 팬들이 직접 영상통화를 하며 소통할 수 있는 코너('행아웃')를 운영해 열광적인 반응을 얻었다.

〈애프터스쿨 클럽〉이 방송되는 시간이면 전 세계 트위터 실시간 '트렌드 토픽' 1위가 '행아웃' 출연 가수일 정도였다('트렌드 토픽'은 트위터 사용자들이 검색하는 단어를 순위로 매긴 것으로 포털사이트 실시간 검색어와 비슷한 개념이다). 한 가요기획사 대표는 "예전만 해도 새 앨범이 나온 뒤 지상파에 출연하기 위해 안간힘을 썼으나 요즘은 국내 가수들의 해외 진출이 활발해지면서 오히려 아리랑TV에 출연하고 싶어한다"며 "아리랑TV에 출연하는 것이 단기간에 효과적으로 해외 인지도를 높일 수 있는 방법이기 때문"이라고 설명했다.[275]

# 한국 하면 가장 먼저 떠오르는 이미지는 K-팝

2015년 10월 미국 『뉴욕타임스』는 '빅뱅'의 북미 투어 콘서트 리뷰에서 '압도적인 공연overwhelming K-pop carnival'이었다며 K-팝을 이렇게 평했다. "자동차는 미국서 만들었지만 이젠 한국이 더 좋은 자동차를 만들 수 있는 것처럼 아이돌 음악도 미국에서 먼저 시작했지만 한국이 완성시켰다." 『빌보드』는 "K-팝 이전엔 유튜브 영상에 익숙한 10대가 즐길 만한 음악이 없었다. K-팝이 그 틈새를 파고들었다"고 분석했다. 『빌보드』 편집장 재니스 민Janice Min은 "화려한 패션과 멋진 춤에 매혹되는 10대에게 K-팝은 딱 맞는 음악"이라고 했다.

K-팝의 특징은 곧 '멋지다cool'는 이미지로 이어졌다. 한국문화산업교류재단이 2015년 10~12월 중국·미국·브라질 등 14개국 6,500명을 대상으로 실시한 조사 결과인 「2015 해외 한류 실태조사 보고서」에 따르면, K-팝을 듣는 이유로 "가수들의 뛰어난 댄스와 퍼포먼스", "가수들의 매력적인 외모"란 응답이 1, 2위였다.

한류를 경험한 외국인들은 한국을 경제 선진국(67.8%, 복수 응답) → 문화 강국(60.8%) → 호감 가는 국가(54.9%) 순으로 인식했다. 한국 하면 가장 먼저 떠오르는 이미지는 K-팝(20.1%) → IT·자동차 산업(13.5%) → 한식(12.1%) → 북핵·6·25전쟁(9.8%) → 드라마(9.5%) 순으로 응답했다. 대한무역투자진흥공사 이창현 박사는 "지난해 3위였던 북한 관련 이미지가 4위로 내려선 것은 국가 브랜드 상승에 매우 긍정적 신호"라고 말했다. 2015년 우리나라 총수출액은 전년 대비 7.9% 하락했지만, 문화 콘텐츠 수출액은 오히려 8.8% 증가했다. 2010년 이후 증가세가

단 한 번도 꺾이지 않았다.[276]

개인이 제작한 '1인 방송' 프로그램이 한국의 게임·화장법·드라마·K-팝 등의 콘텐츠로 '한류 확산의 새로운 개척자'로 부상하는 흐름도 보였다. 1인 방송 진행자들이 수만 명에서 수십만 명의 시청자를 거느리며 힘을 발휘하자, 거대 자본도 이 시장에 뛰어들었다. 이들에게 방송 제작과 마케팅을 지원하고 광고 수익 등을 나눠 갖는 방식이었다.

CJ E&M은 1인 방송 진행자 500여 명과 계약을 맺고 이들이 만든 동영상을 온라인으로 내보냈다. 이 회사가 운영하는 '다이아DIA TV'는 국내외 누적 구독자 2,977만 명, 월평균 콘텐츠 조회수는 8억 2,000건에 달했다. CJ E&M 방송콘텐츠 부문장 이덕재는 "K뷰티 관련 콘텐츠는 중국과 동남아 시장의 관심이 가장 높은 분야 중 하나"라며 "2017년까지 1인 방송 진행자를 2,000명 이상 확보하고, 동남아 등 해외 현지의 1인 방송 진행자 비중도 30% 이상으로 늘릴 것"이라고 말했다.[277]

# '뉴스 어뷰징'과
# '포털 뉴스 규제론'

2015년 언론계의 최대 화두 중 하나는 뉴스 어뷰징news abusing의 광란이었다. 「'수지 열애설'에 기사 1840건 쏟아졌다」, 「'안영미 열애' 기사가 100개, 조선·동아의 어뷰징 경쟁」 등과 같은 『미디어오늘』 기사 제목들이 말해주듯, 어뷰징은 목불인견目不忍見의 수준에 이르렀다.[278]

어뷰징은 언론이 독자들의 관심을 끌 만한 사안에 대해 비슷비슷한 내용을 담은 기사들을 표현만 조금 바꿔 속보식으로 다량 올려 클릭을 유도하는 행위로, '동일 뉴스 콘텐츠 중복 전송' 또는 '동일 기사 반복 전송'이라고도 했다. 『경남도민일보』 출판미디어국장 김주완은 "이런 짓거리가 계속되면 언론의 신뢰 추락은 물론이고 한국의 포털은 거대한 쓰레기장으로 전락할 것이다"며 "'어뷰징'이라는 생소하고 애매한 단어 말고, '쓰레기 기사'라고 확실히 불러주자"고 말했다.[279]

어뷰징은 국내 최대 포털사이트 네이버가 2006년 12월 키워드를 입력해 찾는 기사의 운용 방식을 바꾸면서 본격화된 것이다. 네이버는 이전까지 독자가 기사 제목을 클릭하면 네이버 안에 저장된 기사를 소개했지만 이후부터는 해당 언론사 홈페이지의 기사 화면으로 연결되도록 했는데, 언론사들 광고 수익으로 이어지는 조회수를 더 높이는 방식으로 뉴스 어뷰징에 본격적으로 돌입했기 때문이다. 뉴스 어뷰징의 주요 대상은 주요 포털사이트의 초기 화면에 노출되고 있는 '실시간 급상승 검색어'(네이버)와 '실시간 이슈'(다음)였다.[280]

어뷰징에 대한 분노가 높아질수록 포털사이트에 대한 비난도 거세지자, 네이버와 다음카카오는 2015년 5월 28일 한국언론회관에서 공동 기자회견을 열어, "외부에 언론계가 주도하는 독립적이고 전문적인 '공개형 뉴스 제휴 평가위원회'를 만들고, 두 업체와 제휴를 원하는 언론사의 자격 심사를 위원회에 전적으로 맡기겠다"고 했지만, 그게 대안일 순 없었다.

'어뷰징'에서 시작해 '포털사이트 공정성' 문제로까지 이어지는 등 일련의 공세가 계속되면서 '포털사이트 뉴스 규제론'이 본격적인 사회적 의제로 부상했다. 국민대학교 언론정보학부 교수 손영준은 2015년 10월 "포털의 사회적 책임을 묻지 않을 수 없다"며 3가지 이유를 제시했다. 그 내용을 요약해 소개하면 다음과 같다.

첫째, 포털은 언론의 질서를 만드는 권력이다. 네이버 같은 거대 공룡이 기존 언론사를 압도함으로써 개별 언론은 네이버의 수요독점 체제에 굴복하지 않을 수 없게 되었다. 둘째, 포털 뉴스는 우리 언론의 뉴스 콘텐츠 질을 하향 평준화시켰다. 언론사들은 포털에서의 클릭을 겨냥한 감각적인 연성 뉴스를 양산하고 있다. 검색을 통한 클릭 수를 늘리기 위해 동일한 제목의 기사를 지속적으로 전송하는 어뷰징 기사가 남발되고 있다. 셋째, 포털 뉴스는 정보 획득과 유통, 소비의 확산으로 결과적으로 민주주의의 큰 진전을 이루었다고 볼 수 있지만, 포털 뉴스가 언론 권력이 됨으로써 나타난 사회적 폐해는 방치되고 있다. 많은 언론사가 마케팅 원리에 따라 감각적이고 찰나적인 콘텐츠 생산에 몰두하고 있으며, '악화가 양화를 구축하는' 악순환은 우리 사회 소통 구조를 병들게 하고 있다.[281]

제1부  2014년

1  디지털뉴스팀, 「박근혜 대통령에게 '소통'이란?」, 『경향신문』, 2013년 1월 6일; 온라인뉴스팀, 「박 대통령 "원칙적 대응을 불통이라 함은 잘못" 반박」, 『한겨레』, 2013년 1월 6일.

2  정종태, 「청와대 전 출입기자가 본 최순실 사태와 언론」, 『관훈저널』, 통권 142호 (2017년 봄), 54쪽

3  박래용, 「'말이 안통하네뜨'」, 『경향신문』, 2014년 1월 9일.

4  김수헌, 「정운찬 "박 대통령, 아버지의 한에 집착"」, 『한겨레』, 2014년 1월 9일.

5  석진환, 「박 대통령 "노조 개혁 방해 책임 물어야"」, 『한겨레』, 2014년 2월 10일; 안홍욱·유정인, 「박 대통령 "공공기관 노사 이면 합의 뿌리 뽑아야"」, 『경향신문』, 2014년 2월 10일.

6  「[사설] 정부가 '낙하산 인사' 않겠다는 서약서 쓸 차례」, 『동아일보』, 2014년 2월 4일.

7  성한용, 「박근혜 대통령 성공할 수 있다」, 『한겨레』, 2014년 2월 25일.

8  「[사설] '낙하산 방지' 대책 발표 직후 또 낙하산 인사라니」, 『경향신문』, 2014년 2월 24일.

9  「[사설] 낙하산 인사 안 한다더니 국민 우롱하나」, 『국민일보』, 2014년 2월 24일.

10  『한겨레』 논설위원 안재승은 2017년 3월 3일 「이명박근혜 정부의 '망쳐버린 10년'」 이라는 칼럼에서 '474 정책'에 대해 다음과 같이 주장했다. "노무현 정부 때 4%대 후반이었던 잠재성장률은 올해 2%대 후반까지 떨어진 것으로 추정된다. 고용률은 지난

해 66%에 그쳤고, 1인당 국민소득은 여전히 2만 달러의 늪에서 헤어나오지 못하고 있다. 지난주 발표된 '2016년 가계 동향'은 최악이었다. 빚이 눈덩이처럼 불어나는데 소득은 되레 줄어, 서민 가계가 먹는 것부터 입는 것까지 죄다 줄이고 있는 것으로 나타났다. 계층간 소득 격차는 더 벌어졌다. 성장과 분배 가운데 어느 하나도 챙기지 못한 것이다. 대통령이 최순실과의 국정농단에 시간 가는 줄 모르는 동안 민생은 파탄 지경에 이르렀다." 안재승, 「이명박근혜 정부의 '망쳐버린 10년'」, 『한겨레』, 2017년 3월 3일.

11  김정하, 「62%가 무능·오만이면 11%는 뭘까」, 『중앙일보』, 2014년 2월 28일. 왜 이런 일이 벌어지는지에 대해선 강준만, 「사울 알린스키의 커뮤니케이션 전략: 한국 정치의 소통을 위한 적용」, 『정치·정보연구』, 제19권 1호(2016년 2월 28일), 351~387쪽 참고.

12  「[사설] 민주당은 '싸가지'를 회복할 것인가」, 『매일신문』, 2014년 1월 3일.

13  정우상, 「[조선 인터뷰] "박근혜 대통령 시대에 野黨 대구·부산시장, 기분 좋은 상상 아닌가"」, 『조선일보』, 2014년 3월 10일.

14  김태규, 「"공공기관 친박 낙하산 114명"」, 『한겨레』, 2014년 3월 11일.

15  「[사설] 모피아 대신 금피아·청와대發 낙하산인가」, 『국민일보』, 2014년 3월 12일.

16  「[사설] 친박 인명사전 vs 친노 낙하산 인사」, 『동아일보』, 2014년 3월 13일.

17  우상호, 『민주당 1999-2024』(메디치, 2024), 141~142쪽.

18  김병철·한상봉, 「성남 모라토리엄, 성공한 구조조정? 정치쇼? 진실 공방」, 『서울신문』, 2016년 6월 15일.

19  「관훈토론회: 이재명 성남시장」, 『관훈저널』, 통권 142호(2017년 봄), 307~308쪽.

20  음성원·홍용덕, 「368명 구조했다더니 3시간 만에 "164명"…정부 우왕좌왕」, 『한겨레』, 2014년 4월 16일; 최희진, 「"구조자 368명" "160여 명"…오락가락 정부 발표」, 『경향신문』, 2014년 4월 16일.

21  「[사설] 말뿐인 '더불어 함께 사는 안전 공동체'」, 『한겨레』, 2014년 4월 17일.

22  안홍욱, 「대통령 들어서자 가족들 "제발 구조" 읍소 "살려내라" 고함」, 『경향신문』, 2014년 4월 17일.

23  온라인뉴스팀, 「"국민 여러분 도와주세요" 실종자 가족들 호소문 발표」, 『한겨레』, 2014년 4월 18일.

24  정대하·김기성, 「구조된 단원고 교감, 야산서 숨진 채 발견」, 『한겨레』, 2014년 4월 18일.

25  전정윤·서정민·김효진, 「행사·공연 줄줄이 취소…온나라가 목소리 낮췄다」, 『한겨레』, 2014년 4월 18일.

26  「[사설] 묻는다, 이게 나라인가」, 『한겨레』, 2014년 4월 21일.

27  안홍욱, 「박 대통령, 원고지 28장 '깨알 지시'…사과는 없었다」, 『경향신문』, 2014년 4월 21일.

28  「[사설] 시스템은 없고 질타만 있다」, 『한겨레』, 2014년 4월 22일.

29  정유경, 「민경욱 대변인 "청와대는 재난 콘트롤타워 아니다"」, 『경향신문』, 2014년 4월 23일.

30  정철운, 『뉴스와 거짓말: 한국 언론의 오보를 기록하다』(인물과사상사, 2019), 170쪽.

31  유석재, 「"무책임한 글 때문에 더 괴로워" SNS 접는 사람들」, 『조선일보』, 2014년 4월 24일.

32  「[사설] 청와대, 세월호 선장과 다른 게 무언가」, 『한겨레』, 2014년 4월 25일.

33  디지털뉴스팀, 「박 대통령 세월호 분향소 조문…유족들 "대통령 자식이잖아요" 절규」, 『경향신문』, 2014년 4월 29일.

34  안홍욱, 「박 대통령 "초동 대응·수습 미흡에 뭐라 사죄를 드려야" 사과」, 『경향신문』, 2014년 4월 29일.

35  「[사설] 그 정도 사과와 '셀프 개혁'으로 국가 개조 될 것 같은가」, 『동아일보』, 2014년 4월 30일.

36  정철운, 『뉴스와 거짓말: 한국 언론의 오보를 기록하다』(인물과사상사, 2019), 112~115쪽.

37  김여란, 「"박근혜 만나겠다" 청와대 앞 온 세월호 유족과 시민들」, 『경향신문』, 2014년 5월 9일.

38  김효실, 「청와대 대변인 이번엔 "순수 유가족" 발언 파문」, 『한겨레』, 2014년 5월 9일.

39  조현오, 「박근혜 유족 문밖에 앉혀두고 "세월호 때문에 소비 심리 위축"」, 『미디어오늘』, 2014년 5월 9일.

40  「[사설] 또 '정치 선동론' 타령인가」, 『한겨레』, 2014년 5월 12일.

41  정환보, 「잇단 추모집회에 여당 지도부 '촛불 트라우마'」, 『경향신문』, 2014년 5월 12일.

42  홍석재, 「"최종 책임은 저에게…해경 해체하겠다"」, 『한겨레』, 2014년 5월 19일.

43  이충재, 「박근혜 대통령은 바뀌지 않았다」, 『한국일보』, 2014년 5월 20일.

44  이환직·김진영, 「12명 정원에 41명 태워도 몰라…세월호 참사 10년 '안전불감증' 여전」, 『한국일보』, 2024년 5월 2일.

45  박성제, 『권력과 언론: 기레기 저널리즘의 시대』(창비, 2017), 7쪽.

46  조수경, 「"박근혜 대단하다" 참사에도 대통령 '띄우는' 언론들」, 『미디어오늘』, 2014년 4월 22일; 정철운·이하늬, 「JTBC에 '시선집중', 손석희는 1년 전 약속을 지켰다」, 『미디어오늘』, 2014년 5월 7일.

47    박장준, 「박근혜 정부, 세월호 '보도통제' 문건 만들었다」, 『미디어오늘』, 2014년 4월
      29일.

48    「[사설] 安 후보 사퇴를 전관예우·官피아 척결 첫걸음으로 만들라」, 『조선일보』,
      2014년 5월 29일; 박근혜, 『어둠을 지난 미래로: 박근혜 회고록 1』(중앙북스,
      2024), 82~84쪽.

49    김창룡, 「기득권층의 탐욕, 전관예우」, 『피디저널』, 2014년 6월 1일.

50    김영호, 「공직부패의 온상 전관예우」, 『미디어오늘』, 2014년 6월 18일.

51    채진원, 『무엇이 우리 정치를 위협하는가: 양극화에 맞서는 21세기 중도정치』(인물과
      사상사, 2016), 27쪽.

52    이철희, 「6·4 지방선거, 승자는 누구인가?」, 『월간 인물과사상』, 2014년 7월, 107~
      108쪽.

53    「[사설] 새정치연합은 '선거 민심' 제대로 읽어야」, 『경향신문』, 2014년 6월 6일.

54    「[사설] 여당에 '경고', 야당에 '분발' 촉구한 6·4 선거」, 『한겨레』, 2014년 6월 5일.

55    장여진, 「'싸가지' 없는 야권, 새누리당 읍소 전략에 밀려: 진보정당 청년당원들의
      6·4 지방선거 평가」, 『레디앙』, 2014년 6월 16일.

56    박근혜, 『어둠을 지난 미래로: 박근혜 회고록 1』(중앙북스, 2024), 85~86쪽.

57    「[사설] 통합·책임 총리와 거리 먼 '문창극 카드'」, 『한겨레』, 2014년 6월 11일.

58    디지털뉴스팀, 「문창극 "일본 지배 하나님의 뜻" "게으르고 남에게 의지하는 게 우리
      민족 DNA"」, 『경향신문』, 2014년 6월 11일.

59    이승록, 「문창극 '4·3 망언' 일파만파…지명 철회 여론 비등」, 『프레시안』, 2014년 6월
      12일.

60    조혜정·서보미, 「문창극, 교회 강연 비판한 모든 언론 상대로 법적 대응」, 『한겨레』,
      2013년 6월 12일.

61    디지털뉴스팀, 「박영선 "문창극 망언 파문, 박 대통령과 김기춘이 답 줘야"」, 『경향신
      문』, 2014년 6월 12일.

62    조혜정·최현준, 「여당 초선들도 "문 후보 사퇴를"」, 『한겨레』, 2014년 6월 12일.

63    박래용, 「2016 대한민국 '무좀 리스트'」, 『경향신문』, 2017년 1월 24일.

64    디지털뉴스팀, 「'인사 참극' 朴 대통령 부정 평가 48% 〉 긍정 43%…첫 역전」, 『경향
      신문』, 2014년 6월 20일.

65    박근혜, 『어둠을 지난 미래로: 박근혜 회고록 1』(중앙북스, 2024), 89쪽.

66    김철오, 「朴 대통령 "문창극, 인사청문회까지 못 가 안타까워"」, 『국민일보』, 2014년
      6월 24일.

67    안홍욱·이지선, 「또 '인사 참사'…책임지는 사람이 없다」, 『경향신문』, 2014년 6월

25일.

68 「[사설] '인사 참사' 사과 없이 국민 눈높이 탓한 박 대통령」, 『경향신문』, 2014년 6월 30일.

69 「[사설] 7·30 민심, 세월호를 넘어 민생을 선택했다」, 『중앙일보』, 2014년 7월 31일.

70 이명원, 「연극은 끝났다」, 『한겨레』, 2014년 7월 22일.

71 구혜영, 「[민심은 왜 야당을 버렸나] 진보·개혁 깃발도 선거 때만 되면 '우향우' 정체성 오락가락」, 『경향신문』, 2014년 8월 4일.

72 정승임·허경주, 「"계파 갈등·정권 심판론 지겹다…대개조 없는 내일도 없다": '위기의 야당' 전문가 쓴소리」, 『한국일보』, 2014년 8월 1일.

73 이광수·남종석·이창우·최희철, 『위기의 진보정당 무엇을 할 것인가: 부산지역 진보정당 평당원 4인의 작은 목소리』(앨피, 2014), 70~71, 209쪽.

74 이광수·남종석·이창우·최희철, 『위기의 진보정당 무엇을 할 것인가: 부산지역 진보정당 평당원 4인의 작은 목소리』(앨피, 2014), 94쪽.

75 이광수·남종석·이창우·최희철, 『위기의 진보정당 무엇을 할 것인가: 부산지역 진보정당 평당원 4인의 작은 목소리』(앨피, 2014), 221~222쪽.

76 김욱, 『정치는 역사를 이길 수 없다: 박근혜·문재인의 사과가 말해주는 것들』(개마고원, 2013), 111쪽.

77 이오성, 「모순투성이 세상을 그대로 보여주고 싶다: 영화감독 박찬욱」, 『월간 말』, 2003년 2월, 167쪽.

78 김윤태, 「50대 보수화가 대선을 결정했는가?: 세대 동원의 전략적 오류」, 이창곤·한귀영 엮음, 『18 그리고 19: 18대 대선으로 본 진보개혁의 성찰과 길』(도서출판 밈, 2013), 78쪽.

79 김정하, 「최경환 업어주고 싶은 새누리 "재·보선 숨은 공신"」, 『중앙일보』, 2014년 8월 1일.

80 「[사설] 순천서 벌어지는 저급한 '예산 폭탄' 논쟁」, 『중앙일보』, 2014년 7월 28일.

81 박래용, 「정치권의 가혹 행위」, 『경향신문』, 2014년 8월 8일.

82 허경주, 「새정치민주연합, 선거 패배 진단도 노선 갈등」, 『한국일보』, 2014년 8월 2일.

83 「"단물 다 빠지면 쫓겨날 것" 정청래-손석희 설전…왜?」, 『동아일보』, 2013년 10월 7일.

84 이상돈, 『시대를 걷다: 이상돈 회고록』(에디터, 2021), 312~313쪽.

85 디지털뉴스팀, 「정청래 "이상돈 영입은 새정치연합에 대한 테러"…박영선 대표 퇴진도 불사」, 『경향신문』, 2014년 9월 12일.

86 이상돈, 『시대를 걷다: 이상돈 회고록』(에디터, 2021), 315쪽.

87 디지털뉴스팀, 「새누리당 원하는 대로…세월호 여야 합의에 "밀실 야합" 거센 반발」,

『경향신문』, 2014년 8월 7일.

88  석진환, 「박 대통령 "국민 위한 정치 맞나" 국회 비난…또 '네 탓'」, 『한겨레』, 2014년 8월 11일.

89  「2014년 프란치스코 교황 방한(시사상식사전, pmg 지식엔진연구소)」, 『네이버 지식백과』.

90  손현성, 「세월호 유족들 "말놀음일 뿐" 싸늘」, 『한국일보』, 2014년 8월 19일.

91  「[사설] 납득하기 어려운 문재인 의원의 행동」, 『조선일보』, 2014년 8월 23일.

92  「[사설] 전직 대통령 후보의 잘못된 처신」, 『중앙일보』, 2014년 8월 23일.

93  박준철, 「일반인 희생자 유가족은 "여야 합의 특별법 수용"」, 『경향신문』, 2014년 8월 25일.

94  구교형, 「문재인 단식 중단 후 첫 행선지는 진도 팽목항」, 『경향신문』, 2014년 9월 1일.

95  심언기, 「정혜신 "세월호 피로감, 직면해야 할 건강한 불편함"」, 『뷰스앤뉴스』, 2014년 9월 1일.

96  디지털콘텐츠팀, 「금태섭 "'수사권 부여'에 모든 역량 투입, 재고해야"…왜?」, 『국제신문』, 2014년 9월 17일.

97  「[사설] 참사 200일 만에야 성사된 세월호특별법」, 『경향신문』, 2014년 11월 1일.

98  김선식, 「원세훈 정치 관여 인정하고도…대선 개입 '무죄'」, 『한겨레』, 2014년 9월 11일; 조원일, 「"국정원 댓글 사건 대선 개입은 아니다" 원세훈 선거법 무죄」, 『한국일보』, 2014년 9월 11일.

99  김한솔, 「현직 판사 "법치주의는 죽었다"…원세훈 판결 비판글 전문」, 『경향신문』, 2014년 9월 12일.

100  김정우, 「"원세훈 대선 개입" 법정구속」, 『한국일보』, 2014년 2월 9일.

101  김유리, 「서민주머니 털어 나랏돈 채우겠다는 담뱃값 인상」, 『미디어오늘』, 2014년 9월 12일.

102  「[사설] '꼼수 증세' 노골화한 담뱃세 인상」, 『경향신문』, 2014년 9월 11일.

103  음성원, 「담뱃값 이어 주민세·자동차세까지 '또 서민 증세'」, 『한겨레』, 2014년 9월 12일.

104  「[사설] 담뱃세 이어 주민세…또 '서민 증세'인가」, 『한겨레』, 2014년 9월 13일.

105  이동걸, 「민생경제 죽이는 '그네'노믹스」, 『한겨레』, 2014년 9월 15일.

106  「[사설] 공공기관에 '관피아' 대신 '정치 마피아'인가」, 『경향신문』, 2014년 9월 3일.

107  장은석, 「공공기관장 50여 명 연내 교체…정피아 각축전」, 『서울신문』, 2014년 10월 6일; 김현수, 「공공기관 친박 인사 6개월 새 2배 늘어」, 『한국일보』, 2014년 10월 6일.

108  「[사설] 청와대 보은·낙하산 인사, 해도 너무한다」, 『한국일보』, 2014년 9월 26일.

109  이효상, 「'이재만 파워' 청와대 총무비서관이 소개했다는 말에 대기업 무작정 채용」, 『경향신문』, 2014년 10월 2일.

110  「[사설] '만만회 사칭'에 대기업도 속절없이 당하는 현실」, 『한국일보』, 2014년 10월 3일.

111  「[사설] 靑 비서관 사칭극 결국 낙하산 토양 탓 아닌가」, 『서울신문』, 2014년 10월 4일.

112  강지원, 「관피아 잠잠하니 政피아…금융공기업에 낙하산」, 『한국일보』, 2014년 10월 16일.

113  강지원, 「관피아 잠잠하니 政피아…금융공기업에 낙하산」, 『한국일보』, 2014년 10월 16일.

114  서보미·이세영, 「대놓고 "친박" 과시…출국… '낙하산 3인' 국감 풍경 눈살」, 『한겨레』, 2014년 10월 21일.

115  「[사설] 공기업 지원서에 당당히 '親朴' 쓰고 사장 된 사람」, 『조선일보』, 2014년 10월 23일.

116  김진주, 「조져도 조져도 끊임없이 투하되는 정피아 낙하산」, 『한국일보』, 2014년 10월 25일.

117  정임수, 「정피아 전성시대」, 『동아일보』, 2014년 11월 6일.

118  이정재, 「정피아, 관피아 재림의 전주곡」, 『중앙일보』, 2014년 11월 20일.

119  이진석, 「2000억 써서 '政피아' 막기」, 『조선일보』, 2015년 2월 14일.

120  김준모·조현일·박현준, 「[단독] 정윤회 '국정 개입'은 사실」, 『세계일보』, 2014년 11월 28일.

121  최문선, 「정윤회 '국정 개입' 문건 파문」, 『한국일보』, 2014년 11월 29일.

122  조혜정, 「'정윤회 국정 개입 보고서' 파문… '십상시'는 누구」, 『한겨레』, 2014년 11월 28일.

123  디지털뉴스팀, 「박지원 "비선 라인 인사 개입, 청와대·김기춘 실장 해명하고 밝혀야"」, 『경향신문』, 2014년 11월 28일.

124  디지털뉴스팀, 「야당 "대통령 최측근 비서관들 후한 말 환관들처럼 국정농단"」, 『경향신문』, 2014년 11월 28일.

125  디지털뉴스팀, 「새정치연합, '정윤회 게이트' 박근혜 대통령 입장 표명 촉구」, 『경향신문』, 2014년 11월 30일.

126  오남석, 「朴 대통령 "靑 문건 유출, 국기 문란 행위"」, 『문화일보』, 2014년 12월 1일.

127  「[사설] '비선 의혹'에 무조건 "루머"라는 박 대통령」, 『경향신문』, 2014년 12월 2일.

128  「[사설] '국정농단' 눈감고 '유출·보도'에만 성낸 대통령」, 『한겨레』, 2014년 12월 2일.

129  유석재, 「['정윤회 文件' 파문] 유진룡 "문체부 국·과장 교체, 朴 대통령 지시 맞다"」,

『조선일보』, 2014년 12월 5일.

130 조혜정, 「문체부 쪽 "여야 싸움 몰고가야" 쪽지…'유진룡 증언' 물타기」, 『한겨레』, 2014년 12월 5일.

131 이정용, 「박 대통령 "찌라시 얘기로 나라 흔들…부끄럽다"」, 『한겨레』, 2014년 12월 7일.

132 권태호, 「3인방은 물러나지 않을 것이다」, 『한겨레』, 2014년 12월 8일.

133 김도연, 「"정윤회 문건 보도, 가혹한 보복 뒤따랐다"」, 『미디어오늘』, 2016년 11월 16일.

134 한용걸, 「나는 고발한다」, 『세계일보』, 2016년 11월 17일.

135 「'그것이 알고 싶다' 故 최경위 자살 이유…'정윤회 문건' 당시 "네가 안고 가라"」, 『서울신문』, 2016년 11월 19일.

136 안경호, 「서울대 진학 땐 1500만 원 여수시 '생뚱맞은' 장학금」, 『한국일보』, 2005년 12월 20일, 8면; 이해석, 「"서울대 합격하면 1500만 원"」, 『중앙일보』, 2005년 12월 20일, 19면.

137 정대하, 「서울 유학생 위한 '효자 기숙사' 인기」, 『한겨레』, 2015년 1월 23일.

138 장정철, 「전북장학숙과 풍남학사, 2년제생 입사 자격 제안은 부당」, 『전북도민일보』, 2013년 8월 9일; 정영선, 「[대학생 주거 고통] "지방학사 생활비 싸 좋지만…낙타 바늘 뚫기"」, 『뉴시스』, 2011년 12월 12일.

139 김효인, 「원룸 주인들의 利己…대학 기숙사 확충은 위기」, 『조선일보』, 2014년 9월 23일.

140 김효정, 「'지방충'이라니…서울-지방 출신 삶의 격차 갈수록 커져」, 『주간조선』, 제2305호(2014년 5월 5일).

141 손국희·윤정민, 「취업 '4종 스펙' 쌓는데 평균 1554만 원」, 『중앙일보』, 2015년 2월 5일.

142 정강현 외, 「3.3㎡ 빈곤의 섬에 갇힌 14만 명」, 『중앙일보』, 2014년 3월 18일; 조미덥, 「[권리를 잃은 사람들] (1) 최저 주거기준 미달 100만 명 시대」, 『경향신문』, 2013년 12월 19일.

143 김정필, 「취직도 전에 '빚이 2800만 원'」, 『한겨레』, 2015년 2월 10일.

144 김기환, 「미국 유학 아들 연 4800만 원…퇴직금 까먹는 서울 47세」, 『중앙일보』, 2015년 2월 26일.

145 김성탁, 「서울로 대학 보낸 지방 학부모의 하소연」, 『중앙일보』, 2015년 3월 13일.

146 신연수, 「지역 문제 연구 '서울 쳐다보기' 심하다」, 『동아일보』, 1993년 10월 12일, 14면.

147 김원일, 「서울 사는 이유, 지방에 살 이유」, 『동아일보』, 2005년 1월 31일, A30면.

148  최장집, 「지역정치와 분권화의 문제」, 『지역사회연구』, 제9권 제1호(2001년 6월), 한국지역사회학회.

149  송현숙, 「4년제 대학 입학 정원 내년 1차 감축…지방대 96%, 수도권대는 4% 그쳐」, 『경향신문』, 2014년 10월 1일.

150  전정윤, 「학생 1인당 '정부 지원금', 서울대가 경북대의 4배」, 『한겨레』, 2014년 11월 4일.

151  김명환, 「책임 규명 필요한 서울대 시흥캠퍼스」, 『경향신문』, 2015년 3월 7일.

152  짐 클리프턴(Jim Clifton), 정준희 옮김, 『갤럽 보고서가 예고하는 일자리 전쟁』(북스넛, 2013/2015), 5~11쪽; 이상민, 『일자리 전쟁: 디플레이션 시대를 준비하라』(청년정신, 2013).

153  전다은 외, 『대한민국 취업 전쟁 보고서』(더퀘스트, 2014).

154  김영환, 「좌파 연구자가 노조에 해줄 말은?」, 『한겨레』, 2008년 12월 6일.

155  김철수, 「기자 24시: 기아차 노조의 '양두구육'」, 『매일경제』, 2005년 1월 22일.

156  안형영·김희경, 「"영혼이라도 팔아 취직하고 싶었다"」, 『한국일보』, 2005년 2월 2일, 8면.

157  김소희, 「회사보다 정규직 노조가 더 밉다?」, 『한겨레21』, 제547호(2005년 2월 22일).

158  국기헌, 「'장그래'의 슬픈 현실…"정규·비정규직 월급차 4.2배"」, 『연합뉴스』, 2014년 12월 25일.

159  「[사설] 망국적 정규직·비정규직 격차, 방치할 수 없다」, 『중앙일보』, 2014년 11월 28일.

160  이하늬, 「정규직 인간 대접 원했던 사람들의 죽음」, 『미디어오늘』, 2014년 12월 24일.

161  정희진, 「잉여」, 『경향신문』, 2013년 10월 30일.

162  경제민주화를 연구하는 기자 모임, 『경제민주화 멘토 14인에게 묻다』(퍼플카우, 2013), 230~231쪽.

163  유종일·손석춘, 『경제민주화가 희망이다: 손석춘 묻고 경제학자 유종일이 답하다』(알마, 2012), 58~60쪽.

164  김대호·윤범기, 『결혼불능세대: 투표하고, 연애하고, 결혼하라』(필로소픽, 2012), 54~55쪽.

165  김기찬, 「일본보다 400만 원 많은 한국 대졸 초임」, 『중앙일보』, 2015년 1월 27일.

166  김기찬, 「일본보다 400만 원 많은 한국 대졸 초임」, 『중앙일보』, 2015년 1월 27일.

167  「[사설] 대기업 정규직과 중소기업 비정규직 임금 격차는 10대 4」, 『조선일보』, 2015년 2월 23일.

168  하종강, 「"노동 문제 해결해야 교육 문제도 해결된다"」, 『시사IN』, 제299호(2013년

6월 13일).

169  안석배, 「왜 高卒 취업자가 '반값 등록금' 예산 부담하나」, 『조선일보』, 2015년 1월 30일.

170  최태섭, 『잉여사회: 남아도는 인생들을 위한 사회학』(웅진지식하우스, 2013), 184쪽.

171  김윤철, 「사회운동의 새로운 주인공」, 『경향신문』, 2015년 2월 14일.

172  「[사설] 세월호 유족들, 국민 눈에 비친 자신 모습 돌아볼 때」, 『조선일보』, 2014년 9월 19일; 「[사설] 세월호 가족대책위가 치외법권의 권력기관인가」, 『동아일보』, 2014년 9월 19일.

173  「표창원, 김현 의원 "명백한 갑질 패악", 세월호 유가족 대리기사 폭행 사건 'CCTV' 영상 보니…」, 『헤럴드경제』, 2014년 9월 23일.

174  윤평중, 「'내가 누군지 알아?'」, 『조선일보』, 2014년 9월 26일.

175  원선우, 「[Why] 甲들의 유행어 '내가 누군지 알아?'…패가망신 지름길이죠」, 『조선일보』, 2014년 10월 4일.

176  박용근, 「"1억도 없는 것들이…" 주점 종업원·경찰 폭행 30대 주식 부자 법정구속」, 『경향신문』, 2014년 12월 16일.

177  이용욱, 「청와대 행정관, 파출소서 "모두 자르겠다" 만취 행패」, 『경향신문』, 2015년 2월 12일.

178  신정록, 「청와대 민정수석실」, 『조선일보』, 2015년 2월 13일.

179  손석희, 「[앵커 브리핑] 내가 누군지 아느냐… 'Who are you?'」, 『JTBC 뉴스룸』, 2015년 2월 12일.

180  「[사설] 해외서 '갑질'하는 공무원·기업인들의 추태」, 『경향신문』, 2013년 10월 19일.

181  임정욱, 「의전 사회」, 『한겨레』, 2014년 5월 6일.

182  윤평중, 「'내가 누군지 알아?'」, 『조선일보』, 2014년 9월 26일.

183  안치용·최유정, 『청춘을 반납한다: 위로받는 청춘을 거부한다』(인물과사상사, 2012), 144~145쪽.

184  정상근, 『나는 이 세상에 없는 청춘이다: 대한민국 청춘의 생태 복원을 위한 보고서』(시대의창, 2011), 240, 247, 262~263쪽.

185  이옥진·김승재, 「軍紀 잡는 고참 학번…캠퍼스는 원산폭격 중」, 『조선일보』, 2014년 3월 12일; 조형국, 「여대도 다를 것 없는 체대 신입생 '군기 잡기'」, 『경향신문』, 2014년 3월 25일; 이동휘, 「한 예술대학서 선후배 간 '군기 잡기' 논란」, 『조선일보』, 2015년 2월 28일.

186  강준만, 「왜 해병대 출신은 '한 번 해병은 영원한 해병'이라고 할까?: 노력 정당화 효과」, 『감정 독재: 세상을 꿰뚫는 50가지 이론』(인물과사상사, 2013), 67~71쪽 참고.

187 「제17회 아시아경기대회(The 17th Asian Games, 第十七回-競技大會)」(두산백과 두피디아, 두산백과), 『네이버 지식백과』.

188 「2014 연합뉴스 10대 국내 뉴스」, 『연합뉴스』, 2014년 12월 15일.

189 안효성, 「"야, 차 빨리 안 빼"…아파트 경비원은 오늘도 '참을 인'」, 『중앙일보』, 2014년 10월 14일; 허남설, 「'분신' 사고로 본 경비원의 '감정 노동' 실태 "언어·정신 폭력 시달려…우린 감정 노동자"」, 『경향신문』, 2014년 10월 14일; 박유리, 「경비원 분신한 아파트 "개가 다쳐도 이럴까…"」, 『한겨레』, 2014년 10월 18일.

190 이혜미, 「'중기 다니면 15등급?'…결혼정보회사 '스펙'이 기막혀」, 『파이낸셜뉴스』, 2010년 8월 26일.

191 배국남, 「재산 100억, 서울대, 키 185cm가 1등급 신랑이라고?」, 『배국남닷컴』, 2014년 10월 23일.

192 최준식, 『행복은 가능한가: 그대 안에 꿈틀대는 모난 자존감』(소나무, 2014), 48~49쪽.

193 손진석, 「호텔 결혼식 밥값, 1인당 21만 원까지」, 『조선일보』, 2013년 7월 2일.

194 손진석, 「結婚 하객 500명 어느 특급호텔, 가장 싼 상품이 1억 950만 원」, 『조선일보』, 2013년 7월 2일.

195 이송원, 「[부모의 눈물로 올리는 웨딩마치] (7부-1) 결혼 3大 악습…집은 남자가, 예단 남들만큼, 賀客 많이」, 『조선일보』, 2014년 10월 28일.

196 이현숙, 「결혼식 '치킨게임' 어떻게 멈출까?」, 『한겨레』, 2014년 11월 17일.

197 박창식, 「갑질 언어의 구조」, 『한겨레』, 2015년 1월 23일.

198 구교형·김지원, 「공소장에 나타난 대한항공 '땅콩 회항' 37분 전말…"이륙 준비 사실 몰랐다" 조현아 주장 거짓 판명」, 『경향신문』, 2015년 1월 16일.

199 김선주, 「2015년판 '공산당이 싫어요'」, 『한겨레』, 2015년 1월 7일.

200 디지털뉴스팀, 「조현아 '땅콩 회항' 당시 일등석 승객 지인에게 보낸 카톡 공개」, 『경향신문』, 2015년 1월 21일.

201 「'땅콩 회항' 사무장, "아 나는 개가 아니었지" 발언에 누리꾼들 먹먹」, 『조선닷컴』, 2014년 12월 13일; 남우정, 「박창진 사무장, 땅콩 회항에 인터뷰까지 나섰다…"심한 욕설에 폭행까지"」, 『MBN』, 2014년 12월 14일.

202 이옥진, 「박창진 사무장 "2월 1일부터 출근…항로 변경 안 했다는 조현아 주장은 거짓"」, 『조선일보』, 2015년 1월 23일.

203 심진용, 「조현아 "승무원들이 사건 원인 제공"…결심공판 징역 3년 구형」, 『경향신문』, 2015년 2월 3일; 김선미, 「'땅콩 회항' 조현아 징역 3년 구형…12일 선고」, 『중앙일보』, 2015년 2월 3일; 최종석·이송원, 「박창진 "趙, 날 노예 보듯…먹잇감 찾는 야수 같았다", 조현아 "승무원들, 매뉴얼대로 서비스 안 한 건 명백"」, 『조선일보』,

2015년 2월 3일.

204 오승훈, 「"직원을 노예처럼 여기지 않았다면 일어날 수 없는 사건"」, 『한겨레』, 2015년 2월 13일; 김선미, 「조현아 징역 1년…법원 "직원을 노예처럼 부렸다"」, 『중앙일보』, 2015년 2월 13일.

205 오창익, 「대한항공 사무장의 '인간 선언'」, 『경향신문』, 2014년 12월 17일.

206 조국, 「귀족과 속물의 나라에서 살아남기」, 『경향신문』, 2015년 1월 7일.

207 온라인뉴스팀, 「"고현정 닮은 조현아"…대중 분노는 시기·질투 때문? 기고문 논란」, 『티브이데일리』, 2015년 1월 2일; 최진홍, 「"조현아, 고현정 연상시키는 외모가 문제"라더니…새로운 컬럼 발표」, 『이코노믹리뷰』, 2015년 1월 2일.

208 오마리, 「땅콩 회항을 되짚어보며」, 『자유칼럼그룹』, 2015년 2월 25일.

209 김여란, 「소설가 박민규 "조현아는 벽을 넘어온 거인"」, 『경향신문』, 2015년 3월 2일.

210 강성원, 「[저널리즘의 미래 ⑥] 제한된 취재원, 출입처 중심 받아쓰기 취재 관행의 한계…선정적 이슈 찾아 '하이에나 저널리즘' 행태도」, 『미디어오늘』, 2015년 2월 11일.

211 강준만, 「왜 "한 명의 죽음은 비극, 백만 명의 죽음은 통계"인가?: 사소한 것에 대한 관심의 법칙」, 『감정 독재: 세상을 꿰뚫는 50가지 이론』(인물과사상사, 2013), 301~307쪽 참고.

212 「대한항공 여승무원, 오너 일가 갑질 폭로…"못생겨서 무릎 꿇고 사과" 충격」, 『조선닷컴』, 2015년 1월 12일; 정성희, 「공정사회 갈증 키운 '조현아의 갑질'」, 『동아일보』, 2015년 1월 20일.

213 김종인, 『지금 왜 경제민주화인가: 한국 경제의 미래를 위하여』(동화출판사, 2012), 126~127쪽.

214 장은주, 『생존에서 존엄으로: 비판 이론의 민주주의 이론적 전개와 우리 현실』(나남, 2007), 35쪽.

215 권혁철, 「굳세어라 창진아」, 『한겨레』, 2015년 1월 28일.

216 박흥식·이지문·이재일, 『내부고발자 그 의로운 도전: 성취, 시련 그리고 보호의 길』(한울아카데미, 2014), 89~90쪽.

217 박흥식·이지문·이재일, 『내부고발자 그 의로운 도전: 성취, 시련 그리고 보호의 길』(한울아카데미, 2014), 92~93쪽.

218 김선미, 「조현아 징역 1년…법원 "직원을 노예처럼 부렸다"」, 『중앙일보』, 2015년 2월 13일; 강승연, 「땅콩 회항 사건으로 드러난 여론의 두 얼굴」, 『헤럴드경제』, 2015년 2월 13일.

219 진명선, 「KT 직장 내 왕따…"회사가 일진이었다"」, 『한겨레』, 2014년 11월 5일.

220 김종대, 「갑질하는 권력이 던지는 메시지」, 『한겨레』, 2015년 1월 7일.

221 홍인표, 「변하지 않으면 죽는다」, 『경향신문』, 2014년 3월 21일. 대만 국립정치대학교 한국어학과 교수이자 대만 지한문화협회 대표인 주립희에 따르면, "왕치산(王岐山) 이전에 후진타오(胡錦濤), 원자바오(溫家寶) 등은 모두 한국 드라마의 팬이었다. 그들은 한국 방문 시 한국 드라마 스타 이영애와 장나라 등과의 만남을 특별히 요청하기도 했다. 이 외에 장쩌민(江澤民) 시대의 쩡칭훙(曾慶紅)과 우방궈(鳴邦國) 모두 한국 드라마 시청을 좋아한다고 밝혔다." 주립희, 「한국 사람들만 모르는 한류 열풍과 반한 감정의 경계」, 『미디어오늘』, 2016년 7월 24일.

222 정윤진, 「김수현 최강 대녀, "출연료는 10억, 중국 內 '인기'는 그 이상"」, 『서울경제』, 2014년 3월 9일.

223 유마디, 「中 매체 "韓流 드라마 비결은 아줌마 작가의 파워"」, 『조선일보』, 2014년 3월 11일.

224 홍인표, 「변하지 않으면 죽는다」, 『경향신문』, 2014년 3월 21일.

225 서병기, 「'별그대' 發 한류 바람, 만만찮은 中서 이어가려면…」, 『헤럴드경제』, 2014년 3월 11일.

226 서병기, 「'별그대' 發 한류 바람, 만만찮은 中서 이어가려면…」, 『헤럴드경제』, 2014년 3월 11일; 양수영, 「중국 방송산업의 발전과 포스트 한한령 시대의 새로운 한중 협력」, 『방송문화』, 420호(2020년 봄), 177쪽.

227 중국은 외계인이나 귀신 등 '미신을 선전하는 내용'은 지상파 TV에서 방송할 수 없었다. '별그대'의 남자 주인공(김수현)이 외계인으로 설정되었기 때문에 인터넷 방송만 가능했던 것이다. 베이징의 방송계 인사는 "중국 당국은 한류가 인터넷을 통해 과도하게 퍼지는 것을 규제할 수 있는 제도적 장치를 마련한 것"이라고 말했다. 안용현·권승준, 「中 "한국 영화·드라마 심사 後 방영" 견제 나서」, 『조선일보』, 2014년 4월 4일.

228 안용현·권승준, 「中 "한국 영화·드라마 심사 後 방영" 견제 나서」, 『조선일보』, 2014년 4월 4일.

229 방연주, 「중국 진출 '날개' 단 예능 프로그램」, 『피디저널』, 2014년 6월 5일.

230 양성희, 「한국 드라마 회식 장면 '중국 술' 마시는 까닭은」, 『중앙일보』, 2014년 9월 30일.

231 조종엽, 「한중 동시 방영으로 불법 다운로드 막아야: '프로듀사' 사례를 통해 본 중국 시장 진출 현황과 과제」, 『신문과방송』, 536호(2015년 8월), 78쪽.

232 양성희, 「작가·PD까지 빼가는 중국…한국, 한류 하청기지 우려」, 『중앙일보』, 2014년 9월 22일.

233 「[사설] 중국 배만 불리는 한류 두고만 볼 건가」, 『경향신문』, 2014년 10월 15일.

234 양성희, 「작가·PD까지 빼가는 중국…한국, 한류 하청기지 우려」, 『중앙일보』, 2014년

9월 22일.

235　김규찬, 「중국으로 달려가는 한국 문화산업…유출인가 진출인가」, 『중앙일보』, 2016년 4월 13일.

236　린이푸, 「후발 주자의 이점 중국에 남아 있어…앞으로 20년간 年 8%대 성장 가능」, 『조선일보』, 2013년 8월 17일.

237　양도웅, 「'대만군 장교'에서 '중국 최고 석학'으로…린이푸가 던진 중국 경제 관련 5가지 질문」, 『교수신문』, 2017년 7월 16일.

238　조상래, 「29살 청년이 세운 디디는 어떻게 중국 대륙을 평정했나」, 『중앙일보』, 2019년 6월 5일.

239　우평균, 「동북아공동체와 문화산업의 확산: 한류 현상과 동북아 각국의 정책」, 『평화학연구』, 9권 1호(2008년), 135~156쪽; 조흡, 「한류와 이미지 공간의 정치: 비판적 리저널리즘을 위한 문화지리의 재구성」, 『문학과영상』, 12권 3호(2011년 9월), 841~863쪽; 김은희, 「중국의 시선에서 '한류(韓流)'를 논하다」, 『담론201』, 15권 4호(2012년), 235~255쪽; 한정정·최철영, 「중국 예능 방송의 한류 영향 분석 연구」, 『만화애니메이션연구』, 35권(2014년 6월), 313~327쪽; 이루다, 「한·중 문화 충돌과 문화산업 경쟁: 중국학계의 한국 드라마 담론을 중심으로」, 『인문과학』, 69권(2018년), 173~198쪽.

240　양카이·정정주, 「중국 언론의 한류 보도 프레임 연구: 2009년~2014년 인민일보, 중국청년보, 신민만보를 중심으로」, 『언론과학연구』, 15권 2호(2015년 6월), 412~442쪽; 강진석, 「중국 언론의 한류(韓流)에 대한 시각과 대응에 관한 고찰」, 『중국학연구』, 75권(2016년 2월), 301~321쪽.

241　정수영·유세경, 「중국과 일본의 주요 일간지에 실린 대중문화 한류 관련 뉴스 분석」, 『언론정보연구』, 50권 1호(2013년), 149쪽.

242　주오유보, 「중국 영상 문화에 끼친 한류의 영향: 영화와 드라마의 경우를 중심으로」, 『한국언론학회 연구보고서 및 기타간행물』(한국언론학회, 2005), 95~113쪽.

243　김종우, 「美 할리우드, 중국 진출 곳곳 암초…계약 잇따라 무산」, 『연합뉴스』, 2015년 9월 7일; 김상배, 「정보·문화 산업과 미중 신흥권력 경쟁」, 『한국정치학회보』, 51권 1호(2017년), 99~127쪽.

244　주립희, 「한국 사람들만 모르는 한류 열풍과 반한 감정의 경계」, 『미디어오늘』, 2016년 7월 24일.

245　조준상, 「뒤늦게 읽고 들어본 한류를 바라보는 시각: 자유주의 세례, 고통스러운 사회적 압력, 거칠고 도발적인 날 것의 생생함」, 『미디어스』, 2016년 7월 26일.

246　이후남, 「79개국 2182만 회원…거세지는 한류 바람」, 『중앙일보』, 2015년 1월 14일.

247 김기환,「한류로 번 돈 12조 5598억 원, 갤럭시S6 1464만 대 판 효과」,『중앙일보』, 2015년 5월 4일.

248 박세환,「[인터넷 1인 미디어 전성시대] 먹방 공방 겜방…방방 뜨는 1인 방송」,『국민일보』, 2014년 1월 16일.

249 김학재,「콘텐츠 크리에이터 띄우기, 국내에선 성공할까」,『파이낸셜뉴스』, 2014년 12월 8일; 양성희,「[궁금한 화요일] 2015 미디어 트렌드」,『중앙일보』, 2015년 1월 13일.

250 김학재,「콘텐츠 크리에이터 띄우기, 국내에선 성공할까」,『파이낸셜뉴스』, 2014년 12월 8일.

251 명승은,「MCN…게임 말고, 저를 보러 오세요」,『시사IN』, 제383호(2015년 1월 20일).

252 가야트리 스피박·장필화,「'탈식민주의와 페미니즘' 대담」,『조선일보』, 2004년 10월 18일, A23면.

253 김민석,「한국의 '먹방'은 '푸드 포르노'…블룸버그TV "어떻게 먹기만 해서 한 달에 4000만 원을 버나"」,『쿠키뉴스』, 2014년 1월 15일.

254 최민영,「'먹방'이 뜨는 이유」,『경향신문』, 2014년 3월 21일.

255 김치중,「쿡방의 남자, 인기몰이 왜?」,『한국일보』, 2015년 3월 10일.

256 박상숙,「먹방·쿡방 유행에도…요리 안 하는 한국인」,『서울신문』, 2015년 4월 3일.

257 김미나,「반려동물 등록제 시행…주인들 "실효성 글쎄"」,『국민일보』, 2013년 1월 3일; 손효주,「[수도권] 반려동물 등록제 시행 석 달째…서울 등록률 3% 그쳐」,『동아일보』, 2013년 3월 25일.

258 김정환,「[이슈진단: 반려동물 빛과 그림자 ②] 반려동물 산업 급팽창…'개 전용 TV' 까지」,『뉴시스』, 2015년 2월 10일.

259 조성준,「반려동물 키우는 한국인 457만 가구 1000만 명」,『매일경제』, 2017년 2월 21일.

260 「펫팸족 의미, "반려동물 가족처럼 생각해" 왜?」,『조선일보』, 2015년 2월 11일; 서경원,「'펫팸족' 시대…반려동물 소비 4년 새 2배 껑충」,『헤럴드경제』, 2014년 9월 29일.

261 이환주,「애견 미용·장례사 등 반려 관련 전문직 뜬다」,『파이낸셜뉴스』, 2014년 12월 15일.

262 비즈앤라이프팀,「국민 5명당 1명 반려동물 키워…"6조 원 시장을 잡아라"」,『경향신문』, 2014년 9월 30일; 손재원,「반려동물 산업 2배 커진다…5년 내 시장규모 15조까지」,『중소기업신문』, 2023년 8월 9일.

1  김정우·남상욱, 「靑 문건 수사 역시나…"사실무근" 앵무새 검찰」, 『한국일보』, 2015년 1월 5일.

2  우종창, 『어둠과 위선의 기록: 박근혜 탄핵백서』(거짓과진실, 2021), 75~77쪽.

3  이진동, 『이렇게 시작되었다: 박근혜-최순실, 스캔들에서 게이트까지』(개마고원, 2018), 320~321쪽.

4  강희철, 『검찰외전: 다시 검찰의 시간이 온다』(평사리, 2020), 76쪽.

5  석진환·이승준, 「청와대 사상 초유 '항명 사퇴'…박 대통령 리더십 타격」, 『한겨레』, 2015년 1월 9일.

6  정인철, 「'이규연의 스포트라이트' 김영한 前 수석의 죽음 "김기춘, 우병우, 박근혜 때문"」, 『아시아경제』, 2016년 11월 21일; 서영지, 「김기춘 지시 빼곡…청와대가 괴로웠던 아들의 마지막 기록」, 『한겨레』, 2016년 12월 7일.

7  디지털뉴스부, 「朴 대통령 대국민 사과 "문건 파동, 마음 무겁고 송구"」, 『한국일보』, 2015년 1월 12일.

8  박수진, 「박 대통령 "김기춘 실장, 드물게 사심 없는 분…"」, 『한겨레』, 2015년 1월 12일.

9  석진환, 「'성찰 없는 불통'…국정 일방통행 안 바뀔 듯」, 『한겨레』, 2015년 1월 12일.

10  이현수, 「朴 대통령, 장관들 보며 "대면 보고 늘려야 하나요?"」, 『동아일보』, 2015년 1월 13일; 강윤주, 「靑, 질문 현장서 받고 즉답 형식 진행… '각본 없는' 회견」, 『한국일보』, 2015년 1월 12일.

11  박성원, 「朴 대통령, 문지방 돌덩이들을 어쩔 것인가」, 『동아일보』, 2015년 1월 16일.

12  송평인, 「출구 찾아야 할 박근혜 스타일」, 『동아일보』, 2015년 1월 13일.

13  최장집 외, 『양손잡이 민주주의: 한 손에는 촛불, 다른 손에는 정치를 들다』(후마니타스, 2017), 23쪽.

14  조혜정·김외현, 「"바보 같은 짓…말도 안 되는…" 박 대통령, 불편한 질문엔 거친 표현」, 『한겨레』, 2015년 1월 13일.

15  「[사설] 쇄신과는 거리 먼 '찔끔 개각'」, 『한겨레』, 2015년 2월 17일.

16  「[사설] 靑, 국정원장 출신 비서실장으로 '쇄신 이미지' 얻겠나」, 『동아일보』, 2015년 2월 28일.

17  유정인·이용욱, 「[박근혜 정부 2년] 현 정부 임명한 기관장 '박피아' '정피아' 35%」, 『경향신문』, 2015년 2월 17일.

18  유정인·이용욱, 「세월호 이후 교체된 24명이 '정피아'… '아버지 인맥'도 상당수」, 『경향신문』, 2015년 2월 17일.

19    김동현, 「"朴 정권 낙하산, MB 때보다 30% 늘어"」, 『뷰스앤뉴스』, 2015년 2월 25일.

20    조윤호, 「5대 권력기관 고위직, 영남 출신이 거의 절반」, 『미디어오늘』, 2015년 3월 3일.

21    이현수, 「유승민 "지난 3년간 세수 부족 22조, 증세 없는 복지 허구 입증"」, 『동아일보』, 2015년 4월 8일; 최승현, 「서울대 조국 교수 "최경환·유승민이 형·아우하는 새누리당, 범진보 진영이 배워야"」, 『조선일보』, 2015년 4월 9일.

22    「[사설] 靑과 각 세운 劉 원내대표 연설, 무슨 의도인가」, 『조선일보』, 2015년 4월 9일.

23    박근혜, 『어둠을 지난 미래로: 박근혜 회고록 1』(중앙북스, 2024), 223쪽.

24    박근혜, 『어둠을 지난 미래로: 박근혜 회고록 1』(중앙북스, 2024), 224~226쪽.

25    김종휘, 「청년들아, 너희들을 위한 나라는 없다」, 『경향신문』, 2015년 1월 30일; 서의동, 「'한국리셋론'」, 『경향신문』, 2015년 2월 2일.

26    엄기호, 『나는 세상을 리셋하고 싶습니다』(창비, 2016), 17쪽.

27    이태희, 「당신 80년대에 뭐 했어?」, 『한겨레』, 2015년 8월 1일.

28    「N포 세대」(시사상식사전, pmg 지식엔진연구소), 『네이버 지식백과』.

29    이태희, 「당신 80년대에 뭐 했어?」, 『한겨레』, 2015년 8월 1일.

30    박권일, 「#혐오는 원인이 아니라 증상이다(헬조선 담론을 중심으로)」, 박권일 외, 『#혐오주의』(알마, 2016), 12쪽.

31    강현석·박태우·김정훈, 「'신의 직장' 지방 이전 공공기관 직원에 현금 퍼주는 '가난한 지자체'」, 『경향신문』, 2015년 1월 20일.

32    배명재, 「혁신도시 아파트 70% 직원 분양 특혜…본사 오기 전 되팔아 수천만 원 '집테크'」, 『경향신문』, 2015년 1월 20일.

33    채윤경, 「가족과 함께 지방 이주 직원 23%뿐…2만 명 중 1만 5000명이 '혁신 기러기'」, 『중앙일보』, 2015년 3월 28일.

34    이명박, 「30. 안타까운 세종시」, 『대통령의 시간 2008-2013』(알에이치코리아, 2015), 612~645쪽.

35    이명박, 『대통령의 시간 2008-2013』(알에이치코리아, 2015), 530~534쪽.

36    이기수·홍재원·심혜리, 「[성완종 단독 인터뷰] "김기춘 10만 달러·허태열 7억 줬다"」, 『경향신문』, 2015년 4월 10일.

37    정환봉·박태우, 「성완종, 북한산서 목숨 끊어…검찰 "경남기업 수사 어려워"」, 『한겨레』, 2015년 4월 10일; 구교형·김상범, 「[성완종 단독 인터뷰] 성완종, 새벽 집 나서며 "꼭 좀 보도해달라" 50분간 통화」, 『경향신문』, 2015년 4월 10일.

38    디지털뉴스팀, 「성완종 메모에서 홍준표, 유정복, 홍문종 이름도 발견」, 『경향신문』, 2015년 4월 10일.

39    김경욱·이세영, 「"자진 사퇴 없다" 버티던 이완구, 전격 사의 표명 왜?」, 『한겨레』,

2015년 4월 21일.

40 함성득, 『제왕적 대통령의 종언』(섬앤섬, 2017), 206~207쪽; 박병준, 「이명박 전 대통령 "나도 못했지만 박 대통령, 나보다 더 못하는 것 같아"」, 『중부일보』, 2016년 7월 11일.

41 이용욱·박홍두, 「"성완종 사면이 문제"라는 박 대통령」, 『경향신문』, 2015년 4월 28일.

42 「[사설] 박 대통령의 적반하장」, 『한겨레』, 2015년 4월 29일.

43 「[사설] 벼랑 끝에 몰린 제1야당」, 『한겨레』, 2015년 4월 30일.

44 우상호, 『민주당 1999-2024』(메디치, 2024), 144~146쪽.

45 우상호, 『민주당 1999-2024』(메디치, 2024), 146~147쪽; 이승준, 「정청래 의원은 왜 입만 열면 '독설'을 퍼부을까요?」, 『한겨레』, 2015년 5월 16일.

46 이승준, 「정청래 의원은 왜 입만 열면 '독설'을 퍼부을까요?」, 『한겨레』, 2015년 5월 16일.

47 정청래, 『정청래의 국회의원 사용법』(푸른숲, 2016), 131쪽.

48 이승준, 「이종걸 "황교안은 김기춘의 '아바타'…분연히 맞서 싸울 것"」, 『한겨레』, 2015년 5월 21일.

49 「[사설] '눈치 검찰'의 왜곡 재현된 성완종 사건」, 『한겨레』, 2015년 7월 3일.

50 김지은, 「'법 위의 시행령' 번번이 논란 거리」, 『한국일보』, 2015년 5월 29일.

51 김진우·심혜리·박순봉, 「당·청 '시행령 수정' 정면충돌…박 대통령 '거부권' 검토」, 『경향신문』, 2015년 5월 29일.

52 박근혜, 『어둠을 지난 미래로: 박근혜 회고록 1』(중앙북스, 2024), 228~230쪽.

53 황준범·이세영, 「박 대통령 "국회법 개정안 수용 못한다" 거부권 예고」, 『한겨레』, 2015년 6월 1일; 이용욱, 「청와대, 국민 내세워 여 지도부 압박」, 『경향신문』, 2015년 6월 1일.

54 「[사설] 삼권분립을 더 훼손하는 건 박 대통령이다」, 『경향신문』, 2015년 6월 1일.

55 이용욱·김진우, 「'여당이 안 돕고 야합'한다는 대통령…의회정치 근본 무시」, 『경향신문』, 2015년 6월 25일.

56 이용욱·조미덥·박순봉, 「"배신의 정치, 심판해야"…국회에 전쟁 선포한 대통령」, 『경향신문』, 2015년 6월 26일; 석진환, 「대통령의 독선, '정치'를 짓밟다」, 『한겨레』, 2015년 6월 26일.

57 박근혜, 『어둠을 지난 미래로: 박근혜 회고록 1』(중앙북스, 2024), 230쪽.

58 온라인뉴스부, 「유승민 "대통령께 진심 죄송" 머리 숙여 공개 사과…직접 작성한 사과문 읽어」, 『서울신문』, 2015년 6월 26일.

59 정철운, 『박근혜 무너지다: 한국 명예혁명을 이끈 기자와 시민들의 이야기』(메디치,

2016), 53쪽.

60  「[사설] 정국을 파국으로 모는 대통령의 협박 정치」, 『한겨레』, 2015년 6월 26일.

61  석진환, 「대통령의 독선, '정치'를 짓밟다」, 『한겨레』, 2015년 6월 26일.

62  심혜리 · 유정인 · 박홍두 · 정환보, 「"박 대통령, 지도자 아닌 군주의 정치"」, 『경향신
    문』, 2015년 6월 26일.

63  정철운, 『박근혜 무너지다: 한국 명예혁명을 이끈 기자와 시민들의 이야기』(메디치,
    2016), 52~56쪽.

64  양상훈, 「여왕과 공화국의 불화」, 『조선일보』, 2015년 7월 2일.

65  손현성, 「유부남 10명 중 4명 "결혼 후 간통 경험"」, 『한국일보』, 2015년 2월 16일.

66  곽희양, 「간통죄 110년 만에 폐지…"성적 자기결정권 침해"」, 『경향신문』, 2015년 2월
    27일.

67  채지은, 「50대 전업주부 60% "간통죄 폐지는 잘못"」, 『한국일보』, 2015년 3월 7일.

68  김영석, 「또다시 불거진 정치 감사 논란…자원개발 감사에 이명박 정부 측 반발 가능
    성」, 『국민일보』, 2015년 7월 14일.

69  이명박, 『대통령의 시간 2008-2013』(알에이치코리아, 2015), 530~534쪽.

70  조성은, 「'돈 먹는 괴물'된 해외자원개발 사업…석유 · 광물 · 가스자원 공사 사업 손실
    6년간 10조 원 돌파」, 『국민일보』, 2015년 7월 14일.

71  조미덥, 「MB 땐 "성과"…또 뒤집어, '자원'은 없고 혈세만 낭비」, 『경향신문』, 2015년
    7월 14일.

72  「[사설] 수십조 나랏돈 날린 '이명박 자원외교'」, 『한겨레』, 2015년 7월 15일.

73  박은경, 「군, 대북 확성기 방송 파주 인근서 실시」, 『경향신문』, 2015년 8월 10일.

74  이용욱, 「박 대통령 "강한 억지력으로 압박 지속"…지뢰 도발 첫 언급」, 『경향신문』,
    2015년 8월 11일.

75  이재훈, 「김종대 "DMZ 지뢰 폭발, 6일 지나도록 국방부는 뭐했나"」, 『한겨레』, 2015년
    8월 12일.

76  최훈민, 「"지뢰 밟으면 경품 목발 하하하…" 정봉주, 다리 잃은 병사 조롱 논란」, 『조선
    일보』, 2024년 3월 13일.

77  이용욱, 「靑, "대통령 지뢰 사건 4차례 서면 · 유선 보고 받아"…대면 보고는 없어」, 『경
    향신문』, 2015년 8월 12일.

78  정유경, 「돌아온 유승민 "청와대 NSC는 도대체 뭘 하는 사람들이냐"」, 『한겨레』,
    2015년 6월 12일.

79  최혜정 · 김경욱 · 박병수, 「이번에도…박 대통령에 '대면 보고' 전혀 없었다」, 『한겨
    레』, 2015년 8월 14일.

80    「[사설] 위기 상황에도 대면 보고 안 받는 '불통 대통령'」, 『경향신문』, 2015년 8월 15일.

81    최혜정·서보미, 「"박 대통령, 대면 보고 '기피증'…콘텐츠가 없는 탓"」, 『한겨레』, 2015년 8월 23일.

82    박근혜, 『어둠을 지난 미래로: 박근혜 회고록 1』(중앙북스, 2024), 285~292쪽.

83    김민서, 「홍용표 前 통일 "北, 목함지뢰 회담 때 확성기 끄려 우리 요구 다 수용"」, 『조선일보』, 2024년 6월 12일.

84    「2015 연합뉴스 10대 국내 뉴스」, 『연합뉴스』, 2015년 12월 15일; 「마크 리퍼트 주한 미국 대사 피습 사건」, 『나무위키』; 박근혜, 『어둠을 지나 미래로: 박근혜 회고록 2』 (중앙북스, 2024), 74~78쪽.

85    임아영, 「황우여 "국정교과서 전환…국민통합 위한 불가피한 선택"」, 『경향신문』, 2015년 10월 12일.

86    김현수·정지용, 「"친일·독재 미화 국정화 철회하라" 시민단체들 밤샘 시위」, 『한국일보』, 2015년 10월 12일.

87    정지용·양진하, 「"한국 민주주의 죽은 날" 학생, 시민단체 거리로」, 『한국일보』, 2015년 10월 12일.

88    방준호, 「"현행 역사 교과서=악마의 바이블"도 넘은 보수단체 '망언'」, 『한겨레』, 2015년 10월 12일.

89    박상준, 「새정치 "국정화 저지" 전면전 선언」, 『한국일보』, 2015년 10월 12일.

90    황준범, 「국론 분열시켜놓고…박 대통령 "여야, 국론 분열 일으키지 말길"」, 『한겨레』, 2015년 10월 13일.

91    「[사설] 염치도 논리도 없는 대통령의 '국정화 궤변'」, 『한겨레』, 2015년 10월 13일.

92    정희진, 「유체이탈 화법의 '공포정치'」, 『경향신문』, 2015년 5월 15일.

93    이범구, 「'국정교과서' 여론 찬반 양분…역사 교사들은 92%가 반대」, 『한국일보』, 2015년 10월 15일.

94    이유주현·송경화·이승준, 「박 대통령, 국정화 요지부동…문재인 "절벽 보고 말한 느낌"」, 『한겨레』, 2015년 10월 22일.

95    정원식, 「교육부, 교과서 국정화 비밀 TF 운영…"국정화 총괄…청와대에 매일 보고"」, 『경향신문』, 2015년 10월 25일; 전정윤·진명선, 「문 앞서 야당 의원들 막고 '검정교과서 분석' PC 서둘러 꺼버려」, 『한겨레』, 2015년 10월 25일.

96    전정윤·전명선, 「문 앞서 야당 의원들 막고 '검정교과서 분석' PC 서둘러 꺼버려」, 『한겨레』, 2015년 10월 25일.

97    김원철, 「박 대통령 "역사 바로잡기, 정쟁 대상 아니다" 단호」, 『한겨레』, 2015년 10월

27일.

98  「[사설] 극우단체들이 '호위무사'로 등장한 대통령 시정연설」, 『한겨레』, 2015년 10월 28일.

99  이종규, 「정부, 국정화 확정 고시…거꾸로 간 대한민국」, 『한겨레』 2015년 11월 3일.

100 이대혁·김현수, 「국정화 반대 의견 68%는 안중에도 없었다」, 『한국일보』, 2015년 11월 4일.

101 장덕진, 「악마 만들기와 도덕적 혼란」, 『경향신문』, 2015년 10월 30일.

102 야당의 문제에 대해선 강준만, 「사울 알린스키의 커뮤니케이션 전략: 한국 정치의 소통을 위한 적용」, 『정치·정보연구』, 제19권 1호(2016년 2월 28일), 351~387쪽 참고.

103 석진환, 「국민 불안에 떠는데…청와대, 메르스 발생 13일 만에야 대책회의」, 『한겨레』, 2015년 6월 2일.

104 최혜정, 「국민 둘로 가르고, 외교는 사면초가 '무능한 통치'」, 『한겨레』, 2017년 3월 11일.

105 박근혜, 『어둠을 지나 미래로: 박근혜 회고록 2』(중앙북스, 2024), 141~142쪽; 김유리, 「박근혜, 메르스 사과마저 이재용에 '외주화'했나」, 『미디어오늘』, 2015년 6월 24일.

106 「메르스(MERS, Middle East Respiratory Syndrome)」, 『다음백과』.

107 「[사설] 朴 대통령, 대놓고 공천 개입·선거 개입 하겠다는 건가」, 『조선일보』, 2015년 11월 11일.

108 이용욱, 「박 대통령 "진실된 사람만이 총선 선택받아야"…대통령 대구 물갈이 주도하나?」, 『경향신문』, 2015년 11월 1일.

109 김지은, 「박 대통령 '진박 판정론'에 여권 술렁」, 『한국일보』, 2015년 11월 10일.

110 최혜정, 「치고 빠지는 청와대」, 『한겨레』, 2015년 11월 11일.

111 정환보, 「박 대통령에게 "진실한 사람"은 배신 안 할 맹목적 충성파」, 『경향신문』, 2015년 11월 11일.

112 성한용, 「점점 더 거칠어지는 대통령의 입」, 『한겨레』, 2015년 11월 12일.

113 유정인, 「새누리 김용태, '진박' '가박' 논란에 "부끄러워 얼굴이 화끈"」, 『경향신문』, 2015년 11월 12일.

114 정환보, 「진박·가박·용박·멀박·홀박…'친박 용어사전 개정판'」, 『경향신문』, 2015년 11월 13일.

115 성한용, 「'잃어버린 20년' 피할 길이 안 보인다」, 『한겨레』, 2015년 11월 13일.

116 이훈범, 「『대통령 용어사전』의 오류」, 『중앙일보』, 2015년 11월 14일.

117 김성환, 「물대포와 쇠파이프…7년 前 그때와 같았다」, 『한국일보』, 2015년 11월 17일.

118 선명수·박용필, 「물대포 맞은 68세 쓰러졌는데도…경찰, 15초간 계속 '조준 발사'」,

『경향신문』, 2015년 11월 15일.

119　박홍두, 「[단독][집중분석] '경찰 역사 남을 최대 물량 공세'…물대포 20만 리터, 식용 유는 100리터 이상」, 『경향신문』, 2015년 11월 22일.

120　최아영, 「김영삼 전 대통령이 세상에 남긴 마지막 당부」, 『YTN 뉴스』, 2015년 11월 22일.

121　박수진, 「박 대통령 "복면 시위 못하게"…SNS "복면가왕도 막아라"」, 『한겨레』, 2015년 11월 24일; 이용욱·구교형, 「박 대통령 "복면 시위 못하게"…시위대를 'IS 테러 세력 규정'」, 『경향신문』, 2015년 11월 24일.

122　최혜정·이승준, 「비판 세력 죄악시·국회 탓…통합커녕 '분열·대립의 정치'」, 『한겨레』, 2015년 11월 24일.

123　김원철, 「"자국 시위대를 IS에 비교하다니…" 외신 기자도 '깜놀'」, 『한겨레』, 2015년 11월 24일.

124　「[사설] 박 대통령은 시민을 테러리스트로 몰 셈인가」, 『경향신문』, 2015년 11월 25일.

125　최혜정, 「노동 5법 등 연내 처리 압박…여야 대결 부추긴 박 대통령」, 『한겨레』, 2015년 12월 7일; 이용욱·박순봉, 「또 야당 겨눈 박 대통령…"경제, 백날 말로 걱정하면 살아 나나"」, 『경향신문』, 2015년 12월 7일.

126　이용욱·박순봉, 「또 야당 겨눈 박 대통령…"경제, 백날 말로 걱정하면 살아나나"」, 『경향신문』, 2015년 12월 7일.

127　김지은, 「"도대체 누구를 위한 국회냐"…박 대통령 연일 작심 비판」, 『한국일보』, 2015년 12월 8일.

128　이용욱·김진우, 「야당 분열 다음 날…박근혜 대통령·여당 "국가 비상사태" 왜?」, 『경향신문』, 2015년 12월 14일; 최문선, 「'국회의 존재 이유'까지 거론한 박 대통령」, 『한국일보』, 2015년 12월 14일.

129　디지털뉴스팀, 「박 대통령, "국민 바라는 일 제쳐두고 무슨 정치개혁…"」, 『한겨레』, 2015년 12월 16일.

130　「[사설] 유신시대 '긴급조치'까지 내릴 셈인가」, 『한겨레』, 2015년 12월 17일.

131　최혜정, 「박 대통령 "마음 한결같은 이가 진실된 사람"」, 『한겨레』, 2015년 12월 22일.

132　「[사설] 대통령 진박 밀어주기, 정도가 심하다」, 『중앙일보』, 2015년 12월 24일.

133　정상원·강윤주, 「日 정부 "위안부 책임" 첫 인정…앙금은 남다」, 『한국일보』, 2015년 12월 28일.

134　김광수, 「日 법적 책임에 모호한 표현…위안부 담판 '3가지 논란'」, 『한국일보』, 2015년 12월 18일.

135　김성환, 「"제2의 한일협정이다" 위안부 담합 분노하는 시민들」, 『한국일보』, 2015년

12월 29일.

136　디지털뉴스팀, 「국민 3명 중 2명 "일본대사관 앞 소녀상 이전 반대"」, 『한겨레』, 2015년 12월 30일.

137　최혜정, 「청와대 "사회 혼란 유언비어, 위안부 문제에 또 다른 상처"」, 『한겨레』, 2015년 12월 31일; 이용욱, 「2015 마지막 날까지 대국민 '질타' 메시지… '불통의 집약판'」, 『경향신문』, 2016년 1월 1일.

138　이창위, 「전후 국제법 질서의 부정과 반일 정책: '샌프란시스코 체제'와 '65년 체제'의 파탄」, 김주성 외, 『문재인 흑서: 위선의 역사』(타임라인, 2023), 185쪽.

139　이창위, 「전후 국제법 질서의 부정과 반일 정책: '샌프란시스코 체제'와 '65년 체제'의 파탄」, 김주성 외, 『문재인 흑서: 위선의 역사』(타임라인, 2023), 182쪽.

140　최훈민, 「"지뢰 밟으면 경품 목발 하하하…" 정봉주, 다리 잃은 병사 조롱 논란」, 『조선일보』, 2024년 3월 13일.

141　장동훈, 「이재명의 정치 성장 과정과 리더십」, 김윤태 외, 『2021·2022 이재명론』(간디서원, 2021), 50~51쪽.

142　배재성, 「이재명 "문자 폭탄 그만하라"…진중권 "자업자득"」, 『중앙일보』, 2021년 7월 25일; 손덕호, 「'문자 폭탄 그만' 이재명, 8년 전에는 "그래서 새누리당 정신 들었나"」, 『조선비즈』, 2021년 7월 25일.

143　최영규, 「이재명 시장, 내가 대통령이 된다면 "작살부터 낸다"」, 『더팩트』, 2015년 6월 19일.

144　이재명, 『이재명은 합니다: 무엇을 시작하든 끝장을 보는 사람, 이재명 첫 자전적 에세이』(위즈덤하우스, 2017), 149쪽.

145　https://m.blog.naver.com/PostView.naver?isHttpsRedirect=true&blogId=choiys1989&logNo=220313891933

146　김숙희, 「이재명 성남시장, 유승준 일침 "배반하고 버린 대한민국 잊으시오"」, 『메트로신문』, 2015년 5월 15일.

147　고승은, 「이재명 "유승준 입대? 심각할 정도로 교만하다"」, 『팩트TV』, 2015년 5월 20일.

148　허재현, 「이재명 성남시장 "나라면 정청래처럼 말하지 않았을 것"」, 『한겨레』, 2015년 5월 30일.

149　김은정, 「[기자수첩] 자기 자랑 무대로 변한 野의 '셀프 디스' 홍보」, 『조선일보』, 2015년 7월 30일.

150　장슬기, 「이재명 "나도 한때 일베짓, 5·18이 폭동인 줄 알았다"」, 『미디어오늘』, 2015년 10월 21일.

151 김미란, 「'미군 위안부' 지원한 박정희, '일본군 위안부' 지원금 끊겠다는 박근혜」, 『고발뉴스』, 2015년 11월 9일.

152 「손가락혁명군」, 『나무위키』.

153 「이재명/비판 및 논란」, 『나무위키』.

154 최선재, 「이재명 급부상 뒤엔 '손가락혁명군' 지원사격 있다」, 『일요신문』, 2016년 11월 17일.

155 최선재, 「이재명 급부상 뒤엔 '손가락혁명군' 지원사격 있다」, 『일요신문』, 2016년 11월 17일.

156 「선관위, SNS 사전선거로 이재명 성남시장 수사 의뢰」, 『서울의소리』, 2016년 2월 2일.

157 우상호, 『민주당 1999-2024』(메디치, 2024), 147쪽.

158 우상호, 『민주당 1999-2024』(메디치, 2024), 147~149쪽; 손병관, 『노무현 트라우마: 보복을 넘어 공존의 정치로』(메디치, 2022), 172쪽; 김영춘, 『고통에 대하여: 1970~2020 살아 있는 한국사』(이소노미아, 2020), 259쪽.

159 「한명숙 불법 정치자금 수수 사건」, 『나무위키』.

160 강희철, 「[유레카] '육참골단' '환골탈태' 사용설명서」, 『한겨레』, 2024년 5월 16일.

161 황형준, 「"한명숙 추징금 모으자"…문재인, 최고위서 제안」, 『동아일보』, 2015년 8월 27일.

162 금태섭, 『이기는 야당을 갖고 싶다』(푸른숲, 2015), 293쪽.

163 양성희, 「우리는 왜 SNS에 중독되는가? 아마도 온라인 인정투쟁 중」, 『중앙일보』, 2013년 8월 17일.

164 홍상지, 「[세상 속으로] 한국인 어루만진 '아들러 심리학'」, 『중앙일보』, 2015년 2월 7일.

165 기시미 이치로(岸見一郎)·고가 후미타케(古賀史健), 전경아 옮김, 『미움받을 용기: 자유롭고 행복한 삶을 위한 아들러의 가르침』(인플루엔셜, 2013/2014), 223~229쪽.

166 신정록, 「[만물상] 일본인과 메이와쿠(迷惑)」, 『조선일보』, 2015년 1월 27일.

167 채윤경, 「"남들은 저렇게 행복한데 나만…" SNS가 낳은 카·페·인 우울증」, 『중앙일보』, 2015년 1월 16일.

168 채윤경, 「"남들은 저렇게 행복한데 나만…" SNS가 낳은 카·페·인 우울증」, 『중앙일보』, 2015년 1월 16일.

169 한혜원, 「"샘나서"…명의 도용해 SNS 친구 대학 합격 취소시켜」, 『연합뉴스TV』, 2015년 2월 2일; 임국정, 「질투심 못 이겨…친구 대학 합격 취소시킨 10대 검거」, 『브레이크뉴스』, 2015년 2월 2일.

170 채윤경, 「"남들은 저렇게 행복한데 나만…" SNS가 낳은 카·페·인 우울증」, 『중앙일

보』, 2015년 1월 16일.

171 김누리, 「무례사회」, 『한겨레』, 2014년 6월 23일.

172 허남설, 「"오징어녀·밥주걱턱녀·외계인녀…" 성형·미용 방송 '외모 차별'」, 『경향신문』, 2014년 11월 13일.

173 석진희, 「위기에 처한 영혼의 가면, 성형」, 『한겨레』, 2015년 2월 27일.

174 태희원, 『성형: 성형은 어떻게 끝없는 자기완성 프로젝트가 되었나?』(이후, 2015), 270~271쪽.

175 조형국·박은하, 「[사고 잦은 성형수술] 지하철역은 거대한 '성형 광고 터널'」, 『경향신문』, 2014년 3월 13일.

176 김누리, 「무례사회」, 『한겨레』, 2014년 6월 23일.

177 박근혜, 『어둠을 지나 미래로: 박근혜 회고록 2』(중앙북스, 2024), 88~95쪽.

178 김종인·곽효민, 『김종인, 대화: 스물 효민 묻고, 여든 종인 답하다』(동아일보사, 2021), 397~398쪽.

179 박근혜, 『어둠을 지나 미래로: 박근혜 회고록 2』(중앙북스, 2024), 104~105쪽.

180 노명우, 『세상물정의 사회학: 세속을 산다는 것에 대하여』(사계절, 2013), 236쪽.

181 김영호, 「변두리로, 더 변두리로, 전세 난민의 행렬」, 『미디어오늘』, 2015년 2월 11일.

182 정민우, 『자기만의 방: 고시원으로 보는 청년 세대와 주거의 사회학』(이매진, 2011), 32쪽.

183 이율, 「서울 1인 청년 가구 37% '지옥고'서 산다…"주거빈곤 역주행"」, 『연합뉴스』, 2018년 6월 28일.

184 손석희, 「[앵커 브리핑] '웅크리고, 견디고, 참고, 침묵했고…'」, 『JTBC 뉴스룸』, 2015년 7월 30일.

185 정민우, 『자기만의 방: 고시원으로 보는 청년 세대와 주거의 사회학』(이매진, 2011), 198쪽.

186 임동근·김종배, 『메트로폴리스 서울의 탄생』(반비, 2015), 300쪽.

187 이상대, 「도심 공동화 문제와 도심 주거기능의 확충 전략」, 『국토』, 275권(2004년 9월), 36~45쪽.

188 마강래, 『지방도시 살생부: '압축도시'만이 살길이다』(개마고원, 2017), 151~154쪽.

189 마강래, 『지방도시 살생부: '압축도시'만이 살길이다』(개마고원, 2017), 162쪽.

190 김태형, 『불안증폭사회: 벼랑 끝에 선 한국인의 새로운 희망 찾기』(위즈덤하우스, 2010), 69쪽.

191 「[사설] 정부는 언제까지 '전·월세 지옥'에 눈감고 있을 텐가」, 『경향신문』, 2015년 9월 30일.

192 정대영, 「'미친 집세', 대안은 임대소득 과세」, 『경향신문』, 2015년 10월 1일.

193 엄기호, 『단속사회: 쉴 새 없이 접속하고 끊임없이 차단한다』(창비, 2014), 41쪽.

194 백철·김서영, 「[新허기진 군상] (4) 대한민국에서 집이란-집을 좇지만 집에 쫓기는 서민」, 『경향신문』, 2015년 10월 21일.

195 김병화, 「해제-공간, 정치, 주체에 관한 두 개의 사유 노선, 그 사이에서」, 앤디 메리필드(Andy Merrifield), 김병화 옮김, 『마주침의 정치』(이후, 2013/2015), 322~323쪽.

196 유석기, 「"부자 대부분 졸부" 89%」, 『한국일보』, 1989년 11월 8일, 7면.

197 소종섭, 「봉준호의 젊은 날」, 『시사저널』, 2020년 2월 17일.

198 김태훈, 「[특집] 당신의 지역구는 어디입니까」, 『주간경향』, 제1146호(2015년 10월 13일).

199 짐 클리프턴(Jim Clifton), 정준희 옮김, 『갤럽 보고서가 예고하는 일자리 전쟁』(북스넛, 2013/2015), 5~11쪽; 이상민, 『일자리 전쟁: 디플레이션 시대를 준비하라』(청년정신, 2013).

200 김호기, 「청춘은 위로받아야 한다」, 『한국일보』, 2015년 2월 17일.

201 김정필, 「젊은 층 절반이 '5포 세대'」, 『한겨레』, 2015년 3월 4일.

202 김용섭, 『가면을 쓴 사람들: 라이프 트렌드 2015』(부키, 2014), 259~262쪽.

203 최성진, 「몸 부서져라 일해도… '가난 탈출' 더 어려워졌다」, 『한겨레』, 2015년 1월 28일.

204 이제훈, 「대통령은 그때 왜?」, 『한겨레』, 2015년 2월 5일; 김민경, 「작년 최저임금 미달 '227만 명'…형사처벌 달랑 '16건'」, 『한겨레』, 2015년 3월 13일.

205 「[사설] 조현아 기소, '갑질 한국' 뜯어고치는 계기 돼야」, 『경향신문』, 2015년 1월 8일.

206 김은경, 「국민 95% "갑질 문제 심각…재벌·정치인·공직자"」, 『연합뉴스』, 2015년 1월 26일.

207 강준만, 「왜 지나간 세월은 늘 아쉽기만 한가?: 기회비용」, 『감정 독재: 세상을 꿰뚫는 50가지 이론』(인물과사상사, 2013), 101~106쪽 참고.

208 김찬호, 『모멸감: 굴욕과 존엄의 감정사회학』(문학과지성사, 2014), 127~128쪽.

209 강준만, 「왜 여성이 남성보다 우울증에 더 많이 빠지는가?: 학습된 무력감」, 『우리는 왜 이렇게 사는 걸까?: 세상을 꿰뚫는 50가지 이론 2』(인물과사상사, 2014), 171~176쪽 참고.

210 「백화점 모녀 "740만 원 쓰고 나왔어 ××" 갑질 논란」, 『헤럴드경제』, 2015년 1월 6일; 최재용, 「백화점 주차장 갑질녀 입건」, 『조선일보』, 2015년 1월 23일.

211 조정남, 「그것이 알고 싶다 모녀 "사회정의를 위해 그렇게 했다" 바닥 뒹굴며 언성 높이기도」, 『세계일보』, 2015년 1월 12일.

212 우원애, 「백화점 점원 뺨 때린 '진상 사모님' 등장…이번엔 대체 왜?」, 『이데일리』,

2015년 1월 8일; 「"옷 바꿔줘"…백화점 직원에 따귀 때린 '갑질女' 등장」, 『아시아경제』, 2015년 1월 8일.

213 서윤심, 「백화점 VVIP 갑질의 세계: 막장드라마 싸모 저리 가라 '찍히면 죽는다'」, 『일요신문』, 제1181호(2014년 12월 30일).

214 임지선, 「오늘 만난 진상손님, 회사가 보낸 암행감시단?」, 『한겨레』, 2013년 10월 31일.

215 이하늬, 「툭하면 무릎 꿇고… '땅콩회항' 이후 진상고객 더 늘어났다」, 『미디어오늘』, 2015년 3월 19일.

216 류인하, 「'진상고객' 인격 모독·성희롱…팀장님은 "너만 참으면 된다"」, 『경향신문』, 2014년 11월 17일.

217 남은주, 「"무릎 꿇어"에 다친 마음…어느새 버럭인간이 되어갔다」, 『한겨레』, 2013년 11월 7일.

218 오보람, 「한국 남성 혐오 현상의 두 얼굴」, 『데일리한국』, 2016년 1월 30일.

219 게르드 브란튼베르그(Gerd Brantenberg), 히스테리아 옮김, 『이갈리아의 딸들』(황금가지, 1977/2016), 8쪽.

220 노정태, 「페미니즘을 위하여」, 『경향신문』, 2015년 6월 15일; 곽아람, 「우리가 김치녀? 그럼 너네 남자들은 '한남충'」, 『조선일보』, 2015년 10월 24일; 김서영, 「여성들의 반격 미러링, 오프라인으로 나오다」, 『경향신문』, 2015년 12월 12일; 김서영, 「페미니즘 전위 '메갈리아' 1년… '혐오'를 '혐오'로 지우려 한 그녀들은 유죄인가」, 『경향신문』, 2016년 7월 9일; 유민석, 『메갈리아의 반란』(봄알람, 2016), 7, 64~70, 104쪽.

221 노혜경, 「메갈리아로부터 떠날 때」, 『레디앙』, 2016년 9월 12일.

222 위근우, 「페미니즘 전쟁 | ② 티셔츠 구매부터 '메갈리아' 비판까지, 주요 쟁점 5」, 『아이즈』, 2016년 8월 2일.

223 김서영, 「페미니즘 전위 '메갈리아' 1년… '혐오'를 '혐오'로 지우려 한 그녀들은 유죄인가」, 『경향신문』, 2016년 7월 9일.

224 천관율, 「'메갈리안'…여성 혐오에 단련된 '무서운 언니들'」, 『시사IN』, 제418호(2015년 9월 17일); 윤단우·위선호, 『결혼파업, 30대 여자들이 결혼하지 않는 이유』(모요사, 2010), 25쪽.

225 최은주, 「"아시아 남초 현상, 호전적 애국주의 부른다"」, 『한겨레』, 2006년 3월 2일, 9면.

226 천관율, 「여자를 혐오한 남자들의 '탄생'」, 『시사IN』, 제417호(2015년 9월 12일).

227 천관율, 「'메갈리안'…여성 혐오에 단련된 '무서운 언니들'」, 『시사IN』, 제418호(2015년 9월 17일).

228 황보연·김미향, 「여성 '무시'에서 '적대'로…SNS와 결합해 공격성 증폭」, 『한겨레』,

2016년 5월 24일.

229 김미향·황보연, 「'일베 놀이' 하며 '여혐' 배우는 10대들」, 『한겨레』, 2016년 5월 25일; 최태섭, 「Digital Masculinity: 한국 남성 청(소)년과 디지털 여가」, 연세대학교 젠더연구소 편, 『그런 남자는 없다: 혐오 사회에서 한국 남성성 질문하기』(오월의봄, 2017), 319쪽; 이준행, 「대안팩트」, 『한겨레』, 2018년 5월 21일.

230 오보람, 「한국 남성 혐오 현상의 두 얼굴」, 『데일리한국』, 2016년 1월 30일.

231 황성필, 「메갈리아에 대한 낙인과 배제는 해결책이 될 수 없다」, 『미디어오늘』, 2016년 8월 3일.

232 노혜경, 「메갈리아로부터 떠날 때」, 『레디앙』, 2016년 9월 12일.

233 이정환, 「한국 드라마 못 보게? 중국 온라인 사전심의 논란」, 『미디어오늘』, 2015년 1월 21일.

234 「[사설] 한류 드라마까지 중국 자본이 집어삼키나」, 『경향신문』, 2015년 3월 2일.

235 금준경, 「'차이나 머니'의 습격, 한국 방송 시장 덮친다」, 『미디어오늘』, 2015년 3월 11일; 홍원식, 「FTA 체결에 따른 방송 콘텐츠 제작 시장의 기회와 위기」, 『방송문화』, 401호(2015년 여름), 126~147쪽; 윤재식, 「중국의 한국 콘텐츠 수용 현황과 정책」, 『방송문화』, 401호(2015년 여름), 56~84쪽 참고.

236 성연철, 「"한국 예능 베끼지 마라"…중국, 방송사에 '시진핑 이념 단속'」, 『한겨레』, 2015년 7월 24일.

237 김헌식, 「유재석·노홍철 예능 스타일, 중국에서 먹힐까」, 『미디어오늘』, 2015년 8월 5일.

238 조종엽, 「한중 동시 방영으로 불법 다운로드 막아야: '프로듀사' 사례를 통해 본 중국 시장 진출 현황과 과제」, 『신문과방송』, 536호(2015년 8월), 81쪽.

239 유희곤, 「중국 김수현, 동남아 이광수, 남미 싸이…한류 마케팅, 국가별 차별화」, 『경향신문』, 2015년 3월 26일.

240 이미지, 「中 관광객들, SM 찾아가 수백만 원짜리 韓流 스타 체험」, 『조선일보』, 2015년 4월 11일.

241 이진송, 「빠순이 발로 차지 마라 너는 누구에게 한 번이라도 찐득한 사람이었느냐」, 『No.1 문화웹진 채널예스』, 2015년 5월; http://ch.yes24.com/Article/View/27942; 강준만·강지원, 『빠순이는 무엇을 갈망하는가?: 소통 공동체 형성을 위한 투쟁으로서의 팬덤』(인물과사상사, 2016년) 참고.

242 문형구, 「독립PD들의 눈물, "농담 안 받아준다고 뺨 맞은 적도"」, 『미디어오늘』, 2015년 7월 29일; 최원형, 「"방송사, 외주제작사 인권침해 심각"」, 『한겨레』, 2015년 8월 4일.

243 이하늬, 「욕설에 '풀 스윙' 뺨 맞아도 "CP는 신이다"」, 『미디어오늘』, 2015년 9월 9일.

244 이정국·최원형,「노동계약서도 4대 보험도 없는 독립 피디들」,『한겨레』, 2015년 9월 22일.

245 강형철,「[미디어 전망대] 독립적이지 못한 독립 피디」,『한겨레』, 2015년 12월 15일.

246 김형구,「가수 90% 연 870만 원 벌 때 상위 1%는 43억…연예계 극과 극」,『중앙일보』, 2017년 10월 18일.

247 크리스티아 프릴랜드(Chrystia Freeland), 박세연 옮김,『플루토크라트: 모든 것을 가진 사람과 그 나머지』(열린책들, 2012/2013), 159~206쪽;「Sherwin Rosen」,『Wikipedia』; 류동민,『일하기 전엔 몰랐던 것들: 가장 절실하지만 한 번도 배우지 못했던 일의 경제학』(웅진지식하우스, 2013), 258~259쪽.

248 로버트 프랭크(Robert H. Frank), 황해선 옮김,『부자 아빠의 몰락』(창비, 2007/2009), 35~36쪽.

249 윌리엄 파운드스톤(William Poundstone), 최정규·하승아 옮김,『가격은 없다: 당신이 속고 있는 가격의 비밀』(동녘사이언스, 2010/2011), 363~364쪽;「Lone Ranger」,『Wikipedia』; Dale Corey,『Inventing English: The Imaginative Origins of Everyday Expressions』(USA, 2007), pp.183~184; 강준만,「왜 미국 대기업의 CEO는 일반 근로자 연봉의 500배를 받는가?: 고독한 영웅 이론」,『생각과 착각: 세상을 꿰뚫는 50가지 이론 5』(인물과사상사, 2016), 323~331쪽 참고.

250 하지현,『예능력: 예능에서 발견한 오늘을 즐기는 마음의 힘』(민음사, 2013), 180쪽.

251 정대연,「복부인 닮은 연예인 '부동산 열망'」,『경향신문』, 2015년 4월 25일.

252 이진석,「[만물상] 건물주 vs 세입자」,『조선일보』, 2018년 6월 9일; 강준만,『바벨탑 공화국: 욕망이 들끓는 한국 사회의 민낯』(인물과사상사, 2019) 참고.

253 이수기,「아이돌 지망생 100만 명, 데뷔는 324명 '바늘구멍 뚫기'」,『중앙선데이』, 2018년 6월 30일.

254 디지털이슈팀,「10년간 데뷔 아이돌 436팀…1년에 한두 팀만 남기도」,『조선일보』, 2017년 7월 22일.

255 이수기,「아이돌 지망생 100만 명, 데뷔는 324명 '바늘구멍 뚫기'」,『중앙선데이』, 2018년 6월 30일.

256 서울시 오페라단 단장 이건용의 말. 곽영훈·이건용·김성곤·이진우·이철구,「한류, 한국 문화의 세계화인가?」,『철학과현실』, 110호(2016년 9월), 28쪽.

257 곽영진,「한류의 진화와 전망」,『철학과현실』, 110호(2016년 9월), 94쪽.

258 곽영진,「한류의 진화와 전망」,『철학과현실』, 110호(2016년 9월), 95~96쪽.

259 김용배,「느림, 기다림의 미학」,『중앙일보』, 2005년 3월 16일.

260 돌로레스 마르티네즈,「성, 경계의 이동 그리고 세계화」, 돌로레스 마르티네즈 엮음,

김희정 옮김, 『왜 일본인들은 스모에 열광하는가: 문화인류학으로 본 일본 대중문화의 10가지 코드』(바다출판사, 1998/2000), 253~254쪽.

261 조우석, 「인터넷이 문화를 망친다고? 역사를 모르는 소리(『유럽문화사』 서평)」, 『중앙일보』, 2012년 7월 28일.

262 김헌식, 『의외의 선택, 뜻밖의 심리학』(위즈덤하우스, 2010), 263쪽.

263 이규탁, 「한국 힙합 음악 장르의 형성을 통해 본 대중문화의 세계화와 토착화」, 『한국학연구』, 36호(2011년 3월), 79쪽.

264 김수아·홍종윤, 『지금 여기 힙합』(스리체어스, 2017), 20~21쪽.

265 김수아·홍종윤, 『지금 여기 힙합』(스리체어스, 2017), 23쪽.

266 이종임, 「비난으로 변질된 힙합의 저항정신」, 『경향신문』, 2015년 7월 29일.

267 금준경, 「"힙합이니까 용서하라고? 쇼미더머니가 힙합을 망쳤다"」, 『미디어오늘』, 2015년 8월 26일.

268 김성현, 「힙합이 청춘에 희망 주려면」, 『조선일보』, 2015년 10월 10일.

269 권승준, 「[기자의 시각] 外華內貧 K팝」, 『조선일보』, 2015년 8월 8일.

270 양성희, 「연예기획사 '무한 파워' 시대」, 『문화일보』, 2003년 11월 27일; 고재열, 「달콤한 연예인 뒤 살벌한 막후 정치」, 『시사IN』, 제179호(2011년 2월 25일).

271 김태오, 「방송시장의 수직 계열화에 대한 시론적 고찰: 방송시장에서의 연예기획사 영향력 확대에 대한 법적 검토」, 『방송문화』, 413호(2018년 여름), 166~167쪽.

272 김성현, 「'J팝'과 맞서 경쟁력 쌓은 아이돌…세계 무대 흔들다」, 『조선일보』, 2016년 9월 26일.

273 윤호진, 『한류 20년, 대한민국 빅 콘텐츠』(커뮤니케이션북스, 2016), 66쪽; 윤수정, 「열쇠고리 1세트 21만 원…웃돈까지 붙어도 아이돌 굿즈는 완판」, 『조선일보』, 2017년 9월 6일.

274 조재희, 「CJ "6년간 10조 원 문화 투자…한국의 월트디즈니 되겠다"」, 『조선일보』, 2015년 9월 4일.

275 박경은, 「세계로 가는 아리랑TV K팝 줄 섰네」, 『경향신문』, 2015년 11월 19일.

276 김윤덕 외, 「Kool! "코리아는 멋진 나라"…K팝에 열광하던 팬들, 이젠 '대한민국 스타일'에 빠지다」, 『조선일보』, 2016년 2월 6일; 권승준, 「['코리안 쿨' 제3 한류 뜬다] K팝, 유행 넘어 문화로…냉소적이던 NYT도 "압도적"」, 『조선일보』, 2016년 2월 15일.

277 신동흔, 「골방서 터져나온 '뉴 한류'」, 『조선일보』, 2015년 10월 5일.

278 금준경, 「'수지 열애설'에 기사 1840건 쏟아졌다」, 『미디어오늘』, 2015년 7월 8일; 이정환, 「'안영미 열애' 기사가 100개, 조선·동아의 어뷰징 경쟁」, 『미디어오늘』, 2015년 3월 18일.

279  김주완, 「'어뷰징'이 아니라 '쓰레기 기사'라 부르자」, 『미디어오늘』, 2014년 10월 15일.

280  김현섭, 「더 빨리…더 많이…인터넷 기사 무차별 살포」, 『국민일보』, 2014년 1월 25일.

281  손영준, 「포털 뉴스 역할 재점검해야」, 『중앙일보』, 2015년 10월 23일.

한국 현대사 산책 2010년대편 3권
© 강준만, 2024

초판 1쇄 2024년 11월 29일 찍음
초판 1쇄 2024년 12월 10일 펴냄

지은이 | 강준만
펴낸이 | 강준우
인쇄·제본 | 지경사문화

펴낸곳 | 인물과사상사
출판등록 | 제17-204호 1998년 3월 11일

주소 | (04037) 서울시 마포구 양화로7길 6-16 서교제일빌딩 3층
전화 | 02-325-6364
팩스 | 02-474-1413

www.inmul.co.kr | insa@inmul.co.kr

ISBN 978-89-5906-781-7  04900
        978-89-5906-778-7  (세트)

값 22,000원